Michael L

Ente
mit Eckschnitt

Jugenderinnerungen

videel

ISBN 3-89906-442-9

© 2003 by Verlag videel OHG, Niebüll
Schmiedestr. 13 - 25899 Niebüll
Tel.: 04661 - 900110, Fax: 04661 - 900179
eMail: info@videel.de
http://www.videel.de

Alle Rechte liegen beim Autor

Gesamtherstellung: videel, Niebüll

Umschlagentwurf: Michael Lorenz, Berlin
Umschlaggestaltung: Frank Davidsen, Niebüll
Seitenlayout: Helmuth Kratz, Niebüll

Bibliografische Information Der Deutschen Bibliothek

Die Deutsche Bibliothek verzeichnet diese Publikation in der Deutschen Nationalbibliografie; detaillierte bibliografische Daten sind im Internet über
http://dnb.ddb.de abrufbar.

Bibliographic information published by Die Deutsche Bibliothek

Die Deutsche Bibliothek lists this publication in the Deutsche Nationalbibliografie;
detailed bibliographic data are available in the Internet at *http://dnb.ddb.de*.

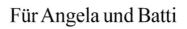

Für Angela und Batti

Inhalt

Einleitung

Die Einladung von Wolli schlug wie ein Blitz ein. Noch vor kurzem hatte ich an ihn gedacht und jetzt lag sein Brief vor mir auf dem Tisch. Mein Freund Mäcki, der noch als Einziger mit ihm lockeren Kontakt hatte, meinte, wir sollten noch drei andere Freunde benachrichtigen und zu fünft dann zu Wolli fahren.

Ich kramte in der Kiste mit den alten Fotos und fand ein Bild von 1956, mit Wolli, Klaus und Jürgi am Buddelkasten. 40 Jahre waren inzwischen vergangen und ich fragte mich, ob ich wohl die anderen wieder erkennen würde. Nach einigen Telefonaten war alles klar. Treffpunkt in zwei Wochen am Bahnhof Zoo, um 15.30 Uhr. Mit der Bahn waren wir am schnellsten in Hannover, wo uns Wolli vom Bahnhof abholen wollte. Ich konnte es kaum erwarten, bis es losging.

Der Zug sollte um 16.00 Uhr abfahren, aber ich stand bereits eine Stunde früher am Bahnhofseingang, weil ich der Erste sein wollte. Außerdem war ich gespannt auf meine Freunde. Wie sie wohl heute aussehen mögen? Ob ich sie wiedererkennen würde?

Zuerst trudelte Mäcki ein, er schien sich kaum verändert zu haben. Die Haare waren noch immer rot, obwohl schon ein paar graue Strähnen durchschimmerten. Er war der erste Freund, den ich damals hatte und er rettete mir einmal das Leben. Seine lockere Art und sein freundliches Wesen hatte er nicht verloren. Leider sahen wir uns nur noch sehr selten.

Als Nächster traf Klaus ein. Er war der einzige Freund, mit dem der Kontakt seit der Kindheit nie abgerissen war. Schmitti und Fischi trafen fast gleichzeitig ein. Der Erstere war immer noch derselbe hübsche Kerl wie damals. Ich erinnerte mich nur zu gut, dass er mir immer die Mädchen ausspannte, mit denen ich gerne gegangen wäre. Fischi dagegen hätte ich beinahe nicht wiedererkannt. Mit Bierbauch und noch weniger Haaren als Klaus, erinnerte er mich nicht mehr an den Jungen, der seine Haare immer mit Frisiercreme von Brisk fest an den Kopf klatschte, damit sie ihm nicht vorne in die Stirn fielen.

Inzwischen war es schon dreiviertel vier und von Jürgi noch keine Spur zu sehen. Ich wurde immer unruhiger. Doch Klaus meinte nur: „Der kam schon früher immer zu spät, meestens uff'n letzten Drücker."

Gerade waren wir im Begriff die Treppe zu den Bahnsteigen hochzusteigen, als ich aus den Augenwinkeln einen schlaksigen Typen erkennen konnte, der sich mit wehendem Mantel einen Weg durch die Menschenmassen bahnte. An der auffallend großen Nase zu erkennen, wusste ich, das konnte nur Jürgi sein. Nach hektischer Begrüßung stürmten wir alle in letzter Minute in den Zug.

Nach einer Verschnaufpause, jeder hatte inzwischen seinen Platz gefunden, holte Mäcki eine große Plastiktüte hervor. Alle schauten gespannt auf ihn, was er wohl in dieser Tüte versteckt hielt. „Wat meint ihr wohl, worüber sich Wolli als Geschenk am meesten freuen würde?" Mit diesen Worten zog er eine Indianerhaube und einen Tomahawk aus der Tüte. Klar, wie sich alle erinnerten, war Wolli immer der Anführer, wenn wir „Cowboy und Indianer" spielten. Schon der Anblick der Haube rief in uns allen Erinnerungen an die Kindheit wach. Gleich drehten sich alle Gespräche um die Erlebnisse aus vergangenen Zeiten. Für mich war der Traum, endlich einmal mit den Freunden zusammen zu sein und von früheren Abenteuern zu erzählen, in Erfüllung gegangen. „Weeßte noch, wie wir... ?", „Kannste dich noch erinnern als...?", „Ick hab heut' noch die Narbe uff'n Kopp von...". Ich hörte ihnen zu, schaute verträumt aus dem Abteilfenster und versank dabei in einem Strudel der Erinnerungen.

Kapitel 1

Der Munsterdamm 1956

Damals wohnte ich mit meinen Eltern und den Großeltern zusammen in einer Zweieinhalb-Zimmerwohnung am Munsterdamm 36, einer Straße in Berlin-Steglitz. Meine Eltern nutzten das große Zimmer als Wohnzimmer und das kleinere hinten als Schlafzimmer. Oma und Opa wohnten vorn im zweiten großen Zimmer, wo auch der Balkon war.

Es war nicht einfach für meinen Vater, mit den Schwiegereltern zusammen in einer Wohnung zu leben. Oft hörte ich, wie gestritten wurde. Mein Kinderzimmer bestand aus einem selbstgebauten Regal, welches gleich hinter der Tür im Schlafzimmer stand. Daneben war auch mein Bett aufgestellt. In dem kleinen Regal bewahrte ich meine Spielsachen auf. Nur der große, lange Baukasten mit den Holzbauklötzern, den mein Opa vom Amerikaner bekommen hatte, fand dort keinen Platz, darum stand er auch auf dem Hängeboden. Jedes Mal, wenn ich damit spielen wollte, musste ich mir erst einen Stuhl aus der Küche holen. Den stellte ich dann unter den Hängeboden, kletterte auf ihn hinauf und hangelte mich von da auf den Hängeboden. Immer, wenn ich dann den kleinen Vorhang, der den Boden verdeckte, zur Seite zog, rieselte mir der Putz von der Wand in das Gesicht. Der Höhenunterschied zwischen Hänge- und Fußboden betrug etwa 1,80 Meter. Da der Baukasten ziemlich schwer war, ließ ich ihn einfach von oben herunterfallen. Das gab natürlich immer einen Höllenradau und jedes Mal kam mein Opa aus seinem Zimmer gerannt, weil er dachte, Einbrecher seien in der Wohnung. Doch die meiste Zeit zum Spielen verbrachte ich, genau wie meine Freunde, draußen auf der Straße.

Der Munsterdamm war 1956 noch eine Sackgasse. Dort, wo die Häuserreihen zu Ende waren, dort endete auch die Straße. Ein drei Meter hoher Sandberg zog sich von einer Straßenseite zur anderen. Dieser wurde von einem verrosteten Maschendrahtzaun umgeben. An der einen Seite des Zaunes war ein Holztor, mit einem Schloss verrammelt. Aber das störte uns nicht im Geringsten, wir bogen einfach den Zaun zur Seite und gelangten so auf das Gelände. Hinter dem mit Büschen und Gras bewachsenem Hügel erstreckte sich ein weites, wildes und unebenes Gebiet bis hin zum Mörtelwerk an der Bergstraße, dort, wo die tiefen Sandgruben waren. Rechts hinten erhob sich der Insulaner und auf der linken Seite grenzte der Friedhof Bergstraße an das Gelände. Wir nannten dieses weite Areal immer unseren Südi (Südgelände = Rauhe Berge).

Während der vordere Teil der Straße von den noch wenigen Autos genutzt wurde, die dann in den Hanstedter Weg abbogen, war der hintere Teil, gekennzeichnet durch ein Verkehrsschild „5 km Spielstraße", für den Durchfahrtsverkehr gesperrt; für uns Kinder natürlich ideal, so hatten wir die ganze Straße zum Spielen.

Die Anwohner, die schon ein Auto besaßen, konnte man an einer Hand abzählen. Es gab nur die Isetta von Hellwig, das Goggomobil von Fröhlich und Drägers Messerschmitt Kabinenroller. Besonders freuten wir uns immer, wenn der „Brennholzmann" mit seinem Pferdefuhrwerk am Kottesteig hielt. Er bimmelte mit seiner Glocke und rief: „Brennholz für Kartoffelschalen." Wir rannten dann alle zu dem Pferd hin und fütterten es. Ich traute mich nicht so nahe an das Tier heran, denn das Pferd schaute mich mit seinen großen Augen immer so komisch an. Auch der Mülllaster, der zweimal in der Woche kam, war für uns eine Abwechslung. Im Sommer warteten wir sehnsüchtig auf den „Eismann" van Goeten, der die langen Eisblöcke für die Eisschränke lieferte. Sobald er die Türen von seinem Kühlwagen öffnete, standen wir hinter ihm. Er zerhackte die Eisblöcke mit einem Pickel in kleine Stücke. Und jetzt geschah das, worauf wir gewartet hatten. Einige Eisbrocken fielen auf die Straße, sofort griff sich jeder eines und wir lutschten daran. Sehr zum Ärger der Eltern, die uns wegen der Bakterien davor warnten. Manchmal durften wir auch auf dem Paketwagen von der Post ein kleines Stück mitfahren.

Der drei Meter breite, mit Unkraut bewachsene Mittelstreifen, der die Straße teilte, wurden von allen nur Hundepromenade genannt. Dort tobten sich die Köter aus. Wehe, einer von denen pinkelte mal in eine der Buddelkisten, die auf der linken und der rechten Straßenseite waren. Entlang der Häuser auf beiden Straßenseiten wuchsen Haselnussbäume, die im Herbst vor Nüssen nur so strotzten.

Überall fand man noch Spuren, die der Krieg hinterlassen hatte, auch am Munsterdamm. Viele Hauswände sahen durch Granateneinschlag aus wie Schweizer Käse. Die beiden Häuser neben uns waren Ruinen. Die gab es aber auch im näheren Umfeld der Straße, genauso wie Bombentrichter, verwilderte Gärten und Grundstücke mit großen und kleinen Teichen, die „niemandem" mehr gehörten; für die Erwachsenen schlimme Erinnerungen an den Krieg, für uns Kinder jedoch ein wahres Paradies zum Spielen.

Meine Freunde wohnten alle gleich nebenan, gegenüber oder am Kottesteig gleich um die Ecke. Einige zogen erst im Laufe der Zeit hinzu, doch schon nach kurzer Zeit gehörten sie zu uns. Wir waren ein wilder Haufen von Jungen und Mädchen. Nur zu den Kindern vom vorderen Teil der Straße hatten wir kaum Kontakt, der Hanstedter Weg war die unsichtbare Grenze. Doch das sollte sich später noch ändern.

Es gab mutige und ängstliche, dicke und dünne, ältere und jüngere, sowie hübsche und hässliche unter meinen Spielkameraden, doch sie waren alle meine Freunde.

Kapitel 2
Weihnachten 1956

Am 1. Dezember öffnete ich das erste Türchen von meinem Adventskalender. In fünf Tagen kam der Nikolaus und ich hatte noch keinen Wunschzettel geschrieben. Wie sollte ich denn sonst einen neuen Schlitten bekommen? Auf einem Bogen Schreibpapier versuchte ich so gut wie möglich, einen Schlitten aufzumalen. Zu gerne hätte ich so einen mit runden Kufen der Marke „Davos". Den alten hatte ich im letzten Winter zu Bruch gefahren, er war auch schon uralt gewesen. Am Abend vor dem Nikolaustag legte ich den Wunschzettel unter einen Blumentopf auf den Balkon. Genau darauf bedacht, dass ihn der Nikolaus auch findet. Als ich am nächsten Tag nachschaute, war er verschwunden. Nun konnte ich es kaum noch erwarten, bis es endlich Heiligabend wurde.

Zwei Wochen vor Weihnachten begann mein Vater seinen geliebten, Weihnachtsberg aufzubauen. Er nahm den kleinen Küchentisch und stellte ihn im Wohnzimmer in die Ecke gleich neben der Tür. Dann knautschte er braunes Packpapier zu mehreren Haufen zusammen und verteilte diese auf dem Tisch. Nun übergoss er die Haufen mit flüssigem Gips und als dieser getrocknet war, sah alles aus wie eine Schneelandschaft. Kleine bunte Papphäuser wurden in verschiedenen Größen zwischen und auf die Papierberge gestellt und ebenfalls mit Gips angepinselt. In den Häuschen sorgten kleine Glühlämpchen für ein gemütliches Licht. Dann kamen kleine Tannenbäume aus grünem Filz dazu, dazwischen stellte er kleine Holzlaster und Pferdefuhrwerke. Auch Rehe, einen Hirsch und allerlei andere niedliche Sachen aus dem Erzgebirge kamen noch hinzu.

Jedes Mal fragte ich ihn dann: „Warum issen der Hirsch jrößer als det Papphaus, neben dem er steht?" Er brubbelte mich an, warf mir einen seiner bösen Blicke zu und baute dann weiter. Anscheinend spielte das keine Rolle. Doch nun packte er den großen Karton mit der elektrischen Eisenbahn aus. Das war für mich immer der aufregendste Moment. Mithelfen konnte ich ja sowieso nicht. „Du machst ja immer alles kaputt", hieß es. Doch in diesem Jahr durfte ich zum ersten Mal die Lokomotive von der Märklin-Eisenbahn in der Hand halten, während mein Vater die Strecke rundherum um den Berg aufbaute. Ich hielt die Lok so verkrampft in der Hand, als wenn es ein rohes Ei wäre. Zuletzt kroch mein Vater noch unter den Tisch, um hinten an der Wand den Tunnel zu montieren. Dann löschte er die Deckenlampe vom Wohnzimmer. Der Weihnachtsberg erstrahlte mit all seinen bunten Lichtern und alles spiegelte sich im weißen Schnee aus Gips wieder. Es war ein wunderschöner Anblick. Dazu drehte die Eisenbahn mit den erleuchteten Waggons ihre langsamen Runden um den Berg. Zu gerne hätte ich auch mal die Lokomotive fahren lassen, doch das war mir ja verboten worden, nachdem ich einmal den Zug entgleisen ließ. Sämtliche Gegenstände, die auf dem Weihnachtsberg standen, stammten aus dem Erzgebirge. Mein Vater war aus Sachsen und man konnte es manchmal an seiner Aussprache erkennen. Die Märklin-Eisenbahn liebte er ganz besonders.

Ein paar Tage später jedoch vergaß er abends den Stecker des Transformators aus der Steckdose zu ziehen. Als er dann zur Arbeit gegangen war und meine Mutter zum Markt an der Mariendorfer Straße unterwegs war, konnte ich der Verlockung nicht mehr widerstehen. Jetzt war die Gelegenheit da, endlich einmal mit der Eisenbahn zu spielen, ohne dass mein Vater dabei war. Ich nahm mir einen Stuhl und setzte mich vor den Transformator. Langsam drehte ich am Geschwindigkeitsregler und beobachtete fasziniert, wie sich der Zug in Bewegung setzte. Nach ein paar Minuten wurde es mir aber zu langweilig und ich drehte den Knopf am Regler stufenweise höher. Dann, nach einer Weile, wollte ich mal probieren, was passieren würde, wenn ich den Regler bis zum Anschlag hochdrehte.

Wäre ich bloß nicht auf so eine blöde Idee gekommen. Kaum, dass ich den Anschlag erreicht hatte, geschah die Katastrophe. Der Zug schoss mit einem Affenzahn um den Berg. Gerade in dem Moment, als die Eisenbahn aus dem Tunnel raste, sprang die Lok aus den Schienen und flog quer durch das Wohnzimmer. Der Angstschweiß stand mir auf der Stirn, als ich sie wieder aufhob. Auf den ersten Blick erschien mir an der Lok nichts kaputtgegangen zu sein. Doch dann entdeckte ich zu meinem großen Entsetzen, dass doch etwas abgebrochen war. Ich brach in Tränen aus und wusste in meiner Panik nicht, was ich machen sollte. Wenn mein Vater heute abend nach Hause kommt und das Malheur entdeckte, wusste ich schon, was mir passieren würde. Hinter der Küchentür hing der Ochsenstriemer, ein Holzstück mit Lederschnüren. Mir tat jetzt schon der Hintern weh, wenn ich nur daran dachte.

Da kam mir ein rettender Einfall, Onkel Heinz. Der tüftelte gerne und reparierte alles Mögliche. Ich packte die Lokomotive vorsichtig ein und machte mich auf den Weg. Bei meiner Tante angekommen, erzählte ich mit tränenerstickter Stimme, was mir passiert war. Mein Onkel schnappte sich die Lok und verschwand damit in der Küche. Nach endlosem Warten tauchte er nach einer halben Stunde wieder auf. Er drückte mir die reparierte Lok wieder in die Hand und schickte mich mit tröstenden Worten nach Hause. Den ganzen Weg drückte ich so fest auf die geklebte Stelle, dass mein Daumen fast abgestorben wäre. Behutsam stellte ich die Lokomotive genau auf die Stelle, wo sie am Abend vorher gestanden hatte.

Und dann war endlich Heiligabend. Am Nachmittag traf ich mich noch mit Mäcki, Schmitti und Jürgi. Jeder erzählte von seinen Wünschen, die er zu bekommen hoffte.

Um meiner Mutter noch Zeit zu lassen, die letzten Vorbereitungen für den Abend zu treffen, machte ich mit meinem Vater eine Autobustour mit dem Autobus A2 zum Friedrich Wilhelm Platz und zurück. Da es bereits anfing dunkel zu werden, konnten wir während der Fahrt, natürlich saßen wir oben in der ersten Reihe, in die Wohnzimmer der anderen Leute schauen. Überall stand schon der Weihnachtsbaum in vollem Glanze. Als wir an unserem Ziel angekommen waren, läuteten gerade die Kirchenglocken und just in diesem Moment fing es auch noch an zu schneien. Mein Heiligabendgefühl ging voll in Erfüllung. Kurz bevor wir uns auf den Nachhauseweg machten, überreichte mein Vater dem Busschaffner eine Schachtel Zigaretten der Marke „Ernte 23", eingewickelt in Weihnachtspapier und wünschte ihm „Fröhliche Weihnachten". Auch an den Verkehrspolizisten, der auf seiner Verkehrsinsel stand, hatte mein Vater gedacht. Diesem überreichte er eine kleine Flasche Schnaps. Ich staunte darüber, wieviele Geschenke der Polizist schon bekommen hatte.

Zu Hause angekommen, stieg mir schon im Hausflur der Duft von Räucherkerzen in die Nase. Ich fragte gleich meine Mutter, ob schon der Weihnachtsmann da gewesen sei. Sie lächelte und tat ganz geheimnisvoll. Die Wohnzimmertür war geschlossen und so setzte ich mich zu meinem Vater in die Küche. Er war beinahe so aufgeregt wie ich. Zur Einstimmung auf die bald folgende Bescherung pfiff er seine Fassung von „Oh, du fröhliche". Dabei wippte er mit dem rechten Fuß den Takt dermaßen heftig, dass der Filzlatschen quer durch die Küche segelte. Die Minuten des Wartens kamen mir wie Stunden vor. Endlich bimmelte meine Mutter mit dem Glöckchen die Bescherung ein. An der Hand meines Vaters betrat ich das weihnachtlich geschmückte Zimmer.

Hinten am Vorhang stand der wunderschön geschmückte Weihnachtsbaum, an dem silbernes Lametta, bunte große Glaskugeln und kleine Holzfiguren hingen. Das warme Licht der brennenden Kerzen strahlte eine wohltuende Behaglichkeit aus. Auf der anderen Seite des Zimmers stand auf einer Rutsche die dreistöckige Pyramide, an der mein Vater sehr hing; sie drehte sich langsam. Es war ein Geschenk von meinen Großeltern aus Sachsen. Aus den Augenwinkeln heraus betrachtete ich den Weihnachtsberg, um und durch den die Eisenbahn ihre Kreise zog. Gott sei Dank war alles noch einmal gut gegangen. Nachdem ich mit meinen Eltern ein Weihnachtslied gesungen hatte, durfte ich meine Geschenke auspacken. Vergeblich suchten meine Augen den so sehnlichst gewünschten Schlitten. Doch ich konnte ihn nirgendwo entdecken. Mein Vater hatte meinen traurigen Blick wohl bemerkt und verschwand plötzlich aus dem Zimmer.

Auf einmal ließ mich ein lautes Gepolter zusammenzucken und als ich mich umdrehte, blieb mein Herz vor Freude fast stehen. Mein Vater lag bäuchlings auf dem neuen Davos-Schlitten. Mit einem „Hoppla" ließ er sich vom Schlitten plumpsen. Bevor er den Satz „Und brech' dir nicht alle Knochen beim Rodeln!", richtig aussprechen konnte, lag ich schon quietschend vor Freude auf seinem Bauch. Nach der Bescherung gab es Würstchen mit Kartoffelsalat. Als dann alle noch einmal vor ihren bunten Tellern standen, wollte mein Vater gleich wieder sein Marzipanbrot gegen meine Marzipankartoffeln tauschen. Doch dafür hatte ich keine Zeit, der Schlitten war viel wichtiger. Später saß ich noch mit den Eltern bei leiser Weihnachtsmusik zusammen.

Plötzlich dröhnte aus der Wohnung unter uns laute Musik herauf, Bill Haleys „Rock around the clock". „Schon wieder diese Negermusik", rief mein Vater und sprang von der Couch hoch. Er rannte in den Flur zum Werkzeugschrank, riss die Tür auf und holte aus dem Werkzeugkasten einen Hammer hervor. Damit kloppte er wie ein Berserker auf den Fußboden, fast wie im Takt. Nachdem ihm meine Mutter erklärt hatte, wie teuer neues Linoleum sei, ließ er sich beruhigen. Mein Vater hörte lieber deutsche Schlager wie zum Beispiel „Heimweh" von Freddy. Das erinnerte ihn immer an seine Kriegsgefangenschaft in Frankreich. Kurz darauf erklang Klaviergeklimper aus der Wohnung über uns. Genervt holte mein Vater den Besen und stieß mit dem Stiel heftig an die Decke. Meine Mutter schüttelte nur mit dem Kopf. Weihnachten bei Familie Lorenz war immer unterhaltsam.

Kapitel 3

Sylvester 1956

Am Sylvestermorgen um 6.00 Uhr riss mich das anhaltende Klingeln an der Wohnungstür aus meinen Träumen. Aber nicht nur ich, auch mein Vater fuhr fluchend aus dem Bett hoch. Er brummte undeutliche Worte wie: „Blöder Hund" und „Vollidiot" in seinen Bart, während er in seine gelb-schwarz-karierten Filzhauslatschen schlüpfte. Dabei stieß er den einen Latschen unter das Bett, was seine Laune noch schlechter werden ließ. Mit zerwühlten Haaren und in seinem zerknautschten Pyjama rauschte er dann an mir vorbei in Richtung Flur. Wie der Blitz sauste ich hinter ihm her.

Bevor er beinahe die Wohnungstür vor Wut aus den Angeln hebelte, duckte ich mich schnell dahinter und schob den Briefschlitz hoch. Draußen sah ich unsere Nachbarin mit hochrotem Kopf stehen. Sie entschuldigte sich vielmals und erklärte, dass es sich um einen Notfall handle. Dabei drehte sie sich zur Seite und zeigte auf eine Blechschüssel, die an ihrem Hintern zu kleben schien. Ich biss mir heftig auf die Unterlippe, um nicht laut loskreischen zu müssen. In kurzen, hektischen Worten erzählte sie meinem Vater, was ihr widerfahren war. Während der Morgenwäsche war sie ausgerutscht und mit dem Hintern in die Schüssel geglitten. Diese habe sich dann so festgesaugt, dass sie es beim besten Willen nicht geschafft hat, sie wieder abzubekommen.

Kurzentschlossen packte mein Vater die Schüssel mit beiden Händen und zog kräftig daran. Dabei hielt sich die Nachbarin krampfhaft am Treppengeländer fest. Besser hätte es in keinem „Dick und Doof"- Film sein können. Ich konnte mich kaum noch mit dem Lachen zurückhalten. Plötzlich ging die Schüssel mit einem dumpfen, saugenden Geräusch ab. Im selben Moment ergoss sich der Rest des Wassers, welches noch in der Schüssel war, über die Filzlatschen meines Vaters. Mit einer blitzschnellen Bewegung streifte sich die Frau, dunkel vor Schamröte, ihr Nachthemd über ihr bloßes Hinterteil und verschwand, sich nochmals bedankend, in ihrer Wohnung. Mein Vater schloss die Tür und lachte lauthals los, bis ihm die Tränen kamen.

Am Sylvesterabend waren wie jedes Jahr meine Tante Ruth und mein Onkel Heinz gekommen. Gemeinsam wollten die Erwachsenen feiern. Ich glaube, die Geschichte mit der Nachbarin hat mein Vater ein paar Mal erzählt. Während um zwölf auf dem Balkon die Knallerei losging, saß ich mit einem Schnapsglas, halbvoll mit Eierlikör, unter dem Küchentisch und hielt mir die Ohren zu. Ich hatte eine Heidenangst vor dem Geballer. So ging 1956 zu Ende.

Kapitel 4
Mäcki 1957

Mein Freund Mäcki Holtz wohnte auf der anderen Straßenseite, Nummer 39. Sein Gesicht war voller Sommersprossen und er hatte rote Haare. Sein jüngerer Bruder hieß Werner. Von seinem Balkon aus hatte er einen weiten Rundblick über die ganze Straße. Manchmal hörte er die Glocke vom Ullsteinhaus schlagen. Kein Wunder, Holtzens wohnten ganz oben im Haus, im dritten Stock..

Mäcki war ganz das Gegenteil von mir und bei den Erwachsenen sehr beliebt durch seine Höflichkeit, Bescheidenheit und Hilfsbereitschaft, während ich als der Rabauke der Straße bekannt war. Trotzdem machte er fast allen Blödsinn mit, den ich ausheckte. Sein richtiger Name war eigentlich Wolfgang, doch wie die meisten von den Freunden, hatte auch er seinen Spitznamen bekommen.

Jedes Mal, wenn ich den Hausflur meines Freundes betrat, stieg mir der Geruch von Eintopf in die Nase. Als ich vor der Wohnungstür stand, war mir klar: „Det kommt von hier." Mäckis Eltern kamen aus Ostpreußen und da gab es eben öfters Kohleintopf. Zum Spielen setzten wir uns an den Küchentisch. Ich wollte unbedingt am Fenster sitzen, denn da konnte ich bis hin zum Wasserturm auf dem Friedhof Bergstraße schauen. Sein Spielzeug bewahrte Mäcki im schmalen Fensterschrank auf. Wir beschlossen mit den Gipssoldaten zu spielen. Er holte eine große Holzkiste hervor und jeder nahm sich ein paar der Figuren heraus. Gerade als wir anfangen wollten, kam Werner in die Küche und wollte mitmachen. Doch das passte uns gar nicht und wir versuchten ihn wegzuscheuchen. Das wiederum gefiel Mäckis Mutter nicht und sie meckerte uns an: „Lasst ja den Werner auch mitspielen". Ich hatte es ja vorausgeahnt, kurze Zeit später fing er an zu stänkern. Durch das laute Gezanke neugierig geworden, kam Mäckis Vater in die Küche.

Vor dem besaß ich einen Heidenrespekt. Erst im letzten Sommer, als ich in Holtzens Garten war, hatte er mir eine runtergehauen und mir in den Hintern getreten. Anlass war ein kleiner Streit zwischen Mäcki und mir, als es darum ging, wer seine Mohrrüben zuerst am Brunnen abwäscht. Bei der Rangelei verpasste mir Mäcki einen Schubs und ich fiel kopfüber in den Brunnen. Sein Vater zog mich am Hemdkragen packend wieder heraus, weil er der Meinung war, ich wollte einen von den Goldfischen klauen, die da drin rumschwammen.

Und nun stand dieser Mann wieder neben mir. Er brüllte uns an und als ich den warnenden Blick von Mäckis Mutter sah, verstand ich sofort und schlich mich aus der Wohnung. Kurz lauschte ich noch mit einem Ohr an der Tür und hörte das Klatschen von Ohrfeigen. Mäcki tat mir immer leid, er hatte unter seinem Vater viel zu leiden. Seinem Bruder erging es natürlich ebenso. Mäcki erzählte mir öfters: „Am schlimmsten is' det immer denn, wenn der Alte besoffen is'."

Ich schwang mich auf das Treppengeländer und rutschte hinunter, bis ich zur ersten Etage kam. Wie auf Kommando riss Frau Trippler ihre Wohnungstüre auf und hielt mich an. „ Musst du Rotznase immer auf dem Geländer runterrutschen und dabei so einen Krach machen, immer weckst du meinen Mann auf, der gerade eingeschlafen ist." Dann holte sie aus und wollte mir eine runterhauen. Doch geschickt schlüpfte ich unter ihrer Hand hindurch, streckte ihr die Zunge raus und flitzte die Treppe hinunter. Es war mir immer unbegreiflich, dass diese Frau gerade in dem Moment, wenn ich an ihrer Tür vorbeimusste, aus der Wohnung stürmte. Ich war fest davon überzeugt, dass sie immer hinter der Tür stand und lauschte.

Kapitel 5
Der Untermieter 1957

Draußen auf der Straße überlegte ich noch einen Moment, was ich jetzt machen könnte, da ertönte der Pfiff meiner Mutter, das Zeichen um nach oben zu kommen. An der Wohnungstür angekommen, hörte ich von drinnen schon die unverkennbare Stimme von Fräulein Trogisch. Das war eine nette ältere Dame, der mein Vater zu Hause immer die Haare machte. In seinem Beruf als Friseur verdiente er nicht genug und so arbeitete er nach Feierabend in der Wohnung. Nachdem ich Fräulein Trogisch mit einem braven Diener begrüßt hatte, bekam ich von ihr einen Kasten mit Schokoladen-Katzenzungen geschenkt. Das war immer etwas Besonderes für mich. Sofort versteckte ich den Kasten in meinem Spielzeugregal. Denn, wenn ich nicht aufpasste, naschte mir mein Vater wieder die Hälfte weg. Die ganze Wohnung stank nach einer säuerlichen, scharfen Flüssigkeit, die vom Kopf der Frau kam. „Das stinkt aber heute gewaltig", bemerkte auch mein Opa, der von der Toilette kam. „Da riechste wenigstens nicht deinen Gestank vom Klo", konnte sich mein Vater nicht verkneifen zu sagen und schon knallte mein Opa beleidigt seine Tür zu.

Trotz der Arbeit nach Feierabend reichte es bei meinen Eltern hinten und vorne nicht. Mein Vater verdiente als Friseur nur 60,- DM im Monat. Aus diesem Grund kaufte er sich ein Fahrrad mit Hilfsmotor. Damit fuhr er wochentags, noch vor Beginn seiner Arbeit im „Salon Briest" am Stadtpark, die Berliner Morgenpost aus.

Am folgenden Abend hörte ich, wie sich meine Eltern über einen Untermieter unterhielten, der sollte im kleinen Schlafzimmer untergebracht werden. Da aber mein Spielzeug dort war, passte mir das überhaupt nicht. Doch alle meine Einwände wurden mit den Worten: „Willste trocken Brot essen, weil das Geld nicht reicht?", abgeschmettert. Ich hoffte inbrünstig, dass der Untermieter nicht lange bleiben würde.

Ein paar Tage später, es regnete draußen sehr stark, klingelte es am frühen Abend an der Tür. Meine Mutter öffnete und draußen stand ein Mann, bei dessen Anblick ich eine Gänsehaut bekam. Hager und bleich, mit eingefallenen dunklen Augen blickte er zu mir hinunter. Mein Vater war nicht sehr groß und dieser Mann erschien mir wie ein Riese. Von seinem abgewetzten Schlapphut tropfte es auf den Boden. In der einen Hand hielt er einen zerschrammten Koffer, dessen Farbe man nicht mehr erkennen konnte, in der anderen einen verschnürten Persilkarton.

Mit tiefer Stimme stellte er sich als Karl Jaromir vor. Meine Mutter bat ihn herein und zeigte ihm sogleich das Zimmer, wo er unterkommen sollte. Anschließend lud sie ihn zu einer Tasse Kaffee in unser Wohnzimmer ein. Als Jaromir am Tisch saß und sich mit meiner Mutter unterhielt, beobachtete ich, wie er sich öfters gehetzt umschaute. „Wenn det ma keen Verbrecher is", schoss es mir durch den Kopf. Endlich stand er auf und ging in sein Zimmer. Kaum, dass er die Tür geschlossen hatte, fragte ich meine Mutter, ob der Mann auf der Flucht sei. Sie versuchte mir zu erklären, dass er von weit her, aus einem Kriegsgefangenenlager oder so ähnlich gekommen sei und dass er noch kein richtiges Zuhause hätte. Lange würde er sowieso nicht bleiben. Gleich morgen wollte er sich eine eigene Wohnung suchen.

Als mein Vater von der Arbeit kam, erzählte ich ihm gleich, wie der Mann hieß. „Jaromir, so heißt doch einer der Räuber von Onkel Tobias Kasperle Theater." „Siehste", antwortete ich, „und deswejen kam er mir jleich so unheimlich vor." „Na hoffentlich ist er keiner", antwortete mein Vater lachend.

In den darauf folgenden Tagen bekam ich Jaromir kaum zu Gesicht. Nach zwei Wochen war er immer noch da. Doch dann hörte ich, wie meine Mutter mit ihm stritt. Sie beschwerte sich darüber, dass er laufend eine vollgepinkelte Milchflasche vor der Toilettentür abstellte. Jaromir entgegnete, dass dauernd jemand auf dem Klo wäre, wenn er auch mal müsste und es bliebe ihm keine andere Wahl, als dann in die Flasche zu machen. „Wenn sieben Personen in einer Wohnung leben", antwortete meine Mutter, „dann ist das Klo eben öfters besetzt. Und außerdem ist seit neuestem immer die Klobrille bespritzt. Setzen sie sich gefälligst hin."

Jaromir räusperte sich. „Und seit kurzem haben sie auch noch Damenbesuch in der Nacht, das geht jetzt zu weit. Ich fordere sie auf, das Zimmer so bald wie möglich zu kündigen." Peng, das hatte gesessen. Drei Tage später zog Jaromir aus. „Hoffentlich hatta nich' verjessen, seine Milchpulle mitzunehmen", dachte ich und war froh, endlich wieder hinten im kleinen Zimmer schlafen zu können, wo ich abends im Bett die Pappeln hinten auf dem Hof rauschen hören konnte. Vor allem aber hörte ich nun endlich wieder die An- und Abfahrgeräusche der S-Bahn vom Bahnhof Südende. Das alles hatte ich doch sehr vermisst.

Kapitel 6

Auf dem Rummel 1957

Am 30.5.1957 wurde ich in die 3. Klasse versetzt. Zur Belohnung gingen meine Eltern mit mir auf den Rummelplatz an der Bismarckstraße. An einem Sonntagnachmittag lief ich mit meinen Eltern los.

Meine Mutter hatte ihr neues Kleid mit dem großen Sonnenblumenmuster angezogen, was meinen Vater wieder mal zu einem Spruch reizte: „Pass bloß auf, dass dich keiner mit einem Blumenbeet verwechselt." Er selber trug wie immer seine grauen Schuhe mit der dicken Kreppsohle und seinen breitkrempigen Hut. „Und du siehst wieder aus wie Al Capone", stichelte meine Mutter zurück. „Wer issen det?", fragte ich. „Na, so ein Gangster aus Amerika", antwortete meine Mutter.

Wir liefen die Mariendorfer Straße hinunter und kamen hinter dem Immenweg zu den ersten Geschäften. Vor dem Schaufenster von „Lampen Köhler" blieb mein Vater erst mal stehen. Verträumt blickte er dort auf die ausgestellten Fernsehapparate. „Wann koofst'n ma für uns so'n Fernseher?", fragte ich ihn. „Du weißt doch, dass wir dafür nicht genug Geld haben", antwortete meine Mutter. Nach ein paar Minuten riss sich mein Vater endlich von der Schaufensterscheibe los. Seit er oben bei Laues ein Spiel der Fußball-Weltmeisterschaft 1954 gesehen hatte, träumte er von einem eigenen Fernsehapparat.

Meine Mutter war inzwischen schon weitergegangen und stand vor dem Schaufenster von „Specht", einem Schuhgeschäft. „Ach", seufzte sie, „sind die weißen Absatzschuhe aber schön und in Raten kosten sie nur zehn Mark im Monat." „Kein Geld", brummte mein Vater und lief an ihr vorbei.

Am „Häsi", einem kleinen Kino, blieb ich erst mal an den Schaukästen stehen und sah mir die Aushangfotos an. Während mich die Fotos aus dem Wildwestfilm „Pfeile in der Dämmerung" in Bann zogen, debattierten meine Eltern immer noch darum, was wichtiger wäre, ein Fernseher oder neue Absatzschuhe. „Als Friseur verdient man eben nicht so viel", hörte ich meinen Vater sagen und bevor sie sich noch schlimmer in die Haare bekamen, rief ich dazwischen: „Krieg' ick noch`n Eis bei Hennig?", dem besten Eisladen in Berlin, wie meine Freunde und ich meinten. Ich bekam eine Waffel für 20 Pfennig und staunte immer wieder darüber, wie flink die Eisverkäuferin die Waffel, in der viereckigen Halterung, mit Eis voll schmierte.

Der Rummelplatz befand sich auf einem geräumten Trümmergelände gegenüber der Endhaltestelle der Straßenbahnlinie „88". Laute Musik dröhnte herüber. Am lautesten kam sie vom Autoscooter. Dort trafen sich die Halbstarken mit ihren Bienen und tanzten nach der Musik. Die verschiedensten Düfte lagen in der Luft, ich kam mir vor wie im Schlaraffenland. Ich wusste gar nicht, wo man zuerst hingehen sollte.

„Kann ick mit de Luftschaukel fahr'n?", schrie ich meinem Vater ins Ohr, der sich ebenfalls laut mit meiner Mutter unterhielt. Er gab mir 10 Pfennig und ich rannte zur Schiffschaukelbude rüber. Erst musste ich eine Weile warten, weil alle drei Schaukeln besetzt waren. Zwei Pärchen lieferten sich einen Wettkampf, wer zuerst den Überschlag mit der Gondel schafft. Unter dem Gejohle der herumstehenden Halbstarken fielen den Mädchen beim Überschlag die Röcke über die Köpfe. „Da brauchste nich' hinstarren", ranzte mich mein Vater an. Während er mich zur Seite schob, konnte er aber seinen Blick nicht abwenden. Nachdem ich zweimal geschaukelt hatte, lief ich mit den Eltern weiter über den Rummel.

Mein Vater versuchte sein Glück an der Schießbude, schoss aber nur eine Papierblume. Meine Mutter war enttäuscht, sie hätte gern eine von den hübschen Puppen gehabt. „Ich habe im Krieg genug geschossen, da brauche ich hier nicht den Scharfschützen spielen." Beleidigt ging er weiter. Zwischendurch bewunderte ich immer wieder die Halbstarken, wenn sie sich ihre Haare kämmten und den Kamm dann hinter das Ohr klemmten.

Im Mittelpunkt des Rummelplatzes stand das Riesenrad. 50 Pfennig für eine Fahrt war meinen Eltern aber zu teuer. Dicht neben mir stehend, unterhielten sich zwei Halbstarke lautstark und in angeberischer Art mit ihren Freundinnen. „Musste immer bei den Halunken so dichte steh'n", blaffte mich mein Vater an und zog mich weiter. „So`n Halunke will ick nich' werden, aber so `ne Frisur, die will ick später mal haben", erwiderte ich trotzig.

Inzwischen war es 22 Uhr geworden und mit ohrenbetäubendem Knall begann das Feuerwerk. Meine Mutter konnte sich gar nicht einkriegen mit ihrem dauernden „ahh" und „ohh" und „wie ist das schön". Ich hatte mich längst hinter dem Rücken meines Vaters versteckt und hielt mir beide Ohren zu. Zu Hause durfte ich noch mit meinem Vater zusammen eine halbe Stunde vor dem Radio sitzen. Er hörte immer sehr gern die Sendung „Stimme Amerikas" im Rias, dabei kroch er fast in das Radio hinein, weil der Empfang so schwankte. Als ich meinen Vater fragte: „Warum rauscht'n det so im Radio?", erklärte er mir, dass Amerika sehr weit weg ist und deswegen sei die Übertragung immer so schlecht.

Kapitel 7

Murmeln 1957

Endlich war es so warm geworden, dass ich meine abgeranzte Lederhose anziehen konnte. Meine Mutter wollte mir schon längst eine neue kaufen, aber ich liebte meine alte über alles. So eine richtige Lederhose musste speckig und abgeschrammt aussehen, damit sie richtig blank am Hintern war und man mit ihr den Abhang drüben auf Dianas Hof runterrutschen konnte.

Am Abend zuvor hatte ich mit Mäcki, Jürgi, Klaus und Helga verabredet, am nächsten Tag wieder mal zu murmeln. Die letzten Male hatte ich immer verloren und nun hoffte ich, dass mir das Glück auch mal hold sein würde.

Wir trafen uns am Buddelkasten auf meiner Seite, wo unter der großen Kastanie das Murmelfeld war. Zuerst wurde ein neues Murmelloch mit dem Hacken des Schuhes in den Boden gedreht. Mäcki säuberte inzwischen den Boden im Umfeld des Loches. Er räumte kleine Steine, Sandklüter, Unkraut und andere Dinge, die den Lauf der Murmel beeinflussen könnte, aus dem Weg. Ungefähr sechs Meter vom Loch entfernt zog Jürgi mit dem Schuh eine Linie, hinter der wir uns aufstellten. Klaus wischte noch pedantisch mit der Hand losen Sand vom Rand des Loches weg. „Nu' komm' schon", rief ich ungeduldig, „wir wollen anfangen." „Wo bleib'n Helga?", fragte Mäcki und lief die Steintreppe, die vom Buddelkasten zur Straße führte, hoch. „Der kann ma' wieda nich' abwarten, Helga alle Murmeln abzuknöppen", flüsterte ich Jürgi ins Ohr.

Endlich traf auch Helga ein. Sie war zwar ein Mädchen, zu erkennen an ihren Zöpfen, aber sie zog genau wie wir Jungs mit Vorliebe Lederhosen an. Ich sah sie selten mit den anderen Mädchen spielen. Stolz zeigte sie uns ein kleines Säckchen mit funkelnagelneuen Murmeln. „Die hat mir meene Oma gekauft bei ‚Schreib- & Spielwaren Wagner'". Ich beobachtete Mäcki aus den Augenwinkeln, wie er schon auf die blanken Murmeln starrte, die in der Sonne glänzten.

Wir stellten uns alle hinter der Linie auf. „Um wie viele spiel'n wan heute?", fragte Klaus, der seine Murmeln immer in der Hosentasche verbarg, damit keiner wusste, wie viele er mithatte. „Erst ma' um sechs", schlug ich vor. Denn ich hatte keine Lust, gleich alle Murmeln, die ich besaß zu verlieren. Mäcki hatte meistens nur zehn Murmeln dabei. Kein Wunder, bei seinem sagenhaften Glück ging er abends meist mit den Taschen voller Murmeln nach oben.

Helga war als Erste dran. Sie warf alle Murmeln auf einmal. Von den sechs trafen zwei in das Loch, die anderen rollten daneben. Von Klaus rollten drei ins Loch, die anderen trudelten vorbei. Jürgi warf mit solch einem Schwung, dass nur eine Murmel ihr Ziel fand. Die restlichen Murmeln bildeten Einer- und Zweier-Tecker mit den anderen, die um das Loch herumlagen. Von meinen Murmeln verfehlten alle ihr Ziel und zu meinem Pech blieb auch noch eine der Murmeln ziemlich weit entfernt liegen. Sogleich rannte Klaus dorthin und rief: „Det hier is' aba een Kreuzer." Als Kreuzer wurde die Murmel bezeichnet, die am weitesten vom Murmelloch entfernt lag. Sie wurde durch ein aufgemaltes Kreuz am Boden markiert. Der letzte Spieler musste, um zu gewinnen, diese Murmel mit einem Fingerschubser ins Loch befördern. Wenn er es nicht schaffte, kam die Murmel zurück an die markierte Stelle und der Nächste war dran. Das ging solange, bis es einem von uns gelang, die Murmel ins Loch zu befördern.

Als Letzter war Mäcki dran. Er tat es mit viel Gefühl, indem er jede Murmel einzeln warf. Natürlich, wie konnte es auch anders sein, traf er mit vier Murmeln das Loch und riss noch gleich drei andere mit, so dass er mit sieben Murmeln im Loch als bester Werfer begann. Bevor er die erste Murmel anvisierte, flüsterte er mir noch ins Ohr: „Heute Abend findeste Helgas neue Murmeln alle in meenen jroßen Leinensack."

Nach geraumer Zeit schrumpfte der Murmelvorrat bei den meisten von uns, während sich Mäckis rechte Hosentasche immer mehr ausbeulte. Inzwischen kamen auch noch Schmitti und Wolli dazu. Gerade in diesem Moment versenkte Jürgi den zweiten Kreuzer mit einem gezielten Schubser. Dann wurden die ersten Bucker ins Spiel gebracht. Diese wurden je nach Größe eingestuft. Manche waren fünf, andere zehn und die seltenen Stahlbucker zwanzig Murmeln wert.

Am Nachmittag kam es dann zum Höhepunkt. Acht Spieler standen an der Abwurflinie und ein Gewimmel von Murmeln lag rundherum um das Loch. Manche bildeten Zweier-Tecker andere Dreier und Vierer, sogar ein Sechser war darunter. Zwei wurden als Kreuzer deklariert. Aber der eine war so weit weg, dass es fast unmöglich schien, diesen auf einmal in das Loch zu treffen. Endlich hatte auch ich mal eine Glückssträhne und schaffte sogar ein paar von den Teckern aufzulösen. Doch ich musste immer an den Kreuzer denken, der dort hinten lag. Sollte ich es wirklich schaffen der Letzte zu sein, musste ich den versenken. „Da hilft nur schummeln", dachte ich mir. Absichtlich schoss ich eine Murmel vorbei und spielte den Enttäuschten. Sogleich versuchte Wolli voller Elan, wie immer bei Anspannung mit kauender Zunge, den Rest der Murmeln in das Loch zu schieben.

Derweil entfernte ich mich unauffällig von den gespannt zuschauenden Freunden und trat in einem unbeobachteten Moment auf den Kreuzer, der im weichen Boden versank. Im allgemeinen Durcheinander geriet der Kreuzer in Vergessenheit. Als ich dann das sagenhafte Glück hatte, als Letzter dran zu sein, musste ich dauernd an die eingetretene Murmel denken, es hätte ja sein können, dass es doch einer gesehen hatte und mich verpetzen würde. So verlor ich dann meine Konzentration und schoss die allerletzte Murmel am Loch vorbei. Ich hätte mich schwarz ärgern können, denn nun war Mäcki dran und der ließ sich die Chance nicht entgehen. Locker versenkte er die restlichen Murmeln und unter den neidischen Blicken von uns anderen schaufelte er mit beiden Händen mindestens dreißig Murmeln in seine ohnehin schon prallen Hosentaschen.

Als ich ihn am nächsten Tag zum Spielen abholte, zeigte er mir stolz den großen Leinensack voller Murmeln. „Die jehörten alle mal dir und den anderen und vorhin war ooch schon Frau Böttcher, Helgas Oma, bei mir und hat mir Murmeln abjekooft, damit Helga morjen wieder mitspielen kann."

Zwar war der Munsterdamm 1957 immer noch eine Sackgasse, doch die Straßenbauarbeiten für eine Verlängerung bis hin zum Grazer Damm hatten schon begonnen. Die Tage, an denen ich noch mit Helga und Marina auf dem Munsterdamm Rollschuh laufen konnte, waren schon gezählt. Meine Rollschuhe hatten Eisenräder, die auf dem Asphalt einen Höllenkrach machten. Die Mädchen dagegen besaßen schon Gummirollen. Viel lieber jedoch hätte ich einen Roller mit Ballonreifen gehabt.

Kapitel 8

Der Rollerverleih   1957

Nur wenige Kinder auf dem Munsterdamm besaßen einen Roller. Ich hatte anfangs nur einen Holzroller von Steiff mit rotem Holzwinker an der Seite, über den ich mich jedes Mal ärgerte, wenn ich in den Eisenrillen der Gullydeckel hängen blieb. Gaby Paezelt fuhr mit einem ganz eigenartigen Gefährt, welches „Holländer" hieß. Das war ein Gestell mit vier kleinen Holzrädern. Man setzte sich auf eine Art Sitz, lenkte mit beiden Füßen und zog, um sich fortzubewegen, an einem zwei Finger breiten Band ähnlich dem Riemen einer Jalousie. Durch ewiges Auf- und Abziehen setzte sie das Ding in Bewegung. Über meinen Ärger konnte Klaus nur lachen, denn er und Poli besaßen bereits einen Roller mit Ballonreifen, Fußbremse und Gepäckständer.

Wenn wir auf Bäume kletterten oder auf den Ruinen rumturnten, war Klaus fast nie dabei. Da er nicht gerade der Sportlichste war und schon gar nicht schnell rennen konnte, wenn mal Gefahr drohte, spielte er oft mit Poli Busfahrer. Klaus rollerte dann von seiner Haustür am Kottesteig 3 bis zum Hanstedter Weg. Dort war dann seine Endstation genau vor der Haustür, wo Neumann wohnte, unser Feind, der Hauswart. An jedem Hauseingang hielt er kurz an und rief: „Tut", und fuhr den nächsten an. Die Fahrgeräusche machte er mit dem Mund.

Sein liebster Fahrgast war Achim, Jürgis jüngerer Bruder. Den ließ er vor irgendeiner Haustür stehen und dort musste dieser warten, bis Klaus vorbeikam und ihn aufsitzen ließ. Achim stand manchmal eine halbe Stunde an der „Haltestelle", bis er abgeholt wurde. Er stellte sich vor Klaus auf das Trittbrett des Rollers und hielt sich an der Lenkstange fest. Einen anderen ließ Klaus auf seinem Roller selten fahren.

Eines Tages, Klaus rollerte wieder einmal seine Tour ab, fragte ich ihn, ob er mich auch mal mitnehmen würde. Zu meiner großen Überraschung stimmte er zu. So wie ich es von Achim gesehen hatte, stellte ich mich auch auf den Roller. „So geht det nich', Lori, du versperrst mir ja die janze Sicht", sagte er zu mir. „Aba bei Achim jeht's doch ooch", antwortete ich. „Der is' ja ooch kleener als du." Also versuchten wir etwas Neues. „Setz dich ma' auf det Trittbrett mit`n Rücken an' Lenker und deine Mauken legste hinten uff'n Gepäckständer. Nee, det haut ooch nich' hin, du klemmst mir dauernd det Standbeen ab." Verschiedene andere Versuche schlugen auch fehl. Mal schleifte ein Bein von mir am Boden, dann konnte ich das Gleichgewicht nicht halten und zu guter Letzt kippten wir noch mit dem Roller um.

Da kam Klaus eine bahnbrechende Idee, die schnell viele Nachahmer fand. „Pass ma' uff, Lori, setz' dich ma' so hin, dass dein Hintern noch vor meen Standbeen is'. So, und jetzt schwingste deine Beene um den unteren Teil der Lenkstange, dort, wo det mich beim Lenken nicht behindert. Die Füße legste über Kreuz uff det vordere Schutzblech und hältst dich denn mit de Hände an der Lenkstange fest, aber so dass ick noch lenken kann." Es funktionierte perfekt. Klaus konnte ungestört rollern und lenken. Mir tat der Hintern nicht mehr weh und das Bein von ihm wurde auch nicht mehr eingeklemmt. „Weeßte wat", sagte er nach einer Weile zu mir, „wir nennen det eenfach ‚Lorisitz'."

Klaus bekam von seinem Vater immer das neueste Micky Maus Heft gekauft. Als ich wieder mal bei Klaus auf dem Roller saß, fragte ich ihn: „Du Klaus, wenn de ma' stirbst, vaerbste mir denn deine Micky Maus Hefte?"

Der Wunsch, einen eigenen Roller mit Ballonreifen zu besitzen, blieb lange Zeit ein Traum von mir. Als mir meine Mutter ein paar Tage später etwas von einem Rollerverleih an der Bismarckstraße erzählte, lief ich mit Mäcki zusammen dorthin. Im Keller einer Ruine, dicht neben einem sechseckigen Kiosk, sollte der Rollerverleih sein. Am Eingang zum Keller stand mit Tafelkreide auf ein Schild geschrieben: „Roller 20 Pf. die Stunde, Rollerräder 40 Pf. die Stunde". Aufgeregt machten wir uns auf den Heimweg. „Ick frag' gleich ma' meene Mutter, ob sie mir det Jeld für'n Roller jibt", sagte ich zu Mäcki. Der antwortete: „Ick hab ja noch det Sparjeld in meener Sparbüchse, da nehm' ick mir wat von."

Am darauf folgenden Sonntag, gleich nach dem Mittagessen, machten wir uns auf den Weg zum Rollerverleih. Voller Spannung stiegen wir die Stufen zum Keller hinunter. „Mensch, is' det hier dunkel", raunte ich Mäcki zu und hintereinander laufend folgten wir dem Gang, der durch zwei Notlampen erhellt wurde, zu einem großen Kellerraum. Mein Herz hüpfte vor Freude, als ich an der einen Wand die in Reih und Glied aufgestellten Roller stehen sah. Ich stieß Mäcki den Ellenbogen in die Seite: „Kiek ma, da stehen mindestens zwanzich Roller." Als ich ihn ansah, glänzten seine Augen genauso vor Aufregung wie meine. Alle Roller hatten eine Nummer auf dem hinteren Schutzblech mit schwarzer Farbe draufgemalt. Sogleich stürzte ich mich auf die Nummer 7.

„Immer mit de Ruhe, junger Freund", ertönte da aus dem Hintergrund des Kellers eine tiefe Stimme. Erschrocken drehten wir uns um. Ganz hinten im Raum saß ein Mann an einem Tisch, wo eine alte Lampe draufstand. Den hatte ich überhaupt nicht gesehen. Wir gingen zu ihm hin und sahen, dass er über ein Schreibheft gebeugt saß, wo ein Haufen Zahlen aufgeschrieben waren. „Ick hätte jerne den Roller mit der „7", den roten da." „Det jeht nich"", antwortete der Mann, „der is' schon bestellt, kannst den blauen haben mit der „12", der is' jerade repariert." „Na jut, denn nehm ick den." „Und ick will den jrünen mit der „2" haben", rief Mäcki, „der gefällt mir so." Der Mann holte die Roller und gab sie uns. „Denn krieg' ick von jeden 20 Pfennich für die Stunde und lasst euch die Roller nich' klauen, det wird sonst teuer."

Wir gaben dem Rollerverleiher das Geld und wollten schon los, als er „Halt, ick brauch noch eure Adressen", rief. „Nich', dass ihr denkt, ihr könnt' die Roller behalten." Vorsichtig schoben wir die Roller aus dem Keller. Und dann rollerten wir wie die Blöden los und freuten uns. „Haste die Rollerräder jesehen?", fragte ich Mäcki. „Klar, aber 40 Pfennich, det is' ne Menge Jeld." „Wat meinste, wie froh ick war, dass mir meene Mutter det Geld für den Roller jejeben hat." „Wir könn' ja Flaschen aus'n Müllkeller sammeln und denn verkoofen", schlug Mäcki vor. „Oder wir klauen Blumen und verkoofen die bei Frau Böttcher", gab ich zurück. Und so überlegten wir, wo wir noch Geld auftreiben konnten um uns die Roller wieder auszuleihen.

Als ich mir das nächste Mal einen Roller leihen wollte, kamen außer Mäcki noch Schmitti und Jürgi mit. Doch zu meiner großen Enttäuschung waren alle Roller verliehen. Es standen nur kaputte oder reparaturbedürftige „Krücken" herum. „Ja, da müssta schon warten, bis die andern Roller zurückkommen", meinte der Verleiher. „Kommt, wir warten solange draußen", schlug Mäcki vor.

Um die Wartezeit totzuschlagen, schauten wir uns all die Sachen an, die es am Kiosk zu kaufen gab. Ein Glas, in dem Zauberkugeln waren, die beim Lutschen immer die Farbe wechselten, ein Karton mit „Double Bubble" Kaugummis und eine Kiste mit Lakritzpfeifen. „Wenn ick noch mehr Jeld mithätte, würde ick mir noch zwee Triesellutscher koofen", meinte Schmitti. Während ich mir das neue „Sigurd- Piccolo Heft" ansah, interessierte sich

Jürgi für ein „Tarzan Heft"; natürlich durften wir sie nicht in die Hand nehmen. Derweilen fragte Mäcki den Rentner, der uns aus dem Inneren des Kiosk misstrauisch beobachtete: „Wann kommt`n det 7 Uhr Abendblatt mit den Sportnachrichten?" „Na, um 7 Uhr", ranzte der Alte zurück. „Oder wat meenste, warum die Zeitung so heeßt."

Inzwischen versuchten Schmitti und Jürgi durch Rütteln an dem Kaugummiautomaten die kleinen Spielsachen näher an den Auswurf zu bekommen. „Wollt ihr meenen Kiosk umschmeißen, ihr Lauser, macht ja, dassa Land jewinnt." Wütend kam der Mann aus dem Holzhaus heraus. „Nischt wie weg", rief ich den Freunden zu. „Det Geld für die Roller ham wa jetzt sowieso für Kaugummis ausgegeben."

Wieder auf dem Munsterdamm angekommen, wurde beratschlagt, was wir spielen könnten. Da kamen Poli und Klaus mit ihren Rollern um die Ecke geflitzt, wie es aussah, veranstalteten sie gerade ein Wettrollern. „Det is die Idee", rief ich den anderen zu. „Jeder versucht so viel Jeld uffzutreiben, dass sich alle für drei Stunden een' Roller leihen können." „Na und denn?", fragte Schmitti. „Denn veranstalten wa'n Rollerrennen rund um den Oehlertplatz." Das war die beste Idee seit langem, alle waren Feuer und Flamme. Aber es dauerte ein paar Tage, bis jeder sein Geld zusammenhatte.

Am darauf folgenden Sonntag trafen wir uns am Nachmittag vor Chrilles Haus. Auf mein Pfeifen hin schaute sie aus ihrem Fenster. „Wir woll'n Rollerrennen machen, kommste raus?" „Nee, ick hab' wieda ma Stubenarrest, aber vielleicht darf ick in den Garten jehen." Kurz darauf erschien sie im Garten und beugte sich über die Hecke. „Macht Schmitti ooch mit", fragte sie neugierig. Jeder von uns wusste, dass sie in Schmitti verknallt war. „Klar, der is' ooch dabei", antwortete ich und war wieder mal neidisch, dass alle Mädchen hinter Schmitti her waren.

Der Oehlertplatz war ein kleines Rondell. Auf der einen Seite ging es steil bergab und auf der anderen wieder hoch. Die Strecke war alles andere als einfach. Die kleinen Pflastersteine waren mit Bodenwellen durchzogen, unten an der Kurve lag weit verstreut Sand und anderes Zeug auf der Straße. Und auf der anderen Seite musste man all seine Kraft aufbieten um die Steigung zu schaffen. Doch zuerst wurden die Preise ausgelegt. Jeder hatte etwas von sich mitgebracht. Klaus spendierte ein zerlesenes Micky-Maus-Heft. Obwohl dieses etwas zerfleddert war, stellte es dennoch den 2. Preis dar. Jürgi legte eines der kleinen Indianerpferde aus seiner Spielzeugkiste dazu. Auf dieses schwarz-weißgescheckte Pferd war ich schon lange scharf. Mäcki brachte einen kleinen Beutel Murmeln mit, natürlich nicht die nagelneuen von Helga. Schmitti stellte ein Wikingauto dazu und ich hatte nichts weiter mit als ein Sigurdheft Piccolo- Heft, wo die letzte Seite fehlte.

Dann war es so weit. Wir stellten uns am Start auf, Chrille gab das Zeichen zum Start und los ging's. Als ich über einen wüsten Steinholper kam, stieß ich mir das Knie am Lenker dermaßen, dass ich schon aufhören wollte. Doch mit zusammengebissenen Lippen rollerte ich weiter. Als nächsten erwischte es Mäcki, der unten an der Kurve auf dem trockenen Sand wegrutschte und voll gegen einen Maschendrahtzaun bretterte. Schmitti war der lachende Dritte, der die erste Runde ohne Unfall überstand. Doch auch ihn sollte es noch erwischen.

Als er in der dritten Runde an Chrille vorbeikam, die winkend hinter ihrem Zaun stand und lächelnd zu ihr blickte, knallte er mit dem Vorderreifen an den Rinnstein. Er flog unter dem Gelächter der anderen vom Roller und landete in einem Haufen Brennnesseln. Klaus und Poli war dieses Rennen zu gefährlich und so schieden beide schon nach der zweiten Runde aus. Nachdem wir unsere Roller auf eventuellen Unfallschäden überprüft hatten, Jürgi musste seinen Lenker geradebiegen, bei Schmitti wich langsam die Luft aus dem vorderen Reifen und bei mir fehlte auf einmal eine Schraube am Gepäckständer, kam es zur Finalrunde. Mäckis Roller war durch ein schleifendes Schutzblech nicht mehr mit dabei. Mir taten zwar alle Knochen weh und meine Beine fühlten sich wie Blei an, dennoch wollte ich unbedingt gegen Schmitti gewinnen. Nicht nur wegen des Indianerpferdes, sondern um auch einmal einem Mädchen zu imponieren.

Während Schmitti einen Schnellstart hinlegte, drängte mich Jürgi kurz vor der Kurve ab, so dass ich auf dem trockenen Sand, genau an der Stelle, wo Mäcki abgesegelt war, das gleiche Schicksal erlitt. Dazu rutschte ich noch mit den Knien auf dem Holperpflaster entlang und schürfte mir die Haut runter. Trotz des Schmerzes galt mein erster Gedanke nur dem geliehenen Roller. „Lieber Gott, lass bloß den Roller nich' kaputt sein." Als die anderen um mich herumstanden und meine blutenden Knie begutachteten, nahm Schmitti den 1. Preis in Empfang. Es war das gescheckte Indianerpferd. Vor Wut heulte ich gleich noch mehr. Da kam Mäcki auf mich zu und meinte: „Haste noch ma Schwein jehabt, der Roller hat nischt abjekricht", und lachend fügte er noch hinzu: „Lieber een kaputtet Knie als n' kaputter Roller." Und damit hatte er verdammt Recht.

Kapitel 9
Der Filmapparat 1957

Als ich am nächsten Tag von der Schule nach Hause kam, erwartete mich eine große Überraschung. Schon durch die geschlossene Wohnungstür stieg mir der unverkennbare Geruch von Zigarrenrauch in die Nase. Als meine Mutter die Türe öffnete, stürmte ich gleich in die Küche und da saßen sie, meine Großeltern aus Sachsen. Nach einer herzlichen Umarmung fragte ich gleich nach den Stullen, die meine Oma immer für mich aufhob, die waren nämlich dick mit Leberwurst bestrichen. Solche Wurst gab es nur auf dem Land vom Bauern.

Während ich mir die Stullen schmecken ließ, holte mein Opa ein Paket aus seinem Koffer. „Wat is' 'n da drin?", fragte ich neugierig. Zum Vorschein kam ein grauer Karton. „Nu' mach's mal oouf", sprach er in sächsischem Dialekt. Hastig hob ich den Deckel des Kartons hoch und war sprachlos. Da hielt ich auf einmal einen Filmvorführapparat in den Händen. Es war ein mordsschweres Ding aus schwarzem Plastik. „Alles aus Plaste und Elaste", sagte mein Vater, der gerade in die Küche kam. „Ein Original-Produkt aus der Zone." „Nun mach' doch nicht immer alles schlecht, was aus der Ostzone kommt", meinte meine Mutter. Ich stellte den Apparat auf den Tisch. „Pass' bloß auf, dass dir der Kasten nicht runterfällt, der ist nämlich aus Bakelit", rief mein Vater, der schon wieder Angst hatte, dass ich alles kaputtmache. Natürlich waren keine Trickfilme dabei, wie bei Helgas kleinem Filmapparat, sondern zwei Märchenfilme über Rübezahl, den Riesen aus dem Erzgebirge.

Die Filmrolle wurde auf der einen Seite des Apparates eingespannt und durch Drehen mit der Hand auf die andere Seite befördert. Die einzelnen Bilder mussten erklärt werden, dafür lag ein kleines Buch dabei. Gleich am nächsten Tag erzählte ich Mäcki und Klaus von dem Apparat und lud die beiden zu mir ein, um ihnen einen Film vorzuführen. Der Film, den ich den Freunden zeigen wollte, hieß „Die Springwurzel". Schon beim Erwähnen des Titels brach Klaus in meckerndes Gelächter aus und steckte Mäcki gleich damit an. „Mensch, det is' 'n traurijet Märchen, da gibt`s nischt zu lachen", schnauzte ich die beiden an.

Ich stellte zwei Küchenstühle in den Flur und schloss erst mal alle Türen. Mit Reißzwecken befestigte ich ein weißes Bettlaken an der Korridortür als eine Art Leinwand. Den Filmapparat stellte ich auf einen Stapel Bücher, die wiederum auf einem Hocker aufgestapelt waren. Die ganze Sache war eine ziemlich wackelige

Angelegenheit. Nachdem sich die Freunde gesetzt hatten, knipste ich das Licht aus. Jetzt wurde der Flur nur noch von der Lampe des Apparates erhellt. Nach kurzer Zeit war der Kasten heiß geworden und Klaus meinte schnüffelnd: „Det riecht hier wie verbrannte Wikingautos." Er musste es ja wissen, denn erst neulich hatte er zusammen mit Poli welche im Keller am Kottesteig verbrannt. Natürlich musste auch Mäcki seinen Senf noch dazugeben, als er sagte: „Typischer Ostgeruch, den kenn ick, wenn wa durch de Zone nach Groß Vahlberg zu meener Tante fahren." „Jetzt ma' Ruhe", rief ich dazwischen, „der Film fängt an." Und mit diesen Worten ließ ich dem Verhängnis freien Lauf.

Mehrere Dinge ereigneten sich fast gleichzeitig wie bei einer Kettenreaktion. Als ich das Objektiv des Filmapparates anfasste, um das Bild scharf zu stellen, verbrannte ich mir an dem heißen Scheißding höllisch meine Finger. Erschrocken sprang ich zurück und stolperte dabei über das Stromkabel. Dieses riss aus der Steckdose und den damit verbundenen Filmapparat vom Stuhl. Als der Kasten mit lautem Krachen auf dem Boden landete, sprang Klaus mit kreischendem Lachen von seinem Stuhl hoch und rief: „Die Springwurzel hat den Apparat springen lassen." Er bekam sich vor lauter Lachen nicht mehr unter Kontrolle und zu allem Übel stimmte jetzt auch noch Mäcki mit ein.

Mir liefen die Tränen über die Wangen, derweil sich die beiden aus dem Staub machten. Ich konnte Klaus noch lange lachen hören, während sie die Treppe hinunterliefen. Traurig schloss ich die Wohnungstür. Der Filmapparat war natürlich im Eimer, den konnte keiner mehr reparieren. Ich packte ihn, so wie er war, zurück in die Kiste und hievte den Kasten auf den Hängeboden. Dort hat er dann jahrelang gestanden.

Am darauf folgenden Sonntag ging es mit der ganzen Familie raus nach Schildhorn. Das war ein stadtbekanntes Ausflugsrestaurant, wo unter dem Motto „Hier können Familien Kaffee kochen" nur für Geschirr und heißes Wasser bezahlt wurde. Alles andere musste mitgebracht werden. Meine Eltern packten gemahlenen Kaffee, selbstgebackenen Kuchen und alles, was sonst noch dazugehörte, in eine große Tasche. Meine Tante Ruth, Onkel Heinz und meine Cousine Eveline waren auch noch mit von der Partie.

Zuerst fuhren wir mit dem Autobus A2 zum Bahnhof Zoo. Dort standen die Ausflugsbusse, die anstatt einer Linienzahl durch ein Dreieck gekennzeichnet waren. Wie immer gab es schon beim Einsteigen die ersten Tränen, weil alle Kinder ganz oben in der ersten Reihe sitzen wollten, was natürlich nur diejenigen schafften, die zuerst da waren. Die Fahrt nach Schildhorn dauerte ungefähr 45 Minuten. Sobald der Bus zum Halten kam, strömten die Familien mit Sack und Pack den abschüssigen Weg hinunter zum Restaurant. Zu meinem Leidwesen konnte ich dort nicht baden, denn es gab nur die Dampferanlegestelle und einen Bootsverleih.

Mein Vater war kaum zu halten. Mit weit ausgreifenden Schritten jagte er auf zwei der weißen Gartentische zu. Onkel Heinz besorgte derweil noch drei weitere Klappstühle, damit alle an den Tischen Platz hatten. Fast kam es zu einem Streit, weil andere Leute auch suchend durch den Garten rasten, um ihrerseits Stühle und Tische zu besorgen. Als alles so weit organisiert war, machten sich meine Mutter und meine Tante auf den Weg zum Ausschank, wo sie Kaffeekannen und Geschirr bekamen. Ich lief ein Stück mit, doch als ich die lange Schlange der Wartenden sah, haute ich wieder ab.

Inzwischen hatte mein Vater sein Kofferradio in der roten Plastikhülle auf den Tisch gestellt. „Verdammich noch mal", hörte ich ihn fluchen, „der Tisch wackelt wie ein Lämmerschwanz." „Schieb' doch einfach `n Bierdeckel unter det eene Tischbeen", meinte Onkel Heinz, der schon das erste Bier in sich reinschüttete. „Geh doch ma' gucken, wo deine Mutter mit dem Kaffee bleibt, ich verdurste ja hier." Mein Vater war wieder mal die Ungeduld in Person. Als ich bei den beiden Frauen ankam, standen sie schon am Ausschank. Sie gaben der Frau hinter dem Tresen ihren gemahlenen Kaffee und nach wenigen Augenblicken erhielten sie zwei große dampfende Kaffeekannen. Mir drückten sie ein Tablett in die Hand, wo die Teller und Tassen draufstanden. Es war für mich der reinste Balanceakt, das Geschirr ohne Bruch zum Tisch zu bringen.

Mein Vater wollte keine von den Tassen haben, er holte seine eigene aus der Tasche. „Wer weiß schon, welcher Schwindsüchtige aus den Tassen hier gelabbert hat, da nehm' ich lieber meine eigene." Als meine Mutter ihm gerade den Kaffee eingießen wollte, sprang er vom Stuhl hoch und rief: „Halt, den trink ich nich', da hängt vorne Papier aus der Tülle." „Aber Fritz, nu' mach' doch nicht gleich so einen Aufstand hier, das ist doch bloß ein Stück Papier vom Würfelzucker." Meine Mutter bekam einen roten Kopf, weil sich die Leute am Nachbartisch schon umdrehten. Onkel Heinz schien das alles nicht aufzuregen, er war schon bei der dritten Flasche Bier angekommen.

Nach dem Essen stromerte ich ein bisschen in der Gegend umher. Ich lief über den Anlegesteg und beobachtete die Leute, die da angekommen waren. Da fiel mein Blick auf einen kleinen Stein. Ich hob ihn auf und warf ihn ins Wasser. Amüsiert sah ich die vielen kleinen Fische, die da angeschwommen kamen, weil sie dachten, der Stein wäre was zu fressen. Die meisten der Leute vom Dampfer waren so angezogen wie meine Eltern. Doch dann kam eine Frau mit einem bunten Sonntagsnachmittagsausgehkleid. Auf dem Kopf trug sie einen Hut, der war so groß wie der Deckel von einer Wassertonne. Sie stellte sich an die Holzverstrebung des Steges und wollte sich von ihrem Mann fotografieren lassen. Mich interessierte das aber nicht so und ich suchte weiter nach Steinen, um diese ins Wasser zu werfen. Ein Stück weiter entfernt entdeckte ich einen ziemlich großen Stein. Den schleppte ich zum Steg und ließ ihn in das Wasser plumpsen. Eine hohe Wasserfontäne spritzte nach oben und die Frau mit dem Hut bekam die Hälfte ab. Laut schimpfend haute sie mir eine Backpfeife.

Heulend rannte ich zum Tisch der Familie. Mein Vater, der sich noch immer nicht über das Papier in der Kanne beruhigt hatte, musste wohl den Zwischenfall beobachtet haben und kam mir mit langen Schritten entgegen. Zuerst dachte ich: „Jetzt haut der dir ooch noch eene runter", er lief aber an mir vorbei auf die Frau zu. Nach kurzem Gezeter zwischen ihm und der Frau beruhigten sich die Gemüter und er kehrte an den Tisch zurück, wo sich Onkel Heinz gerade schwankend auf den Weg zur Toilette machte. „Der ist bald so besoffen, dass er nicht mehr geradeaus loofen kann", dachte ich mir.

Der Nachmittag zog sich endlos hin und ich musste an meine Freunde denken, die bestimmt im Buddelkasten spielten, während ich hier vor Langeweile starb. Da machte mein Vater den Vorschlag, ein Tretboot zu leihen und ein bisschen raus aufs Wasser zu fahren. Als ich meinen Onkel fragte, ob er auch mitkommen würde, antwortete er mir mit schwerer Zunge: „Ick fall' bestimmt bloß in det Wasser rin, der Boden hier schwankt mir schon jenuch." Die halbe Stunde auf dem Wasser verging sehr schnell und als wir wieder an Land waren, packten die anderen schon alles zusammen. Auf dem Weg zum Bus ärgerte sich meine Tante schwarz, weil Onkel Heinz mit blöden Sprüchen alle Leute unterhielt, während mein Vater wieder mit meiner Mutter über die Kaffeekanne stritt. Es war immer „schön" draußen in Schildhorn.

Kapitel 10
Eisenrenner 1957

Während die Mädchen „Hopse" oder „Ball an die Wand" spielten, interessierten uns nur unsere Eisenrenner. Die kleinen Rennautos aus Gusseisen waren unten hohl und damit ziemlich leicht. Um zu erreichen, dass sie schwerer wurden und damit besser rollten, füllten wir den Hohlraum mit Knete aus. Es gab verschiedene Modelle. Die meisten meiner Freunde besaßen den „Mercedes Silberpfeil", von Mercedes gab es aber auch noch die breite Ausführung. Als Rennstrecke diente uns der Rinnstein. Da dieser zum Teil ziemlich uneben und holprig war und außerdem die Eisendeckel der Gullys eine gefährliche Falle darstellten, gab es immer ein spannendes Rennen. Wolli zeichnete mit einem Stück Kreide, die er aus der Schule hatte mitgehen lassen, die Strecke auf. Mit Tipp-Topp wurde auslost, wer der Erste war.

Wolli war wieder einmal Sieger. „Keen Wunder", meinte Schmitti, „mit seinen Quadratlatschen jewinnt der jedet Mal." Die anderen stellten ihre Renner hinter Wollis Wagen auf. Ich hatte einen roten, Mäcki seiner war silber, der von Klaus blau, bei dem von Schmitti konnte man die Farbe nur erahnen und der von Jürgi war ziemlich zerkratzt und mit Silberbronze nachgemalt. Sieger des Rennens war immer derjenige, dessen Wagen ohne vom Rinnstein zu fallen die Ziellinie als Erster erreichte. Der Renner durfte nur immer einmal angeschoben werden, dann war der Nächste dran. Derjenige, dessen Auto vom Rinnstein fiel, musste zum Start zurück und von vorne beginnen.

Jürgi, der nach mir gestartet war, schob seinen blöden Renner auf meinen, so dass dieser von der „Piste" fiel. Sogleich entbrannte ein heftiger Streit zwischen uns, den Wolli mit seiner diplomatischen Art schlichtete. Jürgi, der wegen Unfairness zum Start zurück sollte, spielte erst mal die beleidigte Leberwurst. Da erhob sich auf einmal ein großes Geschrei. Der Renner von Klaus war in den Gully gefallen. Sofort lagen alle auf dem Bauch und versuchten den Wagen zu entdecken. „Ick seh' ihn", rief Schmitti, „der steckt halb im Schlamm." Wolli und Jürgi versuchten mit langen Stöckern den Renner auszubuddeln. „Det hat keen Zweck", sagte ich zu ihnen, „wir müssen den Gullydeckel hochheben." „Wie willsten det schaffen?", fragte Wolli, „da heben wa uns alle een Bruch."

Der Zufall wollte es, dass in diesem Moment ein Mann vorbeikam, der uns fragte, was wir da machten. Kurz erklärten wir ihm den Sachverhalt. „Na denn ma' los." Der Mann griff mit seinen Händen in die Zwischenräume des Gullydeckels, hob unter Aufbietung all seiner Kraft den Deckel hoch und wuchtete ihn zur Seite. Wolli packte Jürgi an den Füßen und hängte ihn kopfüber in den Schacht. Nach einer Weile wilden Rumgewühles in dem stinkenden Abfall rief er: „Zieht mich wieda hoch, ick hab ihn und gleich wird ma schlecht." Als er wieder stand und stolz den Renner zeigte, wurde er zum Sieger des Rennens gekürt.

Nachdem wir mit dem Autorennen fertig waren, spielten wir zusammen mit den Mädchen „Ball an die Wand". „Ein ziemlich ödet Spiel", meinte Schmitti, der nur deswegen mitspielte, weil Diana dabei war, auf die er ein Auge geworfen hatte. Oder war es umgekehrt?

Die breite Hauswand zwischen Buddelplatz und Kottesteig nutzten wir nicht nur im Sommer, im Winter diente sie als Schneeballzielscheibe. Schon von weitem sah ich einen Radfahrer, der sich uns im schlingernden Fahrstil näherte. Ich stieß Mäcki in die Seite. „Kiek ma, da kommt eener besoffen uff'n Fahrrad." Als er kurz vor uns war, erkannte ich, dass er vorne und hinten sowie an der Lenkstange Körbe und Taschen zu hängen hatte, die mit Äpfeln beladen waren. Auf dem Rücken trug er auch noch einen Rucksack mit Brennholz. „So wie der beladen ist, kann der ja nich' jeradeaus fahren", meinte Mäcki zu mir. Der Radfahrer bimmelte mit seiner Klingel wie ein Verrückter, um auf sich aufmerksam zu machen.

Gerade in diesem Moment rollte der Ball auf die Straße. Zum Ausweichen blieb dem Mann kaum noch Zeit. Doch zu unserem Erstaunen lenkte er das Rad auf den rollenden Ball zu. „Wat hatter'n jetzt vor", rief Schmitti, der den Ball holen wollte. Mit einem Schlenker des Vorderrads wollte der Mann im Stile eines Radballers den Ball zu uns zurückschießen. „Pass uff", sagte ich zu Mäcki, „gleich fliecht der uff de Fresse." Und als wenn ich es geahnt hätte, passierte es auch schon. Das Vorderrad stellte sich quer, er verlor die Balance und schoss voll über den Lenker auf die Straße. Im ersten Moment konnten wir uns vor Lachen nicht mehr einkriegen, doch als wir den Mann auf dem Asphalt liegen sahen, die Äpfel kullerten alle über die Straße, rannten wir hin und halfen ihm beim Aufstehen. Die anderen sammelten inzwischen die Äpfel ein. Trotzdem konnten Schmitti, Mäcki und ich nicht mehr aufhören zu lachen und die Tränen kullerten uns über das Gesicht. Dem Mann war aber nichts weiter passiert. Er bog seinen Lenker wieder gerade und sagte lachend: „Wie kann man bloß so dumm sein wie ich." Dann schenkte er jedem von uns einen Apfel und radelte winkend davon.

Wolli griff sich wieder den Ball und schoss vom Mittelstreifen aus immer an die Wand. Dieses jedoch lockte Herrn Baer aus seiner Wohnung, der wissen wollte, woher das ewige Gebumse kam. Als er Wolli entdeckte, der gerade wieder einen Treffer an der Wand landete, meckerte ihn Baer aus. Inzwischen war es schon später Nachmittag und die Hausfrauen schleppten ihre Einkaufsnetze nach Hause. Wolli schoss lustig weiter und schaffte es immer, den Ball ungefähr einen halben Meter über den Köpfen der vorbeilaufenden Leute an die Wand zu donnern. Doch dann hatte er Pech. Eine Frau, bepackt wie ein Esel, kam die Straße entlang. Als sie genau in der Mitte der Mauer war, gelang Wolli der „Goldene Schuss". Er traf die arme Frau mit dem Ball genau am Kopf, worauf diese alle Tüten mit den eingekauften Lebensmitteln fallen ließ. Wie die Geschichte weiterging, weiß ich nicht mehr, denn ich bin vor Schiss abgehauen.

Kapitel 11

Südi 1957

Die wärmsten Tage des Jahres waren meist die in den großen
Ferien. Den ganzen Tag waren wir draußen und tobten durch die
Gegend. Am allerliebsten spielte ich „Cowboy und Indianer".
Unsere Prärie lag hinter dem Sandberg am Ende des Munster-
damms. Jedoch war dieses Gebiet abgesteckt mit unsichtbaren
Grenzen. Auf der linken Seite, dort wo der Friedhof begann,
hoben sich zwei kleine Hügel empor. Kurz nach Einbruch der
Dämmerung sahen wir oft einen roten Feuerschein, der über den
Hügeln leuchtete. Irgendjemand hatte uns erzählt, dass dort hinten
Tote verbrannt werden. Seitdem traute sich keiner von uns in die
Nähe des Geländes. Weiter hinten am Mörtelwerk, dort, wo tiefe
Sandgruben waren, regierten die Flüchtlinge aus der Mau-Mau-
Siedlung. Das waren ganz gemeine Jungs, vor denen hatten sogar
unsere Halbstarken Respekt. Trotzdem reizte es mich unwahr-
scheinlich, dorthin zu gehen. Battis Bruder Peter schwärmte von
den vielen Auto- und Treckerreifen, die auf dem Grund der tiefsten Grube lagen. Aber alleine traute ich mich nicht dorthin. Zu
Mäcki aber sagte ich: „Eenmal werden wa da hinjehen und uns
so'n Treckerreifen holen."

Auf der rechten Seite, da, wo die Häuser zu Ende waren, stieg
das Gelände etwa 20 Meter an. Dort stand noch der Teil einer
Ruine. Auf dem daneben liegenden Gelände war ein tiefer Bombentrichter. Dort oben gab es eine Anzahl verwilderter Grundstücke.

In diesem Jahr waren die Straßenbauarbeiten schon deutlich
zu erkennen. Als ich mit Mäcki eines Nachmittags auf dem Berg
stand, sagte ich traurig zu ihm: „Die neue Straße schneidet unseren Südi", so nannten wir das Südgelände, „in zwee Teile. Mein
Vater hat erzählt, dass se 'ne Laubenkolonie bis hin zum Friedhof

bauen woll'n. Da bleibt uns dann nur noch die rechte Seite bis hin zum Schwimmbad." Am nächsten Tag wollten wir jedenfalls wieder über unsere Prärie streichen.

Der „Südi" war ein einziges Naturgebiet. Dort wuchs alles durcheinander. Holunderbüsche, Goldrauten, Klettensträucher, weite Grasflächen und vieles mehr. Auch die Tierwelt war zahlreich vertreten. Vom Kaninchen bis zum Fuchs, vom Fasan bis zum Rebhuhn und von der Eidechse bis zur Feldmaus. Alle Tiere hatten dort ihr Zuhause. Es gab tiefe und flache Kuhlen, kleine Anhöhen und unübersichtliche Stellen. Für meine Freunde und mich ein wahres Paradies zum Spielen. Es bot nicht nur für die Tiere, sondern auch für uns viele Verstecke. Bei unseren Streifzügen entdeckten wir oft die Spuren der Tiere. Meistens waren es haufenweise Hasenkegel. Oft scheuchten wir irgendein Tier auf, welches dann verschreckt aus dem Gebüsch kam. Meistens waren wir noch mehr erschrocken als das Tier. Wir hätten dort am liebsten von früh bis spät gespielt, wenn nicht die Angst vor dem Wächter mit dem Hund gewesen wäre. Dieser tauchte meist unverhofft auf und hetzte dann den scharfen Schäferhund auf uns. Wie von Furien gehetzt, rannten wir dann zum rettenden Loch im Zaun. Oft zerriss ein Hemd beim Durchkriechen oder der rostige Stacheldraht hinterließ eine Furche auf der Kopfhaut. Aber das war alles halb so schlimm, Hauptsache wir entkamen.

Wir trafen uns immer an der linken Laterne am Kottesteig 1, da wo Wolli bei seinen Großeltern wohnte. Wolli erschien wie immer mit der Häuptlingshaube und verteilte die „Waffen". Er nahm den Tomahawk mit der Gummischneide und sein wabbliges Gummimesser. Jürgi bekam eine nicht funktionierende Zündplätzchenpistole. Klaus das Lasso, es war das Teil einer zerfransten Wäscheleine, und Schmitti die Wasserpistole. Mäcki und mir teilte er je einen Stock in annähernder Form einer Pistole zu. Die ganz Kleinen, wie Werner, Schmittis Bruder Henni und Jürgis Bruder Achim gingen leer aus. „Ihr spielt die Pferde oder die Jefangenen", bestimmte Wolli, „ und außerdem muss noch eener Wache stehen, falls der Wächter in Sicht kommt."

Im Gänsemarsch zogen wir alle los. Wolli hielt den Zaun hoch und nacheinander krochen alle unten durch. Ich zeigte Wolli ein Bild aus einem Micky-Maus-Heft, wo der Wigwam von Klein Adlerauge zu sehen war. „Meinste, sowat könn wa ooch bauen?", fragte ich ihn. Er rief alle zusammen und hielt Kriegsrat. Jeder musste sich im Indianersitz hinsetzen. Manche stellten sich dabei immer ziemlich umständlich an. „Hört ma her, wir nehm' Goldrauten, die wachsen hier massenhaft. Aber zuerst sucht jeder nach een paar langen, dicken Ästen, die müssen unjefähr so lang sein." Er stellte sich auf die Zehenspitzen und streckte seine Arme aus. Um den Goldrauten den richtigen Halt zu geben, schlug Jürgi vor, in halber Höhe rundherum dünne Äste zu befestigen, was von Wolli als prima Einfall anerkannt wurde. „Wat nehm' wa denn zum Festbinden?", fragte ich. „Na hier liecht doch'n Haufen Zeuch rum", antwortete Schmitti, der schon ein Stück verrosteten Draht gefunden hatte. Nach einer Weile brachte jeder irgendetwas an, was zum Zeltbauen nützlich war.

Der „Südi" bot alles, was wir brauchten. Nach dem Krieg wurde vieles auf dem Gelände entsorgt und so entdeckte ich zwischen einigen Büschen noch eine alte Lore, die noch aus der Zeit stammte, als kleine Lorenzüge den Trümmerschutt über den Munsterdamm zum Insulaner brachten, um diesen damit aufzuschütten.

Es war schon spät am Nachmittag, als jeder sein Zelt im Rohbau fertig hatte. „Jetzt müssen wa uns aber beeilen", mahnte Wolli, „der Wächter wird bald ufftauchen." „Da haste Recht, besser iss, wir hauen gleich ab, ick hab' so een unjutet Gefühl, aber jleich morgen machen wa weiter." Am nächsten Tag war ich mit Mäcki zusammen der Erste an unserem Lagerplatz. Sogleich machten wir uns an die Arbeit. Es dauerte aber nicht lange, bis die anderen auch kamen. Jeder schleppte bündelweise Goldraute an und verteilte sie so, dass alles abgedichtet war. Zu guter Letzt kroch jeder in sein Zelt um zu prüfen, dass nicht noch irgendwo ein Sonnenstrahl durchschien. Dann setzten wir uns alle im Kreis nach Indianerart hin und freuten uns wie die Schneekönige über unser Indianerdorf. „Morjen machen wa noch'n Lagerfeuer", schlug Wolli vor. „Und wer besorcht die Streichhölzer?", fragte ich. „Ick werd' schon welche ufftreiben", antwortete Schmitti. Doch daraus wurde nichts, denn in den darauf folgenden Tagen regnete es Strippen.

Als endlich wieder die Sonne schien, machte ich mich gleich nach dem Frühstück auf den Weg zu unseren Zelten. Doch als ich diese erreichte, traf es mich mitten ins Herz. Sämtliche Zelte waren zerstört worden. Sofort sagte ich den anderen Bescheid und dann standen auch die Freunde mit gesenktem Kopf vor dem Unbegreiflichen. Wolli fasste sich als Erster und sprach mit tränenerstickter Stimme: „Det waren bestimmt die Flüchtlinge aus der ‚Mau-Mau-Siedlung' vom Grazer Damm." Doch wir bauten alles wieder auf und schon am nächsten Tag standen alle Zelte wieder an ihren alten Plätzen.

Mäcki und ich fanden es doof, immer nur mit Stöcken zu schießen und wir beschlossen, uns einen Tomahawk zu basteln. Beim Herumstrolchen hatte ich in einer Kuhle haufenweise zerbrochene Schieferstücke entdeckt. Wahrscheinlich waren es Schuttreste von Dachschiefer. Es gab verschieden große Stücke, die meisten waren grau, nur vereinzelt lagen auch rote dazwischen. Da entdeckte ich ein graues Stück Schiefer, das fast der Form einer Tomahawkschneide ähnelte. Sofort machte ich mich daran, mit einem kleinen scharfkantigen Stein die Form zu verfeinern. Ich hämmerte so lange daran herum, bis ich zufrieden war. Mäcki war inzwischen auf der Suche nach dem passenden Stiel, den er nach einiger Zeit in einem Holunderstrauch fand. Mit einem kleinen Taschenmesser, was damals fast jeder von uns besaß, auch wenn es nur ein Souvenir aus dem Harz war, hackte ich den Ast in der richtigen Größe ab und kerbte ihn am oberen Ende auf die Länge des Schieferstückes ein. Aus irgendeiner Hosentasche brachte ich ein Stück

Draht hervor. Nachdem die Schneide in die Astkerbe geschoben war, umwickelte ich diese fest mit dem Draht. Der war aber schon sehr rostig und brach deshalb dauernd ab.

Endlich war es geschafft. Stolz hielt ich meinen selbstgebauten Tomahawk in die Höhe und tat so, als wenn ich gegen unsichtbare Feinde kämpfte. „Probier doch ma', ob der ooch im Baumstamm stecken bleibt so wie im Film", meinte Schmitti, der inzwischen auch dabei war, sich einen zu basteln. Zusammen liefen wir zum nächsten dicken Baum. „Det is' jetzt een Feind" und mit diesen Worten hieb ich in den Stamm. Natürlich zerbrach sofort das Schieferstück in zwei Teile. Mäcki und Schmitti fingen an zu lachen. „Ihr mit euren blöden Einfällen." Beleidigt machte ich mich daran, einen neuen Tomahawk zu bauen. Zur Sicherheit steckte ich mir aber noch eine zweite Schneide in die Tasche. Bald darauf hatten sich alle einen gebaut, nur Wolli behielt seinen mit der Gummischneide. „Ick will ja keenen verletzen", sagte er; doch er war nur beleidigt, weil die Idee nicht von ihm gekommen war. So wurde ich zum Unterhäuptling ernannt, was wiederum Jürgi nicht gefiel, weil er doch ein Jahr älter war als ich.

Schmitti holte derweil drei Streichhölzer aus der Tasche. „Wat soll'n det?", fragte ich ihn, „wo hasten die Reibefläche jelassen?" „Ick konnte nur die klauen, weil meen Vater plötzlich ins Zimmer kam." Doch wie konnte es anders sein, Wolli hatte mal wieder an alles gedacht. Schnell wurde trockenes Gras und Kleinholz zusammengetragen und im Nu brannte unser Lagerfeuer. „Wir müssen bloß uffpassen, dass wa keen Flächenbrand machen, det is' hier allet knochentrocken." „Ick krieg' den janzen Rauch ab", rief Klaus, der auf einmal aufsprang. Daran hatte ich auch nicht gedacht, wenn ich heute Abend nach Hause kommen würde, dann stanken meine Sachen bestimmt nach Rauch und eine Tracht Prügel wäre wieder fällig. Erst letzte Woche hatte mein Vater die abgebrannten Streichhölzer unter dem Sofa entdeckt, mit denen ich gekokelt hatte. Zu meinem Glück fiel mir aber die Ausrede mit dem Laubenpieper ein, dem ich geholfen hatte Laub zu verbrennen. „Und da hab' ick dann immer im Rauch jestanden", erklärte ich meiner Mutter am Abend auf ihre Frage, warum alles an mir nach Rauch rieche.

Kurz bevor die Ferien zu Ende gingen, konnte ich nicht widerstehen eine Grasnarbe zu entzünden, kleiner Flächenbrand von uns genannt. Bevor sich das Feuer jedoch ausbreiten konnte, schaffte ich es gerade noch, die Flammen zu löschen. Mein Freund Batti Rösler hatte dieses Glück nicht gehabt. Zusammen mit seinem älteren Bruder Peter entfachten sie einen Großbrand, dem der halbe Südi zum Opfer fiel. Etliche Löschzüge der Feuerwehr brauchten stundenlang, um die brennende Fläche zu löschen. Wir standen alle oben am Hang auf der rechten Seite des Südis, hinter Helgas Haus und sahen, wie unsere Prärie verbrannte. Wie zum Hohn zeigte Mäcki auf die Straßenbauarbeiter hinten am Insulaner. „Die machen ja sowieso allet kaputt." Es sollte auch nur noch ein Jahr dauern, bis die neue Straße fertig war.

Kapitel 12

Raus nach Wannsee 1957

Am letzten Wochenende im August wurde es brütend heiß. In der Nacht zum Sonntag ließen meine Eltern alle Fenster offen stehen. Ich konnte kein Auge schließen, denn Schwärme von Mücken peinigten mich am laufenden Band. Meinem Vater schien es ähnlich zu ergehen, denn ich hörte ihn laut fluchen und dauernd wurde mit irgendwas geklatscht. Dennoch schlief ich irgendwann ein. Schon am Abend zuvor hatte mein Vater zum Angriff auf das Strandbad Wannsee geblasen.

Am Sonntagmorgen um sechs Uhr war er schon auf den Beinen und entwickelte dynamische Hektik. Im Flur stand schon alles parat. Sein geliebtes Kofferradio in der roten Plastikschutzhülle, sein Klappspaten, die alte graue Wolldecke, in der zwei Holzstangen eingeschnürt waren, und der Rucksack, den er aus der Gefangenschaft mitgebracht hatte. „Mach hinne, Ursel, nischt wie raus nach Wannsee", trieb er meine Mutter an, die ihrerseits gerade in Panik ausbrach, weil die Glasschüssel mit dem Kartoffelsalat nicht mehr in die große Tasche passte.

„Haste an die Stullen gedacht?", rief mein Vater, während er sich schon den Rucksack überwarf. „Aber nicht wieder welche mit dem Stinkerkäse, wo man mit den Fliegen Wettessen machen muss." Dann lief er unruhig den Flur auf und ab, derweil meine Mutter es endlich geschafft hatte, die Fressalien, wie mein Vater es nannte, in der Tasche zu verstauen. Bepackt wie die Maulesel, marschierte Familie Lorenz zum Bahnhof Steglitz. Für mich war es ein endloser Weg, weil mich die neuen Sandalen von „Schmolke" bald umbrachten. Kurz hinter der Bismarckstraße hatte ich schon die erste Blase am Hacken. „Hör auf zu jaulen", brummte mein Vater, „als ich so alt war wie du, musste ich barfuss laufen."

Der Bahnsteig war gerammelt voll, ebenso die S-Bahn. „Heute ist mal wieder halb Berlin auf dem Weg zum Strandbad", brabbelte mein Vater. Eingeklemmt zwischen schwitzenden Menschen versuchte er seinen Rucksack abzusetzen. Am Bahnhof Zehlendorf war das Abteil so voll, dass ich mich nicht mehr bewegen konnte. „Wenn nich' gleich eener det Fenster uffmacht, fall' ick um", rief einer aus der Menge. „Wenn de det schaffst, kriegste zehn Mark von mir", kam von irgendwo die Antwort. „Ick bin hier so einjekeilt, wie `ne Spargelstange." Ich staunte immer wieder, wie viel Gepäck so manche Leute mit sich rumschleppten. Am S-Bahnhof Nikolassee angekommen, schob sich die Menschenmenge aus dem Bahnabteil den Bahnsteig entlang, die Treppe runter und zog in einer langen Schlange Richtung Strandbad Wannsee.

Man hätte meinen können, ein Flüchtlingsstrom zieht die Straße entlang; dazwischen eingekerbt: meine Eltern und ich.

An der Eingangskasse kam es zu einem Wortgefecht zwischen meinem Vater und einem dicken Mann, weil beide wie die Blöden um die Wette drängelten. Nur dem Dazwischengehen beider Ehefrauen war es zu verdanken, dass sich die beiden nicht noch keilten. „Det macht die Hitze", meinte der Junge neben mir, „da sind se alle wie bekloppt." Endlich waren wir drin und als ich die Steintreppe zum Wasser hinunterlief, konnte ich auf dem Wannsee Dampfer und Segelschiffe fahren sehen. Das war immer ein Erlebnis. Sein Ziel fest im Auge, lief mein Vater in großen Schritten voraus. Meine Mutter, die etwas korpulent war, konnte kaum Schritt halten. Er hatte einen freien Fleck zwischen den Decken und Körpern entdeckt und zielstrebig steuerte er darauf hin.

„Hier bleiben wir", mit diesen Worten ließ er sein Gepäck auf den Sand fallen. Jetzt folgte der hektische Teil. Rucksack auf, Spaten raus und graben wie ein Maulwurf. „Woll'n se hier eenen Schützengraben ausheben?", fragte der Mann neben uns missmutig. „Fritz, nimm doch auf die anderen Leute Rücksicht", ermahnte ihn meine Mutter. „Fehlt nur noch, er stellt ein Schild auf ‚Betreten verboten'", frotzelte ein junger Mann, der meinem Vater kopfschüttelnd beim Graben zusah. Meiner Mutter war das wie immer höchst peinlich, aber meinem Vater war das egal. Als er seine Grube fertig hatte, rammte er die beiden Holzstangen in den Boden und spannte die Wolldecke als Sonnenschutz darüber. Erst jetzt zog er seine lange Hose und das verschwitzte Hemd aus. Wie immer trug er seine weinrote Wollbadehose mit dem grauen Streifen. Mit seinem bleichen Oberkörper und den dünnen Beinen sah er aus wie eine Hungerharke.

Dann musste er das ausgeblichene Badehandtuch halten, hinter dem sich meine Mutter ihren schwarz-weiß gestreiften Badeanzug anzog. Darin sah sie immer wie ein dickes Zebra aus. Als auch dieses geschafft war, ließ er sich in den Schatten gleiten und rief sogleich: „Hunger", worauf meine Mutter an der Tasche rumfummelte um die Stullenpakete auszupacken, während ich im warmen Wasser des Wannsees planschte. Als ich nach geraumer Zeit, durch den heißen Sand hüpfend, zur Decke zurückkehrte, trat mein Vater gerade den Kampf mit den Wespen an. Nach erbittertem Widerstand überließ er den Tieren den Kartoffelsalat und begnügte sich dafür mit den Bouletten.

Gegen Abend packten wir dann wieder alles zusammen und fuhren in der überfüllten S-Bahn nach Hause. Ich hatte einen höllischen Sonnenbrand und mein Vater für dieses Jahr die Schnauze voll vom Wannsee.

Kapitel 13
Der Bombentrichter   1957

Oben am Kottesteig, dort wo die Häuser zu Ende waren, führte über eine kleine Steintreppe ein schmaler, mit kleinen Steinen gepflasterter Weg nach oben zum Oehlertring. Auf der rechten Seite zog sich eine dichte Hecke hinter einem Maschendrahtzaun bis nach oben. Dahinter lag Reuters Garten. Auf der linken Seite in Höhe der Steintreppe stand noch der Rest einer grauen Steinmauer. Daneben wuchs ein hohes Gebüsch. Nur ein enger Durchlass zwischen den dichten Sträuchern, dort wo die alte Kastanie wuchs, erlaubte uns den Durchschlupf auf das dahinter liegende wilde Gelände. Auf diesem stand noch eine Ruine. An das verwilderte Grundstück schlossen sich noch andere an und so zog sich das Gelände bis hin zum Schwimmbad. Verschiedene Trampelpfade führten durch dieses mit Büschen, Bäumen, Unkraut und Blumen durchwachsene Areal.

Meistens benutzten wir den etwas schwierigeren Weg, um dort oben rumzustrolchen, nämlich den über die Mauer. Dicht daneben stand ein Kirschbaum, bei dem aber die Kirschen sehr schwer zu pflücken waren. Wir mussten erst auf einen mit morschen Brettern zugedeckten Brunnen steigen, um von dort aus den unteren Ast zu greifen. Was taten wir nicht alles, um an das Obst zu kommen. Gleich dicht neben der Hauswand, wo Klaus wohnte, stand ein vergammelter alter Steinpavillon. Dort rösteten wir manchmal geklaute Kartoffeln, die auf Stöcker gespießt wurden. Die Dinger wurden dann fast verkohlt mit Genuss verdrückt.

Rechts von der Ruine ging es dann etwas bergan. Hinter einer dicken Steinmauer begann der höchste Punkt des Geländes. Dort oben war ein kleiner Bombentrichter. Vor dem Krieg hatte dort einmal ein Ausflugslokal existiert. Die einzigen Überreste waren eine breite, fast zugewachsene Steintreppe und eben diese Mauer. Von oben reichte der Blick bis hin zum Wasserturm auf dem Friedhof Bergstraße. Hinter dem Hügel fiel das Gelände abrupt etwa zwanzig Meter steil hinab. Unten war ein breiter Sandstreifen mit Grasnarben bedeckt, der an der im Bau befindlichen Straße endete. Rechts vom Hügel aus führte ein Trampelpfad durch dichtes Gebüsch zu einem großen Bombentrichter. Dieser war ungefähr zehn Meter tief und sehr breit. Auf der anderen Seite stand eine Teilruine, in der nur eine einzige Familie wohnte, die Knöfels. Dahinter erstreckte sich ein welliges, mit Unkraut bewachsenes Gelände bis hin zum Schwimmbad.

Über den Oehlertring hinweg konnten wir bis zum Priesterweg laufen. Es war eine breite Schneise zwischen den einzelnen kleinen Häusern. Auf dem freien Gelände hatten einige Anwohner Gemüsebeete angelegt. Besonders die Kohlrabibeete zogen uns magisch an, wenn wir Hunger verspürten.

Jedes Mal, wenn ich auf dem höchsten Punkt des Südgeländes stand und über dieses für mich so weite Gebiet schaute, sagte ich mir: „Det is' deine Prärie und wenn de jetzt noch Indianer wärst, dann wärste glücklich."

Der Sommer ging langsam dem Ende zu. Doch auch wenn es kühler wurde, lebten meine Freunde und ich nach dem Motto: „Ist die Schule endlich aus, wo treibt's uns hin, hinaus, hinaus!"

Wieder einmal zogen wir los, um auf Entdeckung zu gehen. Irgendetwas fanden wir immer, was zu gebrauchen war. Rostige, lange Nägel, verschiedenen Draht und zerbrochene, grüne Holzleisten von einer Jalousie. In den Ruinen oder in den verwilderten Gärten gab es genug Zeug, was im Gebüsch versteckt lag oder halb in der Erde verbuddelt war. Schmitti fand mal einen verrosteten Revolver und einen gut erhaltenen Säbel aus dem Krieg.

Mäcki entdeckte dort seine Traumeishockeykelle, einen Ast mit der richtigen Krümmung und ich Draht und Schnurreste. Wir nahmen den Trampelpfad oben am Kottesteig (von uns „Kotte" genannt) an der alten Kastanie. Da kam uns Chrille aufgeregt entgegen gerannt. Als sie außer Puste vor uns stand, erzählte sie unter Tränen, dass ein herzloser Mensch auf dem Eisentor oben am Oehlertring eine Katze auf eine der verrosteten Eisenspitzen gespießt hatte. Als wir am Zaun eintrafen, schien sich die Neuigkeit schon in Windeseile herumgesprochen zu haben, denn aus allen Richtungen kamen Kinder und Erwachsene angelaufen. Mir kam es vor, als wenn der halbe Munsterdamm zusammengekommen wäre. Selbst Helgas Oma stand dabei. Nachdem ich einen Blick auf die Katze geworfen hatte, wurde mir erst mal schlecht. Schmitti machte das alles gar nichts aus. Er begutachtete die tote Katze von allen Seiten. Wahrscheinlich würde er mir hinterher wieder alles ganz haarscharf beschreiben und dann lachen, wenn mir wieder schlecht wurde. Jedenfalls wusste letztendlich keiner, wie die Katze dort hingekommen war und wer so etwas Grauenvolles gemacht hatte.

„Nu kommt doch endlich", rief ich ungeduldig, „wir wollen doch noch zum Bombentrichter bei Knöfel." Während ich mich auf die Socken machte, folgten mir die anderen nach. Als Mäcki neben mir lief, sagte ich leise zu ihm: „Von der Katze werd' ick bestimmt heute Nacht träumen." „Ach, mir hat det nischt ausjemacht, bei meener Tante in Groß Vahlberg uff 'm Bauernhof, da hacken se den Hühnern die Köppe ab und die loofen denn noch `ne Weile über'n Hof, bevor se umfallen." Bevor mir noch mal schlecht wurde, dachte ich schnell an etwas anderes. Doch die tote Katze ging einfach nicht aus meinem Kopf.

Am Rand der tiefen Grube angekommen, sprangen wir alle hinein. Dabei schnitt mir eine Glasscherbe in die linke Wade. Es blutete gleich wie verrückt. Mäcki gab mir sein Taschentuch, um die Wunde zu verbinden. „Hoffentlich is det Taschentuch ooch sauber", rief Jürgi von der anderen Seite der Grube, „sonst krichste noch `ne Blutverjiftung." Er hatte am Grunde des Bombentrichters einen Eimer mit weißer Farbe entdeckt. Nun griff er nach zwei zerbrochenen Holzlatten und rief: „Wenn wa die in die Farbe tunken, könn' wa prima Fackeln daraus machen. Ick weeß nämlich, dass Farbe jut brennt." Nach einiger Popelei mit den Latten bekamen wir den Deckel des einen Blecheimers auf. Sogleich steckte Mäcki einen Stock in den Eimer und wühlte in der Farbe rum. „Wie willsten da Fackeln machen, is' ja viel zu dünn." Er fuchtelte mit dem Stock hin und her und verspritzte die weiße Farbe in der Gegend.

Schmitti riss wie ein Blöder an dem anderen Eimerdeckel herum. „Ick krieg' den Scheißdeckel nich' uff", rief er. Jürgi eilte ihm zu Hilfe und mit gemeinsamen Anstrengungen schafften sie es endlich, wobei der Deckel wie ein Diskus durch die Grube flog. Hätte sich Mäcki nicht blitzschnell geduckt, wäre ihm der Deckel an die Birne geknallt. Zu unserer Freude stellte sich heraus, dass die Farbe in diesem Eimer dick wie Grießbrei war. Ich machte gleich den Stocktest und zur allgemeinen Freude blieb die weiße Masse wie ein Klumpen am Stock kleben. „Haste ma' `ne Reibe (Zündfläche einer Streichholzschachtel), Jürgi?", fragte ich ihn. Er fummelte in seiner Hosentasche herum und brachte eine Streichholzschachtel mit fünf Streichhölzern hervor. „Hab' ick jestern jefunden, da war se noch nass, aber über Nacht isse jetrocknet." Ich zündete eines der Hölzer an und hielt es an meine Fackel. Zuerst stank es ganz mörderisch und eine dicke Qualmwolke stieg nach oben. Doch dann züngelten die ersten Flämmchen empor.

Jürgi versuchte unterdessen den ganzen Farbeimer anzustecken, mit dem Erfolg, dass eine riesige Rauchwolke in den Himmel stieg. Schmitti grub derweil im lockeren Sand am Hang der Grube. Er hatte dort irgendwas entdeckt. „Wenn der da so weiterwühlt, macht der noch den Karnickeln wat vor", meinte Mäcki zu mir.

Klaus und Jürgi bekamen gar nicht genug davon, mit dem Farbeimer rumzukokeln. Die Rauchwolke war inzwischen bestimmt auch am Munsterdamm zu sehen. „Kiek ma', wat ick jefunden habe!" Schmitti kam den Hang runtergerannt, er war völlig außer sich. „Hier, det war im Sand versteckt, bestimmt is' det sehr wertvoll", und er zeigte uns allen einen Zinnbecher. Wieder wurde ich maßlos neidisch, warum konnte ich nicht mal so was Gutes finden, immer nur Schmitti hatte so ein Glück. „Solltest Joldsucher werden", knurrte ich ihn an. „Ick kenn keenen, der so viel Jutet findet wie du."

Langsam wurde mir aber das Feuer im Eimer unheimlich, es brannte wie Zunder. Hoffentlich sieht das kein Polizist, dachte ich und schon war es passiert. Hab' ich euch endlich erwischt, ihr Lauser", donnerte eine laute Stimme in die Grube. Wie gebannt blickten wir alle nach oben, wo zu unserem Grausen ein Polizist stand. „Na wartet, euch werde ich jetzt kriegen." Mit diesen Worten kletterte er in die Grube. Wir sprengten auseinander und jeder versuchte sein Heil in der Flucht. Mit Händen und Füßen versuchten wir auf dem lockeren Sand nach oben zum rettenden Rand der Grube zu kommen.

Als ich schon glaubte, es geschafft zu haben, gab der Sand nach und ich rutschte wieder ein Stückchen zurück in die Grube. Jürgi und Klaus hatten den einfacheren Weg genommen. Sie erreichten schneller den Rand und flitzten davon. Schmitti war schon außer Sichtweite, während Mäcki und mir das Herz bis zum Hals pochte, weil der Polizist immer näher kam. In meiner Panik griff ich zu einem aus dem Hang ragenden dünnen Wasserrohr und zog mich mit letzter Kraft daran hoch. Dicht neben mir kletterte Mäcki mit pfeifender Lunge über den Rand. Der Polizist wollte gerade nach meinem Bein greifen, als er ausrutschte und wieder nach unten schlitterte. Das war dann die rettende Gelegenheit für Mäcki und mich zwischen den Büschen zu verduften. An diesem Tag wagte sich keiner mehr auch nur in die Nähe des Bombentrichters.

Kapitel 14

Das Steinhaus 1957

Der Hof von Helga war im Gegensatz zu den anderen Höfen der kleinste. Dort schien die Sonne nur am Vormittag, den Rest des Tages lag er im Schatten. An der hinteren Seite, zur Ruine hin, zog sich eine Mauer aus brüchigen Ziegelsteinen bis fast zum Müllkeller hin. Jürgi war auf die Idee gekommen unterhalb der Mauer ein Steinhaus zu bauen. Zusammen mit Wolli entwarf er den Plan, wie es gebaut werden sollte.

„Als erstet brauchen wa jede Menge Ziejelsteine", schlug er vor. „Am besten oben aus der Ruine, da liejen massenhaft rum. Vielleicht finden wa da ooch noch Dachpappenreste." Alle sausten los, um die Baumaterialien zu besorgen. Schmitti brachte einen zerfransten Teppich an. „Hab' ick im Müllkeller jefunden, jut wa." Mäcki und ich schleppten am laufenden Band Steine heran. Ich ekelte mich dauernd vor den dicken Spinnen, die zwischen den Klamotten rumkrabbelten. Die mit dem kleinen Körper und den langen Beinen gingen ja noch, aber die dicken Dinger konnte ich auf den Tod nicht ausstehen. Da ließ ich lieber den Stein liegen als den anzufassen. Helga, die lieber mit uns Jungs spielte, entdeckte zwischen einem Geröllhaufen die erhoffte Dachpappe. Mit vereinten Kräften zogen wir diese aus dem Schutt hervor. Prompt lief mir eine von den dicken Spinnen über die Hand. Aufschreiend ließ ich die Pappe fallen. Das war natürlich wieder was für Schmitti. Er fing das Viech mit der Hand ein und fuchtelte mir damit unter der Nase rum. „Hör uff damit, du Idiot", fauchte ich ihn an. „Bauen wa hier een Haus oder machen wa Blödsinn." Wolli schlug Schmitti die Spinne aus der Hand und damit war die Sache erledigt.

Es dauerte fast den ganzen Tag, bis wir alle stolz unser Steinhaus begutachten konnten. Zweimal war es zusammengekracht. Schmittis Teppich bedeckte den Boden und jeder hatte sich aus zwei Ziegelsteinen seinen Sitz gebaut. Die ganze Sache schien zwar sehr wacklig zu sein, aber als es auf einmal zu regnen anfing, schlüpften wir alle ins Haus hinein. Da schaute der neugierige Poli durch den Einlass in die Hütte. „Hau bloß ab", meckerte ihn Schmitti an. „Wer hier nich' mitjeholfen hat, der hat hier ooch nischt zu suchen." Alle nickten zustimmend und Poli zog beleidigt Leine. An den darauf folgenden Tagen saßen wir stundenlang in unserer Steinhütte und freuten uns jedes Mal, wenn es zu regnen anfing. Mit der Zeit jedoch wurde die Dachpappe an verschiedenen Stellen undicht und als Schmitti eines Tages die nasse Dachpappe in den Hals rutschte, waren die Tage des Steinhauses gezählt.

Die Mädchen trauten sich nur hinein, wenn Schmitti alle Spinnen entsorgt hatte. Einmal, als Klaus mit seinem Hund Jockel an der Leine in das Haus hinein wollte, blieb die Hundeleine an der Außenmauer hängen. Wahrscheinlich hat sich der Hund dabei erschreckt und zog wie ein Blöder an der Leine. Mit lautem Poltern krachte unser Bauwerk zusammen. Doch das war nicht das letzte Mal gewesen und so bauten wir die Steinhäuser mehrfach wieder auf.

Schon am nächsten Tag versetzte uns eine neue Sache in Aufregung. Chrille hatte vom Fenster ihres Zimmers aus beobachtet, dass sich ungewöhnliche Dinge auf dem verwilderten Grundstück an Knöfels Haus abspielten. Wie immer, wenn was aufregendes Neues passierte, kam sie zu uns gerannt. Mit ausschmückenden Worten, meistens übertrieb sie maßlos und erzählte die reinsten Schauermärchen, berichtete sie, was los war. Wir spielten gerade im Buddelkasten „Schiffschlacht" und ich war gerade am Verlieren, als sie völlig aufgelöst angerannt kam.

„Ihr müsst alle mitkommen, oben auf dem Oehlertring sind fremde Männer und die haben irgendwas vor." Wolli, der sich wieder mal als Anführer aufspielte, meinte gleich: „Da müssen wa hin." Und schon flitzten wir alle hinter ihm her.

Ich schlug als Abkürzung den Schleichpfad oben in der Mitte vom Kottesteig an der großen Kastanie vor. „Da könn' wa uns besser anschleichen und hinter de Büsche am Bombentrichter sieht uns keener, wenn wa die beobachten." „Jute Idee", bemerkte Wolli. Versteckt hinter den Büschen liegend, konnten wir einige Männer sehen, die eine große Fläche des wilden Geländes mit etwa 50 Zentimeter hohen Netzen umspannten. „Wat die da bloß machen", flüsterte Mäcki mir ins Ohr. Ich zuckte mit den Achseln. „Wir müssen näher ran, von hier aus könn' wa schlecht sehen", meinte Schmitti und stand einfach auf. Er lief auf einen der Männer zu und sprach mit ihm. Nach einigen Minuten winkte er uns zu, wir sollten hinkommen. Als wir alle um ihn herumstanden, erklärte er uns, dass die Leute Kaninchen fangen wollen. „Wie woll'n se denn det machen?", lachte ich laut auf. „So'n Karnickel fangen is' doch fast unmöglich." Da zeigte Schmitti auf einen Käfig, in dem ein komisches Tier hin und her flitzte. „Det hier is'n Frettchen", erklärte einer der Männer, der inzwischen näher gekommen war. „So'ne Art Ratte, wa?" „Nee", antwortete der Mann. Ich konnte mir darunter nichts vorstellen.

Da nahm er das Tier aus dem Käfig und zeigte es uns. Um den Hals trug das Frettchen ein kleines Glöckchen. „Wozu is'n det?", fragte Mäcki. Der Mann lachte und erklärte uns, dass er durch den Klang des Glöckchens immer wusste, wann das Tier wieder aus dem Kaninchenbau herausflitzte. Schmitti meinte, das Frettchen sehe aus wie ein Wiesel. Der Mann hielt das zappelnde Tier mit einer Hand fest und ging zu einem Kaninchenbau. Dort ließ er es hineinschlüpfen. Einen Moment lang konnten wir das Bimmeln des Glöckchens hören, dann war es still. Sekunden später schoss wie der Blitz ein Kaninchen aus einem der vielen Löcher und sauste hakenschlagend durch die Gegend. Plötzlich verfing es sich in dem gespannten Netz. Sogleich stürmte einer der Männer darauf zu, griff das Kaninchen an den Hinterläufen und schlug mit einem Knüppel auf das arme Tier ein.

Allen blieb das Herz stehen. Es war unvorstellbar für uns, so etwas mit anzusehen. Chrille brach in Tränen aus und Schmitti schrie den Mann mit verzweifelter Wut an: „Sie Tiermörder, wie können so wat tun!" „Halt ma' de Luft an, du Knirps", antwortete der Mann. „Det jibt hier so ville Karnickel, det is' die reinste Plage." „Aber die könnse doch nich' alle ermorden." Schmitti war nicht zu beruhigen. „Macht ma', dass ihr Land jewinnt, ihr Lauser", rief jetzt einer der anderen Kaninchenfänger und kam mit dem Knüppel drohend auf uns zu. „Lasst uns schnell abhauen", meinte Wolli, der bis dahin noch gar nichts gesagt hatte. Aus einiger Entfernung beobachteten wir traurig und voller Wut, wie die Männer noch mindestens zwanzig Kaninchen abschlachteten. Da sagte Wolli in seiner ruhigen Art: „Lasst ma, Leute, im nächsten Jahr sind bestimmt wieder alle Kaninchen da. Ihr braucht ja nur an die Massen von Hasenknödel uff'n Südi denken." Der Name „Kaninchenfänger" aber blieb unvergessen.

Kapitel 15

Weihnachtsbasteln bei Helga 1957

Wieder einmal begann für mich die schönste Zeit des Jahres, die Weihnachtszeit. Am 1. Dezember öffnete ich das erste Türchen meines Adventskalenders. Er klebte an der Scheibe des Wohnzimmerfensters, damit das Tageslicht die kleinen Bildtransparente erleuchten konnte. Ich hatte von meiner Mutter einen Kalender mit silbernem Glimmer bekommen, auf dem ein Weihnachtsmann Spielzeug aus seinem Sack verteilte. Die meisten der Freunde hängten ihre Kalender an das Fenster. So konnte ich jedes Mal erkennen, wer von ihnen auch einen bekommen hatte. Im Radio hörte ich jeden Tag den Kinderfunk. Es gab schöne Märchen und der „Rias-Kinderchor" sang, unter der Leitung von Ilse Obrig, Weihnachtslieder. Besonders schön fand ich in dieser Zeit immer die Sendung, „Neues aus Kasperlehausen".

Jeden Tag wartete ich auf die Einladung von Helga zum weihnachtlichen Bastelnachmittag mit ihrer Oma. Frau Böttcher bastelte jedes Jahr in der Adventszeit mit ein paar Kindern vom Munsterdamm. Im letzten Jahr war ich nicht mit dabei gewesen, weil ich Helga im Sommer immer Kletten in die Zöpfe geworfen hatte. Zur Strafe wurde ich deswegen nicht eingeladen. Einen Tag nach Nikolaus kam Helga in der kleinen Pause zu mir. Sie ging ebenso wie Diana und Raini Böhlert in meine Klasse. Die meisten Freunde waren damals Schüler der Markus Grundschule in der Karl Stieler Straße.

Helga fragte mich: „Willste diesmal ooch zu mir kommen und basteln?" Meine Begeisterung war natürlich sehr groß und so traf ich mich mit Mäck, Schmitti und Jürgi ein paar Tage später vor Helgas Haustür. Es war am späten Nachmittag und die Hängelampen der Straßenbeleuchtung waren schon angegangen. Uns war schon ganz weihnachtlich zumute. Doch auf der Treppe fing ich an mich mit Schmitti zu zanken. Kurz bevor wir uns kloppten, öffnete Frau Böttcher die Wohnungstür. Sogleich vertrugen wir uns wieder. Keiner wollte heute vor der Tür stehen bleiben.

Das Wohnzimmer von Helgas Oma war urgemütlich eingerichtet. Gleich hinter der Tür stand ein schwarzes Klavier; an dem musste Helga immer üben, was ihr gar keinen Spaß machte. Oben auf dem Klavier stand das schwarze Telefon. Es war eines von den wenigen, die damals von manchen Eltern benutzt wurden, weil der Weg zur Telefonzelle am Immenweg zu weit war. Links an der Wand war ein alter Schrank postiert. Gegenüber stand die alte Anrichte mit den gedrechselten Beinen. Daneben das kleine Sofa und die alte Stehlampe. Doch den meisten Platz nahm der große, ovale Tisch in der Mitte des Zimmers ein. Er wurde von der antiken Lampe, die über dem Tisch hing, in ein warmes Licht gehüllt, während der Rest des Raumes im Schatten untertauchte. Auf dem Tisch stand in der Mitte ein wunderschöner Adventskranz mit brennenden Kerzen. Davor ein großer Teller mit selbstgebackenen Keksen.

Als jeder an seinem Platz saß, natürlich hatte Frau Böttcher das bestimmt, bekamen alle eine kleine Plastikschere, ein Heft mit buntem Transparentpapier und drei schwarze Deckel von einem Schreibheft. An dem Platz, wo Frau Böttcher saß, lag eine Rolle aus Silberpapier und eine aus Goldpapier sowie allerlei buntes Bastelpapier. Dicht neben den Keksen aber stand ein Gegenstand, um den es fast jedes Jahr zum Streit kam. Immer ging es darum, wer ihn zuerst benutzen durfte. Es war eine kleine kegelförmige Plastikflasche, deren Inhalt so schön nach Marzipan roch. Der Klebstoff von „Pelikan". „Nur echt mit dem kleinen Pinsel", wie Helga immer meinte. Helga legte eine Schallplatte mit Weihnachtsliedern auf den Plattenteller des Phonokoffers und unter der Anleitung von Frau Böttcher wurde erst einmal ein Weihnachtslied gesungen. Schmitti und ich konnten uns wieder mal nicht beherrschen und sangen manche Strophen falsch. Doch nur ein einziger Blick von Helgas Oma genügte und sofort sangen wir wieder richtig.

Nun begann jeder mit seiner Bastelei. Mäcki und Jürgi machten sich daran, aus den Folien Sterne zu schneiden. Ich wollte ein Transparentbild ausschneiden, während sich Schmitti eine Papierkette bastelte. Helga nahm aus einer Packung einen großen Bastelbogen und begann die Teile für einen Hampelmann auszuschneiden. Zwischendurch erzählte jeder, was er sich zu Weihnachten wünschte. Ab und zu wurde auch wieder mal ein Lied gesungen, was sich aber oft wie Katzengejaule anhörte. Zu den Schöneberger Sängerknaben hätte es außer Helga keiner von uns geschafft. Es war eine wunderschöne, urgemütliche Stimmung. Bis zu dem Moment, als sich Schmitti zum selben Zeitpunkt wie ich entschloss, nach dem Klebstoff zu greifen. Sogleich entbrannte ein heftiger Streit, dem sich nun auch noch Helga anschloss, weil auch sie was kleben wollte. Schmitti riss an meinem Transparent, worauf ich ihm Klebstoff an die Wange pinselte. Helga fing an zu heulen, was natürlich Frau Böttcher auf den Plan rief, die eben mal draußen in der Küche gewesen war. Sie schimpfte fürchterlich und wir mussten uns augenblicklich vertragen.

Als sich alles wieder beruhigt hatte, verteilte sie an alle die Schnittbogen mit den Hampelmännern. Die wurden dann alle in reinster Harmonie zusammengebastelt. Zuletzt war jeder auf seinen Hampelmann stolz und alle wurden von Helgas Oma gelobt.

Kapitel 16

Bonbons aus der Pfanne 1957

Kurz vor Weihnachten leerte sich der Inhalt meines Nikolausstiefels merklich. Da erzählte mir meine Mutter, dass sie früher manchmal Bonbons selber gemacht hat, weil es während des Krieges keine zu kaufen gab. In einer kleinen Bratpfanne wurde brauner Zucker mit einem Ei zusammen angerührt und solange erhitzt, bis es eine feste Masse ergab. Mit dem Messer wurde dann die hart gewordene Masse zerteilt und in kleine Stücke geschnitten. „Und, hat's ooch jeschmeckt?", wollte ich wissen. „Und wie", antwortete meine Mutter, „wir hatten doch sonst nichts Süßes gehabt."

Das wollte ich auch mal ausprobieren und als sie am nächsten Tag zum Einkaufen gegangen war, holte ich die Pfanne aus dem Herd. Ich stellte die Zutaten dazu und fing an. Ungestüm schüttete ich den Zucker in die Pfanne und tat ein Stück Butter dazu. Viel zu schnell wurde die Pfanne heiß. Als ich das Ei am Rand der Pfanne aufschlagen wollte, rutschte es mir aus der Hand und ein großes Stück der Schale fiel in die bereits brodelnde Masse in der Pfanne. Ich fummelte einen Moment mit dem Messer in der langsam fest werdenden Kruste herum, bekam jedoch das Schalenstück nicht heraus. Wütend zerhackte ich das Stück Schale und dachte mir, wird sowieso keiner nachher merken. Eine kurze Zeit saß ich am Herd und beobachtete, wie die Blasen der kochenden Bonbonmasse in der Pfanne platzten. Dann musste ich aber mal dringend zum Klo.

Auf einmal roch ich den unverkennbaren Geruch von Angebranntem. Ich sprang von der Klobrille hoch und sauste, die Hose halb in den Kniekehlen hängend, in die Küche. Die Bratpfanne war in eine Rauchwolke eingehüllt, welche langsam Richtung Korridor zog. Ich versuchte die Pfanne von der Herdplatte zu schieben und verbrannte mir dabei die Finger am heißen Griff. Nach einigen vergeblichen Versuchen schaffte ich es dann endlich. Die Herdplatte glühte feuerrot und als sich der Rauch verzogen hatte, sah ich in der Pfanne eine schwarze Masse kleben, die nicht gerade schmackhaft aussah. Nachdem sich die Pfanne einigermaßen abgekühlt hatte, versuchte ich mit dem Messer einzelne Stücke rauszuhacken. Aber das Zeug war hart wie Stein. Nachdem die Messerspitze verbogen war, rannte ich in meiner Verzweiflung zum Schrank im Flur, wo die Werkzeugkiste stand. Dort holte ich einen Schraubenzieher und den Hammer heraus. Beim ersten Schlag mit dem Hammer auf den Schraubenzieher flog die Pfanne vom Herd.

Mir standen die Tränen in den Augen. Wie ich es auch anstellte, es ging nicht. Nach weiteren Versuchen mit dem Werkzeug bemerkte ich die ersten Dellen am Boden der Pfanne. Ich holte noch einmal mit einem mörderischen Schlag aus und siehe da, ein großes Stück der Masse fiel auf den Fußboden.

In diesem Moment schloss meine Mutter die Wohnungstür auf. Als sie das Malheur in der Küche sah, bekam ich erst einmal eine Backpfeife. Da ich aber dicht am Heizkörper stand, flog mein Kopf gegen die Eisenstreben und im Nu hatte ich eine Platzwunde, aus der das Blut nur so strömte. Meine Mutter war nun völlig aufgelöst. Schnell versuchte sie das Blut zu stillen. Dabei vergaß sie offensichtlich das Durcheinander in der Küche. Zur Erinnerung an die „Bonbons" trug ich eine Narbe an der Stirn.

Am Sylvesterabend 1957 ging es bei uns zu Hause hoch her. Meine Tante Ruth und Onkel Heinz waren auch wieder da. Alle trugen komische Papphüte und Onkel Heinz eine dicke, rote Pappnase, an der eine Plastikbrille hing. Es wurde ordentlich gebechert, was meinem Onkel nichts ausmachte, da er des Öfteren besoffen war. Dagegen trank mein Vater, abgesehen von seinem abendlichen Bier, wenig Alkohol. So war es dann auch kein Wunder, dass Onkel Heinz kurz vor zwölf kaum noch stehen konnte.

Bevor es zur Knallerei kam, verzog ich mich in die Küche. Dort verharrte ich mit Watte in den Ohren, bis die Knallerei zu Ende war. Kanonenschläge und Ähnliches waren nicht meine Welt. Auf dem Balkon standen alle zusammen und grölten „Prost Neujahr". Auf einmal kam meine Mutter in die Küche gestürzt und rief laut: „Oh je, oh je!" Ich kroch unter dem Küchentisch hervor und fragte sie, was denn passiert sei. „Pappi ist so besoffen, dass er die Rakete, anstatt sie in die Flasche zu stellen, in der Hand behalten hat. Erst als der Daumen fast schwarz war, hat er es bemerkt." „Na und nu'?", fragte ich meine Mutter, die im Erste-Hilfe-Schrank

rumwühlte. „Na jetzt isser nüchtern und jault rum wie ein Köter."
Wie es weitergegangen ist, habe ich nicht mehr mitbekommen,
denn ich hatte die ganzen Reste aus den Likörgläsern getrunken,
die auf dem Küchentisch standen und war eingeschlafen.

Als ich am Neujahrsmorgen meinem Vater ein frohes und ge-
sundes 1958 wünschen wollte, dabei aber auf seine dick verbun-
dene Hand sah, konnte ich mir seine Antwort schon denken. Der
Blick, den er mir zuwarf, sprach Bände.

Kapitel 17

Eishockey im Grundti 1958

Der 3.Januar 1958 war ein herrlicher Wintertag. Um aus dem
Badezimmerfenster zu sehen, es ging nach hinten zum Hof hinaus, stieg ich wie immer auf das Toilettenbecken und hangelte
mich von dort auf den Heizkörper. Als ich das kleine Fenster öffnete, tropfte mir kaltes Wasser auf das Bein. Auf dem äußeren
Fensterrahmen lag Schnee und als ich endlich aus dem Fenster
schauen konnte, da sah ich zu meiner größten Freude, dass
draußen sehr viel Schnee lag. Da wir im zweiten Stock wohnten,
hatte ich einen weiten Blick über das Gelände, das tief verschneit
war. Hellwigs Garten und Leinewebers Ruinen sahen aus wie eine
Traumlandschaft im Winterschlaf. Es war noch früh am Morgen
und draußen herrschte eine Grabesstille, die nur durch das Kräch-
zen von ein paar Raben gestört wurde.

„Nischt wie runter," war mein nächster Gedanke. Ich wollte
mit Schmitti wieder Spurenleser spielen, das machte im Winter
immer einen Heidenspaß. Es gab zwar nur die Spuren von den
Karnickeln oder den Vögeln, aber vielleicht entdeckten wir doch

einmal eine ungewöhnliche Spur. Warm angezogen mit zwei paar Socken, der Strickmütze, die immer so kratzte und den gestopften Wollhandschuhen, sauste ich die Treppen hinunter. Am Buddelkasten schippte Neumann, der Hauswart, brummend die Schneemassen zusammen.

Als er mich sah, schnauzte er mich gleich an: „Und wehe ihr baut heute wieder `ne Schlitterbahn, wenn ick hier fertich jefecht habe". Ohne ihm zu antworten, lief ich die Abkürzung durch die Grünanlagen an ihm vorbei. „Und wenn de noch ma' durch die Anlagen loofst, kannste wat erleben." Wild fuchtelte er mit dem Schneeschieber durch die Luft. Vor Neumann hatten wir alle Schiss. Der war unberechenbar. Erst im letzten Sommer hatte Neumann Klaus und mich mit seinen dicken Pranken gepackt und wollte uns in den Keller sperren, nur weil wir an die Mauer vom Müllkeller gepinkelt hatten. Es gab nur einen Mann, den wir noch mehr fürchteten, „Rübezahl". Der wohnte auf der anderen Straßenseite.

Schmitti wohnte am Kottesteig Nr. 2 im selben Haus, wo auch Jürgi wohnte, nur eine Etage tiefer. Schmittis Vater arbeitete im Hotel „Giraffe". Tagsüber hat der meist gepennt und wenn ich meinen Freund zum Spielen abholen wollte, musste ich immer im Hausflur oder unten vor der Haustür warten. Es war das einzige Haus am Kottesteig, wo die Tür abgeschlossen war und wo ein Klingelbrett an der Wand hing.

Ich drückte auf den Klingelknopf und kurz darauf steckte Schmitti auch schon seine Birne aus dem Badezimmerfenster. „Wat issen los?", rief er zu mir hinunter. „Kommste runter, im Grundti liegt massenhaft Schnee, da könn' wa Spuren suchen." „Ick muss erst meene Mutter fragen," antwortete er und verschwand vom Fenster. Der nächste Kopf, der kurz darauf am Fenster erschien, war der seiner Mutter. „Michael kann jetzt nicht kommen, versuch' es in zwei Stunden noch mal" und rumms ging das Fenster zu. Ich machte auf der Stelle kehrt und lief hinüber zu Mäcki. Oben vor der Wohnungstür horchte ich erst einmal, ob die Luft auch rein war, dann klingelte ich. Mäcki machte auf und ich unterbreitete ihm meinen Plan. Er war gleich Feuer und Flamme. Bei ihm gab es selten Schwierigkeiten, er durfte, genauso wie ich, immer raus zum Spielen, es sei denn, er musste für seine Mutter einkaufen gehen und das dauerte dann immer ziemlich lange. Sein Bruder Werner wollte auch mitkommen und quengelte so lange, bis wir ihn mitnahmen. Wir rutschten das Treppengeländer runter und zu meiner Verwunderung kamen weder die Trippler noch die Marienfeld aus ihrer Wohnung gerannt. „Wahrscheinlich pennen die noch", dachte ich.

Unten angekommen, rannten wir über den leeren Munsterdamm, flitzten die Treppe zum Buddelkasten runter, wo Werner erst mal auf die Fresse flog. Dann standen wir an der roten Ziegelsteinmauer, die sich auf meinem Hof bis hin zur Waschküche zog, dort wo die Kloppstangen waren. Dicht vor der Mauer wuchsen zwei Blutbuchen, unsere Kletterbäume. Die linke mit den tiefer wachsenden Ästen für uns, die rechte für Wolli und Jürgi, weil die größer waren.

Das Gelände an dieser Stelle stieg etwas an, so dass uns die Mauer auf unserer Seite nur bis zur Schulter ging. Auf der anderen Seite dagegen fiel die Mauer etwa zwei Meter tief ab. Mit den Füßen voran schwang ich mich über die Mauer. An den Händen hängend suchte ich mit den Füßen unseren kleinen Mauereintritt auf der anderen Seite. Blind fand ich ihn sofort. Dieser kleine Spalt half uns beim Überklettern von der tieferen Seite, um bei Gefahr schneller über die Mauer zu kommen. Das plumpsende Geräusch als wir nacheinander auf dem Boden aufkamen, klang dumpf in der stillen Luft. Langsam stapften wir durch den tiefen Schnee. Stellenweise sank Werner, der ja kleiner war als wir, bis zu den Knien in den Schnee ein.

Das wilde Grundstück, das sich auf der einen Seite bis hin zum Priesterweg zog und an der anderen vom Hanstedter Weg begrenzt wurde, war oft uneben und unübersichtlich. Es gab viele alte Bäume, dichtes Gebüsch und teilweise undurchdringbares

Gestrüpp. Hinten links stand eine hohe Mauer, die das Grundstück der Familie Ott absicherte. Die tiefste Stelle des Geländes war die am Teich. Dort ging es ganz schön steil hinunter. An der einen Seite des Sandhanges hatte sich Battis Cousin Engel mal eine Erdhöhle gegraben, als er von zu Hause abhauen wollte. Auf dem Weg durch den Schnee zum Teich erschreckten wir uns oft fast zu Tode, wenn ein Karnickel urplötzlich aufgeschreckt durch unsere Trampelei aus einem Gebüsch schoss.

An den Ufern des Teiches standen Trauerweiden, deren Äste so tief hinabhingen, dass manche Zweige im Eis mit festgefroren waren. „Ob det Eis schon hält?" Werner sah uns fragend an. „Mal sehen, ick werf' ma 'ne Klamotte ruff", erwiderte ich. Mühselig trat ich einen festgefrorenen Stein vom Boden los und warf ihn auf die Eisfläche. Dumpf polterte der Stein über den zugefrorenen Teich. „Nischt passiert", rief Mäcki und wagte sich als Erster vorsichtig auf das Eis. Werner indes schlitterte auf der anderen Seite schon wie wild drauflos. Ich wollte es ihm gleichtun und blieb prompt an einem festgefrorenen Zweig hängen. Der Salto, den ich schoss, hätte mir im Zirkus bestimmt viel Applaus gebracht. Hier brachte er mir nur johlendes Gelächter ein. Schmitti, der inzwischen dazugekommen war, lachte am lautesten. „Wißt ihr wat, hier könnten wa prima Eishockey spielen", schlug Mäcki vor. „Jeder sucht sich einen passenden Ast, der unten gebogen ist wie bei 'ner Schirmkrücke". Ich dachte gleich an den Krückstock meiner Oma, aber den würde sie mir bestimmt nicht borgen.

Es war nicht einfach, den richtig geformten Ast zu finden, zumal alles unter einer hohen Schneedecke lag. Mäcki fand natürlich wieder mal die beste „Kelle". Er besaß genau wie Schmitti den richtigen Riecher, wenn es was zu finden galt. Mein Ast hatte zwar die ideale Krümmung, am oberen Ende war er jedoch ziemlich dünn. Es dauerte seine Zeit, bis alle mehr oder weniger den richtigen Ast gefunden hatten. Inzwischen waren auch Wolli, Jürgi und sein Bruder Achim sowie Raini dazugekommen.

Als alle auf dem Eis standen, bestimmten Wolli und Mäcki wie immer mit TippTopp die Mannschaften. Keiner von uns anderen war so sportlich wie die beiden, mit Ausnahme von Raini vielleicht. „Wat nehm' wa denn als Puck?", fragte ich. Verschiedene Vorschläge wurden gemacht, bis wieder einmal Wolli den besten Einfall hatte. „Wir nehm' einfach `ne Milchdose von Libby's, die treten wa platt und denn ham wa `nen juten Puck". Es wurde ein toller Tag. Wir tobten wie die Wilden über die Eisfläche des Teiches. Eishockeykellen gingen zu Bruch, doch schnell wurden neue besorgt. Nur die von Mäcki hielt allen anderen stand. Im Eifer des Gefechts haute ich Schmitti, der hinter mir stand, meine „Kelle" über den Nischel. „Bluteste stark?", fragte ich ihn besorgt. „Nee, det jeht schon", antwortete er mit schmerzverzerrtem Gesicht. Mitten im größten Getümmel gab es auf einmal einen lauten Knall. Wie versteinert hielten wir inne. „Wat warn det?", fragte Wolli. Mit besorgtem Blick schaute er sich um. Da entdeckte ich zu meinem Entsetzen, dass sich ein langer Riss quer über das Eis zog. „Alle runter vom Teich", brüllte ich, „det Eis bricht auseinander!"

Wie von allen Teufeln gehetzt, suchte jeder sein Heil in der Flucht. Als wir am rettenden Ufer standen, meinte Jürgi aufatmend: „Mann, det war aber knapp, da hätten wa alle einbrechen könn'". Der Schreck steckte uns noch lange danach in den Knochen.

Kapitel 18

Fasching bei Helga 1958

Frau Böttcher, Helgas Oma, war eine sehr kinderliebe Frau. Sie erfreute uns mit Ausflügen, Kino- und Theaterbesuchen und mit Weihnachtsbasteleien, feierte Kindergeburtstage und Fasching mit uns. Das alles waren Sachen, die manche Eltern ihren Kindern damals nicht bieten konnten.

Natürlich durfte Helga wieder bestimmen, wer kommen durfte und wer nicht. Meistens waren nur wir Jungen dort und das war ja auch kein Wunder, Helga spielte ja am liebsten mit uns. Als wir am Vormittag in der Schule Fasching feierten, verkleidete ich mich als Indianer. Prompt kam Helga in derselben Maskerade. Das Komische war nur, dass die halbe Klasse entweder als Cowboy oder als Indianer kostümiert war. Mäcki hatte mich erst vor kurzem gefragt: „Wat willsten ma' werden, wenn de jroß bist?" „Na ick will ma' Cowboy sein", antwortete ich ihm, „und du?" Mäcki antwortete: „Ick will ma' Förster werden."

Nach der Schule beeilte ich mich nach Hause zu kommen. Die Hausaufgaben waren an diesem Tag schnell gemacht, aber bei den Rechenaufgaben tat ich mich wie immer schwer. Kurz vor halb drei war ich endlich fertig. Um drei Uhr sollte ich bei Helga sein, es blieb also nur noch eine halbe Stunde, um mich zu verkleiden. Der Schlapphut von meinem Vater lag eingewickelt in Seidenpapier auf dem Schrank. Der würde einen guten Cowboyhut abgeben. Damit er mir nicht über die Augen rutschte, stopfte meine Mutter Packpapier hinein. Das bunte Deckchen auf dem Nähtisch von meiner Oma band ich als Halstuch um. Der breite schwarze Kunstledergürtel meiner Mutter war der Pistolenhalter für meine Knallplätzchenpistole. Aus dem Erste-Hilfe-Kasten wühlte ich die Augenklappe hervor. Vor dem Spiegel im Flur legte ich alles auf den Boden und begann mich anzuziehen. In Gedanken sah ich mich als der einäugige Bandit Bill. Mit wiegenden Schritten lief ich die Straße entlang zu Helgas Haus.

Vor der Haustür traf ich auf Schmitti, der als Pirat verkleidet war. Um den Kopf hatte er das Seidentuch von seiner Mutter gewickelt. In einem feuerroten Tuch, das er um den Bauch gebunden hatte, steckte der Stiel einer alten Deckenlampe, das war sein Degen. Aber das Schärfste war der Anker, den ihm sein Vater auf den Arm gemalt hatte. „Sieht aus wie echt, wa", meinte er stolz. Obendrauf zierte ihn noch ein mit Augenbrauenstift aufgemalter dünner Oberlippenbart. Neidisch bewunderte ich Schmittis Kostüm.

Dann traf Jürgi ein. Er war als Torero kostümiert. Seine Oma hatte ihm eine enge Hose genäht, die bis zu den Knien reichte. Die viel zu enge und zu kleine Strickjacke trug er als Weste und der bunte Sombrero war aus Pappmachee. Zuletzt kam Mäcki. Er hatte seine Lederhose an und einen Tirolerhut auf dem Kopf. „Ick jeh' als Förster, da brauch' ick mich nich' viel verkleiden", meinte er lustig.

Als wir an der Wohnungstür von Helga klingelten, öffnete sie mit einer Teufelsmaske. „Mehr haste dich nich' verkleidet?", fragte ich erstaunt. Aber das war ja letztendlich auch egal, Hauptsache wir konnten in der Wohnung rumtoben. Nachdem wir das buntgeschmückte Zimmer mit Luftschlangen und Konfetti bestaunt hatten, wurde erst mal eine Höhle im Flur gebaut. Dazu holten wir alle Stühle aus dem Wohnzimmer und stellten sie in der Mitte des Flures zusammen. Dann deckten wir ein großes Bettlaken darüber, knipsten das Licht aus und spielten Gespenster. Zwischendurch ermahnte uns Frau Böttcher etwas leiser zu sein, doch wir lärmten weiter.

Nach geraumer Zeit waren wir fix und fertig. Wir setzten uns an den großen Tisch und verschlangen einige Pfannkuchen. Der Durst wurde mit warmem Kakao gelöscht. Danach setzte ich mich mit Mäcki in Helgas Zimmer und wir schmökerten in „Micky-Maus"- und „Fix und Foxi"-Heften, während sich die anderen auf Helgas kleinem, mechanischem Filmapparat einen Trickfilm ansahen.

Helgas Zimmer zog mich jedes Mal magisch an. Groß war es nicht, aber voller Spielsachen und Kinderbücher. Angefangen von den langen „Petzi Büchern", bis hin zu den „Abenteuern von Karl und Liesel". Doch die Bücher interessierten mich weniger, es war vielmehr die große Kiste mit den Micky-Maus-Heften. Jedes Mal, wenn ein neues Heft erschien, bekam es Helga von ihrer Oma geschenkt. Fast alle Hefte hatte ich schon dutzende Male gelesen, aber ich verschlang sie immer wieder. Mäcki liebte mehr die Fix und Foxi Hefte. Seinem Vater wäre es nicht einmal im Traum eingefallen, ihm solch ein Heft zu kaufen. Meine Eltern hatten nicht so viel Geld. Natürlich konnten wir uns auch mal zwei Hefte ausleihen, aber vorher mussten wir erst Frau Böttcher fragen. Sie holte dann ein kleines Oktavheft vor und schrieb dort alles ein, die Anzahl und das Datum. Wer das geliehene Heft nicht pünktlich zurückbrachte, wurde vermerkt. Fischi durfte sich keine mehr ausleihen, weil er es ständig vergaß, die Hefte pünktlich zurückzugeben. An dem Tag, wo die neue Micky-Maus erschien, bimmelten alle von uns bei Frau Böttcher und fragten, wann wir sie lesen dürfen.

Bevor der Faschingstag zu Ende ging, gab es noch Abendbrot, Wiener Würstchen mit Kartoffelsalat und dazu Coca Cola. Am nächsten Tag erzählte mir Mäcki, dass er seinen Vater gefragt hatte, ob er auch mal zu Hause Coca Cola bekommen könnte. „Und wat hat dein Vater jesagt?", fragte ich ihn neugierig. „So einen amerikanischen Scheiß gibt es bei uns nicht."

Kapitel 19

Die Eisschollen 1958

Langsam ging der Winter dem Ende zu. Schnee konnte ich nur noch vereinzelt entdecken. Nur das kleine Schwimmbecken im verwilderten Garten, im Grundti, war noch zugefroren. Meine Mutter warnte mich jedes Mal davor, jetzt noch Eisflächen zu betreten. Doch wie so oft schlug ich den Rat der Mutter in den Wind.

Zusammen mit meinen Freunden lief ich zu dem Becken hin, um zu testen, ob das Eis uns noch tragen würde. Zu unserer Enttäuschung sahen wir, dass schon Wasser auf dem Eis zu sehen war. Jürgi besorgte von irgendwoher eine Eisenstange und Mäcki schleppte einen dicken Ast heran. Gemeinsam versuchten sie damit Löcher in das Eis zu hacken. Zuerst taten sich einige Risse auf und dann mit einmal zerbrach die Eisfläche in mehrere Teile. „Wer traut sich auf 'ne Eisscholle zu springen?", rief ich. Und schon sprang Werner auf das wackelnde Eis. Doch lange konnte er dort nicht stehen bleiben, weil sich in Sekundenschnelle die Scholle senkte und er mit den Schuhen im Wasser stand. Nass bis auf die Socken rannte er nach Hause. „Der kommt heute nich' wieder", meinte Mäcki, „der kriegt oben erst ma' Dresche und dann Stubenarrest." Als Nächster traute ich mich auf das Eis, doch bevor sich die Eisscholle absenken konnte, sprang ich auf die nächste und so weiter. Schmitti tat es mir nach, rutschte aber aus und setzte sich auf den Hosenboden. „Dein janzer Hintern is' nass", rief Klaus. „Det macht nischt, det trocknet wieder", erwiderte Schmitti. Nach und nach sprang jetzt jeder von Scholle zu Scholle, immer darauf bedacht, rechtzeitig wieder abzuspringen.

Doch dann kam der Moment, wo es Henni, Schmittis jüngerem Bruder, nicht gelang rechtzeitig abzuspringen. Im nächsten Augenblick sprangen Mäcki und Jürgi zugleich auf die Scholle, wo Henni stand. Im Nu sank die Eisscholle ins Tiefe. Geistesgegen-

wärtig schafften es die beiden Freunde gerade noch, auf den rettenden Beckenrand zu springen. Henni jedoch versank bis zur
Hüfte in dem eiskalten Wasser. Bevor er noch tiefer einsank, zogen wir ihn schnell heraus. Wie ein Blitz sauste er nach Hause. Am
nächsten Tag erzählte er uns angeberisch: „Und als ick vor der
Haustür stand, war'n meene Klamotten schon janz steif jefror'n
und ick konnt' ma kaum noch bewejen." Einen Tag später setzte
Tauwetter ein und das ganze Eis schmolz dahin.

Am selben Nachmittag kam meine Tante Ruth zum Kaffeetrinken. Während alle um den Kaffeetisch saßen, dudelte im Hintergrund Opas Radio. Hans Rosenthal war wieder mal angesagt
mit seiner Sendung „Die Rias Kaffeetafel".

Kapitel 20

Der Treckerreifen   1958

Wenn ich einmal in der Woche mit meiner Mutter zum Einkaufen
ging und wir die Straße entlangliefen, blieb ich jedes Mal stehen,
wenn ein Trecker vorbeifuhr. Ich staunte dann immer über die
großen Hinterreifen. So einen Reifen wollte ich zum Spielen haben. Normale Autoreifen fanden wir manchmal in den Ruinen,
aber so einen Treckerreifen nie.

Eines Tages erzählte mir Battis großer Bruder Peter: „Hinten
uff'n Südi, da wo det Mörtelwerk von Nicolai is', da sind tiefe
Sandjruben und in eener liejen massenhaft Reifen." „Ooch Treckerreifen?", fragte ich ihn ganz aufgeregt. „Klar, musste ma' hin-
jehn, aber da issen Wächta, der hat `ne janz scharfe Töle, da muss-
te höllisch uffpassen. Mich hat der Köter ma' ins Been jebissen."
Mit diesen Worten schob er sein linkes Hosenbein hoch und zeig-

te mir eine Narbe: „Kiek ma' hier." Trotz der Warnung von Battis Bruder ließ mich der Gedanke an den Treckerreifen nicht los und ich beschloss, auf alle Fälle mal dort hinzugehen.

Die Straßenbauarbeiten für die Verlängerung des Munsterdammes waren schon sehr fortgeschritten. Das einstmals verwilderte Gebiet auf der rechten Seite unseres Südis bis hin zum Friedhof Bergstraße sah aus wie eine kahle Landschaft. Nur noch vereinzelt wuchsen hier und dort ein paar Sträucher. Es würde schwierig sein, sich bei Gefahr irgendwo noch zu verstecken. Ich sprach mit Mäcki darüber und er meinte, wir könnten es ja mal versuchen, einen Treckerreifen aus der Grube zu holen.

Es war an einem Sonntagvormittag, als wir uns auf den Weg machten. Es hatte zwar in den letzten Tagen immer wieder stark geregnet, doch Mäckis Bedenken von wegen aufgeweichtem Boden und so wischte ich einfach weg. Mich ließ der Gedanke an den Reifen nicht mehr los.

In der Woche trugen wir unsere abgewetzten Lederhosen, verwaschene bunte Hemden und ausgelatschte Schuhe. Das war aber sonntags anders, da wurden wir rausgeputzt mit weißen Kniestrümpfen, blitzeblanken Halbschuhen, einer sauberen Hose und einem gebügelten Oberhemd. Mäckis Mutter achtete noch viel mehr als meine darauf, dass er sich nicht mistig machte.

„Meinste der Wächter is' heute ooch da?", fragte mich Mäcki. „Quatsch, der liecht bestimmt zu Hause uff `n Sofa und pennt aus." Aber insgeheim hatte ich auch Angst, dass er plötzlich doch auftauchen könnte. Den kleinen Pfützen am Boden wichen wir geschickt aus. Erschien uns der Boden zu pampig, machten wir einen großen Bogen darum. Doch aus den Pfützen wurden bald kleine Seen und wir mussten immer öfter, der Gefahr einzusinken, ausweichen. „Woll'n wa nich' lieber wieder umkehren?" Langsam bekam es Mäcki mit der Angst. „Keen Wunder", dachte ich, „wenn der ooch nur eenen Dreckspritzer an der Hose hat, kriegt der gleich `n Arsch voll." „Mann, nu' mach' dir doch nich' gleich inne Hose, stell dir ma' vor, wie die anderen neidisch kieken werden, wenn wa mit dem Treckerreifen die Straße runterrollen." Da wurde er wieder ruhiger und trottete mir hinterher. Doch ein paar Meter weiter passierte das, was ich unter allen Umständen vermeiden wollte. Als ich einer matschigen Stelle ausweichen wollte, balancierte ich auf einem Ziegelstein. Prompt sackte dieser ab und ich rutschte mit dem linken Fuß tief in die Pampe ein. „Kacke, jetzt isses passiert, wie krieg' ick jetzt den Modder wieder vom Schuh ab?" „Nimm doch Pappe, die liegt hier massenweise rum", meinte Mäcki und reichte mir einen Fetzen aufgeweichter Pappe. „Det jeht nich' richtig ab, gib mir mal den Grasbüschel da." Doch egal wie ich mich auch abmühte, ich bekam den Schuh nicht wieder sauber.

Mäcki war inzwischen weitergelaufen und stand nun am Rand der Grube. Erregt winkte er mit den Händen und brüllte mir zu: „Da, da unten liegen die Reifen, Mann, det sind ja Massen." „Sind ooch Treckerreifen mit dabei?", rief ich zurück. „Klar, mindestens acht Stück." „Haste dich ooch nich' verkiekt?" „Nee, komm bloß schnell her." Ich vergaß den mistigen Schuh und rannte zur Grube hin. Zusammen schauten wir ungläubig in den etwa zehn Meter tiefen Abgrund. Doch wie sollten wir da unten einen großen Treckerreifen rausholen können? Dieselbe Frage hatte sich wohl auch Mäcki gestellt, denn der fragende Blick von ihm sagte mir alles.

Da standen wir nun und sahen die Reifen. Dass wir dabei langsam mit beiden Schuhen im Morast versanken, merkten wir erst, als Mäcki aufschrie: „Mir looft ja Wasser inne Schuhe." Aufgeregt versuchte jeder seine Füße rauszuziehen. Mäcki war den Tränen nahe. „Jetzt krieg' ick aber `ne Tracht zu Hause." „Meinste ick nich'", gab ich jaulend zurück. So nah am Ziel und doch alles vergebens. Mäcki war kaum zu beruhigen. „Ick hab' dich noch jewarnt, du und deine Scheiß-Ideen." In diesem Moment begann es leicht zu regnen. „Jetzt pisst det ooch noch, wie solln wa denn jetzt noch sauber nach Hause kommen?" „Du wolltest ja ooch den

Reifen haben und jetzt bin ick wieda an allet Schuld", erwiderte ich mit tränenerstickter Stimme.

In unserer Verzweiflung bemerkten wir nicht den Mann auf der anderen Seite der Grube. Erst als sein Schäferhund anfing zu bellen, schreckten wir auf. Siedend heiß durchzuckte es mich, der Wächter mit dem Hund. Wir rannten los, als wenn es um unser Leben ging. Auf Pampe, Morastlöcher und dergleichen nahm keiner von uns beiden mehr Rücksicht. Ich hatte nur noch den sehnlichsten Wunsch, der heranstürmenden Bestie von Hund zu entwischen. Mäcki rannte noch schneller als ich und ich dachte schon: „Jetzt schaffste det jar nich' mehr." Mein Herz klopfte mir bis zum Hals und schon setzten höllische Seitenstiche ein. Da sah ich endlich die rettenden Häuser vom Munsterdamm. Ich drehte mich noch mal zu dem Wächter um, der seinen Hund inzwischen zurückgepfiffen hatte. „Beim nächsten Mal erwische ich euch schon noch", rief er uns nach. Nacheinander flitzten wir in Marinas Hausflur. Völlig außer Puste und nach Luft hechelnd, lehnten wir uns an die Hauswand und schauten uns gegenseitig an.

Obwohl wir wussten, was uns zu Hause erwarten würde, grinsten wir uns an. „Du siehst aus wie'n Dreckschwein", meinte Mäcki. „Na kiek dich erst ma an, mir tut jetzt schon der Hintern weh, wenn ick daran denke, wat meene Mutter mir erzählen wird." „Ick jeh` erst nach oben, wenn meen Vater in Jarten jejangen is'", meinte Mäcki. Er schaute durch die Haustürscheibe und genau in diesem Moment konnten wir seinen Vater über die Straße gehen sehen. „Mann, da haste aber noch ma' Schwein jehabt. Stell dir ma vor, wir hätten die Abkürzung über'n Oehlertring jemacht, denn wärste deinem Vater jenau inne Arme jerannt." „Der hätte mir gleich eene jescheuert."

Erleichtert öffnete Mäcki die Haustür, als sein Vater oben am Kottesteig verschwunden war. Ich begleitete Mäcki noch bis kurz vor seine Wohnungstür. Bevor er klingelte, versteckte ich mich schnell eine halbe Etage tiefer und wartete darauf, was nun kommen würde, wenn gleich seine Mutter die Tür aufmachte. Der schrille Aufschrei von Mäckis Mutter war bestimmt im ganzen Haus zu hören gewesen. Mit der einen Hand riss sie meinen Freund in die Wohnung, mit der andern schlug sie die Wohnungstür zu. Ich flitzte sofort nach oben und hebelte den Briefschlitz an der Tür hoch, um zu sehen und zu hören, was nun noch passieren würde. Zuerst hörte ich das Klatschen von Ohrfeigen und dann einen nicht enden wollenden Wortschwall.

Mäcki tat mir unendlich leid, denn schließlich war es ja meine Idee gewesen, den Treckerreifen zu holen. Ich hatte genug gehört und schlich leise die Treppen hinunter, um nun meinerseits die Strafe entgegenzunehmen. Es spielte sich genauso ab wie kurz zuvor bei meinem Freund. Der Traum vom Treckerreifen war ausgeträumt. Aber es kam noch schlimmer für mich, meine Mutter brummte mir zwei Tage Stubenarrest auf.

Kapitel 21

Nachhilfeunterricht 1958

Drei Jahre lang hatte ich mit Herrn König denselben Klassenlehrer gehabt, jetzt in der 4. Klasse kam ein neuer Lehrer, der hieß Wetter. Der Unterricht änderte sich schlagartig. Der Neue war mir von Anfang an unsympathisch und das beruhte wahrscheinlich auf Gegenseitigkeit. Oft musste ich nachsitzen oder während des Unterrichts vor der Tür stehen. Bereits nach zwei Monaten verschlechterten sich meine Leistungen, besonders im Rechnen. Ich traute mich schon gar nicht mehr nach Hause, wenn es eine Rechenarbeit zurückgab. Stundenlang saß ich über meinen Hausaufgaben, doch ich konnte mich nicht mehr richtig konzentrieren. „Wenn ick doch bloß halb so jut wäre wie Helga und Mäcki", dachte ich. Doch stattdessen sackte ich noch tiefer ab. Täglich warf mir meine Mutter vor, ich hätte nur Spielen im Kopf und das müsse sich nun ändern.

So kam es, dass ich zu Frau Böttcher zum Nachhilfeunterricht gehen musste. Marina und Diana bekam bereits seit Wochen Nachhilfe. Zweimal in der Woche ging ich nun am Nachmittag zu Frau Böttcher. Anfangs setzte ich mich zu Helga ins Zimmer. Die Standtafel diente als Trennwand zwischen uns beiden. Zuerst flüsterte mir Helga noch die Ergebnisse vor, doch bald kam uns ihre Oma auf die Schliche und so setzte sie uns auseinander. Helga blieb in ihrem Zimmer und ich musste fortan im Wohnzimmer sitzen.

Eine endlose Zeit saß ich da vor meinen Rechenaufgaben und lauschte den Geräuschen, die mich umgaben. Da war die alte Standuhr in der Ecke, mit ihrem monotonen „tick, tack, tick, tack" und das Klappern von Geschirr, das aus der Küche kam. Oft ging mein Blick zum Fenster, wo draußen die Sonne schien. Am schlimmsten aber waren die Stimmfetzen meiner Freunde, die selbst durch die geschlossenen Fenster zu hören waren, wenn diese draußen spielten. Meine Hand, die den Füller hielt, schwitzte. Ich konnte die blöden Rechenaufgaben einfach nicht lösen. Wie gerne wäre ich oben auf dem „Südi" gewesen um „Cowboy und Indianer" spielen oder auf dem Buddelplatz eine „Schiffschlacht" zu veranstalten. Verträumt starrte ich vor mich hin.

Wie aus dem Nichts stand plötzlich Frau Böttcher neben mir und wollte mein Rechenheft sehen. „Du bist ja immer noch nicht weiter, nimm doch mal deine Gedanken zusammen und konzentriere dich, Michael." Wenn sie wüsste, wie schwer mir das fiel. Nach einer Weile setzte sie sich zu mir und mit viel Einfühlungsvermögen und Ausdauer erklärte sie mir den Rechenvorgang. Auf einmal begriff ich, wie es geht und wie einfach es war. Die nächste Rechenarbeit fiel mir jetzt nicht mehr schwer und seit langer Zeit hatte ich wieder mal eine ‚2' geschrieben. Gleich nach der Schule rannte ich zu Frau Böttcher und zeigte ihr stolz das Ergebnis meiner Arbeit. Sie freute sich genauso wie ich darüber. Auf dem Weg nach Hause lief mir Mäcki über den Weg. Ich erzählte ihm gleich von meiner guten Note und dass ich dafür 50 Pfennig von Frau Böttcher bekommen hätte. Mäcki lächelte nur und sagte dann: „Mein Vater hätte mir bei `ner ,2' det Heft um die Ohren jehauen, ick darf nur Einsen schreiben." Wie war ich froh, dass mein Vater nicht so streng war.

Taschengeld war für mich immer ein Fremdwort. Wie bei den meisten Eltern meiner Freunde reichte das Gehalt des Vaters eben so mal für das Nötigste. Während mein Vater nach Feierabend noch Leuten aus der Nachbarschaft die Haare schnitt, tapezierte Mäcki seiner privat die Wohnungen der Leute aus der Umgebung. Etwas besser waren Schmitti und Klaus dran. Deren Väter verdienten weitaus mehr und so bekamen die beiden auch Taschengeld. Um auch etwas Geld in der Tasche zu haben, kaufte Mäcki für ältere Leute vom Munsterdamm ein. Helga bekam von ihrer Oma öfters mal was zugesteckt. Jürgi trug alten Frauen die Einkaufstaschen nach oben. Und ich? Ich verdiente mir mein Taschengeld, indem ich Frau Böttcher geklaute Blumen verkaufte und wenn ich mal keine besorgen konnte, dann taten es auch selbst gepflückte Gänseblümchen, die auf Marinas Hof zuhauf wuchsen. Frau Böttcher gab mir dann immer 20 Pfennig und so war es auch kein Wunder, als sie zu mir sagte: „Der Schmitti war auch eben hier und hat mir Blumen gebracht." Wo man Geld verdienen konnte, das sprach sich unter uns schnell rum.

An einem Sonntag rollerte ich auf dem Weg zum Rollerverleih durch die Albrechtstraße. Am Schreib- und Spielwarengeschäft von Wagner machte ich erst mal halt. Ich presste mein Gesicht an die große Schaufensterscheibe, um die Zündplätzchen-Colts und Wasserpistolen besser sehen zu können. Als ich eine Pistole entdeckt hatte, die mir gefiel, betrat ich den Laden. Es roch nach Schreibheften, Bleistiften und nach neuem Spielzeug. Zuerst staunte ich, wie immer, über die große Glasvitrine mit den Wiking Autos. Da stand ein blauer Laster mit Anhänger. „Wat kostet denn der?", wollte ich wissen. Die Verkäuferin nannte mir den Preis. „Und wat kostet die schwarze Wasserpistole da drüben?" Wieder nannte sie einen Preis, doch so viel Geld besaß ich nie im Leben. „Denn neh'm ick doch bloß `ne Wundertüte zu 10 Pfennich", sagte ich. Aus dem Karton mit den Wundertüten suchte ich mir eine aus, aber nicht ohne vorher an fünf verschiedenen zu fühlen und zu schütteln. Vor dem Laden riss ich die Tüte auf und zwischen dem Puffreis fand ich einen kleinen Plastikflitzbogen mit einem Pfeil. An dem war vorne so ein Gummipropfen dran. Den leckte man an und wenn er dann abgeschossen wurde und an die Fensterscheibe knallte, blieb er manchmal kleben.

Im Stadtpark rollerte ich durch Zufall am Tennisplatz „Grün-Weiß" vorbei. Durch den Maschendrahtzaun beobachtete ich die Spieler. Ich sah einen Jungen, der unaufhörlich hin und her flitzte und die Tennisbälle aufsammelte. Als er einmal dicht am Zaun stand, fragte ich ihn: „Wat kriegsten dafür, dass de dir hier die Lunge aus'n Hals rennst?" „Fuffzich Pfennich inne Stunde und wenn ick det doppelte mache manchmal ne' Markfuffzich." In meinem Kopf überschlugen sich die Gedanken. Der silberne Zündplätzchencolt bei „Schreib- und Spielwaren Wagner" in der Albrechtstraße kostete drei Mark und auf den war ich schon lange scharf. Ich lief zum Eingang des Tennisplatzes, wo sich gerade zwei Spieler unterhielten. „Kann ick bei ihnen die Bälle uffheben?", fragte ich sie. „Heute nich' mehr, aber wenn de morgen mittag um zwei hier bist, dann kannste dich ja melden."

Noch am selben Tag erzählte ich davon meinen Freunden. „Vielleicht könn' wa da ooch mitmachen", meinte Schmitti. Pünktlich um 13.00 Uhr stand ich am nächsten Tag am Eingang des Tennisplatzes und wartete auf den Spieler. Als er endlich kam, schaute er auf meine Schuhe und sagte: „Mit den Straßenschuhen kannste aber nich' hier uff'n Platz, haste keene Turnschuhe?" Belämmert sah ich nach unten auf meine ausgelatschten Sandalen. „Daran hab ick nich' jedacht, aber ick wetz ma' gleich nach Hause und hole sie." Den anderen erging es genauso wie mir, bloß

Schmitti, der hatte seine Sportschuhe an und so durfte er an meiner Stelle den Balljungen machen.

Als ich eine halbe Stunde später wieder zurückkam, musste ich erst einmal warten, bis das Spiel zu Ende war. Kaum hatten die Spieler aufgehört, rannte ich auf den Platz und wollte nun den Balljungen machen. Doch da rief der eine Spieler: „Lass ma' Junge, dein Freund hier hat seine Sache prima jemacht, den wollen wa behalten." Maßlos enttäuscht zog ich mich hinter den Zaun zurück. Ich wünschte Schmitti alles erdenklich Schlimme, dass er sich ein Bein oder einen Arm brechen sollte. In meiner Wut trat ich nach einem Buddeleimer, den ein kleiner Junge neben mir hingestellt hatte. Als hätte ich nicht schon genug Pech gehabt, flog der blöde Eimer einem vorbeigehenden Rentner ans Bein, worauf dieser mir beinahe eine gescheuert hätte.

Da betraten zwei neue Spieler den Platz und weil ich im Moment der einzige Junge war, der nichts zu tun hatte, fragten sie mich, ob ich nicht den Balljungen machen wollte. Wie der Blitz sauste ich auf den Platz und stellte mich auf.

Es war ein sehr warmer Tag und schon nach einer halben Stunde hing mir die Zunge aus dem Hals. Ich hätte sonst was für eine Limonade gegeben. Endlich machten die Spieler eine Pause und ich rannte zur Toilette. Dort hängte ich mich unter den Wasserhahn um wie ein Kamel zu trinken. Nach zwei Stunden machten die Spieler Feierabend. Mit letzter Kraft schleppte ich mich in eine Ecke des Platzes um zu verschnaufen. Da kam der eine der Männer zu mir und drückte mir zwei Mark in die Hand: „Bist ja jerannt wie'n Köter, hast dir ooch det Jeld verdient." Ich war total erschöpft und über und über mit rotem Staub bedeckt. Dazu kam noch, dass ich kaum mehr krauchen konnte. Geklaute Blumen zu verkaufen war doch viel einfacher und so ging ich am nächsten Tag nicht mehr zum Tennisplatz.

Kapitel 22

Der Boxkampf 1958

Wer ein Taschenmesser besaß, nahm oft am Messerstechen teil. Das war ein kurzweiliges Spiel zwischen den aufregenden Abenteuern, die wir jeden Tag erlebten. Im Buddelkastensand wurde der Zuckersand mit den Händen zur Seite geschoben, bis der feuchte Sand zum Vorschein kam. Dieser eignete sich bestens als Grundlage für das Spiel. Mit der Messerspitze wurde ein quadratisches Feld in den Sand geritzt und dieses in der Mitte geteilt. Im Stehen ließ derjenige, der am Zuge war, sein Messer mit der ausgestreckten Hand nach unten fallen. Wenn es dann im feuchten Sand steckenblieb, trennte er mit einem Schnitt einen Teil des gegnerischen Feldes ab und erweiterte somit sein Gebiet. Das ging so lange, bis einer von beiden sein Feld an den anderen verloren hatte.

Am frühen Nachmittag erschien Wolli auf der Bildfläche. „Ma' sehen, wat der heute wieda für Ideen hat", meinte Mäcki zu mir. „Alle mal herkommen", rief er auch schon. „Ick hab' hier fast echte Bubi-Scholz-Boxhandschuhe." „Wat issen det?", rief ich. „Mensch Lori, kennste nich' Bubi Scholz, den Boxer", rief Jürgi. „Doch, meen Vater hat ma' von dem jesprochen."

Inzwischen hatte Wolli jedem die Boxhandschuhe gezeigt. „Und nu' soll'n wa gegen Wolli boxen oder wat?", fragte Schmitti. „ Da kriegen wa doch alle die Hucke voll, Wolli ist doch der Stärkste von uns." „Klar", rief Jürgi, „mir reicht det noch vom letzten Mal, da hatta mir fast den Rücken jebrochen, als wa uns jerollt haben." Wolli konnte sich kaum noch vor Lachen einkriegen. „Ick will hier jarkeen umhauen. Jeder soll ma' jejen een boxen und passieren kann da ooch nischt, denn die Boxhandschuhe schützen ja." Wolli wollte es uns nun zeigen und zog sich einen der Handschuhe über die rechte Hand. Den anderen reichte er Jürgi und mit salbungsvollen Worten sagte er zu ihm: „Du bist doch der Zweetstärkste von uns und ick hau ooch nich' doll zu." Er versuchte Jürgis Angst wegzuwischen. Mäcki machte den Ringrichter, während wir anderen zuschauen sollten.

Schon der erste Hieb traf Jürgi voll auf die Nase, die sofort wie doll zu bluten anfing. Trotz Wollis Bemühungen, ihn zu trösten, riss sich Jürgi den Boxhandschuh von der Hand und mit dem Taschentuch von Klaus vor der Nase nuschelte er kaum verständlich: „Mir reicht det wieder für heute."

Als Nächste sollten Mäcki und ich gegeneinander boxen. Obwohl ich schon ahnte, was mir blühen würde, willigte ich, wenn auch zögernd, ein. Aber als mir Wolli den Handschuh überstülpte, fühlte ich mich gleich ganz stark. Und dann begann der Kampf. Nachdem mir Mäcki ein paarmal auf die Brust gehauen hatte und ich ihm daraufhin in den Magen schlug, drosch er mir voll auf mein linkes Auge. Im selben Moment wusste ich gar nicht mehr, wo ich war. Vor meinen Augen sah ich nur noch Blitze und im Nu war es zugeschwollen. „Sieht fast jenau wie echt aus", rief Wolli aufgeregt. Doch mir war, genau wie Jürgi kurz zuvor, der Spaß endgültig verdorben. Ich wollte nur noch nach oben, mein Auge kühlen. Geboxt hat von den Freunden keiner mehr, da war uns doch so `ne richtige Klopperei lieber.

Der kleine gepflasterte Parkplatz am Kottesteig war einer unserer beliebtesten Sportplätze. Es parkten dort eigentlich nur zwei Autos. Der „Dreirad Tempo" von Herrn Ulbrich stand immer in der hintersten Ecke am Zaun von Reuters Garten. Sein anderes Auto parkte er in der Toreinfahrt zu meinem Hof und da störte es uns wenig. Anders dagegen war es bei dem Opel „Olympia", der dem Vater von Klaus gehörte.

Um den machten wir alle immer einen großen Bogen. Wenn der da oben stand, mussten wir immer höllisch aufpassen, damit keine Beule in das Blech kam. Oft schaute er uns, aus dem Fenster lehnend, zusammen mit seinem Hund Jockel beim Spielen zu. Er war Kriegsinvalide und hatte jede Menge Zeit. Wenn er aus der

Haustür kam und auf seinen Krücken, er hatte nur noch ein Bein, zum Auto humpelte oder wenn er aus dem Auto stieg, dann pfiff er und irgendeiner von uns rannte zu ihm hin, um ihm die Auto- oder die Haustür aufzuhalten. Es gab dafür immer eine Beloh- nung. Mal waren es Bonbons oder auch mal 20 Pfennig. Die größte Belohnung aber war es, in seinem Auto mitfahren zu dürfen.

Immer am Sonntagvormittag machte er seine Autoausflüge. Klaus durfte dann zwei Freunde aussuchen, die mitkommen konn- ten. Sein Vater bestand aber darauf, dass nur freundliche und zuvorkommende Freunde von Klaus dabei sein sollten. Ich war na- türlich nie mit dabei, denn ich galt als der Rüpel vom Munsterdamm.

Erst vor kurzem hatte ich mir erlaubt, das Speichenschloss von Klaus seinem Fahrrad, als er gerade losfahren wollte, zu betätigen. Natürlich gingen einige Speichen flöten und es gab ein großes Theater darum. Noch am selben Abend stattete mein Vater dem Vater von Klaus einen Besuch ab, bei dem er, während eines hitzi- gen Wortgefechts, seinen Fuß zwischen die Tür stellte. Worauf sich beide Väter einige Wochen später vor einem Schiedsmann wieder- trafen. Die kleine Geldstrafe, die mein Vater wegen Hausfriedens- bruch zahlen sollte, konnte er nicht aufbringen. Und so borgte ihm der Vater von Klaus erst mal das Geld, was meiner dann in Raten bei ihm wieder abzahlte. Inzwischen waren Klaus und ich schon wieder die besten Freunde.

Als wir wieder einmal auf dem Parkplatz spielten, bekam ich auch mal eine Chance. Ich war der erste, der an der Autotür stand und sie aufhielt. Mit einem Diener verbeugte ich mich und Klau- sens Vater sagte: „Na Lori, warste heute auch anständig, dann darfste nächsten Sonntag auch mal mitfahren." Mensch, war ich glücklich. Zum ersten Mal durfte ich auch mal in dem großen Auto sitzen. Mäcki hatte mir schon so viel davon erzählt und dass es immer eine Limonade gab, wenn Pause gemacht wurde.

Am darauf folgenden Sonntag stand ich pünktlich um 10 Uhr oben auf dem Parkplatz. Meine Haare zierte ein ordentlicher

Scheitel mit goldener Spange, was bei mir natürlich eine große Ausnahme war. Zusammen mit Mäcki und Klaus, der immer vorne saß, ging's dann los. Die Fahrt führte raus nach Tegel, dort war ich noch nie gewesen. Zwischendurch, während der Autofahrt, erzählte der Vater von Klaus lustige und spannende Geschichten. Dann hielt er an einer Gaststätte. Wir gingen alle in den Garten, setzten uns brav an einen Tisch und jeder bekam eine Schultheißbrause spendiert. Der ganze Ausflug dauerte zwei Stunden, die mir jedoch sehr lange vorkamen. Vieles, an dem wir vorbeikamen, sah ich das erste Mal und ich staunte über unsere große Stadt, denn weiter als bis zum Wannsee war ich noch nie gekommen.

Kapitel 23

Das Gerippe 1958

Inzwischen gingen die Straßenbauarbeiten für die Verlängerung des Munsterdammes zügig voran. Die tiefen Gräben für die Rohre und Kabel boten einen idealen Ort um darin zu spielen. Auch die abgestellten Bauwagen, die Laster und sogar die Straßenwalze wurde von uns mit einbezogen. Ich liebte es besonders den Reifenspuren der Laster, die im frischen Sand zu sehen waren, zu folgen. Das war natürlich erst dann möglich, wenn die Bauarbeiter Feierabend hatten. Herumliegende Reste von Baumaterialien benutzten wir für unsere Zwecke.

Als sich Jürgi auf den Sitz der abgestellten Straßenwalze schwang, kam er unbeabsichtigt an die Handbremse. Da das schwere Gefährt an diesem Tage anscheinend nicht gesichert war, setzte es sich langsam in Bewegung. Mit einem waghalsigen Sprung, der jeden Artisten zum Staunen gebracht hätte, hüpfte er schnell von der

Walze. Diese rollte aber nur einen Meter weiter und kam dann von selbst wieder zum Stehen. Gott sei Dank war die Straße dort nicht abschüssig, wer weiß, was sonst passiert wäre.

Einige Tage später, ich kletterte gerade wieder mal auf meinen Lieblings-Aussichtsbaum, hörte ich, wie einer von den Freunden rief: „Am Hanstedter Weg ham'se een Gerippe jefunden." Im Rahmen der Straßenarbeiten wurde auch der Mittelstreifen schmaler gemacht. Dort buddelten die Arbeiter erst mal in die Tiefe und waren dabei auf das Skelett eines russischen Soldaten aus dem 2.Weltkrieg gestoßen.

Wie ein Eichhörnchen kletterte ich den Baum hinunter und rannte mit den anderen Freunden, die ebenfalls alles stehen und liegen gelassen hatten, dorthin. Als wir am Fundort angekommen waren, stand schon der halbe Munsterdamm dort herum. Die Arbeiter hatten alles abgesperrt, trotzdem konnten wir Kinder das Skelett auf einem Sandhaufen liegen sehen. Obwohl ich mich schrecklich graulte, konnte ich den Blick nicht abwenden. Mäcki stieß mir in die Seite und zeigte mit dem ausgestreckten Finger auf den Arm des Gerippes. „Mensch Lori, der hat ja den janzen Arm voller Armbanduhren." Diana, die neben mir stand, zeigte auf den Helm und meinte ein Einschussloch zu erkennen. Schmitti erklärte natürlich gleich angeberisch: „Glatter Koppschuss."

Ich hatte jedoch etwas ganz anderes entdeckt. Dicht neben dem Soldaten lag ein gut erhaltener Dolch. Als ich Schmitti aus den Augenwinkeln ansah, wusste ich sofort, er hatte ihn auch entdeckt. Jetzt war nur noch die Frage, wer ihn bekommen würde. Doch da kam einer der Arbeiter vorbei und sah unsere sehnsüchtigen Blicke in Richtung des Dolches und bevor ich etwas sagen konnte, griff er nach der Waffe und steckte diese ein. Abends, als ich im Bett lag, konnte ich nicht einschlafen. Dauernd sah ich das Skelett vor meinen Augen und besonders den Totenkopf mit dem Loch.

Ein paar Tage später wurde die Straße neu geteert. Vier Teerwagen standen in einer Reihe am Straßenrand. Es stank fürchterlich und der beißende Rauch stach einem in die Nase. In Holzeimern schleppten die Arbeiter den heißen Teer von den Kesselwagen und gossen ihn auf die Straße. Einige Männer verteilten kniend den flüssigen Teer. Um ihre Knie zu schützen, hatten sie sich Stücken von Autoreifen darumgebunden. Für mich war das alles wieder neu und ich stellte mich möglichst dicht heran. Schon meckerte mich einer der Männer an, ich solle hier verschwinden, sonst schmeißt er mir seine Holzpantinen an die Rübe. Als die Arbeiter zur Mittagspause gingen, war der Teer stellenweise noch warm und weich. Das hatte ich nicht gewusst und als ich den Pfiff meiner Mutter zum Essen hörte, rannte ich blöderweise genau über so eine Stelle. Prompt blieb mein Schuh in der weichen Teermasse stecken. Ich hatte ihn gerade herausgezogen, als mir auch schon der zuvor versprochene Holzlatschen hinterherflog. In der nächsten Zeit verfolgte ich die Arbeiter immer in respektvollem Abstand.

Beim Mittagessen hörte ich im Radio den Landfunk. „Da stimmt das immer, mit dem Wetter, was die voraussagen", meinte meine Oma. „Übrigens kommt heute abend wieder eine neue Folge von ‚Pension Spreewitz', Mutti!", rief meine Mutter aus dem Schlafzimmer heraus, „die hörst du doch immer so gerne."

Im Grundti gab es noch drei Ruinen. Die eine stand dicht hinter der Mauer an meinem Hof. Dort war auch ein großes gekacheltes Schwimmbecken, in dem wir immer Einkriegezeck spielten. Den kleine Turm, der in dem zerfallenen Mauerwerk stand, benutzten wir als Aussichtsturm. Eine andere Ruine befand sich unten am Hanstedter Weg. Das war mal ein Flachbau gewesen, wo die Familie Leineweber gewohnt hatte. Doch dort war es uns immer zu unheimlich und so warfen wir lieber von weitem die noch erhaltenen Fensterscheiben kaputt, als dort hineinzugehen. Eine dritte Ruine stand versteckt zwischen dichtem Gestrüpp und alten, hohen Bäumen an der hinteren Grenze des Grundstückes dicht am Priesterweg. Das war aber der geheime Unterschlupf der Halbstarken und die hatten uns Prügel angedroht, wenn wir da jemals rumschnüffeln sollten. Claudia Ott, die zu den Halbstarken gehörte, hatte Chrille erzählt, dass nur derjenige in die Ruine durfte, der den ‚Schröderpfiff' konnte.

Während der Straßenbauarbeiten am Munsterdamm war auch unser Schwimmbad geschlossen. Auch da wurde heftig gebuddelt. Oft standen wir oben auf dem Insulaner und schauten auf die Umbauarbeiten im Bad. Es wurde alles neu gemacht. Neue Schwimmbecken und neue Umkleidekabinen. Erst am Ende des Jahres sollte alles fertig sein. Der Sommer in diesem Jahr war besonders heiß und wenn wir geschwitzt und durstig von der Fußballwiese kamen, liefen wir oft an der Villa von Otts vorbei. Hinter der hohen Steinmauer hörten wir dann immer die lachenden Stimmen von Andreas und Claudia, die in dem kleinen Schwimmbecken rumtobten. Nur Wolli, der ein sehr guter Freund der beiden war, durfte oft in den großen Garten und natürlich auch mit in das Schwimmbecken.

Neidisch stand ich mit Mäcki hinter der Mauer. „Mach' ma' 'ne Räuberleiter", sagte ich zu ihm, „ick will ma' in den Jarten kieken." „Aber denn musste mich ooch mal kieken lassen", antwortete Mäcki. Er stellte sich mit dem Rücken an die Mauerwand, faltete die Hände vor dem Bauch zusammen und hob mich hoch. „Mensch, wackel doch nich' so," raunzte ich ihn an, „ick kann jar nich' richtig kieken." „Wenn de dich so schwer machst, is' det nich' so einfach", stöhnte Mäcki unter mir. Nachdem ich einen Blick über die Mauer geworfen hatte, tauschten wir und Mäcki linste in den Garten. „Kannste wat sehen?", fragte ich ihn. „Nee, da liegen nur Handtücher rum." „Komm wieda runter, hat sowieso keen Sinn, da blöde zu kieken, wir dürfen ja da doch nich' rin."

Die Otts waren eine reiche Familie und die Kinder hatten all die Spielsachen, von denen wir nur träumen konnten. Jeder besaß ein Rollerrad. Vor der Garage stand eine Tischtennisplatte und in ihren Kinderzimmern türmte sich das Spielzeug. Wolli erzählte: „Uff'n Dachboden ham die die jrößte elektrische Eisenbahnanlage, die ick je jesehen habe." Manchmal übertrieb Wolli ja ein bisschen, aber das glaubten wir ihm alle. Da sprach mich Mäcki an einem verregneten Nachmittag an: „Kommste mit zu Andreas Ott, der hat mich heute zum Fernsehen einjeladen, seine Eltern sind nich' da und da könn' wa alle kommen." Natürlich ging ich mit und zum ersten Mal in meinem Leben sah ich, wie reiche Leute lebten. Wir hatten zu Hause noch keinen Fernsehapparat, umso aufregender war es für mich, hier Fernsehen zu dürfen.

Im Flur der Villa mussten wir alle erst mal unsere Schuhe ausziehen. Auf Strümpfen schlichen wir in das Wohnzimmer. Ich schämte mich ein wenig wegen meiner gestopften Strümpfe, aber als ich die geflickten Socken von Mäcki und Jürgi sah, war ich erleichtert. Das Wohnzimmer war riesig, so etwas hatte ich noch nie gesehen. All die modernen Möbel, das große Aquarium, das riesige Fenster zum Garten und der dicke flauschige Teppich. Ich flüsterte Mäcki ins Ohr: „ Det is', als wenn ma uff Wolken latscht." Wir setzten uns auf den weichen Teppich und Andreas schaltete den Fernseher an, als wenn es das Normalste auf der Welt wäre. „Heute bringse een Krimi", meinte er. „Wie heeßt'n der?", wollte ich wissen. „Alarm im Hafen". „Klingt spannend wa", meinte Jürgi. Wolli rief gleich dazwischen: „ Ick finde „Inspektor Garrett" viel spannender."

Bevor der Film anfing, sah ich mir noch schnell das Aquarium mit den vielen bunten Fischen an. Mäckis Vater hatte ja auch eines, aber das war bei weitem nicht so groß wie dieses. Der Nachmittag ging zu schnell vorbei und beim Gehen warf ich noch einmal einen Blick auf das Aquarium. So eines wollte ich später auch mal haben.

Zwei Wochen später kauften sich meine Großeltern von ihrer spärlichen Rente einen Fernsehapparat der Marke „Siemens" auf Raten. Als ich den Kasten zum ersten Mal sah, war ich erst enttäuscht, denn der von Otts war viel größer gewesen. Aber mein Opa war ja auch nicht so reich. Es gab jedes Mal Probleme mit dem Bild. Entweder hatte es Streifen oder es war unscharf. Meine Oma rannte dann immer mit der „Libelle" (Fernsehantenne) kreuz und quer durch das Zimmer um ein gutes Fernsehbild zu bekommen. Mein Opa gab dabei unentwegt Anweisungen.

„Noch ein Stück weiter nach rechts, nein, halt, zu weit. Geh doch mal da rüber, nicht da, Frieda, mehr nach hinten", usw. „Mach es doch alleine, ich weiß schon nicht, wo ich noch hin soll". Mit diesen Worten stellte sie die Libelle auf das Vertiko und sank völlig entnervt auf das Chaiselongue. „Michael, komm' du doch mal her", sagte mein Opa zu mir. „Nimm mal die Zimmerantenne in die Hand und laufe langsam durch das Zimmer, bis ich halt sage. Dann stellst du die Antenne genau dort an den Platz, wo du bist." Während mein Opa ununterbrochen am Kontrastschalter, rumfummelte, lief ich hin und her. „Halt", rief er plötzlich, „jetzt ist das Bild scharf, stell' die Antenne ab." Er konnte nicht sehen, wo ich war, denn er stand mit dem Rücken zu mir und so tat ich, was er mir sagte. „Meinste, da steht die ooch richtich?", fragte ich ihn. „Ruhe, jetzt bleibt sie da stehen." Mein Opa drehte sich um und war sprachlos. „Was soll denn der Quatsch, doch nicht mitten auf dem Boden im Zimmer." „Aber du hast doch halt jerufen und denn hab' ick se da hinjestellt." Meine Oma fiel vor Lachen fast vom Chaiselongue. Es dauerte dann doch noch eine Weile, bis wir den richtigen Platz gefunden hatten.

Am nächsten Tag rannte ich gleich zu Mäcki rüber, um ihm die Neuigkeit zu berichten. Als ich an der Wohnungstür klingelte, machte keiner auf, dafür ging kurze Zeit danach die Briefschlitzklappe hoch. Ich bückte mich und konnte Mäckis Gesicht dahinter sehen. „Hat dich deine Mutter wieda einjeschlossen, weil se einkoofen jejangen is?" „Klar, ick darf ooch keen' rinlassen." „Wir haben jetzt ooch'n Fernseher", sprudelte ich aufgeregt los, „wenn deine Mutter wieda da is, kannste rüber kommen Kinderfernsehen kieken." „Kann ick ooch kommen?", rief Werner dazwischen. „Nee, du bist noch zu kleen dafür", antwortete ich. Eine Stunde später kam Mäcki zu mir rüber. „Ick habe meene Mutter jefragt, ob wa ooch so'n Fernseher koofen können, da hat se jesagt, frag mal deinen Vater, der haut dir gleich eine runter", erzählte er mir enttäuscht. „Macht ja nischt, kommste eben immer zu uns kieken."

Wir setzten uns auf den Fußboden und mein Opa stellte den Apparat an. „Da kommt ja jarkeen Bild", sagte Mäcki zu mir. „ Det dauert eben `ne Weile", antwortete ich ihm. Zuerst kam das Testbild, das dauerte zehn Minuten. Dann erklang laufend eine Frauenstimme, die immer sagte: „Und nun schalten wir um zum Nord-Westdeutschen Rundfunk." Endlich erschien die Fernsehansagerin auf dem Bildschirm und sagte: „Liebe Kinder, heute zeigen wir euch ein Marionettenspiel mit Hein Segelohr, Fiete Appelschnut und dem Hund Bello, viel Spaß." Gebannt saßen wir vor dem Apparat und der Nachmittag verging wie im Flug.

An den nächsten Tagen, besonders abends saßen fast alle vor dem Fernseher und keiner hörte mehr Radio. Meine Oma liebte besonders den „Blauen Bock" mit Otto Schenk und „Ein Platz für Tiere" mit Grzymek. Bei „Hätten Sie's gewusst?" mit Heinz Maegerlein huckten sie alle vor dem Kasten und versuchten mit zu raten. Ich lachte mich immer über das „HB-Männchen" halb tot, dass im Werbefernsehen auftrat. Aber auch die Sendungen „Sport, Spiel, Spannung" und „Samstag Nachmittag zu Hause", wo oft ein Abenteuerfilm gezeigt wurde sah ich mir an. Mäcki meinte immer: „ Pass bloß uff, dass de keene viereckigen Oogen krichst."

Kapitel 24

Die Reise nach Sachsen 1958

Im April hatte mein Vater beschlossen, die ersten drei Wochen in den großen Ferien nach Sachsen zu den Großeltern zu fahren. Nun war es endlich soweit. Mäcki war in den großen Ferien nach Groß Vahlberg zu seiner Tante gefahren, Jürgi war nach Schweden verschickt worden und der Rest der Freunde musste nun mal auf uns verzichten. Chrille machte wie immer die Ausnahme, weil ihre Eltern mit ihr nach Italien fuhren. Das war für mich fast so weit wie Amerika.

Es war nach Sachsen immer eine lange Fahrt mit der Eisenbahn. Meine Großeltern wohnten damals in Gersdorf, einem kleinen Ort am Rande des Erzgebirges ungefähr eine Eisenbahnstunde von Karl-Marx-Stadt entfernt. Der Ort lag in einem Tal und an den Hängen grasten auf den Wiesen Kühe. Um es mal klar auszudrücken: Viel Natur, viel Viehzeug und viele Hügel, dazu Straßen mit mondkraterähnlichen Schlaglöchern, Gerüche nach Braunkohle und Kartoffelschalen und jede Menge sächselnder Leute. Dazu eine Straßenbahn, die ratternd und quietschend durch die Hauptstraße fuhr, wie mein Vater immer erzählte.

Ich freute mich sehr darauf, denn Kühe, Pferde und Bauernhöfe gab es in Berlin nur in den Randbezirken und da kam ich nie hin. Das einzige, was ich vermissen würde, waren meine Micky-Maus-Hefte, die gab es dort nicht zu kaufen. Die Vopos an der Grenze zur Ostzone waren ziemlich streng und jedes Mal wurde das Gepäck durchwühlt. Mein Vater hatte immer Manschetten, dass ich irgendetwas mitnehmen könnte, was ihn dann in Schwierigkeiten bringen würde. „In der Ostzone darf man vieles nicht und viel gibt's da auch nicht zu kaufen", hatte er mir immer wieder erzählt. „Wir dürfen nur wenige Sachen mitnehmen, die sie drüben nicht haben: Kaugummis für meine Großkusine Bärbel, etwas Schokolade, ein bisschen Kaffee und die Zutaten für den Weihnachtsstollen, den uns Oma zu Weihnachten immer schickt."

Am Abend vor der Abreise war ich so aufgeregt, dass ich nicht schlafen konnte. Als ich dann endlich eingeschlafen war, weckte mich meine Mutter auch schon wieder auf. Draußen war es noch dunkel. Schlaftrunken ging ich mich waschen, während im Flur mein Vater wie ein Verrückter über die Koffer fluchte. „Gottverdammich, ich krieg die Scheißkoffer nich' zu, komm doch mal, Ursel, was haste denn da wieder alles drin?" Die beiden brauchten alle Kraft um die Koffer zu schließen. Zuletzt wurde auch noch ein Ledergürtel rumgebunden, damit sie nicht von selbst aufgehen konnten, denn den alten Schnappbügeln war nicht zu trauen.

Als ich aus dem Badezimmer kam, standen beide Koffer im Flur. Sogleich wollte ich mal probieren, ob ich es schaffen würde, einen hochzuheben. Da schaute mein Vater, das Gesicht noch voller Rasierseife, um die Ecke und blaffte mich an: „Stell den Koffer hin oder willste dir einen Bruch heben?" Beleidigt stellte ich ihn wieder ab, stieß jedoch mit dem Fuß dagegen, worauf der Scheißkoffer mit einem lauten Plumpsen umkippte. „Nu' sind se alle im Haus wach", meinte mein Vater, der wie immer im Erste-Hilfe-Schrank nach Pflaster suchte, weil er sich wieder beim Rasieren geschnitten hatte. Derweil hantierte meine Mutter mit den Stullendosen aus Blech in der Küche rum. Dabei rutschte ihr ein Blechdeckel aus der Hand und mit lautem Scheppern landete dieser im Spülbecken. Mein Vater stand kurz vor einem Wutanfall. „Wenn ihr beide nicht aufhört Polterabend zu veranstalten, fliegt bei mir noch `ne Sicherung raus."

Endlich war alles fertig und leise schlichen wir die Treppen hinunter. Vor der Haustür stellte mein Vater die beiden Koffer auf den kleinen Handwagen mit den Eisenrädern und zog ihn dann hinter sich her. Die kleinen, quietschenden Räder machten einen Höllenradau. „Wenn jetzt noch einer pennen kann, fress' ich'n Besen", meinte mein Vater. Der Weg bis zum S-Bahnhof Südende war nicht weit, aber trotzdem fiel einer der Koffer dreimal vom Wagen, was die Laune meines Vaters nicht besser werden ließ.

Als wir in der S-Bahn saßen, kontrollierte meine Mutter laufend ihre Handtasche, ob sie auch alle Papiere beisammen hatte. „Riecht wieder typisch nach Osten hier drinne", sagte ich zu meinen Eltern. „Das liegt an den Putzmitteln, die hier benutzt werden", antwortete mein Vater. Am Ostbahnhof angekommen, schleppte er die schweren Koffer über die ausgetretenen Steintreppen nach oben zum Bahnsteig. „Wo issen unser Zug?", wollte ich wissen. „Müssen wa erst ma' suchen, wa?" Auf den Bahnsteigen herrschte das reinste Chaos, alles rannte durcheinander, bepackt mit Koffern, Pappkartons und Kisten und mittenmang Familie Lorenz, die auf dem falschen Bahnsteig angelangt war. Endlich entdeckte meine Mutter den Zug nach Karl-Marx Stadt.

Mein Vater stieg erst mal ein, um nach einem freien Abteil zu suchen, doch alles schien restlos überfüllt zu sein. Er wurde immer hektischer, bis er doch noch drei freie Plätze fand. Zu meiner Enttäuschung waren aber beide Fensterplätze besetzt und ich fing an zu maulen, was mir jedoch sogleich eine Backpfeife einbrachte. „Sei froh, dass wir überhaupt sitzen könn', oder willste auf dem Puffer hucken", ranzte mich mein Vater an. Mit letzter Kraft hebelte er die Koffer auf die Gepäckablage und ließ sich stöhnend in die Sitzpolster fallen. „Ick will aba noch ma' nach vorne zur Lokomotive", bettelte ich. „Jetz' nich', ich bin froh, dass wir hier drinne sind", antwortete meine Mutter. Beleidigt setzte ich mich in die Ecke. „Wenn du noch den Doofen spielst, kriegste gleich noch eine geschallert."

Aus dem Lautsprecher erklang eine blecherne Stimme: „Türen schließen" und Sekunden später ertönte der Pfiff des Schaffners. Mit einem Ruck setzte sich der Zug langsam in Bewegung und durch das Abteilfenster konnte ich sehen, wie sich der Bahnhof mit Rauchschwaden füllte und sich Schwefelgeruch ausbreitete. Aufgeregt versuchte ich, so gut es ging, aus dem Fenster zu schauen. Kaum hatte der Zug den Ostbahnhof verlassen, verspürte ich Hunger und wollte eine Stulle haben. „Kannste nich' warten, bis wir die Grenzkontrolle hinter uns haben?" Mein Vater, der meiner Mutter und mir gegenüber eingekeilt zwischen zwei dicken Leuten auf der Bank saß, funkelte mich mit einem bösen Blick an. Da ich diesen Blick nur zu gut kannte, war ich erst mal still. Trotzdem konnte ich mir ein paar Minuten später nicht verkneifen zu sagen: „Pappi, so wie de da einjeklemmt bist, sieht det aus, als wenn de zwischen zwee Steinblöcke hängst."

Meinem Vater schwollen die Schläfenadern an. Der dicke Mann am Fenster lachte und damit war die Luft raus, die nach einer weiteren Backpfeife gerochen hatte. „Wenn wir den Grenzkontrollpunkt erreicht haben, hältste aber den Schnabel", ermahnte mich meine Mutter. Kurz darauf fuhr der Zug langsamer und als ich aus dem Fenster sah, erkannte ich helle Bogenlampen, die alles im Umkreis anstrahlten.

Schon wurde die Tür vom Abteil aufgerissen und zwei Vopos, ein dicker Schwitzender und einer mit Habichtnase, schoben sich hinein. „Die Papiere bitte", kam grob die Aufforderung. Meine Mutter wühlte aufgeregt in ihrer Handtasche herum. Ungehalten schniefte der Hagere durch die Nase. Endlich fand sie die Papiere und reichte sie dem Vopo. Der nahm sie an sich und verschwand nach draußen auf den Gang. Es war jedes Mal dasselbe, immer wenn wir in die Ostzone fuhren, befiel meine Eltern beklemmende Angst. Nach einer Ewigkeit kam der Grenzer mit den Ausweispapieren zurück und reichte sie meinem Vater. Der dicke Mann am Fenster musste seinen Koffer aufmachen und der Vopo durchsuchte alles. Als ich in die Gesichter der Leute blickte, konnte ich erkennen, dass jeder irgendwie Angst hatte. Endlich zogen die Grenzpolizisten ab. Die Erleichterung der Leute war förmlich zu spüren.

Der dicke Mann tauschte seinen Platz mit mir und begann sich mit meinem Vater zu unterhalten. Es gab so viel zu sehen, denn für mich als Stadtkind war die vorbeirauschende Landschaft faszinierend. Mal entdeckte ich einen Haufen russischer Panzer in einem Birkenwäldchen, dann sah ich eine große Kuhherde weiden. Ein Stück weiter fuhr der Zug über eine hohe Brücke und ich konnte in ein tiefes Tal schauen. Inzwischen waren fast fünf Stunden vergangen. Kurz hinter Riesa hatte ich meine Stullen alle verdrückt und nun bekam ich schon wieder Hunger. „Dauert det noch lange, bis wa da sind?", fragte ich meine Mutter. „Nicht mehr lange", antwortete sie. „Det haste ooch schon vorhin jesagt, ick kann bald nich' mehr sitzen und draußen im Gang rumloofen jeht ooch nich', da stehen se ja wie de Presskohlen nebeneinander und hocken uff ihre Koffer." Endlich sagte mein Vater: „Nu' dauert's nich' mehr lange, ich kann schon die ersten Schornsteine von Karl-Marx-Stadt sehen."

Der Zug verlangsamte seine Fahrt und mein Vater schob die Scheibe vom Fenster runter. Dann hob er mich hoch und ließ mich rausgucken. Da sah ich den Bahnhof, der immer näher kam, die vielen Gleise, Güterzüge und Lokomotiven, die unter einem großen Wassertank standen. Langsam kam der Zug zum Stillstand. Mit einem Mal entdeckte ich meine Großeltern draußen auf dem Bahnsteig. Jetzt war ich nicht mehr zu halten. Ich zwängte mich zwischen all dem Gewühl der Menschen im Zug zur Tür und rannte auf meine Oma zu. Die nahm mich in den Arm und weinte vor Glück. Dann war mein Opa dran. Jedes Mal, wenn er mich an sein Gesicht drückte, kratzte sein Stoppelbart höllisch auf meiner Wange. Nach der herzlichen Begrüßungszeremonie mussten wir uns aber beeilen, um den Vorortzug nach Hohenstein-Ernstthal zu schaffen. Nun dauerte es noch mal eine dreiviertel Stunde, die verging aber wie im Fluge, da es so viel für mich zu sehen gab.

Der alte Dorfbahnhof in Hohenstein-Ernstthal war in ziemlich verwahrlostem Zustand und der Bahnhofsvorplatz sah auch nicht viel besser aus. Mit der Straßenbahn fuhren wir nun talaufwärts nach Gersdorf, wo die Großeltern wohnten. Es war ein dreistöckiges Wohnhaus aus roten Backsteinen mit fachwerkähnlichen Holzbalken dazwischen. Sie wohnten in der Wohnung unter dem Dach, darüber war nur noch der Boden mit den Holzverschlägen. Vom Fenster der Wohnstube aus hatte ich immer einen prima Blick hinüber auf die andere Seite, wo es bergan ging und wo oben vereinzelt Bauernhöfe standen.

Als ich den Hausflur betrat, stieg mir gleich der Geruch von Kartoffelschalen in die Nase. Es waren auch noch andere Gerüche dabei, die mich auch später immer an das Haus, wo meine Großeltern lebten, erinnerten.

Der Gang zum Klo war jedes Mal ein Abenteuer, ich musste eine Treppe tiefer gehen um zu dem Fallklo zu kommen. Als ich die Tür öffnete, drang mir ein furchtbar scharfer Geruch in die Nase und ein Haufen Fliegen brummten mir entgegen. Das alles nahm ich in Kauf, nur die dicken Spinnen, die in den Ecken des kleinen, engen Raumes hingen, grausten mich fürchterlich. Jedes Mal, wenn ich den Holzdeckel hochhob und in das tiefe, dunkle Loch sah, hatte ich Angst dort mal reinzurutschen. Draußen auf dem Hof war eine viereckige Grube, die nur mit Brettern abgedeckt war. Das ist die „Scheißhausgrube", hieß es. „Fall da nicht rein, da ist schon mal einer drin ertrunken." Und so machte ich immer einen Riesenbogen um die Grube. Nach dem Abendbrot fiel ich todmüde in mein Bett. Ich hörte nur noch im Unterbewusstsein die Kirchturmuhr schlagen und auch die anderen fremden Geräusche schienen weit weg zu sein.

Mein Opa war mal Bergmann gewesen, jetzt arbeitete er als Pförtner bei einer Brauerei, die hieß „Glückauf Brauerei". Schon beim ersten Hahnenschrei war ich aufgewacht und jetzt gab es gar keinen Zweifel mehr, ich war auf dem Lande. Schon hörte ich meinen Opa in der Küche rumfuhrwerken und stand schnell auf. Zusammen liefen wir zum Bäcker um die Ecke. „Du Opa, warum jibst'n hier im Hofgraben keen Pflaster?", fragte ich. Er erklärte mir, dass hier immer die russischen Panzer langfahren und dass die immer den ganzen Boden aufwühlen. „Da bleibt kein

Pflasterstein lange liegen, außerdem ist hier auf dem Dorf nur die Hauptstraße gepflastert." Beim Bäcker angekommen, wunderte ich mich, dass kaum Backwaren im Schaufenster lagen. Mein Opa verlangte fünf Doppelsemmeln, die ihm die Bäckersfrau einfach lose in den Einkaufsbeutel schüttete. „Bei uns kriegen wa die Schrippen immer inne Tüte", sagte ich zu der Bäckersfrau. „Hier auf dem Land ist das anders", antwortete mein Opa.

Auf der anderen Straßenseite war ein Laden, wo es Holzspielzeug und geschnitzte Figuren gab; da stand ich staunend davor. Mein Opa kaufte mir einen kleinen Holzlaster und ein Pferdefuhrwerk. Jetzt wollten wir noch vom Bauern frische Milch holen. Auf dem Hof stand ein Leiterwagen, vor den zwei Pferde gespannt waren. „Willste die mal streicheln?", fragte mein Opa. Als ich mich den Pferden näherte, drehte eins den Kopf und schaute mich mit seinen großen Augen an. Da hatte ich auf einmal Manschetten und ließ es lieber sein. „Nachher keilt der noch aus", dachte ich. „Willst du ein Glas frische Milch trinken?", fragte mich der Bauer, der inzwischen aufgetaucht war. „Klar", sagte ich. „Von der Kuh oder von der Ziege?" Den schelmischen Blick, den er meinem Opa zuwarf, bemerkte ich nicht. „Det is' mir wurscht."

Ich hatte eine kleine Ziege entdeckt, die an einem Baum festgebunden war und rannte dorthin um das Tier zu streicheln. „Ich hole inzwischen die Milch", sagte mein Opa und ging mit dem Bauern in den Stall. Die Idee eine Ziege zu streicheln, die angebunden ist, bereute ich sofort, denn das Viech senkte den Kopf und wollte mich anspringen. Auf dem Weg zum Stall kam mir der Bauer entgegen und gab mir das Glas Milch. Doch schon nach dem ersten Schluck spuckte ich die Milch wieder aus und verzog mein Gesicht. „Ähh, wat issen det?", fragte ich meinen Opa, der laut lachte. „Das ist Ziegenmilch." „Nee, det trinke ich nie wieder."

Es gab vieles, was mich als Stadtkind hier in Gersdorf faszinierte. Oft stand ich stundenlang in der Schmiede und schaute zu, wie die Hufe der Pferde beschlagen wurden. Den Geruch nach verbranntem Horn werde ich nie vergessen. Ein anderes Mal half ich dem Bauern auf dem Felde. Auf dem Wasser des kleinen Baches, der neben der Hauptstraße plätscherte, ließ ich mit den Jungen aus dem Dorf Holzstückchen schwimmen. Ich ärgerte mich anfangs darüber, dass sie mich immer „Icke, Icke aus Berlin" nannten, doch nach ein paar Tagen gehörte ich schon zu ihnen und wurde als einer der ihren akzeptiert. Mit meinem Vater unternahm ich so manche Fahrradtour durch die Landschaft. Da er ja hier aufgewachsen war, konnte er mir viel erzählen. Im Schwimmbad tauchte ich im undurchsichtigen Wasser, in dem es von Kaulquappen nur so wimmelte. Aber am meisten liebte ich die gemütlichen Abende zusammen mit den Großeltern, wenn mein Opa spannende Geschichten von früher erzählte.

Ein besonderes Ereignis war es immer, wenn ich im Blechzuber baden durfte. Das Wasser wurde immer in Töpfen auf dem Kanonenofen erhitzt und dabei konnte ich so herrlich kokeln. Allerdings hätte ich dabei beinahe mal die Küche abgefackelt.

Am vorletzten Tag wäre ich doch noch fast in das Loch vom Fallklo gerutscht, weil ich wieder mal auf den letzten Drücker musste. In der Eile legte ich den Holzdeckel auf den Rand der Holzumkleidung und als ich mich schnell hinsetzen wollte, stützte ich mich mit einer Hand auf den Deckel. Der kippte und ich rutschte mit dem Hintern in das Loch. Auf meine Rufe eilte mein Opa herbei und zog mich wieder heraus. Als wir auf dem Bahnhof in Hohenstein-Ernstthal Abschied nahmen, flossen die Tränen, als wenn wir geahnt hätten, was drei Jahre später passieren würde.

Als ich am nächsten Tag wieder auf dem Munsterdamm stand, wunderte ich mich, warum einige von den Freunden um einen Mann herumstanden, der auf sie einredete. Ich lief auf sie zu und rief: „Ick bin wieda da." Alle drehten sich um und ich hörte, wie einer von ihnen sagte: „Und Lori war ooch mit dabei." Der Mann, der dort stand, hieß Reuter und dem gehörte zusammen mit einem Herrn Borchert der große Garten am Kottesteig. Sogleich packte er mich am Schlawittchen und sprach mit böser Stimme:

„ Also, du warst auch einer von denen, die gestern aus meinem Garten Äpfel geklaut haben. Na, deine Eltern werden sich ja freuen." Ich fasste mir an den Kopf und antwortete: „Gestern war ick noch in Sachsen bei meener Oma, wie kann ick denn da Äppel jeklaut haben?"

Kapitel 25
Helgas Geburtstag 1958

Einer von den schönsten Tagen im Jahr war immer der Geburtstag bei Helga am 12. Juli. In diesem Jahr hatte sich Frau Böttcher etwas Besonderes ausgedacht. Nachdem wir uns den Bauch mit Kakao und Kuchen vollgeschlagen hatten, spielten wir zuerst das „Hütchenspiel" und dann das „Angelspiel", bei dem es wieder den üblichen Streit zwischen mir und Schmitti gab. Nach einer Weile veranstaltete Helgas Oma das allerseits beliebte „Topfschlagen". Es gab immer prima Überraschungen dabei.

Am frühen Abend verteilte sie an jeden eine Papierlaterne mit Holzstiel. Wir stellten uns vor der Haustür auf und warteten auf unsere Eltern, die mit uns den Laternenumzug machen wollten. Mein Vater kam mit seinem Akkordeon und führte, lustige Lieder spielend, den Umzug an. Es ging den Kottesteig hoch, den Oehlertring hinunter, an Mäckis Garten vorbei, dann in Richtung Hanstedter Weg. Nach geraumer Zeit wurde es mir aber langsam langweilig, immer brav in der Reihe laufend „Laterne, Laterne, Sonne, Mond und Sterne" zu singen.

Da die Kerze im Lampion fast runtergebrannt war, fuchtelte ich mit dem Lampion hin und her. Mäcki und Jürgi machten es mir nach. Obwohl mich meine Mutter ermahnte, den Blödsinn zu lassen, machte ich dennoch weiter. Mit einem Mal fing die Laterne Feuer und ging in Flammen auf. Kurz darauf brannte auch die von Mäcki. Der bekam von seiner Mutter gleich eine gescheuert. Mein Vater, der es beobachtet hatte, kam mit riesigen Schritten auf mich zu, riss mir die Laterne aus der Hand und verdrosch mich vor den Augen meiner Freunde. Ich schämte mich zu Tode und lief heulend nach Hause. Frau Böttcher war zwar auch sehr böse gewesen, aber sie tat es als Dummen-Jungen-Streich ab.

In den großen Ferien nutzten wir jeden Tag, um von früh bis zum Anbruch der Dämmerung, das heißt bis die Straßenlaternen angingen, draußen herumzutoben. Unser Grundti war einer der Orte, an dem wir oft Stunden verbrachten. Bevor wir uns über die Mauer schwangen, kletterte ich mit Mäcki erst einmal auf unseren Aussichtsplatz, oben in der Blutbuche, die dicht bei der Mauer stand. An diesem Tag hörten wir Mädchengegacker und wollten wissen, woher das kam. Als wir oben in der Baumkrone angekommen waren, sahen wir, dass in dem kleinen Garten, wo unser Eisschollenbecken war, ein Mann zwischen den Beeten arbeitete, während seine Töchter in dem Becken planschten. Sie waren ungefähr so alt wie wir.

„Kiek ma', Lori", rief Mäcki aufgeregt, „die ham jarnischt an." Ich musste zweimal hinsehen um das zu erkennen. „Hast Recht; na, die wolln wa ma' beobachten". Und so saßen wir beide fast zwei Stunden jeder auf seinem Ast und schauten den Mädchen zu. Entdecken konnten sie uns nicht, weil uns das dichte Blattwerk des Baumes schützte. „Schade, dass wa nich' näher ran können, mir tut langsam meen Hintern weh", meinte Mäcki nach einer Weile zu mir. Ich wusste inzwischen auch nicht mehr, wie ich sitzen sollte. Doch dann rutschte ich beinahe vom Ast ab und Mäcki lachte laut auf. Das hatten die Mädchen gehört und verschwanden laut kreischend in der Holzlaube.

Wir stiegen vom Baum herab und kletterten über die Mauer, um im Grundti rumzustrolchen. Eingeschlossen durch hohe Bäume und dichtes Gestrüpp, gab es eine kleine Lichtung, wo die

Hellwigs, die eine Etage unter uns wohnten, einen kleinen Garten angelegt hatten. Außerdem war da noch ein kleines Marmorbecken in der Form eines „L". Den Garten gab es schon vor dem Krieg und er gehörte wie das gesamte Grundstück der Familie Leineweber. In dem schmalen Becken hatten wir im letzten Jahr zwei Fische ausgesetzt, die Schmitti zusammen mit Helga, ihrer Oma und ein paar von den Freunden im Grunewaldsee geangelt hatten. Schmitti grabschte die Fische ab und zu mit der Hand aus dem Becken. Als ich das auch einmal probieren wollte, rutschte ich ab und fiel mit dem Oberkörper in das Becken hinein. Ein ganzes Stück weiter waren noch einmal zwei kleine, stufenförmig angelegte Becken mit angrenzenden Gemüsebeeten. Dieses Stückchen wilden Gartens bearbeitete Battis Vater. Der größte Teil dieses Grundstückes jedoch glich einem Dschungel.

Dicht an der Mauer, dort, wo ein paar hohe Pappeln wuchsen, lag jede Menge verrottetes Laub. Ein ideales Versteck für Mäuse und anderes Kleingetier. Überall fand man zwischen den Sträuchern Reste von Ziegelsteinen, verfaulte Holzbalken, verbogene Eisenstangen, alte rostige Blecheimer, verfallene Drahtzäune. Und dann gab es auch noch die gefährlichen Fußangeln in Form von verstecktem, rostigem Stacheldraht, über den wir oft stolperten und an dem sich so manch einer die Hosen zerriss oder sich böse an den Beinen verletzte.

Es gab immer wieder irgendetwas zu entdecken. Manchmal war es ein besonders gut gewachsener Ast, ideal für einen Speer oder eine Hockeykelle. Da stieß mir Mäcki den Ellenbogen in die Seite. Er deutete auf einen Baum. „Kiek ma da, da haben welche anjefangen ne' Baumhöhle zu bauen. Det müssen wa uns jenauer ankieken." Unter dem hohen Baum stehend, konnten wir ein paar lose Bretter auf einer Astgabel liegen sehen. Unterhalb des Baumes stand ein rostiger Eisenpfahl mit einem Rest von Maschendrahtzaun. „Da müssen wa ruff", sagte ich zu Mäcki, „und oben vom Zaun aus könn' wa uns an den unteren Ast hangeln und denn ziehen wa uns uff die Bretter hoch."

Gesagt, getan. Es war nicht einfach, aber nach einigen Versuchen schafften wir es schließlich und standen auf den Brettern. Im selben Augenblick zischte mir Mäcki ins Ohr: „Los, schnell hinlejen, da kommt eener mit'n Hund." Blitzschnell lagen wir flach wie die Flundern auf dem Bauch. „Is' bestimmt `n Wächta, wenn der uns entdeckt, kriejen wa Ärger", flüsterte Mäcki. Der Schäferhund hatte den Baum erreicht und schnüffelte unten am Stamm herum. Dann mit einem Mal hob er den Kopf und schaute zu uns herauf. Wir hatten eine Heidenangst und konnten uns dennoch das Lachen kaum verkneifen, wie der Hund so blöde heraufsah. Die Tränen rannen uns die Wangen herunter und ich presste meine Lippen zusammen um nicht loszuprusten. „Na, Rolf, hast ma wieda wat entdeckt, is' wohl'n Eichhörnchen wat?", sagte der Mann zu seinem Hund. Da fing der Hund an laut zu bellen. „Au weia, wenn der Mann jetzt ooch hochkiekt, sind wa verloren", dachte ich und mein Herz fing an laut zu klopfen. Minutenlang taten wir keinen Mucks.

Endlich lief der Mann weiter, aber der blöde Köter blieb stehen und senkte seinen Blick nicht. „Nu' komm schon, Rolf", rief der Mann seinem Hund zu, „det Eichhörnchen kannste sowieso nich' fangen. Hier, such' den Knüppel." Und er feuerte einen dicken Ast weit in das nächste Gebüsch. Der Hund machte einen Satz und rannte dem Stock hinterher. Wir blieben noch eine ganze Weile auf dem Baum, eh wir uns nach unten trauten.

Kapitel 26
Der Treckerreifen Teil II   1958

Der Buddelkasten auf der anderen Straßenseite teilte den Hof hinter den Häusern in zwei Hälften. Den auf der linken Seite nannten wir „Dianas Hof", weil sie dort wohnte, der auf der rechten Seite hieß „Mäckis Hof". Dieser ging bis zur Waschküche. Der kleine Rest des Hofes, hinter der Waschküche bis zum Zaun, wo der Südi anfing, hieß „Marinas Hof". Während die Rasenfläche auf der rechten Hofseite flach war, stieg diese auf der linken Seite leicht an.

Hinter den Rasenflächen begann eine Laubenkolonie, die sich vom Immenweg bis zum „Südi" entlangzog. Zwischen Hof und Lauben fiel das Gelände bis zu den Zäunen der einzelnen Parzellen etwa drei Meter ab.

An diesem Abhang wuchsen Bäume und sehr dichtes Gebüsch. Unten gab es einen schmalen verzweigten „Geheimpfad", der teilweise dicht an den Zäunen der Gärten vorbeiführte. Nur an einer Stelle tat sich eine Lücke auf, dort, wo der harte Sandboden eine prima Rutschbahn auf dem Hosenboden erlaubte. Diese Rutschbahn endete unmittelbar am Maschendrahtzaun einer Holzlaube, die einem Laubenpieper gehörte, der uns laufend anmeckerte, wenn wir dort mal spielten. Er wohnte im Haus neben Diana. Von seinem Küchenfenster aus konnte er sein Grundstück beobachten. Er hegte und pflegte seinen kleinen Garten mit den Obstbäumen und das Obst lud förmlich dazu ein, von uns „abgepflückt" zu werden. Aus den anderen Gärten bedienten wir uns bei Bedarf. Auch den Halbstarken war das nicht entgangen. Zunächst einmal jedoch griffen diese Burschen woanders zu.

Die Küchen der Häuser besaßen alle eine kleine Vorratskammer, wo ein kleines Lüftungsfenster zum Hof hinaus nur mit einem Drahtgeflecht gegen Insekten gesichert war. Bei den Wohnungen im Parterre waren diese kleinen Fenster sehr leicht zu erreichen. Für Battis Brüder und ihre Kumpels war dieses kein großes Hindernis. Sie nahmen das Wort „Speisekammer" sehr wörtlich und wenn sie mal auf Eingemachtes Hunger hatten, dann griffen sie durch ein Loch im Draht und langten ordentlich zu. Bis zu dem Tag, an dem sie der Laubenpieper zufällig beobachtete.

Der Übermut der Halbstarken wurde in diesem Moment bestraft, als Peter Rösler nach der „Entleerung" eines Glases Kirschen einen Zettel, auf dem geschrieben stand „Dieses war der erste Streich", mit gestrecktem Arm zurück in die Kammer legen wollte. Er konnte den Arm aber nicht mehr zurückziehen, weil auf einmal, wie aus heiterem Himmel, Kirsten, der schärfste Polizist vom Munsterdamm, neben ihm stand. Mit den Worten: „Und dein letzter auch zugleich", packte er den Übeltäter.

Batti erzählte uns ein paar Tage später, dass alle eine Anzeige bekommen hatten und dass sie dem Laubenpieper, der sie verpfiff, Rache geschworen haben. Die Halbstarken heckten einen Plan aus, wie sie dem Rentner ordentlich eins auswischen konnten. Drei Wochen später schlugen sie zu.

Wenn wir mal auf „Dianas Hof" spielten, konnten wir beobachten, wie der Rentner seinen kleinen Birnbaum mit besonderer Sorgfalt pflegte. Es hingen nur sehr wenige Früchte an dem dünnen Baum, bis auf eine Birne, die besonders groß war. Er wieselte um den Baum herum und begoss ihn am laufenden Band. „Nu' übertreibt der det aba janz schön", meinte Batti, „det hat doch jestern jerade erst jeregnet" und erzählte dieses seinem Bruder.

Eines Abends schlichen sich die Halbstarken in den Garten um den Apfelbaum zu plündern. Während Peter am Stamm des Apfelbaumes hochkletterte, meckerte er dauernd darüber, dass der Baum aber verdammt harzte. Die anderen wollten das auch testen und lachten sich gleich darauf kaputt. „Wat jibsten da so blöde zu lachen?", wollte Peter wissen. „Na riech' ma an deine Hände", sagte sein Bruder Dieter, „denn weeßte, warum." Peter roch an seinen Fingern und wurde stinksauer. „Der Alte hat ja den Stamm mit Teer einjeschmiert, meene janzen Klamotten sind versaut." Außer sich vor Wut, sprang er vom Baum herunter und da fiel sein Blick auf den kleinen Birnbaum. „Dem werden wa det jetzt zeigen." Er ließ sich von den anderen hochheben, gerade so weit, dass er mit dem Mund die große Birne erfassen konnte. Nun nagte er diese bis auf das Kerngehäuse ab und ließ den Griebsch am Zweig hängen. Grinsend zogen die Halbstarken danach ab. Der Laubenpieper hat sich danach tagelang nicht mehr sehen lassen. Aber das sollte noch nicht alles gewesen sein.

Wie es im Leben so ist: Hat man mal eine Pechsträhne, folgt irgendwann auch mal ein Glücksmoment. Eines Nachmittags fand ich oben am Oehlertring in einem Gebüsch zwischen Brennnesseln und Sträuchern den so erwünschten Treckerreifen. Der lag da einfach so rum und keiner wusste, wie der da hingekommen war. „Den haben bestimmt die Halbstarken hier versteckt", meinte Mäcki, „ob wa den so einfach nehmen können, ohne dass wa nachher Dresche von den Halbstarken kriejen?" „Klar, wer wat jefunden hat, kann det ooch behalten", antwortete ich, denn den Reifen wollte ich auf keinen Fall liegenlassen.

Den schweren Reifen aus dem Gestrüpp herauszuwuchten war ganz schön schwer. Endlich hatten wir es mit gemeinsamer Anstrengung geschafft und stellten ihn auf. Im gleichen Moment stoben wir auseinander, weil der Reifen umkippte und mit einem dumpfen Plumps auf die Straße krachte. Dabei streifte mich der Reifen am Oberschenkel und lederte mir die Haut runter. Aber die Freude über den Reifen ließ den Schmerz vergessen. Nach einigen Versuchen, zwei hielten ihn vorne, die anderen hinten fest, stand der Treckerreifen. Werner setzte sich in den Reifen hinein und wir anderen rollten ihn langsam dem Kottesteig entgegen. Am oberen Ende des Kottesteigs hielten wir den schweren Reifen an, was uns eine Menge Kraft kostete. Da kam ich auf die Idee, den Reifen auf dem schmalen abschüssigen Weg hinunterrollen zu lassen. Alle waren davon hell begeistert. Wenn ich geahnt hätte, was für ein blöder Einfall mir da gekommen war, wäre so manches vielleicht nicht passiert.

Wir stellten den Reifen gerade auf und ich gab ihm einen Tritt. Langsam kam er ins Rollen und wir liefen johlend daneben her. Um ihm noch mehr Schwung zu geben, benutzten wir unsere Hände dazu und trieben den Reifen an. Der Reifen kam immer schneller in Fahrt und als er die Mitte des Kottesteigs an der alten Kastanie passierte, wurde uns langsam mulmig. Der Treckerreifen hatte einen Affenzahn drauf. Alle Versuche, ihn zu stoppen, waren aussichtslos und so nahm das Unglück seinen Lauf. Der Reifen übersprang die Steinstufen am unteren Teil des Weges und raste geradeaus weiter, genau auf die Laterne zu, die vor dem Fenster des Arbeitszimmers von Klaus seinem Vater stand. Frontal knallte der Reifen dagegen und durch den mächtigen Aufprall rauschte die gesamte Glasumrandung der Laterne inklusive der Birne herunter und zerplatzte mit einem lauten, klirrenden Knall auf dem Steinpflaster in tausend Stücke. Wie viele der Fenster am Kottesteig aufflogen, weil jeder wissen wollte, was los war, bekam ich gar nicht mehr mit, denn wir suchten unser Heil nur noch in der Flucht.

Am nächsten Tag hörte ich von Batti, dass die Halbstarken am selben Abend einen Treckerreifen an der Schneise auf „Dianas Hof" heruntergerollt hatten und dass dieser, nachdem er den Zaun des Rentners niederwalzte, in die wacklige Ziegelsteinlaube gebrettert war. Ein Teil der Außenmauer war dadurch eingestürzt. Treckerreifen habe ich seit dieser Zeit nur noch an einem Trecker gesehen.

Kapitel 27

Mein Geburtstag 1958

Die Straßenbauarbeiten am Munsterdamm gingen ihrer Vollendung zu. Schon seit geraumer Zeit war die Straße asphaltiert worden und auch die Kabelgräben wurden zugeschüttet. Peitschenmaste mit modernen Lampen und ein schmalerer, gepflegter Mittelstreifen kleideten das Bild des neuen Munsterdamms. Auf der linken Seite begannen vereinzelte Laubenpieper ihre neuen Parzellen zu bepflanzen und damit verloren wir diesen Teil unserer „Prärie" für immer. Uns blieb jetzt nur noch die rechte Seite hinter Helgas Haus zum Spielen, aber da gab es noch genug wildes Gelände bis hin zum Insulaner und unsere erste und zweite „Wüste". Verlassene und urwüchsige Gärten, ideal zum Spielen. Außerdem gab es noch unsere Fußballwiese, Grundti und die Teiche. Also war ich gar nicht so traurig, als dann der Munsterdamm im November für den Verkehr freigegeben wurde. Nur wurde es nun viel schwieriger, über die Straße zu rennen, denn der Verkehr nahm ständig zu.

An meinem zehnten Geburtstag bekam ich den so lange gewünschten blauen Krupplaster mit Anhänger von „Wiking" geschenkt. Meine Mutter hatte mir in der Küche auf dem kleinen Tisch am Fenster eine Kerze aufgestellt, die auf einer roten „10" aus Holz stand. Auf einer bunten Serviette stand der Laster. Außerdem bekam ich noch so ein Figurenspiel mit Schokolade, wo man durch verschieben Köpfe und Beine vertauschen konnte und eine Lakritzpfeife mit süßem Kopf. Na ja und auch was zum Anziehen, aber das war für mich nicht so wichtig. Am liebsten hätte ich mit dem Laster gleich gespielt, aber ich musste ja erst zur Schule. Weil ich das Geburtstagskind war, bekam ich an diesem Tag keine Schularbeiten auf.

Als dann am Nachmittag der Besuch kam, gab es für mich noch mal eine große Überraschung, den gelben Postbus mit Anhänger. Den bekam ich von meiner Tante Ruth geschenkt und von Oma und Opa gab's einen Feuerwehr-Leiterwagen. Jetzt besaß ich schon eine kleine Kiste voll Wiking-Autos. Nach dem Kaffeetrinken veranstaltete meine Mutter das bei allen beliebte Topfschlagen. Meine Geburtstagsgäste, Mäcki, Marina, Helga, Werner Lewandowski und meine kleine Cousine Eveline krauchten minutenlang über den Boden, bis sie den Topf fanden. Mir dauerte das immer zu lange und so schielte ich unter der Augenbinde durch. Natürlich tat ich kurz so, als wenn ich nichts sehen könnte.

Mit den Wiking-Autos spielten wir auch im Sommer in der Buddelkiste, wo wir uns aus Sand Tunnel und Straßen bauten. Ich war immer sehr bedacht, dass mir kein Auto abhanden kam. Klaus und Poli dagegen steckten Wiking-Autos im Keller in Brand, nur um zu sehen, wie die brennen. Als Klaus dann am Abend von seiner Mutter gefragt wurde, was er denn heute gemacht hätte, antwortete der Dussel auch noch: „Im Keller mit Poli Spielzeugautos verbrannt", worauf er natürlich Stubenarrest bekam.

Doch noch mehr als die Wiking-Autos liebte ich meine Cowboy- und Indianer- Figuren aus Elastolin. Jürgi wiederum warf seine Indianer gerne, nachdem er sie angekokelt hatte, mit verbrannten Köpfen vom Balkon.

In der Adventszeit war es für mich immer etwas Besonderes, wenn meine Mutter mit mir in die Schloßstraße fuhr. An den beiden letzten Sonntagen vor Weihnachten, erst der ‚Silberne' und dann der ‚Goldene', öffneten die Kaufhäuser „Wertheim" und „Held", sowie fast alle Geschäfte in der Schloßstraße ihre Pforten. An den Schaufenstern von „Wertheim" pressten sich die Kinder die Nasen platt, um die Märchenausstellung in beweglichen Bildern zu sehen. Mich interessierten aber am meisten die vielen Spielsachen, die dort zu sehen waren. Vieles blieb für mich nur ein Traum, doch auch Träume konnten schön sein, besonders in der Weihnachtszeit.

Wir fuhren immer mit dem „33er" O-Bus bis zum Bahnhof Steglitz und von dort liefen wir die Schloßstraße rauf, bis zum Titania-Palast. Bei „Wertheim" in der Lebensmittelabteilung spendierte mir meine Mutter ein kleines Schälchen mit Schokoladenpudding oder grüner Götterspeise mit Vanilliesoße von „Dr. Oetker". Nach dem Schaufensterbummel kaufte mir meine Mutter noch eine Tüte gebrannte Mandeln an einer kleinen Holzbude am Bornmarkt. Dann warteten wir auf den „2er" Autobus. Ich flitzte immer gleich auf das Oberdeck, um vorne in der ersten Reihe zu sitzen. Wenn dann der Schaffner kam, fragte ich jedes Mal: „Ham' se noch'n Block für mich?"

Kapitel 28
Schneeball vom Balkon 1959

Jeder Winter war für uns ein Fest, wenn es ordentlich geschneit hatte und der Schnee auch recht lange liegen blieb. Da der Februar meistens ein kalter Monat war, hatten wir immer haufenweise Schnee zum Herumtoben. Gleich hinter Helgas Haus gab es einen kleinen Hang, auf dem wir rodeln konnten. Klaus und Wolli bauten auf Helgas Hof einen Iglu, der jedoch meistens nur zur Hälfte fertig wurde. Er diente bei Schneeballschlachten immer als Schutzmauer. Oben auf dem Südi gab es wenig Möglichkeiten zum Rodeln. Das sollte sich jedoch ein Jahr später ändern.

Besonders beliebt waren Schlitterbahnen, die wir, sehr zum Ärger des Hauswartes, immer wieder anlegten. Eine besondere Schlitterbahn hatten wir oben auf dem schmalen Weg des Kottesteigs. Da schlitterte man so prima bergab und „Könner" schafften es sogar, die Stufen der Steintreppe mit runterzuspringen. Doch es gab oft Ärger mit den Erwachsenen, die laufend eimerweise Sand auf unsere Schlitterbahn kippten.

Die hohe Hauswand zwischen Buddelkasten und Kottesteig wurde im Winter immer für Wettkämpfe genutzt. Jeder versuchte seinen Schneeball so hoch wie möglich an der Wand zu platzieren. Die Abdrücke zeigten immer den Sieger an. Um genügend Anlauf für den Wurf zu haben, mussten wir manchmal auf die gegenüberliegende Straßenseite ausweichen. Bei dem zunehmenden Autoverkehr jedoch, war das manchmal sehr gefährlich. Ruhiger war es dagegen auf „Dianas Hof", wo wir so manchen Schneemann bauten. Natürlich ließen wir es uns nicht nehmen, bei den Mietern, die uns ausmeckerten, unauffällig einen Schneeball ins offene Küchenfenster zu schmeißen.

Wenn es besonders stark geschneit hatte, lag sogar auf den Balkonen eine Menge Schnee. Dann wurde ich förmlich dazu gezwungen, Schneebälle auf unten vorbeilaufende Leute zu werfen. Da bot sich der Balkon von Mäcki besonders an. Weil Holtzens ja ganz oben wohnten, konnte uns keiner sehen und wir suchten uns die Leute aus, die unsere Opfer wurden.

Mäckis Bruder Werner war immer ganz eifrig dabei, wenn es darum ging, Mutproben oder gefährliche Dinge auszuprobieren. Aber meistens heckte ich den Blödsinn aus. Meinen Ruf als Lauser der Straße hatte ich nicht zu Unrecht bekommen. Oft musste ich draußen vor der Tür warten, wenn ich diesen oder jenen Freund zum Spielen abholte oder wenn Poli Geburtstag feierte und fast die halbe Straße eingeladen war, dann war ich der Einzige, der draußen alleine spielen musste.

An einem Nachmittag stand ich mit Mäcki auf dem Balkon. Wir waren dabei, uns einen kleinen Schneeballvorrat anzulegen um wieder einmal Hüte von Köpfen zu ballern. Da kam Werner hinzu und meinte: „Wetten, dass ick mit meen' Schneeball bis drüben an die Wand treffe?" „Schaffste nie", antworteten Mäcki und ich.

Werner nahm einen der Schneebälle und knetete ihn ordentlich fest. „Der muss hart sein wie`n Stein, denn fliegta besser." Doch dann passierte etwas, was zum Glück noch mal gut ausging. Gerade in diesem Moment als der Schneeball von Werner auf dem Weg durch die Luft war, um an die Hauswand auf der anderen Straßenseite zu klatschen, fuhr ein Laster die Straße entlang. Der Fahrer hatte seine Scheibe heruntergekurbelt. Zu unserem Entsetzen zischte der Schneeball durch die offene Scheibe in das Führerhaus des Lastwagens. Wie der Blitz duckten wir uns hinter die Balkonbrüstung und warteten vor Angst schlotternd darauf, dass es krachte. Denn wenn der Fahrer den Schneeball abbekommen würde, könnte er einen Unfall verursachen.

Einige Sekunden vergingen, doch wir hörten nichts. Langsam lugten wir über die Brüstung. Doch von dem Lastwagen war nichts mehr zu sehen. An diesen Tag hatten wir von Schneebällen die Nase voll.

Am Abend war mein Opa ganz aufgeregt. Im Fernsehen sollte ein Film gezeigt werden, wo ein Kriegsgefangener aus russischer Gefangenschaft ausbricht und durch Sibirien läuft. „Davon gibt es sogar mehrere Teile", hörte ich meinen Opa sagen. „Kann ick den ooch seh'n?", fragte ich meine Mutter. „Nee, das ist nichts für Kinder in deinem Alter", antwortete sie mir.

Klaus hörte spannende Kriminalhörspiele, die meistens spät abends im Radio gesendet wurden, immer unter der Bettdecke, damit es seine Eltern nicht merkten. Er erzählte mir von einer Kriminalreihe, die hieß „Paul Temple und der Klavierstimmer". „Det is' immer so gruselich, da kann ick hinterher nich' einschlafen. Eenmal war det so spannend, da hab' ick mich nich' mehr aus'n Bett jetraut, obwohl ick nötig uff's Klo musste."

Kapitel 29

Ente mit Eckschnitt 1959

Alle vier Wochen, immer sonntagvormittags um 10 Uhr, musste ich den Küchenstuhl in die Mitte der Küche stellen, mich draufsetzen und auf meinen Vater warten, der mir die Haare schneiden wollte. Es war immer eine furchtbare Angelegenheit. Da ich sehr ungeduldig war und hin und her zappelte, zwickte er mir laufend mit dem Handhaarschneider ins Ohr. Außerdem wurde ich dauernd angemeckert: „Wenn du nich' stille hältst, dauert das eben länger." Der Haarschnitt, den er mir verpasste, war immer derselbe. An den Seiten und hinten „Pisstoppschnitt" und oben etwas länger, so dass man einen Scheitel ziehen konnte. Ich war nur froh, dass alle meine Freunde auch mit so einer Birne rumrannten. Jedes Mal, wenn einer von uns frisch geschnitten war, kamen die anderen, wischten mit der Hand den Nacken hoch und riefen dabei: „Wieder `ne Peitsche jekricht, wa."

Neidisch stand ich immer dabei, wenn sich die Halbstarken ihre Haare im Außenspiegel ihrer Mopeds kämmten. Den Kamm hatten sie immer in der Arschtasche ihrer Nietenhose stecken. Auf meine Frage: „Wat issen det für'n Haarschnitt?", antwortete mir Batties Bruder Peter: „Mann, det is' `ne Ente mit Eckschnitt, so wie det Bill Haley und Elvis tragen." So eine Frisur wollte ich auch mal haben.

Zu Hause vor dem Badezimmerspiegel übte ich stundenlang mir eine Ente zu kämmen. Die Halbstarken schmierten sich immer Frisiercreme ins Haar und dann kämmten sie die Seiten nach hinten. Dort zogen sie dann eine Furche mit der Kammspitze rein. Zuletzt pressten sie vorne eine Tolle in ihre Mähne. Das hatte ich genau beobachtet. Wir hatten keine Frisiercreme und so nahm ich einfach Butter, das ging auch. Natürlich sah mein Kopfkissen am nächsten Tag dementsprechend aus. Aber ich schaffte es einfach nicht, weil meine Haare zu kurz waren. Als ich wieder mal auf dem Küchenstuhl saß, fragte ich meinen Vater: „Schneidste mir ma' `ne Ente mit Eckschnitt?" Ich konnte dem Handfeger, der mir entgegenflog, gerade noch ausweichen und hatte die Antwort verstanden.

In der Halskestraße gab es einen kleinen Friseurladen, der hieß „Salon Hirsch" und dort ging Batties Bruder immer hin. Kurz bevor die Zeit für die nächste „Peitsche" heran war, plünderte ich mein Sparschwein und machte mich auf zu „Hirsch", um mir den so gewünschten Haarschnitt verpassen zu lassen.

Als ich den Laden betrat, stiegen mir alle Düfte des vorderen und des hinteren Orients in die Nase. Der Raum, wo die Frauen saßen, war mit einem dicken Vorhang verdeckt und nur das laute Geplapper war zu hören. Für die Männer gab es zwei Stühle, die vor Porzellanbecken standen. In den Spiegeln konnte ich fast nichts erkennen, weil alles voller Wasserflecken war. An einer tapezierten Trennwand aus Sperrholz standen drei verschiedene Stühle. Auf dem einen saß ein Rentner und las die Zeitung, die an einem Holzstock festgemacht war. Daneben hockte ein Junge mit seiner Mutter. Der Chef, Herr Hirsch, war viel älter als mein Vater und das hätte mir schon zu denken geben müssen. Er rannte nervös in einem weißen Kittel hin und her.

Ich setzte mich neben die Frau mit dem Kind und wartete erst mal. So ganz geheuer kam mir die Sache nicht vor, aber wieder aufstehen, das traute ich mich auch nicht. Der Rentner kam als Erster an die Reihe. „Na, Heinz, wieder preußisch kurz, wa?", fragte der Chef ihn. „Na klar, runter mit de' Loden, ick will ja nich' aussehen wie so`n Penner mit Schmalztolle." Schon bildeten sich die ersten Schweißtropfen auf meiner Stirn, als ich das hörte. Als der Rentner fertig war, fragte ich mich, ob der überhaupt noch einen Kamm braucht, so kurz waren ihm die Haare abrasiert worden. Nun kam der Junge neben mir ran. Der machte einen Höllenrabatz in dem Kinderdrehstuhl. Nachdem ihm seine Mutter eine gescheuert hatte und Herr Hirsch ihn mit der einen Hand wie eine Zwinge festhielt, gab er keinen Laut mehr von sich.

Und dann kam ich an die Reihe.

Auf dem Weg zum Stuhl musste ich durch jede Menge abgeschnittener Haare latschen, die auf dem Boden lagen. Als ich mich in den einen von den beiden Stühlen setzen wollte, blaffte mich Hirsch gleich an: „Nee, Kinder müssen hier in den Drehstuhl rin, damit ick mich nich' so bücken brauch' oder meinste vielleicht, ick will een Buckel kriejen." Obwohl ich „schon" zehn Jahre alt war, musste ich wohl oder übel auf dem Kinderstuhl Platz nehmen. Kaum, dass ich richtig drinsaß, drehte Hirsch den Stuhl wie ein Blöder nach oben. Mir wurde beinahe schlecht und an Flucht war nun nicht mehr zu denken. Schon warf er mir den Leinenkittel über und als es anfing, mich im Nacken zu jucken und zu kratzen, musste ich daran denken, wie viel Leute den Umhang schon vor mir umgehabt hatten.

„Na wat`n, kannste nich' sprechen? Wie soll ick dir denn deine Haare schneiden?" Hirsch stand dicht hinter mir und ich konnte seinen Atem im Nacken spüren. Hatte der ein Mundgeruch, am liebsten hätte ich gar nicht mehr geatmet. „Ja also, ick wollte ma' so`n Haarschnitt ham wie die Halbstarken, so mit `ne Ente hinten zusammenjekämmt und denn mit Eckschnitt." Über den Brillenrand blickend, fauchte er mich an: „Kannst `n paar hinter de Ohren kriejen, du Lauser, hier krichste die Haare jeschnitten, wie sich det für'n Bengel in dein' Alter jehört und nich' so`n Urwaldschnitt." Und schon rappelte die Haarschneidemaschine über meinen Kopf.

Ich musste mit den Tränen kämpfen, als ich im Spiegel sah, wie er mir die Seiten kahl scherte, die mein Vater immer etwas länger ließ. Es dauerte kaum zehn Minuten und ich sah aus wie einer aus der Mau-Mau-Siedlung. Als Nächstes nahm er die Wasserspritzflasche und ich dachte schon, jetzt will er dich ooch noch baden, sosehr spritzte er meinen Kopf nass. Dann zog er mir einen Scheitel derart scharf wie mit dem Beil gehauen. Als er mir endlich den

kratzenden Kittel abnahm, fiel mir auch noch ein Rest der abge-
schnittenen Haare in den Nacken. Für mein gespartes Geld vom
Blumenklauen hatte ich nun einen Russenhaarschnitt bekommen.
Als ich am Kottesteig ankam, konnten sich meine Freunde vor
Lachen kaum einkriegen. „Bist wohl bei Hirsch jewesen, wa",
prustete Wolli los und die anderen fuhren mir alle mit der Hand
am Hinterkopf hoch. Da kam Schmitti aus der Haustür und der
sah noch einen Zahn schärfer um die Birne aus als ich. Sein Vater
hatte ihm die Haare geschnitten und nicht darauf geachtet, dass
die Haut unter den Haaren weiß wie Schnee war. Bei seiner ge-
bräunten Gesichtsfarbe zeichnete sich der breite, weiße Streifen
rundherum wunderbar ab. Schmitti schämte sich fast zu Tode.

Mein Vater war erst wütend darüber, dass ich bei Hirsch gewesen war und sagte nur: „Wer nich' hören will, muss fühlen."
Doch als er mir vier Wochen später wieder in unserer Küche die
Haare schnitt, zuvor hatte ich ohne Murren den Stuhl aufgestellt,
ließ er mir die Haare etwas länger als sonst und dafür habe ich ihn
danach ganz doll gedrückt. Zu Hirsch bin ich nie mehr gegangen.

Kapitel 30

Die Umzugskisten 1959

Nicht allzu oft zogen neue Leute am Munsterdamm ein. Wenn
jedoch ein Möbelwagen vor einem der Hauseingänge hielt, dann
liefen wir dort neugierig hin. Manchmal waren neue Kinder dabei.

Eines Tages entdeckte ich in unserem Müllkeller eine ungefähr
1,50 Meter lange rote Blechkiste und zwei kleinere Kisten aus sehr
stabilem Holz mit Riegel. Das war ein doller Fund. Wir hatten
schon so manches Brauchbare in den Müllkellern gefunden, was

wir zum Spielen gut verwenden konnten, die Leute warfen ja so allerhand weg; aber solche guten Kisten waren noch nie dabei gewesen. Ich rannte gleich zu Mäcki um ihm die Neuigkeit mitzuteilen. Auf dem Weg zum Müllkeller trafen wir noch auf Raini, der auch gleich noch mitkam. Zusammen betrachteten wir die Kisten und überlegten, was wir damit machen könnten. „Wisst ihr, wat wir mit den Kisten machen werden? Die schleppen wa erst ma' uff 'n „Südi" und denn verstecken wa die da im Jebüsch, aber so jut, dass die keener entdecken kann", schlug ich vor. „Und wat willste denn damit machen?", fragten mich die beiden. „Da bauen wa uns Höhlen draus. Ick nehm' die jroße Blechkiste, weil ick ja der Entdecker war und ihr die beeden Holzkisten."

Was natürlich keiner von uns wusste, dass es Umzugskisten waren, die ein neuer Mieter dort abgestellt hatte. Zu dritt buckelten wir erst die Blechkiste aus dem Müllkeller. „Mann, die ist aber verdammt schwer", fluchte Raini. „Na und, wenn de erst ma' rinjekrochen bist und det dann draußen anfängt zu pieseln, denn biste da drinne jeschützt", fluchte ich zurück. Die Kiste war wirklich verdammt schwer. Wir mussten mindestens drei Mal Pause machen, bis wir unser Ziel erreicht hatten. Sofort suchte ich ein gutes Versteck, was ich unter einer dichten Hecke auch fand. Mit großer Anstrengung schoben wir die Kiste in das Gebüsch. „So, die findet so leicht keener", sagte ich zu den Freunden. In diesem Moment begann es leicht zu nieseln. „Jetzt müssen wa uns aber beeilen, die beeden Holzkisten müssen ooch noch hier versteckt werden." Als wir alles geschafft hatten, waren wir halb durchnässt. Aus dem anfänglichen leichten Nieseln war Regen geworden. Vollkommen erschöpft ging jeder nach Hause.

Am späten Nachmittag, draußen wurde es langsam dunkel, kam Mäcki zum Spielen zu mir rüber. Aus den kleinen Zweigen der Hecke, die vor den Grünanlagen am Bürgersteig wuchsen, hatten wir uns Minihockeykellen gebastelt. Eine kleine Plastikkugel aus dem Kaugummiautomaten war der Puck. Mitten im schönsten Spiel klingelte es auf einmal an der Wohnungstür. „Wer issen det?", fragte mich Mäcki. „Bei dem Wetter jachste doch noch nich' ma' een' Köter vor de' Tür." Ich klappte den Briefschlitz hoch und schmulte durch den Spalt. „Da is' ooch keen Köter draußen", flüsterte ich zu Mäcki. „Da steht `n Mann vor der Tür." Wieder klingelte es. „Mach doch mal auf, Junge", rief meine Mutter aus der Küche.

Ich öffnete die Tür und ein Mann im langen Mantel stand vor mir. „Kriminalpolizei, kann ich mal deinen Vater sprechen?" Der Mann sah mich scharf an. Inzwischen war mein Vater aus dem Wohnzimmer gekommen. „Was ist denn hier los?", wollte er wissen. Der Kriminale zeigte ihm seinen Ausweis. Mir wurde heiß und kalt, als ich den Blick meines Vaters sah. „Gleich fängste dir eene ein", dachte ich. „Gegen ihren Sohn Michael liegt eine Anzeige wegen Diebstahls vor", sagte der Mann. „Er soll drei Umzugskisten aus dem Keller gestohlen haben." Mein Vater war sprachlos. Im selben Moment schnappte sich Mäcki seine Jacke und verkrümelte sich blitzschnell. „Das war doch einer von deinen Freunden, die auch dabei waren. Na, bei dem seinen Vater bin ich auch schon gewesen. Ihr seid nämlich von einem Mieter dabei beobachtet worden, wie ihr die Kisten weggeschleppt habt. Wo habt ihr denn die Kisten hingebracht?" Mein Vater war außer sich vor Wut. „Na oben uff'n Kottesteig in een' Jebüsch", antwortete ich heulend. Er hatte mir noch immer keine gescheuert, aber ich wusste genau, was mir noch blühen würde.

Inzwischen war auch Mäcki wieder aufgetaucht und zusammen mit dem Mann von der Kripo liefen wir zum Kottesteig. Draußen war es stockfinster und es goss in Strömen. Unterwegs fragte ich Mäcki: „Wat hatt'n dein Vater jesacht?" oder haste jleich wieder wat mit'm Kleiderbügel jekricht?" „Nee", antwortete Mäcki, „der hat nur jesacht, Polizisten sind jeistige Tiefflieger." „Hast du een Schwein. Meener sieht sich schon mit een' Been im Gefängnis", antwortete ich ihm. Als wir die Stelle erreichten, wo wir die Kisten versteckt hatten, sagte ich zu dem Kripomann: „Hier drinne müssen se sein." Ich schob die Blätter des Gebüsches zur

Seite und erschrak. Dort, wo die Kisten hätten sein müssen, war nichts zu sehen.

„Wo sind denn nun die Kisten?", ertönte hinter mir die Stimme des Kripobeamten. „Weeß ick ooch nich', die muss eener jeklaut haben", antwortete ich kleinlaut. „Na dann wollen wir mal zu eurem anderen Freund gehen, vielleicht weiß der, wo die Kisten sind", sagte er.

Rainis Vater empfing uns, inzwischen war auch noch meine Mutter dazu gekommen, mit einem Lächeln auf den Lippen. Mit ruhigen, sachlichen Worten erklärte er dem Kripomann den Sachverhalt. Dass es nur ein dummer Jungenstreich war und dass die Jungs gedacht hatten, was im Müllkeller steht, braucht niemand mehr. Schuld hätte allein nur der Mieter, denn die Kisten hätte ja auch jemand anderes mitnehmen können.

Doch ohne Strafe kamen wir drei nicht davon. Vier Wochen lang mussten wir uns immer dienstags nach der Schule im Polizeirevier 193 unten am Stadtpark melden.

Kapitel 31

Ballon vom Balkon 1959

An den meisten Streichen und Abenteuern, die wir erlebten, war ich beteiligt oder sogar der Initiator. Doch bei einer der verrücktesten Schoten war ich nicht mit dabei. Mäcki und Werner hatten diesen Einfall gehabt und ihn auch ausgeführt.

Jedes Mal wenn wir auf „Mäckis Hof" spielten, blökte die Trippler aus dem Fenster. Einmal goss sie uns sogar einen Eimer Wasser über den Kopf. Wenn wir auf dem Treppengeländer runterrutschten, kam sie aus Ihrer Wohnung um uns anzukeifen. Liefen wir mal laut lachend die Treppe hinunter, erschien sie schimpfend auf der Bildfläche. Um dieser Frau mal eins auszuwischen, beschlossen die beiden Brüder, den Mann der Frau zu erschrecken.

Sie lauerten auf dem Balkon, bis sie ihn, vom Einkaufen kommend, entdeckten. Sogleich rannten beide in das Badezimmer und füllten Wasser in einen Luftballon. Kurz bevor dieser platzte, er hatte fast den Umfang eines Medizinballes erreicht, schleppten sie ihn zum Balkon. Ein kurzer Blick nach unten zeigte ihnen, dass es höchste Eisenbahn war, denn Herr Trippler war schon kurz vor der Haustür. Mit extremem Kraftaufwand hievten sie den Ballon über die Balkonbrüstung und ließen ihn nach unten rauschen. Gespannt schauten beide zu, was nun passieren würde.

Das „Opfer" war gerade dabei, die Hand auf die Haustürklinke zu legen, als der prallgefüllte Luftballon neben ihm aufschlug und zerplatzte. Mäcki und Werner duckten sich schnell um nicht erkannt zu werden. Dabei grinsten sie sich an. Es dauerte nicht lange, da klingelte es an Holtzens Wohnungstür. Mäckis Mutter machte auf und vor ihr stand Herr Trippler, nass wie ein Köter. „Ihre Söhne wollten mich umbringen", schrie er die arme Frau an. Diese wiederum rief sofort nach ihren Söhnen. Die beiden mussten sich mit einem tiefen Diener entschuldigen. Nachdem Frau Holtz die Tat als dummen Jungenstreich abgetan hatte, schloss sie laut krachend die Wohnungstür. Mäcki wusste, dass jetzt eine Tracht Prügel folgen würde, doch zu seinem Erstaunen wurden sie nur ausgeschimpft und dabei konnte sich ihre Mutter das Lachen nur schwer verkneifen. Das Ehepaar war nämlich nicht nur bei uns Kindern unbeliebt.

In der Schule hatten wir seit kurzem Verkehrsunterricht, allerdings nur theoretisch. Wie wir uns aber im Straßenverkehr richtig verhalten sollten, das lernten wir im Verkehrskindergarten im Stadtpark Steglitz. Zusammen mit der ganzen Klasse, unter Leitung der neuen Klassenlehrerin Fräulein May, liefen wir zum Stadtpark. Dort brachte uns ein Schutzpolizist die wichtigsten Regeln bei. Auf Stühlen saßen wir im Verkehrskindergarten wie im Klassenzimmer und auf einer Tafel schob der Polizist Magnetautos hin und her.

Nach einer halben Stunde durfte sich jeder ein Fahrrad oder eines der Tretautos nehmen. Einige der Klassenkameraden spielten Fußgänger. Ein Polizist regelte den Verkehr und die Lehrerin passte auf, dass keiner Unsinn machte. „Det is' aber blöde, wenn de hier nich' ma mit dem Tretauto rasen darfst", sagte ich zu Hans-Joachim Schütt, genannt „Schütti", der sich ganz diszipliniert nach den Anordnungen der Lehrerin richtete. „Der Verkehrsgarten hat ja auch in den Ferien auf, da kannste ja denn wie ein Verrückter fahren." „So 'ne blöde Antwort", dachte ich. „Sowat kann ja ooch nur von so'm Musterschüler komm'." Also fuhr ich vorsichtig, hielt an der Ampel bei Rot an und trampelte mit gemäßigtem Tempo durch die angelegten Straßen. Ich hatte mir ein rotes Tretauto genommen. Hinten war, wie auch bei den gelben Autos, ein Shell-Abzeichen drauf. Trotzdem machte es mir Spaß, mit dem Auto rumzukurven. Leider gingen wir mit der Klasse viel zu selten in den Verkehrskindergarten.

Gleich am ersten Tag der Ferien machte ich mich mit Mäcki, Schmitti, Diana und noch ein paar Freunden auf den Weg zum Stadtpark. Der Verkehrskindergarten öffnete um 10.00 Uhr. Dort angekommen, musste ich mit saurer Miene erkennen, dass die Schlange der wartenden Kinder schon ziemlich lang war. Dicht am Maschendrahtzaun entlang, bis hin zum Tor, standen mindestens zwanzig Kinder. „Mann, det kann ja ewich dauern, bis wa da rankommen", sagte ich zu Mäcki. „Lass uns doch een paar von den Schlappschwänzen wegdrängeln", antwortete er. Gesagt, getan, kaum dass wir das Ende der Warteschlange erreichten, begannen wir uns vorzudrängeln. Doch die Gegenwehr der anderen Kinder war zu groß. Außerdem kamen zwei etwas stärker aussehende Schülerlotsen dazu, die mich und Mäcki gehörig zurechtstutzten. „Wer zuerst kommt, mahlt zuerst", musste ich mir von einem der beiden anhören. Also blieb uns nichts weiter übrig, als uns wieder hinten anzustellen und zu warten.

Während der nicht enden wollenden Wartezeit besprachen wir uns. „Uff jeden Fall müssen wa det schaffen, dass wa alle zugleich rinkommen. Denn schnappt sich jeder eens von den Tretautos, bloß keen Fahrrad, damit kann Diana fahren." Diese warf mir gleich einen bösen Blick zu. „Und denn treffen wa uns hinten in der Ecke, wo uns der Verkehrspolizist nich' sehen kann und denn veranstalten wa een Autorennen." „Prima Idee, Lori", meinten alle.

Kurz vor 10.00 Uhr schloss einer der Polizisten unter dem Gejohle der wartenden Kinder endlich das Tor auf. Die erste Gruppe, ungefähr fünfzehn Kinder, durfte hinein. Neidisch hingen wir am Maschendrahtzaun und sahen den anderen zu, wie diese herumfuhren. Nach einer halben Stunde war es dann so weit. Wir kamen alle mit dem nächsten Schwung Kinder hinein. Es folgte erst die Ansprache des Polizisten: „Bevor ihr euch zu den Fahrzeugen begebt..." „So 'n Quatsch", hörte ich hinter mir jemanden sagen, „det sind Trampelflitzer und stinklangweilige Fahrräder." Ein scharfer Blick des Polizisten ließ den Sprecher verstummen. „Wir gehen erst einmal zu einer Tafel, wo ich euch anhand von Magnetautos ein paar Verkehrsregeln erklären möchte." „Jetzt quatscht der det selbe, wat wa schon in der Schule jelernt haben, noch mal", flüsterte ich Mäcki ins Ohr.

Während die Übereifrigen gelehrig dem Polizisten zuhörten, überlegte ich schon, welches von den Autos ich nehmen würde. Ich entschied mich wieder für ein rotes. Hinter mir unterhielten sich leise zwei Kinder. „Wat hab' ick dir jesacht, wie inne Schule beim Verkehrsunterricht. Schön uffpassen, wenn de an eene Ampel kommst, uff de Schilder achten und keenen über'n Haufen fahr'n." Und schon gar nich' rasen."

Endlich war die Ansprache des Verkehrspolizisten beendet. „Nun begibt sich jeder entweder zu einem der Autos oder einem der Fahrräder. Aber schön langsam und ohne Gedränge." Kaum hatte er die letzten Worte ausgesprochen, setzte ein heilloses Durcheinander ein. Die meisten stürmten auf die Autos zu, kaum einer rannte zu den Rädern. Ich spurtete auch los und musste zu meinem Entsetzen sehen, wie sich gerade einer in „mein" rotes Auto zwängte. Mit Riesenschritten stand ich neben ihm. „Los, aussteijen, det is' meen Auto!" Ich zerrte den verängstigten Jungen aus dem Auto. „Deine Beene sind sowieso viel zu kurz, damit kommste jar nich' an die Pedalen."

Beleidigt lief der Junge davon und nahm sich ein Fahrrad. Ich schob mich in das Auto und umfasste stolz das Lenkrad und stellte mir vor: „Heute bin ick ma' Stirling Moss." Mäcki und die anderen waren schon auf dem Weg in die hinterste Ecke, da wo die großen Kastanienbäume standen. In meiner Hast, nun gleich losbrausen zu können, stieß ich mir erst mal beim Antreten in die Pedalen mein Knie höllisch an der Blechkante unter dem Lenkrad. Dadurch rutschte ich von den Pedalen ab, wobei das Auto einen Satz nach vorne machte und auf den Vordermann krachte. Im Nu stand der Polizist neben mir und ermahnte mich. „Hier wird nicht randaliert, sonst kannste gleich wieder aussteigen." „Ja, Herr Polizist", antwortete ich kleinlaut. Da mein Knie verdammt wehtat, fuhr ich erst mal langsam los.

Zunächst hielt ich mich an alle Verkehrsregeln. Doch dann kam der Moment, wo ich im toten Winkel des Verkehrskindergartens ankam. „Wo bleibste denn?", fragte mich Schmitti. „Hast wohl schon den ersten Unfall jebaut, wa?" „Nee, der Wachmeester hat mir erst ma `ne Moralpredicht jehalten." Kurz berichtete ich den Freunden, was passiert war. „Na denn kann det ja losjehn", rief Mäcki und trat wie ein Irrer in die Pedalen des Tretautos. Wir trampelten alle hinterher. Das Tretauto war ziemlich schwer und es dauerte einen Moment, um es in Gang zu bekommen. Aber wenn es dann in Fahrt kam, brauchten wir schon eine ganze Menge Kraft, um es an einer Ampel oder einem Zebrastreifen zum Stehen zu kriegen.

Schmitti war der Erste, der ausschied. Er konnte, bei seinem Tempo, in einer Kurve dem Rinnstein nicht schnell genug ausweichen. Bei dem Anprall stieß er sich sein Knie an der Lenkradsäule. Ich wusste ja, wie weh das tat.

Immer wenn wir einen der Polizisten passierten, fuhren wir sehr ordentlich. Der Wachtmeister nickte uns dann wohlwollend zu. Sobald wir aber den hinteren, vom Polizisten nicht einsehbaren Teil des Verkehrskindergartens erreicht hatten, gaben wir wieder „Gas". Auf einmal sah ich Diana vor mir auf einem Fahrrad. Sie fuhr geradewegs auf eine Gruppe von Kindern zu, die am Zebrastreifen warteten. „Wat macht die denn?", rief ich Mäcki zu, der mich gerade überholen wollte. „Keene Ahnung, vielleicht kann se die Bremse nich' finden." Und da passierte es auch schon. Ohne zu bremsen rauschte sie in die Kindergruppe hinein. Sofort war einer der Polizisten zur Stelle. Ich sah, wie er mit Diana diskutierte und wie diese dann weinend zum Tor lief.

Inzwischen hatte es angefangen zu nieseln. Die Fahrbahn wurde leicht schlüpfrig. Um meine wieder erlangte Führung im Rennen nicht zu verlieren, trat ich in einer Kurve zu spät in die Pedalen um zu bremsen. Auf dem nassen Straßenbelag kam ich nun durch mein abruptes Bremsmanöver von der Ideallinie ab und kachelte mit vollem Tempo in eine Reihe wartender Autos. Das Getöse hätte noch nicht einmal ein Schwerhöriger überhören können. Was jetzt passieren würde, war mir klar, als ich den Wachtmeister mit schnellen Schritten auf mich zukommen sah. Er sagte kein Wort, sondern zeigte nur mit ausgestrecktem Arm in Richtung Tor. Ich verstand sofort, was er damit meinte. Das Schlimme an der ganzen Sache war aber, dass er mir vor versammelter Mannschaft klar machte, dass ich in dieser Woche nicht mehr zu kommen brauchte. Autorennen im Verkehrskindergarten bin ich von da an nie mehr gefahren.

Kapitel 32

Versteckspiele 1959

Der Buddelkasten auf meiner Seite wurde meist für sportliche Aktivitäten genutzt, während der andere auf der gegenüberliegenden Straßenseite ideale Verhältnisse zum Versteckspielen bot. Eingekeilt zwischen den Häusern, war er von der Straße aus nur durch einen schmalen Weg zu erreichen. Eine Grünanlage mit dichten Hecken auf beiden Seiten sollte den Mietern, die Parterre wohnten, einen schönen Ausblick bieten. Für uns jedoch waren diese Sträucher kein Hinderungsgrund und so rannte jeder durch die Grünanlage hindurch um den Weg abzukürzen. Sehr zum Ärger des dort wohnenden Baurates Marx, der keine Gelegenheit ausließ, uns eins auszuwischen. Meistens lungerte er am Fenster rum oder wartete versteckt hinter der Gardine, bis einer durch die Anlagen flitzte. Dann schrie er aus dem Fenster und drohte damit, unseren Eltern einen Brief zu schreiben. Als das jedoch nichts nützte, griff er zu hinterhältigeren Waffen.

Er passte mich eines Tages ab und versprach mir süffisant eine Belohnung von 1,- DM, wenn ich ihm die Namen der Freunde verraten würde. Nun, das Geld konnte ich gut gebrauchen und so zählte ich ein paar Namen auf. Dafür bekam ich dann meinen „Verräterlohn". Allerdings verschwieg ich die Nachnamen der Freunde und so nützten ihm die Vornamen wenig.

Ein sehr beliebtes Spiel war „EE-Versteck". Dazu brauchten wir sieben Stöcker, aus denen ein doppeltes „E" zusammengesetzt wurde. Nach dem üblichen Tipp-Topp warf einer von uns die Stöcker in die Luft und während sich alle versteckten, musste der Sucher die verteilten Stöcker zusammensuchen und neu aufbauen. Dann machte er sich auf die Suche nach den Versteckten. Hatte er jemanden entdeckt, lief er schnell zu dem hölzernen „EE" zurück, trat mit einem Fuß darauf und rief den Namen des Entdeckten, zum Beispiel: „EE Mäcki." Der Entdeckte setzte sich auf die Bank und wartete. Während der eine suchte, wartete der andere schon darauf, dass sich eine Gelegenheit bot, aus dem Versteck zu stürmen und die Stöcker mit einem Fußtritt auseinander zu stoßen. Sobald sich diese bot, flitzte er aus seinem Versteck, zerstörte das hölzerne „EE" und verschwand wieder. Derweil durften sich die bereits Entdeckten auf ein Neues verstecken, während der Sucher fluchend die Stöcker wieder zusammenbastelte. Es waren einige unter den Freunden, die suchten ewig.

Großen Spaß machte es uns auch, wenn wir „Verbanner" spielten. Zwei von den Freunden bekamen einen großen Vorsprung. Mit geklauter Tafelkreide oder einem Kreidestein malten sie Pfeile auf den Bürgersteig, die Hauswände oder an andere Stellen. Dieses sollte es den Verfolgern einfacher machen, ihnen zu folgen. Natürlich wurden auch falsche Fährten gelegt, um die anderen in die Irre zu führen.

Ein spannendes Spiel war „Räuber und Gendarm". Es machte besonders großen Spaß, wenn sich auch ein paar von den Älteren daran beteiligten. Nachdem die Parteien bestimmt worden waren, hatten die Räuber eine Viertelstunde Zeit sich zu verstecken. Zuvor wurden aber noch die Grenzen des Gebietes bestimmt, die nicht überschritten werden durften. Der Insulaner war die äußerste Grenze, ebenso der Steglitzer Damm, der Immenweg und der Hanstedter Weg. Einmal machten sich Wolli und ein paar andere den Spaß und fuhren mit der S-Bahn von Südende zum Priesterweg. Natürlich wurden sie nicht gefasst und darüber lachten sie noch sehr lange.

Eines Tages war ich mit unter den Räubern und mein Versteck hatte ich mir schon einige Tage vorher ausgedacht. Während sich die anderen Freunde im „Grundti" oder auf dem „Südi" versteckten, machte ich mich auf den Weg zu Chrilles Haus. Dort angekommen, suchte ich mir eine leere Mülltonne aus und kroch hinein. Am Anfang bekam ich noch Platzangst in der engen Tonne, doch dann gewöhnte ich mich daran. Das Einzige, was mich halb wahnsinnig machte, war der süßliche Gestank, der mir in die Nase stieg. Da ich noch keine Armbanduhr besaß, wusste ich nicht, wie lange ich in der Tonne saß. Nach geraumer Zeit öffnete ich vorsichtig den schweren Deckel der Mülltonne, um mal nach draußen zu sehen und dabei frische Luft zu schnappen. Im selben Moment hörte ich Stimmfetzen: „Wir müssen uns mehr verteilen,... det macht ja keenen Spaß mehr,... vielleicht issa unten an der Fußballwiese." „Das war Wollis Stimme", stellte ich fest und zufrieden, dass ich auch mal ein prima Versteck hatte, schloss ich schnell den Deckel und verhielt mich ruhig.

Doch dann wurde mir die Zeit zu lange und nachdem ich die Umgebung von der Mülltonne aus gesichert hatte, stieg ich heraus und machte mich auf den Weg zum Buddelkasten. Dem Stand der Sonne nach war es schon Nachmittag. Als ich am Buddelkasten ankam, sah ich nur Diana, die dort mit ihren Schwestern, Kiki und Heidi, buddelte. „Wo sind 'n die andern?", fragte ich sie. „Die sind alle unten an der Fußballwiese und spielen Fußball." Wütend stiefelte ich davon.

Da hatte ich nun „stundenlang" in der stinkenden Mülltonne ausgeharrt und mich gefreut, dass keiner mein Versteck entdeckt hatte und da haben die gar nicht nach mir gesucht, sondern sind Fußball spielen gegangen. Als ich zu den Freunden kam, war ein Fußballturnier im Gange. Wolli, der mich kommen sah, rief mir zu: „Wo warste denn so lange, wir ham überall nach dir jesucht." „Kann ja jar nich' sein", antwortete ich wütend. Mäcki kam zu mir herüber und wollte mich in die Mannschaft aufnehmen. Als er neben mir stand, schnüffelte er und meinte: „Du stinkst, als wenn de inne Mülltonne gefallen wärst." Da musste ich laut loslachen und daran denken, wie Recht er doch hatte.

Kapitel 33

Sport auf dem Kottesteig 1959

Der Kottesteig war einer der beliebtesten Treffpunkte als Ausgangsposition für Streifzüge durch die verwilderten Gärten und um andere Abenteuer zu erleben. Hauptsächlich jedoch nutzten wir ihn zum Hockeyspielen im Sommer.

Am oberen Ende war ein kleiner, runder Parkplatz, dessen runde Maße fast denen eines Hockeyfeldes glichen, begrenzt durch eine niedrige Bordsteinkante ein ideales Spielfeld. Natürlich mussten wir immer abwarten, bis kein Auto dort parkte. Meistens stand dort nur der Opel, der dem Vater von Klaus gehörte.

Zuerst streiften wir durch die wilden Grundstücke, auf der Suche nach der richtigen Kelle. Wurde der passende Ast entdeckt, begann man mit einem Taschenmesser oder einem Fahrtenmesser diesen abzuhacken. Mäcki fand natürlich immer die besten „Kellen". Um im Notfall eine Reservekelle zu haben, achtete jeder darauf, möglichst zwei oder drei passende Äste zu finden. Hatten alle ihre Kellen gefunden, wurden diese gekennzeichnet. Mit nach oben nehmen konnte sie keiner, also versteckten wir sie in den dichten Sträuchern nahe Schmittis Haus. Bei „Wertheim" und „Leineweber" in der Schloßstraße gab es die begehrten kleinen Werbegummibälle, die uns als Puck dienten.

Wolli und Mäcki machten Tipp-Topp und suchten sich ihre Mannschaft zusammen. Klaus, der als Einziger von uns schon eine Armbanduhr besaß, war Schiedsrichter und sollte die Zeit stoppen. Als Torpfosten nahmen wir Ziegelsteine, die im verwilderten Garten überall rumlagen. Und dann ging es los. Immer wenn Achim im Tor war, knallten wir ihm die Bälle nur so um die Ohren. Sehr oft passierte es, dass die kleinen Bälle durch den verrosteten Maschendrahtzaun sausten und im Gestrüpp des verwilderten Gartens verschwanden. Die Suche nach dem kleinen Ball dauerte manchmal ewig, noch dazu, wenn er dummerweise grün war. In der Hektik des Spieles flog so mancher Ball auch schon mal über den Zaun in Reuters Garten. Dann folgte jedes Mal das gleiche Ritual. Der Streit darüber, wer den Ball holen soll. „Mensch immer ick, det is' jetzt schon det dritte Mal, wo ick über den Scheißzaun klettern muss", meckerte Achim.

Wenn Mäcki und ich gegen die Mannschaft von Wolli antreten mussten, wurde es immer sehr schwer und als wir schon in der ersten Halbzeit 5:0 zurücklagen, griff ich zu einer List. In unbeobachteten Momenten schob ich mit dem Hacken die Torpfosten enger zusammen. Das ging jedoch nur kurze Zeit gut, bis Wolli auf einmal aufgeregt rief: „Mann, euer Tor is' ja viel kleener als det von uns" und sogleich schmiss er sich auf den Bauch, um wichtigtuerisch alles zu untersuchen. Es dauerte nur kurz, bis er mich für ein Spiel auf die Strafbank setzte. Kurze Zeit später fuhr der Vater von Klaus mit dem Auto vor. Ich ließ gleich alles fallen und rannte zur Haustür um diese aufzuhalten, während Mäcki ihm die Autotür aufhielt. Als Dank für unsere „Dienste" bekam jeder 20 Pfennig von uns.

Doch dann passierte etwas, wovor wir uns immer gefürchtet hatten. Als Gerd mit seiner Kelle ausholen wollte, knallte er gegen die Hintertür des Autos. Innerhalb von Sekundenbruchteilen war es mucksmäuschenstill auf dem Kottesteig. Sogleich schaute der Vater von Klaus aus dem Fenster und fragte: „Was issen los Jungs, ihr seid ja auf einmal so ruhich?" Keiner wagte etwas zu sagen. Wolli hatte in der kurzen Zeit schnell mal nach der Autotür gelugt, aber nichts entdecken können und so antwortete er: „Is' nischt, wir wollen nur ma' kurz `ne Pause machen." Sogleich scharrten sich alle um Wolli herum und klopften ihm auf die Schulter. „Mann, Wolli, det haste jut jemacht, ick dachte schon, jetzt ham wa den Salat", sagte Mäcki zu ihm. Unauffällig schlich ich auch noch mal um das Auto herum und da entdeckte ich eine kleine Beule. „Da is' doch wat zu sehen", flüsterte ich Mäcki ins Ohr, „wenn det uffffällt, sind wa dran."

Als wir am nächsten Tag mit dem Fußball von Wolli „Hochtechnik" an der grauen Steinmauer am Kottesteig spielten, schaute der Vater von Klaus aus dem Fenster und rief: „Mäcki, komm doch mal her." „Jetzt isset passiert", sagte ich zu Wolli, „jetzt hatta bestimmt die Beule entdeckt." Doch zu unserer großen Überraschung gab es keinen Krach, sondern Mäcki bekam einen neuen Fußball von ihm geschenkt. Es war ein brauner Gummiball mit Noppen. Wir rannten zum Fenster, wo er sich oft hinauslehnte, um uns beim Spielen zuzuschauen. Dort stellten sich alle auf, machten einen Diener und bedankten sich für den Ball. Sofort begannen wir ein Spiel auf kleine Tore.

„Verschieb' nich' wieda die Steine, Lori", rief mir Wolli zu. „Nee, ick spiel' heute ‚Fliejenden Torwart', da bin ick ooch im Sturm." Das Fußballspiel dauerte nicht lange, da kam es zu einem Zwischenfall. Mäcki verlängerte einen Schuss von mir und der neue Fußball flog in Richtung Reuters Zaun. Auf dem Eisentor war jedoch rostiger Stacheldraht und genau darin blieb der Ball hängen, um dort sein Leben auszupfeifen. Er wurde gerade mal zehn Minuten alt. Wie belämmert standen wir um die Ballleiche herum. Da nahm Wolli seinen Lederball in die Hand und sprach: „Meene alte Lederpille is' doch die beste" und damit hatte er verdammt Recht.

Kapitel 34

Die Steglitzer Woche 1959

Der erste Rummelplatz im Rahmen der „Steglitzer Woche" hatte seinen Standplatz auf dem leer geräumten Trümmergrundstück Bismarckstraße Ecke Mariendorfer Straße. Ich hatte dort zum ersten Mal ein Riesenrad gesehen. Von 1953 bis 1956 wurde der Festplatz auf dem Händelplatz am Hindenburgdamm aufgebaut. Doch als man dort das Finanzamt Steglitz errichtete, erfolgte 1957 der Umzug zum Bäkepark am Teltowkanal. In den 50er Jahren fand anlässlich der Steglitzer Woche jedes Mal ein großer Festumzug statt. Die Leute standen dicht gedrängt am Straßenrand und staunten über alte Fahrzeuge, Spielmannszüge, Hochräder und allerlei andere Dinge. Im „Titaniapalast" gab es Veranstaltungen mit Hans Rosenthal und auf dem Hermann Ehlers Platz wehten bunte Fahnen. Die Schlussveranstaltung fand meistens im Lichterfelder Stadion statt und endete mit einem Höhenfeuerwerk.

Einige Tage vor Beginn der „Steglitzer-Woche", bekamen wir von unseren Klassenlehrern Festplaketten ausgehändigt, die wir den Eltern oder anderen Bekannten verkaufen sollten. So eine Plakette, meist war das Steglitzer Wappen abgebildet, kostete 50 Pfennig. Die Festbroschüre mit ausführlichem Programm und Geschichten aus dem alten und neuen Steglitz war für 1,- DM zu bekommen. Die Plakette diente zum freien Eintritt für die Festwiese und für alle anderen Veranstaltungen der Steglitzer Woche. In den ersten Jahren kostete es noch keinen Eintritt auf der Festwiese und jeder konnte, sooft er wollte, den Rummelplatz besuchen. Doch dann wurde das Gelände eingezäunt und nun kostete nicht nur das Karussell, sondern auch das Betreten der Festwiese Geld. Da war es natürlich günstig, dass Mäcki immer eine Plakette hatte.

Es war immer ein ziemlich weiter Weg vom Munsterdamm aus und Klaus hätte ja auch mit dem Bus fahren können, weil der ja immer Taschengeld bekam. Doch selbst die 20 Pfennig sparte er ein, um auf einem der vielen Karussells zu fahren. Während wir die Halskestraße hinunterstiefelten, erzählte uns Batti, wie sein Bruder Peter und seine Kumpels auf den Rummel gelangten. „Die schleichen sich immer unten am Kanal lang und krauchen denn zwischen de Wohnwagen der Schausteller uff ´n Rummel. Eenmal sind se erwischt worden und da ham se denn Kloppe jekricht von den Männern." Klaus und Jürgi unterhielten sich, ob sie zuerst Kettenkarussell oder Walzerbahn fahren sollten. Schmitti meinte: „Ick jeh gleich zum Assblinkerstand, da jewinn' ick meistens wat." Ich hatte nicht so viel Geld mit wie die anderen Freunde. Mäcki meinte immer: „Wenn de Eensfuffzich hast, kannste schon `ne Menge fahr'n."

Um mir das Geld für den Rummel zu besorgen, holte ich meinem Vater eine Woche lang immer die Zigaretten aus Rohdes Kneipe. Doch das war nicht genug und so sammelte ich noch mit Batti zusammen leere Flaschen aus den Müllkellern am Munsterdamm, um sie dann bei dem Lebensmittelgeschäft von Polte abzugeben. Dabei kam Batti eine blendende Idee. Während ich die leeren Flaschen im Geschäft abgab, schlich er sich nach hinten und lauerte am Zaun, dort wo die leeren Flaschenkisten standen. Nach einer Weile kam der Ladenbesitzer auf den Hof und stellte die leeren Flaschen in die Kästen. Kaum war er wieder verschwunden, kletterte Batti über den Zaun. Inzwischen war ich ebenfalls nach hinten geflitzt und nahm nun die Flaschen, die mir Batti durch den Zaun reichte, in Empfang. Als wir genug hatten, ging er in den Laden und gab die eben geklauten Flaschen wieder ab. Ich hatte dabei immer ein ungutes Gefühl und als wir auf dem Weg nach Hause waren, kam uns ein Polizist entgegen. Wir wechselten blitzschnell die Straßenseite, weil wir dachten, der will uns verhaften.

Als wir das Lichterfelder Stadion erreicht hatten, hörten wir das Getöse vom Rummelplatz. „Kannst de det ooch schon hör'n?", fragte ich Mäcki. Das Aufjaulen von irgendwelchen Lautsprechern, brüllende Stimmen und die verschiedensten Musiken schallte zu uns herüber. Kurz bevor wir den Eingang zum Rummel erreichten, besprachen wir noch einmal unseren Plan. Mäcki sollte mit seiner Plakette am Pullover den „Wachtposten" passieren und dann blitzschnell im Gebüsch hinter der Gurkenbude verschwinden.

Im geschützten Dickicht schlich er sich zum Zaun, wo wir anderen auf ihn warteten. Urplötzlich tauchte sein Gesicht hinter dem Zaun auf. „Mann, musste mich so erschrecken", fauchte ich ihn an. „Kommt eener?" flüsterte er mir zu." „Nee, ick kann keenen sehen", antwortete er genauso leise. Er schob mir die Plakette durch den Zaun zu und verschwand wieder im Gebüsch. Ich lief zum Eingang, zeigte dem Mann am Tor meine Plakette und gelangte so auf den Rummel. So ging das nun reihum, bis alle Freunde auf dem Rummel waren.

Der Lärm war ohrenbetäubend, jeder Schausteller versuchte seine Attraktion lauter als der andere anzubieten. Die Leute schoben sich wie eine zähe Schlange an den Buden vorbei. Sofort stiegen mir die verschiedensten Gerüche in die Nase. Der Duft von gebrannten Mandeln jedoch übertraf alle anderen. Ich kramte in meiner Hosentasche und zählte meine Groschen durch. „Wenn ick mir jetzt für 'n Fuffzjer 'ne Tüte jebrannte Mandeln koofe, denn kann ick nur zweemal mit 'n Kettenkarussell fahren. Wat mach' ick'n jetzt?"

Inzwischen stand Jürgi schon vor der Gurkenbude und kaufte sich eine saure Gurke. „Du frisst ooch immer detselbe, wa", meinte Schmitti zu ihm. „Na und, Klaus kooft sich ja ooch jedet mal Zuckerwatte oder so' n kandierten Appel." „Ick ess' lieba kandierte Weintrauben, da is' mehr dran", quatschte Fischi dazwischen. „Mann, Leute ihr müsst alle een Jeld haben." Batti verzichtete auf die Süßigkeiten, er fuhr lieber mit der Geisterbahn. „Kommste mit, Lori?", rief er mir zu, obwohl alle meine Freunde wussten, dass mich keine hundert Pferde da reinkriegen würden. „Den kannste nich' überreden, der fährt lieber mit Klaus Walzerbahn." Schmitti grinste die anderen an.

Klar, ich hatte schon eine große Klappe, aber Geisterbahn fahren, das war nun gar nicht meine Welt. Im Stillen bewunderte ich immer Battis älteren Bruder, der anscheinend vor nichts Angst hatte. In der Geisterbahn stieg der immer aus und wartete, bis einer kam, der alleine im Wagen saß. Zu dem setzte er sich dann mit einem stöhnenden Laut dazu und erschreckte diesen fast zu Tode.

Auf der linken Seite war eine Bühne aufgebaut. Dort traten Trachtengruppen, Musikchöre und zum Vergnügen für Jung und Alt auch manchmal das „Trio Sorrento" auf. Der Dicke mit dem Kontrabass machte immer viel Quatsch dabei. An diesem Tag gab es gerade Kasperletheater und Onkel Pelle latschte umher. Genau gegenüber dröhnte laute Musik, denn da war die „Raupe", eines der Lieblingskarussells der Halbstarken. Während der rasenden Fahrt wurde eine Plane über die Wagen gezogen und dann wurde geknutscht. Wolli und Diana waren kaum zu halten und stiegen beim nächsten Halt gleich ein. Wolli rief mir noch zu: „Komm doch mit, Lori." „Nee, da wird mir imma schlecht." „Na, denn fahr doch mit de Straßenbahn uff ´m Kinderkarussell, da kannste denn mit de' Glocke bimmeln." Ich wurde rot vor Scham und die Freunde bogen sich vor Lachen.

Inzwischen waren Schmitti, Klaus und Mäcki zum Assblinker gegangen, während Jürgi in einem Eimer mit Losen wühlte. An der großen Losbude waren die Gewinne nach Städtenamen sortiert, Hauptgewinn war „Köln". Ich kaufte mir auch zwei Lose und hatte prompt zwei Nieten gezogen. „Bei deinem Pech kannste gleich den janzen Eimer koofen und wenn de denn noch zwee drinne lässt, denn sind det die Gewinne", lästerte Fischi.

Als ich die anderen Freunde erreichte, waren diese gerade dabei, ihre ersten Gewinne am „Assblinker" einzustreichen. Ein Mann brüllte in ein Mikrofon, das mit einem Stofflappen umwickelt war.

„Keen Wunder, dass der da so 'n Lappen rumjewickelt hat", rief mir Mäcki ins Ohr. „So wie der in det Mikrofon rinspuckt, is' det 'n Wunder, dass der keene jewischt kricht."

Das Gedränge an der Bude war furchtbar, jeder wollte seine Groschen auf eine der Spielkarten setzen. Endlich konnte ich mich zwischen einen dicken Mann und seine Frau drängeln. Schnell setzte ich einen Groschen auf „Herz As". Schon blökte der Mann wieder los: „Nischt jeht hier mehr!" Schmitti, der schon fünf Gewinne in der Hand hielt, wollte noch schnell sein Geld auf den „Herz Buben" legen. „Nimmste ma' det Geld weg, hier is' schon allet belecht", dröhnte die Stimme des Mannes aus dem Lautsprecher. Beleidigt nahm Schmitti seinen Groschen zurück.

Nach sechs Runden besaß ich zwei Gewinne und war aber um sechzig Pfennig ärmer. Das war ein großer Verlust für mich, denn nun konnte ich nur noch mit der Luftschaukel fahren und einmal mit dem Kettenkarussell. Jeder zählte seine Gewinne und während Klaus auf seine geliebten „Fisch in Tomatensoße" Büchsen starrte und einige andere noch überlegten; was sie nehmen sollten, holte sich Schmitti für seine Gewinne eine Porzellanvase. „Die schenke ick meener Mutter, die hat nämlich bald Jeburtstag." Ich bekam für meine Gewinne ein Päckchen Kekse und ein „Prickel Pit". „Det sind noch nich' ma' die juten Kekse von Bahlsen", lachte Mäcki, der sich drei Packungen Sahnebonbons geholt hatte. „Weeß ick", gab ich enttäuscht zurück. „Aber bei meen' Glück is' det ja ooch keen Wunder."

Wolli und der Rest der Truppe standen an der Luftschaukel und bewunderten die Halbstarken, die mit ihren Mädels Überschlag mit den Gondeln machten. Besonders Batti und Jürgi konnten ihre Blicke gar nicht abwenden, wenn bei den Mädels die Röcke über die Köpfe rutschten. Dann teilten wir uns. Mäcki ging zu der Bude mit dem „Pferderennen", Klaus und Schmitti fuhren mit der „Walzerbahn" und Fischi starrte wie gebannt auf eine Gondel in der „Wilden Maus", wo einer der Schaustellergehilfen ein Mädchen wie wild drehte.

Nachdem Mäcki genug vom „Pferderennen" hatte, lief ich mit ihm zum Kettenkarussell. Jeder setzte sich auf einen der Holzsitze und kettete sich fest. Mit den Füßen stießen wir uns gegenseitig an und pendelten hin und her. Urplötzlich stand der Kassierer neben mir und meckerte mich an: „Kannste ma' deine Quanten stille halten, sonst fliegste hier gleich wieda runter." Ich gab ihm mein Geld und langsam setzte sich das Karussell in Gang. Kurz bevor das richtige Tempo erreicht war, trat Mäcki gegen meinen Holzsitz. Ich pendelte wie verrückt hin und her und rutschte dabei halb aus dem glatten Sitz. Da das Karussell an Geschwindigkeit zunahm, konnte ich mich nicht mehr richtig zurücksetzen, sondern rutschte stattdessen noch ein Stück nach vorne. In panischer Angst klammerte ich mich an der Bauchkette fest, die schmerzhaft in meine Hände schnitt. Nach drei ewig dauernden Minuten, in denen ich Todesängste ausstand, wurde das Karussell endlich langsamer. Als ich von dem Holzsitz runterrutschte, konnte ich kaum noch stehen. Ich wusste nicht mehr, wo oben und unten ist und mir war hundeelend zumute.

Aus den Augenwinkeln konnte ich gerade noch erkennen, wie sich Mäcki hinter einem Holunderbusch übergab. Es dauerte eine ganze Weile, bis es mir wieder einigermaßen besser ging. Dass der „Lange" (Jürgen Müller) inzwischen seinen Mageninhalt vom Kettenkarussell aus in die unter ihm stehende Menge entladen hatte, davon bekam ich gar nichts mit. Eines jedenfalls stand für mich von diesem Zeitpunkt an fest, mit dem Kettenkarussell fahre ich nie wieder.

Fast am Ende des Rummels war die Gespensterbahn und als wenn ich heute nicht schon genug erlebt hatte, erschreckte mich auch noch ein als Gorilla Verkleideter. Auf dem Rückweg zum Ausgang hörte ich schon von weitem, das mir so bekannte „Rock around the clock" von Bill Haley, welches vom Autoscooter kam. Das war nun wieder meine Welt, denn nichts wünschte ich mir mehr als auch so ein Halbstarker zu werden, der mit den Mädels im Autoscooter rumdonnerte und andere rammte. Zusammen mit Batti stand ich eine ganze Weile dort und wir fühlten uns beide sehr stark. Dass es gerade mal eine halbe Stunde her war, als ich mir vor Angst bald in die Hose gemacht hätte, das hatte ich auf einmal ganz vergessen.

Nebenan standen Wolli und der Lange an der Schießbude. Wolli wollte unbedingt für Diana eine Pfauenfeder schießen. Jürgi, Fischi, Klaus und Schmitti gaben ihr letztes Geld beim Büchsenwerfen und Strippenziehen aus, während sich Mäcki beim Ringewerfen quälte. Zu gerne wäre ich einmal mit der Achterbahn gefahren, aber das war viel zu teuer für mich.

Auf dem Weg nach Hause lief Mäcki neben mir und meinte: „Ick versteh' nich', wat du immer bei den Halbstarken rumkrauchst. Als ick ma' mit meen' Vater uff 'm Rummel war und neben den Halbstarken jestanden hab', hatta zu mir jesacht, „wenn du da noch lange zuhörst, wirst du auch mal so ein Spinner."

Kapitel 35

Die Fußballwiese 1959

In den großen Ferien wurde oft Fußball gespielt. Wolli und Mäcki waren die besten Fußballer vom Munsterdamm. Raini und sein Bruder Ulli waren fast genauso gut. Der dicke Dieter war der Schrecken der Gegner, wenn es um Straßenspiele ging. Außerdem spielten meistens noch der lange Marx, dessen Freund Fredi, der Lange, Peter Böttner, Werner und olle Peter Lissig mit. Wir anderen zählten eher zu den mittelmäßigen Spielern. Klaus und Poli waren nie dabei, denn die beiden waren die Unsportlichsten der Straße.

Unseren Fußballplatz nannten wir Fußballwiese, denn es war eigentlich nur ein unebener, sandiger, mit Grasbüscheln bedeckter Platz unten am Ende des Hanstedter Wegs gegenüber der Musikschule. Ringsumher standen hohe Bäume und einer davon genau in der Mitte. Das war immer der Anstoßpunkt. Begrenzt wurde der Platz durch den Priesterweg auf der einen Seite und durch Schrebergärten auf der anderen. Links vom Platz lag versteckt durch dichtes Gebüsch hinter einem rostigen Stacheldrahtzaun eine Ruine und auf der anderen Seite stand eine kleine grüne Wasserpumpe am Straßenrand.

Wenn wir uns zum Fußballspielen verabredeten, war der Treffpunkt immer vor Wollis Haustür, Kottesteig 1, an der Laterne. Wolli besaß einen richtigen Lederball mit Naht, der war natürlich viel besser als so eine Gummipille, wie die von Peter. Wer Turnschuhe hatte, zog diese natürlich an und die Kniestrümpfe waren die Stutzen. Der einzige, der mit richtigen Töppen spielte, war der dicke Dieter. Mäcki hatte seine schwarzen Turnschuhe der Marke „Trethorn" an, ich spielte in meinen Leinenturnschuhen mit schwarzer Gummikappe.

„Haste `ne Pumpe mit?", fragte mich Mäcki, während wir auf Wolli warteten. „Klar, die alte Fahrradpumpe." Endlich kam Wolli mit dem Lederball aus der Haustür. „Uff jeht's Leute, heute woll'n wa ma' wieder richtich knödeln." Kaum hatte er es ausgesprochen, brachen wir alle in brüllendes Gelächter aus. Wolli machte ein blödes Gesicht. „Wat iss'n los?" „Willste in den Botten Fußball spielen?", grölte Mäcki mit Tränen in den Augen und zeigte dabei auf Wollis Füße, die in Hauspantoffeln steckten. „Ach du Scheiß, det habe ick jar nich' jemerkt." Wolli war das sichtlich peinlich und schnell verschwand er in der Haustür. Es dauerte nur kurz, dann erschien er wieder und diesmal hatte er seine Turnschuhe an.

Mäcki prüfte fachkundig, ob der Lederball auch hart genug war. „Wenn de den anne Birne krichst, biste hin", stellte er fest. Er reichte mir den Ball und ich probierte gleich mal einen Schuss aus. Prompt flog der Ball über den Zaun von Reuters Garten. Eifrig kletterte ich sogleich über den Zaun um den Ball zu holen. „Bring gleich noch'n paar Äppel mit", rief mir einer der Freunde hinterher.

Als wir auf der Fußballwiese angekommen waren, wurden gleich die Tore aufgebaut. Zuerst machten Wolli und Mäcki Tipp-Topp um die Mannschaften einzuteilen. Ich spielte zusammen mit Mäcki, Achim, Raini und dem Langen. Die andere Mannschaft bestand aus Wolli, dem Dicken, Peter Böttner, Ulli und Jürgi. „Wenn der Dicke aba wieda mit Töppen spielt, mach' ick nich' mit. Letztet Mal issa mir wie eene Dampfwalze uff 'n Fuß jetrampelt, ick dachte schon, der wäre jebrochen," rief der Lange quer über den Platz. Wiederstrebend zog der Dicke seine Töppen wieder aus und seine schwarzen Turnschuhe an. „Wenn ick aba ins Tor jehe, denn zieh' ick die wieda an", meckerte dieser zurück.

Wolli spielte wie ein Besessener. Fußball, das war seine Welt, das spielte er noch lieber als Cowboy und Indianer. Seine Zunge hing wie immer unverkennbar halb aus seinem Mund, als er den Langen umfummelte. „Dass der sich nich' mal det Ding abbeißt, grenzt schon an een Wunder", dachte ich während des Spiels. Mäcki zeigte wieder mal alle seine Tricks und Raini glänzte mit seiner Schnelligkeit. Da kam der Ball in meine Richtung in Kopfballhöhe angesegelt und mit einem wahren Torwarthechtsprung pantherte ich ihm entgegen. „Det war `ne dolle Leistung, Lori", lobte mich Wolli und gleich fühlte ich mich unwahrscheinlich stark. Den Schmerz an meiner Stirn, wo mich genau die Ledernaht des Balles getroffen hatte, spürte ich noch minutenlang. Doch ich biss die Zähne zusammen.

Nach einer halben Stunde war es dann so weit, die gelbe Gummiblase des Lederballs quoll schlapp zwischen den Lederschnüren hervor. Mäcki griff sich die alte Fahrradpumpe und schraubte das Ventil aus dem Hinterrad seines Drahtesels raus. Dieses platzierte er am Nippel der Ballblase und pumpte wie ein Blöder Luft hinein. Nach ein paar Minuten konnten wir endlich weiterspielen. Jetzt stand Achim in unserer Mannschaft im Tor. Mit seiner karierten Schirmmütze sah er aus wie Hans Tilkowski. Nachdem er ein paar schlappe Schüsse einigermaßen ordentlich gehalten hatte, ließ er eine Granate von Wolli durch. Sogleich stürmten wir alle auf ihn zu und bezeichneten Achim als Flasche und Schlappschwanz. Achim fing an zu heulen, nahm seine Jacke und wollte nach Hause laufen.

„Mann, Mäcki, wenn der jetzt jeht, denn ham wa keenen Torwart mehr", sagte ich zu ihm. „Da haste Recht", antwortete er und rannte Achim nach. Es dauerte ein paar Minuten, dann kamen beide zurück. „Wat hasten zu ihm jesacht", fragte ich Mäcki. „Ick hab ihn jelobt, wat er doch für'n juter Torwart is' und dass du den Schuss von Wolli ooch nicht jehalten hättest." Bei den nächsten Schüssen aufs Tor hielt Achim wie ein Weltmeister, obwohl ihm die Dinger nur so um die Ohren flogen und er sogar einmal den Ball voll in die Fresse bekam.

Um die Mittagszeit gingen wir alle nach Hause zum Essen. „Nachher treffen wa uns wieda alle hier", rief Wolli den Freunden zu. „Denn bring ick ooch meenen neuen Lederball mit", antwortete Mäcki. Wir tobten fast den ganzen Tag auf der Fußballwiese rum. Doch dann passierte es. Von der Mittellinie aus trat der Dicke gegen Mäckis neuen Ball. Der Schuss war gewaltig. Selbst Raini, der im Tor stand, konnte trotz eines waghalsigen Hechtsprunges den Ball nicht halten. Dieser rollte über den Platz in Richtung Priesterweg, wo sich gerade in diesem Moment ein Laster mit Anhänger näherte. Wir standen alle da wie die Ölgötzen und wussten genau, was jetzt passieren würde. Der Ball hopste über den Bürgersteig und rollte mit letzter Kraft unter die Hinterräder des Lasters.

Nach ein paar Schrecksekunden rannten wir alle zur Straße. Und da lag der Ball am Rinnstein. Er sah aus wie ein zerfetztes Stück Leder. Mäcki war sehr traurig, aber noch mehr Angst hatte er vor seinem Vater, dem er am Abend den Vorfall erklären musste.

Nach kurzer Beratung waren alle Freunde damit einverstanden, Mäcki etwas von ihrem Geld zu geben, damit er einen neuen Ball kaufen konnte. Doch zu Mäckis großer Enttäuschung ist es nur bei den Versprechungen geblieben, keiner hat auch nur einen lumpigen Groschen an ihn gezahlt. Das hat er den Freunden sehr übel genommen und es niemals vergessen.

Im Fernsehen kamen immer mehr Amerikanische Serien, „Fury", „Lassi" und „Abenteuer unter Wasser" mit Mike Nelson. „Ick find' die Serie mit Mike Nelson viel spannender, als det wat meen Vater immer kiekt", meinte Batti, als wir uns über die Fernsehserien unterhielten. Bei, „Hans Hass", da passiert immer jar nischt. Wenn ma' bei olle Mike so'n Hai anjreift, denn kann ma' immer jenau seh'n, wenn die Harpune von Mike Nelson jetroffen hat. Bei Hans Hass haut der Hai immer jleich ab."

„Hört denn bei euch noch eener Radio?", fragte ich ihn. „Klar, meene Brüder hör'n immer AFN „Frolik at Five", det is' so'n Amisender. Na und denn ooch „Schlager der Woche" mit Fred Ignor, weeßte."

„Meene Eltern hör'n immer ‚Wer fragt, gewinnt' mit Hans Rosenthal, da hör ick ooch immer mit zu", antwortete ich. „Meen Vater sacht denn immer, da kannste noch was lernen. ‚Schlager der Woche' hör' ick ooch immer jerne. Wie finds'n det Lied, ‚Charly Brown, det is' een Clown', jut wa? Wenn denn die Schlager vorbei sind, muss ick immer det Licht ausmachen, aber denn nehm' ick mir det kleene Radio von meenen Vater und denn hör ick noch unta de Bettdecke, ‚Es geschah in Berlin'. Bloß det is' immer so uffrejend und manchmal träum' ick denn nachts davon."

„Meene Eltern hören ooch noch Radio und meene Mutter singt dauernd inne Küche, ‚Am Tach als der Regen kam', det hört sich immer jrauenvoll an", meinte Batti.

Am nächsten Tag bimmelte ich mit Mäcki bei dem Langen. Wir wollten ihn zum Spielen abholen. Er ließ uns zum ersten Mal in die Wohnung hinein. Aber wir mussten leise sein, da seine Mutter, die bei der „Reichsbahn" arbeitete, im anderen Zimmer schlief. Zuerst zeigte er uns seine Sammlung von kleinen Panzern aus Elastolin und seine „Landser Kriegsromane". Dabei erzählte er wieder irgendwelche ersponnenen Geschichten. Dann holte er einen Papp-adler aus dem Schrank. Den hing er an die Wohnungstür und mit einer Spielzeug Armbrust schossen wir dann darauf. Bei jedem Treffer, fiel ein Teil des Adlers ab, der dann anschließend wieder zusammengebaut wurde.

Kapitel 36

Reuters Garten 1959

Es gab viele verwilderte Grundstücke, auf denen auch noch Ap-felbäume standen, aber die Äpfel waren oft mickrige Dinger und schmeckten ziemlich sauer. Uns Kindern machte das nicht viel aus, wir aßen die Äpfel sogar noch fast unreif. Der Kleingärtner damals achtete penibel auf sein Obst. Da wurden Maschendraht-zäune mit Stacheldraht gespannt und manch einer stellte sogar ein Hinweisschild „Vorsicht Fußangeln" auf und wehe einer wurde beim Äppelklauen erwischt, das hatte böse Folgen. Mein Vater verdiente damals nicht so viel Geld und so war es meiner Mutter auch nicht möglich, jeden Tag frisches Obst zu kaufen. So wie mir ging es auch noch ein paar anderen Freunden. Nur Mäcki hatte es besser. Seine Eltern besaßen einen kleinen Garten, doch die Früch-te, die sie ernteten, wurden gleich eingekocht. „Für schlechtere Tage", wie seine Mutter meinte.

Das beste Obst im Dreh wuchs in Reuters Garten. Es war ein sehr großer Garten mit einem weißen Holzhaus mit spitzem Dach und einer Veranda, die mich immer an eine Ranch wie im Wes-ternfilm erinnerte. Ein Mal saß ich dort zusammen mit Mäcki. Wir hatten uns eine Tüte Kuchenkrümel, für zehn Pfennig, beim Bä-cker „Rogowski" gekauft. In der kleinen Ziegelsteinmauer, an der einen Seite des Gartens, war einer der Steine locker. Den zog ich heraus und halbierte ihn. In dem entstandenen Hohlraum legte ich mir, zusammen mit Schmitti, ein Geheimfach an. In einer Blechschachtel für Zigaretten, die mein Opa noch vom Amerikaner besaß, legten wir Gegenstände hinein, die kein anderer sehen sollte. Schmitti packte einen Liebesbrief von Diana rein und ich ein ausgerissenes Bild von einer nackten Negerin aus dem Geschichtsbuch. Im hinteren Teil des Gartens stand noch ein kleines Steinhaus, das als Stall diente. Dort waren ein Pony und eine kleine Kutsche untergebracht. Damit fuhr der zweite Besitzer des Gartens einmal in der Woche den Munsterdamm entlang; leider durften wir Kinder nicht mitfahren.

In dem Garten wuchsen Apfel-, Kirsch-, Aprikosen-, Pflaumen- und Pfirsichbäume, daneben Stachel- und Johannisbeersträucher und es gab ein großes Erdbeerfeld. Der Hammer jedoch war ein großer, hoher Baum, an dem die dicksten und süßesten Birnen hingen, die ich je gegessen hatte.

Das Eingangstor war unten am Kottesteig. Der große Garten zog sich ein Stück am Oehlertring entlang. Eine Villa sowie ein verwildertes Grundstück grenzten die eine Seite ein und die andere wurde von einer hohen Hecke, vor der sich ein Maschendrahtzaun befand, umgeben. Das eiserne Eingangstor war mit einer dicken Kette, an der ein großes Schloss hing, verriegelt. Natürlich befand sich oben auf dem Zaun Stacheldraht, der zwar halb verrostet war, aber seine Zwecke dennoch erfüllte.

Wenn wir im Sommer auf dem kleinen, runden Parkplatz am Kottesteig Fußball spielten, nutzten wir manchmal die Gelegenheit, uns in den Garten zu schleichen. Es war gar nicht so einfach, denn einer von den dort wohnenden Mietern schaute meist aus dem Fenster und beobachtete uns. So benutzten wir immer eine List. Gezielt schoss Mäcki den Ball über den Zaun in den Garten. Sogleich stritten alle lauthals über den blöden Schuss und schließlich kletterte einer über das Gartentor. Obwohl wir alle sahen, wo der Ball lag, wurde wild diskutiert und der Sucher rannte im Garten hin und her. In einem unbeobachteten Moment verschwand er im Gebüsch und stopfte sich die Taschen mit den leckeren Birnen voll. Alle anderen standen vor dem Zaun und warteten auf das Zeichen aus dem Garten. Als dann der Ball aus irgendeinem Gebüsch heraus über den Zaun flog, wussten alle Bescheid und rückten dicht an das Gartentor heran, wo die geklauten Birnen durch den Maschendraht gereicht wurden. Alle Freunde waren sich einig: Nischt schmeckt so jut wie jeklautet Obst.

Oft verabredeten wir uns, um Proviant für das Schwimmbad mitzunehmen. Wolli hatte ausgekundschaftet, wie wir fast gefahrlos in den Garten kommen konnten. Als Einstieg diente eine Laterne oben am Oehlertring, Ecke Kottesteig, die dicht an der hohen Hecke stand. Während der Unsportlichste von uns Schmiere stand, kletterten die anderen über die Laterne in den Garten. In unseren Campingbeuteln mit rot-schwarzem Schottenmuster und der Kordel, die nach mehrmaligem Zusammenziehen die Ösen aus dem Plastik riss, wurden die Früchte verstaut. Dabei richtete sich jeder nach Wollis Instruktionen. Zuunterst Äpfel oder Birnen, dann ein Handtuch. Danach Aprikosen oder Pfirsiche und wieder ein Handtuch dazwischen. Oben drauf kamen dann die Weichfrüchte wie Kirschen, Pflaumen oder Erdbeeren. Geteilt wurde dann das Obst im Schwimmbad.

Eines Sonntagnachmittags wollte ich mir den Bauch mal so richtig mit den leckeren Birnen vollhauen. Zuerst sicherte ich alle Ecken, ob die Luft rein war. Zu meinem Ärger war aber gerade die Mutter von Klaus dabei, den Opel „Olympia" ihres Mannes auf dem Parkplatz zu waschen. Sie beäugte mich misstrauisch und sagte dann: „Na Lori, willste wieder Obst klauen?" „Nee", antwortete ich, „ick such' bloß Mäcki" und machte mich dann schleunigst aus dem Staub.

Beim Buddelkasten sprang ich über die Mauer und bahnte mir einen Weg durch das dichte Gestrüpp im verwilderten Grundstück. Gedeckt durch die zerfallene Holzlaube, die dort stand, gelangte ich ungesehen in Reuters Garten. Die große Laube war verschlossen und auch sonst konnte ich keinen im Garten entdecken. Ich huschte geduckt zum Birnbaum und richtete mich auf. Genau in diesem Moment schaute einer der Mieter vom Kottesteig aus dem Fenster und blickte in meine Richtung. Mein Glück im Unglück war aber, dass ich vor Schreck einen schnellen Schritt nach vorn machte und dabei auf eine am Boden liegende zermatschte Birne trat. Ich glitt aus und verschwand durch den Sturz blitzschnell aus der Sicht des Mieters von der Bildfläche.

Ein paar Minuten lang rührte ich mich wegen der Schmerzen nicht von der Stelle, weil ich dachte, mein Bein wäre gebrochen. Dann äugte ich zwischen den Büschen hindurch und konnte keinen mehr entdecken. Wie ein Eichhörnchen kletterte ich schnell auf den Baum und machte es mir oben in einer Astgabel gemütlich. Zuerst stopfte ich mir zwei große Birnen in die Hosentaschen, die waren für später. Gerade wollte ich genüsslich in eine Birne beißen, als von der Veranda Stimmen erklangen. Ich erstarrte augenblicklich. Vorsichtig schaute ich vom Baum, geschützt von dichtem Blattwerk, nach unten. Was ich erblickte, ließ mein Herz in die Hosentasche rutschen. Der Gartenbesitzer Reuter kam mit einem Ehepaar auf den Baum zu und stellte einen Gartentisch und Stühle direkt unter dem Baum auf.

„Wir wollen es uns heute mal unter dem Baum gemütlich machen, dort ist es schön schattig", vernahm ich die Worte von Reuter. „Verdammt, wenn die mich jetzt entdecken", dachte ich. Doch es sollte noch schlimmer kommen. Auf einmal hörte ich Hundegebell und zu meinem Entsetzen sah ich einen großen Schäferhund, der im Garten herumtollte. „Jetzt biste geliefert", schoss es mir durch den Kopf, der Köter wird dich bestimmt gleich entdecken." Kaum hatte ich den Gedanken zu Ende gedacht, stand der Hund auch schon unter dem Baum und hob den Kopf. Wie verrückt fing er an zu bellen.

„Komm Hasso, da ist bestimmt keine Katze auf dem Baum", sprach die Frau zu dem Hund. „Hier hast du ein Stöckchen." Ich klammerte mich wie ein Ertrinkender an den Baumstamm. Die

Schweißperlen rannen mir nur so über das Gesicht und mein Herz pochte mir bis zum Hals. „Nur jetzt nicht mucksen, ganz still sein", das waren meine einzigen Gedanken. Reuter und seine Gäste ließen sich inzwischen Kaffee und Kuchen schmecken, während mir meine Beine einzuschlafen drohten. Die Birnen in meinen Hosentaschen wurden schwer wie Bleiklumpen. Eine halbe Stunde verging und ich hing in dem Baum fest. Zu allem Übel kroch auch noch eine dicke Spinne über meine Hand. Vor nichts ekelte ich mich mehr als vor solchen Tieren. Gott sei Dank verschwand das Viech schnell. Ob ich wollte oder nicht, ich musste mein Bein verlagern, denn sonst wäre es abgefallen, so taub war es. Bei dieser Aktion rutschte mir die eine Birne aus der Tasche und polterte nach unten, wo sie dumpf auf dem Boden aufschlug.

„Du musst die Birnen aber bald ernten", hörte ich den Mann sagen, „die überreifen fallen ja schon vom Baum." „Mein Gott, wenn die da noch lange hocken, fällt jleich was anderet vom Baum", dachte ich.

Nach anderthalb Stunden endlich begaben sich die Leute nach hinten zum Stall. Ich wartete noch einen Augenblick und dann kletterte ich wie ein Affe den Baum hinunter. Ich riss mir an scharfen Ecken die Haut an den Händen auf, blieb an einem Ast hängen, der mir einen Dreiangel ins Hemd fetzte und verlor auch noch die letzte Birne, die ich in der Tasche hatte. Aber das war mir alles egal, nur runter von dem Baum und raus aus dem Garten. Mit Seitenstichen schaffte ich es bis zum verrosteten Zaun am wilden Grundstück, wo ein großes Loch war. Ich war gerade halb durch das Loch gekrochen, als ich den Schäferhund auf mich zurasen sah. In der Panik kratzte mir ein Stück Draht noch eine Furche in den Schädel, aber ich schaffte es gerade mal so, der „Bestie" zu entwischen. Laut bellend und zähnefletschend stand der Hund vor dem Zaun. „Na Hasso, jagste mal wieder Karnickel", rief Reuter vom Stall her. „Klar", rief ich in Gedanken zurück, „aber welche, die nur zwei Beene haben."

Es war natürlich nicht das letzte Mal, dass ich Reuters Garten einen Besuch abstattete, doch als ich eines Abends nach Hause kam, fing ich mir schon an der Wohnungstür eine Backpfeife von meinem Vater ein. Der Grund lag in Form eines blauen Briefkuverts auf dem Tisch, Absender war die Polizei. Es war die erste Anzeige meines Lebens wegen Äppelklauens. Obst aus dem Garten klauen war für uns von da an immer gefährlicher geworden.

Klaus hatte es da viel besser, wenn er mal mit Wolli Obst klauen ging. Wenn die beiden dann mit geklauten Gurken kamen, schälte sein Vater die Dinger für sie ab. Hatten sie mal Erdbeeren geklaut, gab ihm sein Vater das Geld für die Schlagsahne dazu.

Am 11. Juli 1959 herrschte eine mörderische Hitze. Schon am frühen Morgen schwitzte ich wie ein Blöder. Es sollte der heißeste Tag seit 1830 werden. Am Mittag zeigte das Außenthermometer auf 37 Grad. Ich traf mich mit meinen Freunden vor Wollis Haustür. Zuerst wurde noch schnell für „Nahrung" aus Reuters Garten gesorgt und dann ging's ab ins Schwimmbad. Wir waren alle sehr stolz auf unser neues Bad. Vom Insulaner aus hatten wir die Umbauten des Schwimmbades ab und zu verfolgt. Vor dem Umbau gab es nur ein Schwimmbecken, wo ein abgetrennter Teil für Nichtschwimmer war. Jetzt gab es ein Planschbecken, ein großes Nichtschwimmerbecken und ein Schwimmerbecken mit einem Sprungturm. Vor allem freuten wir uns auf die Rutsche im Nichtschwimmerbecken. Es war ja zwei Jahre lang geschlossen gewesen und wir konnten nicht hinein.

Wir standen in der langen Reihe der Wartenden und waren sehr aufgeregt. Mäcki, Raini und ich hatten ein Passfoto und unseren Mitgliedsausweis vom Turnverein TSG Steglitz dabei. Dadurch bekamen wir nämlich die Dauerkarte zum Vereinspreis von 2,- DM. Mäcki hatte das Glück, eine Dauerkarte mit einer Nummer unter 30 zu bekommen. Von diesem Tag an, bemühten wir uns jedes Jahr um eine Dauerkarte mit niedriger Nummer. Hatte einer eine höhere Nummer, war er der Doofe. Als wir unsere Karten hatten, hielten wir diese dem Bademeister, der die Karten kontrollierte, stolz unter die Nase. Das taten wir aber nur die ersten Male, danach zeigten wir sie ihm nur noch, lässig und angeberisch. Genauso spöttisch blickten wir auf die anderen Kinder hinab, die ewig nach einer Eintrittskarte anstehen mussten.

Auf dem geteerten Weg zur Umkleidekabine zogen wir schon unsere Sandalen aus. Wir konnten aber nur auf den Fußkanten laufen, weil der Boden verdammt heiß war. Über eine Steintreppe erreichten wir die Sammelumkleidekabinen für Knaben und Männer. Die für Mädchen und Frauen war auf der anderen Seite der großen Halle. Im Innenraum der Halle, gegenüber dem Steintresen mit den langen Garderobenreihen, befanden sich die Einzelkabinen.

Zuerst nahm sich jeder einen der grauen Kleidersäcke, wo in gelben Buchstaben „Ebbinghaus" draufstand. Dieser hing an einem Bügel. Die Garderobenfrauen erklärten uns: „Hinten kommen eure Schuhe rein, vorne die Anziehsachen. Die Hose wird über den Bügel gehängt." Mit dem Kleiderbeutel in der einen Hand und dem Campingbeutel in der anderen rannten wir zur Sammelkabine. Jeder wollte der Erste im Wasser sein, also wurde immer nur gerannt.

„Mann, det stinkt hier nach Käsequanten, dass een' schlecht wird", meinte Mäcki zu mir. Er hatte Recht. In dem überfüllten Raum roch es nach Schweiß und auch nach anderen „Düften". „Kiek ma, Lori", Schmitti stieß mich an. „Der Dicke da drüben, wat der für'n ‚Kleenen' hat." Wieherndes Gelächter scholl durch den Raum. Plötzlich ertönte ein wütendes Gemecker. In der Mitte der Kabine versuchte einer auf einem Bein hüpfend und seine Unterhose auf dem Boden hinter sich herschleifend seinen Schuh zu suchen. Den hatte ein anderer aus Versehen mit dem Fuß unter eine der Bänke geschossen. Er bückte sich unmittelbar neben mir und streckte dabei seinen Hintern hoch. Ich konnte einfach nicht anders und klatschte ihm meine Sandale hinten drauf. Es klang wie ein Schuss. Der andere fuhr herum wie von der Tarantel gestochen und rief: „Wer war det?" Keiner sagte etwas und alle taten

so, als wenn sie das nichts angeht. Er zog sich schnell die Badehose an und verschwand unter höhnischem Gelächter der anderen
aus der Kabine.

Mit dem vollen Kleiderbeutel rannten wir zurück zum Garderobentresen. Die Frau nahm meinen Beutel und gab mir dafür ein
goldenes Kettchen, an dem ein kleines ovales Blechstück war.
Darauf war eine rote Nummer eingestanzt. „Verliert die man
nicht", sagte die Garderobenfrau, „sonst bekommt ihr eure Sachen nicht zurück." Diese Nummer wurde dann immer von den
Freunden verglichen und der, der die niedrigste hatte, war der
Gewinner.

Wir rannten auf die große Liegewiese hinter der Rutschbahn.
Da die Wiese am Hang lag, der schon zum Insulaner gehörte,
hatten wir einen weiten Blick, fast über das ganze Schwimmbad.
Wir legten Decke an Decke und dann teilte Wolli erst mal Reuters
Obst auf. Weil ich am meisten Obst geklaut hatte, bekam ich eine
Aprikose mehr als die anderen. Auf der Decke nebenan lagen ein
paar Halbstarke mit ihren Freundinnen. Das Kofferradio war auf
volle Lautstärke gestellt, trotzdem konnte ich noch die Geräusche
der S- Bahn, die nach Südende fuhr, hören. Und dann stürzten wir
uns alle in das Nichtschwimmerbecken. Dort tobten wir rum, bis
die Haut an den Händen schon krisselig wurde. Schwimmen konnte noch keiner von uns und so blieben wir am ersten Tag erst mal
im flacheren Teil des Beckens.

Am nächsten Tag schauten wir uns erst mal ein bisschen im
Schwimmbad um. Es gab noch eine zweite Umkleidekabine, aber
die war noch nicht fertig. Dann waren da noch ein Kiosk, ein kleiner Laden, wo man Wasserpistolen und Badehosen kaufen konnte und eine Würstchenbude. Langsam wurden wir mutiger und
wagten uns in den tieferen Teil des Nichtschwimmerbeckens. Doch
als wir keinen Boden mehr unter den Füßen spürten, bekamen wir
es doch mit der Angst zu tun. Also hangelten wir uns am Rand
des Beckens entlang. Ein paar Tage später übte ich mit Mäcki
schon mal den Köpper im Sitzen vom Rand des Beckens. Aber

als mir beim Auftauchen so ein Idiot auf die Birne sprang und ich beinahe ersoffen wäre, war mir erst mal alles vergangen. Doch in der Schule sollten wir in der 6. Klasse Schwimmunterricht bekommen und da wollte ich dann meinen Freischwimmer machen.

Kapitel 37

Köppen 1959

Wolli hatte immer die tollsten Einfälle, wenn es darum ging die Ferien spannend zu gestalten. Der Sandkasten wurde oft als Spielfeld genutzt. Wir trafen uns dort um „Köppen" zu spielen. Wolli war mal wieder der Erfinder dieses Ballspieles.

Auf den Längsseiten der Buddelkastenumrandung standen sich entweder zwei Gegner beim „Einzel" oder vier beim „Doppel" gegenüber. Die Mitte des Kastens durfte von den gegnerischen Parteien nicht überschritten werden. Die untere Steinkante der Umrandung war das Tor. Wollis Lederpille mit der Naht wurde vom jeweiligen Spieler kurz in die Luft geworfen, um sie dann mit der Stirn zu stoßen. Jedes Mal tat mir meine Birne höllisch weh, wenn ich die Naht traf. Wolli hatte seine Spezialart zu köppen. Er hielt den Ball dicht vor die Stirn, täuschte einige Manöver vor und stieß dann urplötzlich den Ball. Bei jeder seiner Aktionen war auch wieder seine Zunge mit im Spiel, die er umgeklappt mit den Zähnen festhielt. Ein „Elfer" wurde von der Sandkastenmitte aus vollstreckt. Ein besonders guter Hechtsprung nach dem Ball, den man mit den Händen gerade noch so fangen konnte, wurde mit den Worten: „Mann, den haste aba jut jepanthert", von allen gelobt. Paraden und Angriffe wurden mit dem Kopf oder den

Füßen pariert. Klaus spielte natürlich wieder nicht mit. Dafür saß sein Vater oft auf einer der Bänke und schaute uns zu.

Wenn es besonders laut wurde, dauerte es nicht lange und Frau Fröhlich blökte vom Balkon: „Ich hole gleich den Hauswart, wenn das so weitergeht." Ihr Sohn war der meist gehänselte Junge nach Dieter Nagel am Munsterdamm. Nach Beendigung unserer Turniere kippten alle, auf dem Sandkastenrand sitzend, haufenweise Sand aus ihren Schuhen.

Manchmal saßen wir auch auf der Bank an Dianas Buddelkasten, um dort „Liebesball" zu spielen. Natürlich von Wolli erfunden. Bei diesem Spiel ging es darum, herauszufinden, wer wen mochte oder blöde fand. Sehr zum Ärger der Erwachsenen saßen wir, anstatt auf der Sitzfläche der Bank, auf der Lehne. Dieses wiederum rief Frau Kirsten auf den Plan, eine richtige Klatschbase, die über alles und jeden auf der Straße Bescheid wusste. Laut keifend hing sie aus ihrem Küchenfenster. Auch Baurat Marx drohte wiederholt erst mit dem Hauswart und dann mit einer Anzeige bei der Polizei. Wir hatten aber dafür nur Spott übrig.

Das Spiel begann damit, dass Wolli jedem nacheinander den Ball zuwarf. Dann sagte er den Namen eines der Mädchen. Als ich an der Reihe war und Wolli mich fragte: „Wie findeste'n Diana?", stand ich auf und warf den Ball hoch in die Luft. Das hieß so viel wie: „Die hätte ich gerne zur Freundin". Aber das war nur ein Traum, denn ich hatte gegen Wolli und Schmitti gar keine Chance. Die Nächste, die Wolli nannte, war Marina. Da warf ich den Ball halbhoch. Das bedeutete, die finde ich prima. Dieses wiederholte sich auch bei Angela, Chrille und Helga. Nun fragte er mich nach Gabi Horn, das war mit Abständen die Hässlichste der Straße. Selbst die eingebildete Eveline Kirsten war da noch hübscher. Ich sprang von der Bank hoch, tat so, als wollte ich ein Loch in den Boden graben und warf den Ball mit voller Wucht auf den Boden. Das hieß unmissverständlich: „Um Gottes Willen, bloß die nicht".

Nachdem alle einmal an der Reihe gewesen waren, wusste jeder von uns, was der andere von ihm hielt. Neidisch bewunderte ich Schmitti, der wieder mal von allen Mädchen begehrt wurde. Da nutzten auch kleine Geschenke von mir, wie der geklaute Parfümzerstäuber von meiner Mutter, den ich Diana schenkte, nichts.

Die meisten Ballspiele jedoch wurden auf meinem Buddelplatz ausgetragen. Und da gab es dann Spiele wie: „Halli Hallo", „Der Bauer hat ein Schwein geschlachtet, was willst du davon haben", „Ja, nein, Gummibauch" und das beliebte „Arschiball Nr.5 „, welches wiederum von Wolli erfunden war. Natürlich machte es am meisten Spaß, wenn Wolli der Frager war, denn er hatte immer die besten Schoten drauf. So stellte er einmal, bei „Halli Hallo", die Frage nach einer Stadt in Amerika, mit dem Anfangsbuchstaben E. Es dauerte eine ganze Weile, bis unter dem grölenden Gelächter aller Freunde Klaus die Stadt erraten konnte. Es war „Entenhausen".

Sogleich warf Wolli den Ball in die Luft und rannte davon. Klaus sprang von der Bank auf und versuchte den Ball aufzufangen. Als er ihn in den Händen hielt, rief er „stopp" und Wolli blieb in einigem Abstand stehen. Er formte seine Arme zu einem geschlossenen Kreis vor seiner Brust. Klaus schritt nun die Silben des erratenen Wortes ab und näherte sich Wolli dementsprechend. Nun musste er versuchen, den Ball in den Kreis von Wollis geöffneten Armen zu werfen. Wenn er es schaffen würde, wäre er an der Reihe die nächste Frage zu stellen. Schaffte er es nicht, so musste er ein Pfand abgeben. Natürlich verfehlte Klaus sein Ziel und gab als Pfand seine Armbanduhr ab.

Als die Spielrunde zu Ende war, nahm Wolli alle Pfandstücke an sich und versteckte diese hinter seinem Rücken. Er fragte nun in die Runde: „Wat soll derjenige tun, dessen Pfand ick hab' in meener linken Hand?" Wir überlegten einen Moment und dann kam von Jürgi der Vorschlag: „Der soll den „Wecker" von Klaus umbinden und denn ma' een Erwachsenen fragen, wie spät det is'." Als Wolli das versteckte Pfand zeigte, war es mein Stahlbucker. Also band ich mir die Uhr um und lief die Treppe vom Buddelkasten zur Straße hoch. Als ich einen älteren Mann erblickte, lief ich auf ihn zu. Die ganze Meute der Freunde hielt sich hinter der Hecke am Buddelkasten versteckt und beobachtete mich. „Könnse mir ma' sagen, wie spät det is'?", fragte ich den Mann. „Kiek doch uff deine Uhr, du Lauser", meckerte er mich an und ging weiter. Wolli tauchte hinter der Hecke auf und erklärte die Aufgabe für erfüllt.

Bei dem Spiel „Der Bauer hat ein Schwein geschlachtet, was willsten davon haben?", drängten alle Freunde darauf, dass Wolli die Fragen stellt. Als ersten fragte er mich. „Wie de weeßt, Lori, hat da so'n Bauer `ne Sau jeschlachtet", brüllendes Gelächter tobte los, „und nu' fraje ick dich, wat willsten für'n Teil von dem Vieh haben?" Es dauerte eine Weile, bis ich prustend vor Lachen den Schwanz vom Schwein nannte. Nun zog Wolli so richtig vom Leder. Er stellte so komische Fragen, auf die ich immer nur mit „Schwanz" antworten durfte, dass sich die anderen vor Lachen krümmten. Das Schlimme an der ganzen Sache jedoch war, dass ich mit todernster Miene antworten musste. Das war natürlich bei den Fragen von Wolli wie: „Wat hast'n inne Hosentasche?", fast unmöglich. Und schon nach kurzer Zeit musste ich meinen ersten Pfand abgeben. Den anderen ging es fast genauso, nur bei Poli biss er sich die Zähne aus. Der verzog keine Miene und war dadurch für die meisten der Spielverderber.

Bei „Ja, nein, Gummibauch" ging es darum, ebenfalls mit ernster Miene auf alle Fragen von Wolli mit „Ja, nein, Gummibauch" zu antworten. Mit den Pfandsachen der Spieler wurde ebenso verfahren wie bei den anderen Spielen.

Das Hammerspiel war aber „Arschiball Nr.5 „. Ein typisches „Wollispiel", von ihm erfunden und mit allen Regeln bedacht. Das Spiel lief folgendermaßen ab: Jeder der Mitspieler bekam eine Nummer. Durch „Tipp-Topp" wurde entschieden, wer anfängt.

Die anderen mussten sich alle auf die Buddelkastenbank setzen. Der Anfangsspieler entfernte sich ein paar Schritte von der Bank und drehte dann den anderen den Rücken zu. Er nahm einen großen Plastikball und warf ihn urplötzlich in die Luft. Dabei rief er eine Nummer und während alle Freunde wie die Karnickel von der Bank sprangen und davon flitzten, musste derjenige, dessen Nummer gerufen wurde, versuchen den Ball wieder aufzufangen. Sobald er den Ball in den Händen hielt, warf er ihn erneut in die Luft und rief eine andere Nummer. Aus diesem Grund, entfernten wir uns nicht all zu weit, denn es konnte ja jeden treffen.

Tippte der Ball aber einmal auf und wurde dann erst gefangen, rief er „stopp" und alle mussten auf der Stelle stehen bleiben. Nun musste der Fänger versuchen, den ihm am nächsten stehenden mit dem Ball zu treffen. Der Ball durfte aber nur gerollt oder geworfen werden, mit dem Fuß schießen war nicht erlaubt. Der Getroffene erhielt einen Minuspunkt, der auf einem auf dem Sandboden aufgemalten Feld mit einem Stock gekennzeichnet wurde. Bei fünf Minuspunkten erhielt man einen Spitznamen, der von den Freunden ausgedacht wurde. Wollis Spitzname war meistens „Herr Laue", das war der Nachname von Diana, die inzwischen Wollis Freundin war. Bei zehn Minuspunkten musste man durch die „Knüppelgasse". Der Verlierer rannte nun durch diese Reihe und bekam hier einen Tritt, dort einen Seitenhieb oder ein Bein gestellt, so dass er auf die Fresse flog. Natürlich gab es hier und da mal Tränen, aber Wolli mit seiner ruhigen und lustigen Art konnte alles immer gleich wieder einrenken.

Kapitel 38

Zweite Wüste   1959

Jeder Ort, an dem wir spielten, bekam seinen speziellen Namen. Wolli nannte die verwilderten Gärten Wüsten. Da war zum Beispiel das Grundstück am unteren Ende des Oehlertplatzes. Es hatte den Namen „Zweite Wüste". Dort haben wir allerdings selten gespielt, obwohl Wolli immer meinte: „Da jibt's die besten Erdbeeren und die wachsen da ooch wild umher. Außerdem kannste da prima Verstecke finden."

Ende der 50er Jahre wurde in unserem Umfeld immer mehr gebaut und so kamen Mäcki, Achi und ich eines Tages an der zweiten Wüste vorbei. „Woll'n wa ma' kieken, ob wa wat Brauchbaret inner zweeten Wüste finden?" Wir waren immer auf der Suche nach irgendwelchen Dingen, die wir zum Spielen gebrauchen konnten. Mäcki war mit meinem Vorschlag einverstanden und Achi wurde gar nicht erst gefragt, der kam einfach mit.

Nachdem wir uns ein paar Meter durch das dichte Gestrüpp gewühlt hatten, standen wir plötzlich vor einem Zaun, der vor einiger Zeit da noch nicht gestanden hatte. „Mensch, kiekt ma', da will sich eener `n Jarten bauen", sagte ich zu Mäcki. „Der hat ja schon det janze Gelände abjeholzt", antwortete er mir. „Und `ne Holzbude hatta sich ooch schon uffjebaut", nuschelte Achi dazwischen, der sonst selten was sagte. Das kleine Holzhaus stand ungefähr dreißig Meter vom Zaun entfernt.

„Wat meensten?", fragte ich Mäcki, „triffste det Haus von hier aus mit Steinklütern?" „Klar, wat denkst du denn, inne Schule bin ick fast der Beste im Sport", gab Mäcki angeberisch zurück und bückte sich sogleich nach einem der harten Sandklumpen, die auf dem Boden lagen. Die ersten Würfe waren ziemlich schlapp und meine waren genauso mies. Wir verfehlten das Haus immer um einige Meter. „Ick nehm jetzt ma' `ne kleene Klamotte". Mäcki ärgerte sich sehr darüber, dass er nicht die Holztür des Hauses traf.

Er nahm den handgroßen Stein, wog ihn einen Augenblick in der Hand und holte übertrieben weit aus. Dann warf er die Klamotte auf das Haus zu. Gespannt beobachteten wir drei den Flug des Steines und bemerkten dabei gar nicht, wie ein Mann aus der Tür des Holzhauses trat. Er hatte sehr schwer zu tragen, denn er schleppte einen ganzen Batzen Ziegelsteine in seinen Armen. Mäckis Stein fand sein Ziel auf den Punkt genau, nur war da nicht mehr die Holztür, sondern der Mann mit den Ziegelsteinen. Dieser hatte natürlich den Stein nicht kommen sehen und so traf die Klamotte den Mann genau an der Brust. Mit einem Aufschrei ließ dieser alle Ziegelsteine fallen und raste mit wilden Beschimpfungen auf uns zu. „Ach du Scheiß, nischt wie weg", rief ich Mäcki zu. Doch der war schon kurz vor mir gestartet. Achi rannte uns heulend hinterher. Wir hatten eine Heidenangst, dass uns der Mann erwischen würde und so verspürte keiner die Zweige, die uns ins Gesicht peitschten.

Auf einmal ragte mitten auf dem Trampelpfad eine Wurzel aus dem Boden und der Pfad teilte sich. Mäcki und ich flitzten links an dem Hindernis vorbei, während Achi auf der rechten Seite vorbeirannte. Das war jedoch ein verhängnisvoller Fehler von ihm, denn wie aus dem Boden geschossen, stand plötzlich ein Polizist, der seine Arme weit ausgebreitet hatte, vor ihm. Aus den Augenwinkeln sah ich noch, wie Achi aufschreiend in den Armen des Polizisten zappelte. Dann waren Mäcki und ich auch schon auf der Straße. Wir rannten, als wenn es um unser Leben ging. Ich bekam wieder mal Seitenstechen und pfiff aus dem letzten Loch. Unten an der Treppe zum Kottesteig wären wir fast noch auf die Fresse geflogen. Dann hatten wir es geschafft und erreichten nach Luft hechelnd Mäckis Hausflur. Laut nach Luft japsend fragte ich Mäcki: „Gloobste, dass uns Achi verpfeift?" „Ach Quatsch, der hat doch viel zu viel Schiss", antworte dieser.

Bis zum frühen Abend ließen wir uns nicht mehr auf der Straße blicken und als auch am nächsten Tag nichts passierte, waren wir heilfroh. Achim hatte uns nicht verraten und dafür durfte er auch wieder bei unseren nächsten Abenteuern dabei sein.

Kapitel 39

Nüsse und Kastanien 1959

Am Rande des Bürgersteiges, auf beiden Seiten des Munsterdammes, wuchsen in Abständen große Haselnussbäume. Jedes Jahr im Herbst reiften die Nüsse heran und wir konnten es kaum abwarten, bis endlich die Zeit gekommen war, wo wir die ersten Nüsse ernten durften. Sie saßen tief in einer grünen klebrigen Frucht meistens sechs Stück. Die reifen Nüsse fielen oft schon von allein aus der Frucht auf die Straße, doch das waren zu wenige für uns. Zwei Bäume, einer an meinem Buddelkasten und der am Kottesteig, trugen die meisten. Wir bewaffneten uns mit diversen Wurfgeschossen um der Nüsse, die noch am Baum hingen, habhaft zu werden. Da die unteren Äste für uns zu hoch waren um hinaufzuklettern, blieb uns ja nichts anders übrig.

Mäcki besorgte sich einen Holzknüppel, ich nahm eine Klamotte und Jürgi benutzte einen großen Ball. Nach einigen Minuten heftigen Beschusses hagelten die Nüsse mit und ohne Frucht auf uns herab. Um nun an die Nüsse in der klebrigen Frucht heranzukommen, trampelte jeder mit dem Fuß darauf herum, bis die Dinger herauskullerten.

Alle Freunde hatten einen kleinen Pflasterstein in der Hosentasche, um mit diesem die Nüsse zu knacken. Einen Teil der Nüsse steckte sich jeder in die Tasche für den späteren Hunger. Mäcki war immer der eifrigste Sammler, denn seine Mutter machte mit den Nüssen „Frankfurter Kranz" und den gab es dann an Mäckis Geburtstag zu essen. Klaus versteckte seine Nüsse immer im Gully, damit sie ihm keiner wegnahm. Doch als er einmal sein Versteck aufsuchte, waren alle weg. Alle Freunde beteuerten ihre Unschuld, aber einer von uns muss es ja gewesen sein, der das Versteck von Klaus kannte.

Während wir mit den Nüssen beschäftigt waren, tauchte manchmal unverhofft der gefürchteste Mann vom Munsterdamm auf. Er war groß gewachsen, hatte dichte lange weiße Haare und trug immer einen klobigen Krückstock mit sich herum. An seiner Seite begleitete ihn eine Promenadenmischung von Hund, mit Namen „Wittchen". Wir hatten dem Mann aufgrund seiner Erscheinung den Namen „Rübezahl" gegeben. Das ärgerte diesen schrecklich und wann immer er in unsere Nähe kam, meckerte er laut los und versuchte seinen Köter auf uns zu hetzen. Mäcki konnte einmal nicht schnell genug davonrennen und der Hund erwischte ihn an der Ferse.

Schmitti hatte auch sein Erlebnis mit ihm. Ein Wellensittich war entflogen und saß in einem Baum vor dem Haus, wo „Rübezahl" wohnte. Schmitti kletterte eifrig auf den Baum um den Vogel zu fangen. Langsam kroch er über die Äste und schob sich vorsichtig an den Wellensittich heran. Gerade in dem Moment, als er den Vogel in der Hand hatte, riss „Rübezahl" das Fenster auf und schrie Schmitti an. Zwei Dinge passierten zur gleichen Zeit: Der Wellensittich biss Schmitti in den Finger, worauf dieser das Tier fliegen ließ, um sich gleichzeitig an einem Ast festzuklammern, da er sonst vom Baum gefallen wäre.

Vor den Erwachsenen zeigte sich „Rübezahl" immer als armer Mann und wenn er mal kein Geld hatte, ließ er sich einfach auf der Straße hinfallen. Dann tat er so, als wenn er gleich sterben würde. Die Feuerwehr brachte ihn ins Krankenhaus. Zwei Wochen später, in denen er sich voll gefressen hatte, tauchte er putzmunter wieder auf, um den Leuten die Kunststücke seines Hundes vorführen zu können. Unter anderem hielt er seine Krücke in Schulterhöhe und der Köter sprang auf einen Pfiff nach oben. Er verbiss sich im Stock und „Rübezahl" trug ihn im Kreis spazieren.

In der Schule bastelten wir zur Herbstzeit immer aus Kastanien Figuren oder Tiere. Jeder brachte seine eigenen Kastanien mit. Ich liebte immer die ganz frischen, möglichst noch in der Schale und am besten gerade vom Baum gefallen. Kastanien, die schon länger unten auf der Straße lagen, nahm ich nicht so gerne, denn meistens hatten da schon Hunde raufgepinkelt. Mit einem kleinen Handbohrer wurden Löcher in die Kastanie gebohrt und dann steckten wir Streichhölzer als Beine und Arme hinein. Ich bastelte ein Pferd, welches ich dann stolz meiner Lehrerin zeigte, worauf ich dafür eine „2" bekam. Als es zur Pause klingelte, packte ich es sorgfältig in meine Schulmappe.

Während der Hofpause traf ich mit Mäcki und Jürgi zusammen. „Haste schon jehört, bei Möbelhof inne Schloßstraße zahlen se für'n Zentner Kastanien acht Mark." „Wieso'n det?", fragte ich. „Na det is' denn Futter für die Tiere im Zoo", antwortete Mäcki. „Mensch, acht Mark is' nich' schlecht und so'n Zentner haben wa schnell zusammen. Ick denk da nur an den Kastanienbaum vor Otts Haus, der is' doch knüppeldicke voll mit Kastanien. Wisst ihr wat, wir besorgen uns irgendwoher so'n Leiterwagen und `n Wäschekorb. Denn sammeln wa die Dinger ein. Wenn alle mithelfen, dauert det ooch nich' lange", schlug ich vor. „Bloß wenn wa det Jeld durch drei teilen müssen, is' det aber weniger", meinte Jürgi. „Na, denn nehm' wa noch Schmitti mit dazu und sammeln zwee Zentner, denn könn' wa durch vier teilen", schlug Mäcki vor. „Da kricht ja jeder nur vier Mark", jammerte ich. „Na und, willste vielleicht vier Zentner schleppen, da brichste doch zusammen", erwiderte Mäcki lachend.

Auf dem Weg nach Hause berieten wir alles noch einmal genau. „Also, ick hol' den Holzkarren von uns, wo meen Vater immer die Koffer ruffstellt, wenn wa nach Sachsen fahr'n", sagte ich. „Und ick bring den Wäschekorb von meener Mutter mit", antwortete Mäcki.

Da fiel mir ein, dass ich Schmitti noch mein Kastanienpferd zeigen wollte. „Kiek ma', Schmitti, hab' ick heute jebastelt" und hielt ihm das Pferd hin. „Wat issen det, sieht aus wie'n Köter." Mäcki quiekte vor Lachen. „Quatsch, det is'n Pferd, Mann, nur die Beene sind zu kurz jeworden." Wütend wollte ich das Pferd gerade wieder einpacken, als mich jemand von hinten anstieß. Das Tier fiel mir aus der Hand und als ich es wieder aufhob, waren die Streichholzbeine zerbrochen. „Kiekt ma'", rief Schmitti, „jetzt hat der Köter die Beene jebrochen." Ich besah mir die Bescherung und antwortete: „Hast Recht, jetzt kann ick det ooch nich' mehr jebrauchen" und damit warf ich mein Kastanienpferd ins nächste Gebüsch.

Nachdem ich meine Schularbeiten gemacht hatte, trafen wir uns und trabten den Kottesteig hoch. Dann liefen wir den Oehlertring runter bis zu Otts Villa. Die ganze Straße und der Bürgersteig vor dem Haus lagen voll mit Kastanien. „Soll ick euch ma' zeigen, wie Fritz Walter schießt?" Ich suchte mir eine große Kastanie aus und schoss das Ding quer über die schmale Straße. Die Kastanie knallte wie ein Geschoss an die Kante des Bürgersteiges. Von dort prallte sie ab, um ihr Ziel an der Tür eines parkenden Autos zu finden. „Wenn det eener jesehen hat." Mäcki schaute sich schnell um und rannte dann zu dem Auto, um zu kontrollieren, wo die Delle war. „Wenn euch eener fragt, wer det war, denn dürfta mich aber nich' verraten," flüsterte ich. Zu meinem Glück war aber niemand zu sehen und es schaute auch keiner aus dem Fenster.

Inzwischen hatten Jürgi und Schmitti schon begonnen Kastanien einzusammeln. „Det werden aber keene zwei Zentner, da muss eener von uns uff'n Baum ruff und schütteln. Die andern müssen von unten mit Knüppeln und Klamotten die Kastanien vom Baum runterholen." Ich machte eine Räuberleiter und Schmitti hangelte sich vom unteren Ast nach oben auf den Baum. „Wenn aber eener kommt, müssta rufen", rief er uns zu. Inzwischen sammelten Mäcki und Jürgi alle Kastanien auf, die im weiten Umfeld verstreut auf der Straße lagen. So langsam füllte sich der Wäschekorb. Schmitti kletterte derweil akrobatisch durch das Geäst des Baumes. So mancher Orang-Utan wäre vor Neid erblasst, wenn er das hätte sehen können. An jedem Ast rüttelte er wie ein Irrer und die Kastanien prasselten nur so auf die Straße. Nach geraumer Zeit quoll der Korb fast über von Kastanien und wir beschlossen: Das reicht.

Mit vereinten Kräften hievten wir den schweren Korb auf den Wagen, der fast unter der Last zusammenbrach. Jürgi und Mäcki zogen den Wagen, während Schmitti auf der linken Seite und ich auf der rechten aufpassten, dass der Korb nicht vom Wagen rutschte. So liefen wir dann los in Richtung Schloßstraße.

Der Weg dorthin zog sich ungemein in die Länge. Anfangs ging alles glatt. Wir benutzten kleine Nebenstraßen und der Wagen bollerte mit seinen kleinen Eisenrädern vor sich hin. „Könn' wa ma' wechseln, meen Arm fällt gleich ab." Ich tauschte mit Mäcki die Plätze. Von da an wechselten wir uns immer ab. Besonders an den Kanten der Bürgersteige mussten wir aufpassen, dass der Korb nicht umkippte. Das ging ganz schön auf die Knochen. In der Südendstraße wechselten wir vom Bürgersteig auf die Straße, weil dort das Pflaster so schön glatt war und die Straße abschüssig verlief. Dadurch konnten wir den Wagen schneller rollen lassen. Was sich aber bald als fataler Fehler rausstellte. „Du Jürgi, det rechte Hinterrad eiert so komisch. Wenn det ma' nich' gleich abfällt."

Kaum dass Mäcki den Satz beendet hatte, passierte es auch schon. Der Wagen kippte mit einem Mal auf die Seite. Während die Eisenachse kreischend über den Asphalt schabte, trullerte das Eisenrad davon. Im nächsten Moment, noch bevor einer von uns zupacken konnte, kippte der Korb zur Seite und es ergossen sich zwei Zentner Kastanien über die gesamte Straße. „Ach du Scheiße", kam es aus vier Mündern gleichzeitig.

Es dauerte fast eine Stunde, bis alle Kastanien wieder im Korb waren. Inzwischen hatte Jürgi den Wagen repariert. Total fix und fertig erreichten wir dann endlich die Schloßstraße und damit unser Ziel, „Möbelhof". Schmitti und ich setzten uns auf eine kleine Steinmauer, inzwischen regelten Mäcki und Jürgi das „Geschäftliche".

Nachdem wir das Geld geteilt hatten, besaß jeder von uns vier Mark. Ich wusste gleich, was ich mir von dem Geld kaufen würde. Schmitti und Jürgi überlegten es sich noch, während Mäcki gleich laut verkündete, dass er das Geld lieber sparen werde. Wie immer, dachte ich, der wird noch ma' so reich wie Onkel Dagobert. Andererseits war Mäckis Sparfimmel auch der Grund, warum er immer Geld besaß und ich nie.

Kapitel 40

Der Umzug zum Steglitzer Damm 1959

Der Wunsch meiner Eltern nach einer eigenen Wohnung ging im Herbst 1959 in Erfüllung. Es wurde ein Ringtausch gemacht. Von der gegenüberliegenden Straßenseite Nr. 35 zogen Ruddigkeits in unsere Wohnung, während meine Großeltern in deren wechselten. Meine Eltern zogen zum Steglitzer Damm 53d, gleich um die Ecke.

Leider konnte ich nun abends, wenn ich im Bett lag, keine S-Bahn mehr fahren hören, dafür aber die An- und Abfahrgeräusche der Autobusse. Für mich war die Wohnung eigentlich nur zum Schlafen da, weil ich nach der Schule sowieso gleich zu den Freunden zum Munsterdamm lief. Außerdem wohnten ja noch meine Großeltern dort.

Mein Vater arbeitete im „Salon Briest" am Stadtpark. Manchmal musste ich ihm sein Mittagessen in blechernem Essgeschirr zum Laden bringen. Der Rückweg führte mich jedes Mal am Spielwarengeschäft Wagner in der Albrechtstraße vorbei, wo ich mir die neuesten Wiking Modelle in der Glasvitrine ansah. Ich hätte stundenlang in dem Geschäft verweilen können, es gab so vieles, was ich mir wünschte. Wenn ich zufällig ein paar Groschen dabei hatte, kaufte ich mir wenigstens eine Wundertüte oder zwei Rollen Zündplättchen.

Auch in der neuen Wohnung hatte ich kein eigenes Zimmer. Mein gesamtes Spielzeug wurde wieder in einem Regal mit Stoffvorhang hinter der Tür verstaut. Dicht neben dem Wandklappbett, wo ich schlief. Mein Vater kaufte sich erst einmal einen eigenen Fernseher auf Raten. Nun konnte er in Ruhe zusammen mit meiner Mutter in den Kasten schauen und Peter Frankenfeld sehen. Bei dessen Späßen fiel mein Vater vor Lachen laufend aus dem Sessel. Auch die Kriminalreihe „Stahlnetz" fesselte meine Eltern am Bildschirm. Für mich war meistens nach der Tagesschau „Sense", dann musste ich ins Bett. Nur am Sonnabend durfte ich länger Fernsehen.

Der Verkehr auf dem Munsterdamm nahm immer mehr zu. Wenn wir am Buddelkasten spielten, störte uns das jedoch nicht. Eines Nachmittags ließ uns ein tiefes Brummen aufhören. Es kam immer näher und ich hatte das Gefühl, als wenn der ganze Boden vibrierte. Wir ließen alles stehen und liegen, sausten die Steintreppe zur Straße hoch und auf einmal zeigte Mäcki aufgeregt in Richtung Hanstedter Weg. „Mann, kiekt ma, da kommen Panzer." Wir konnten es gar nicht glauben. „So`n Panzer kenn' ick nur aus`n Fernsehen", meinte Schmitti.

Das Brummen wurde immer lauter und als der erste Panzer an uns vorbeifuhr, hielten wir uns die Ohren zu. „Det sind die Amis", brüllte ich. „Die fahr`n bestimmt nach Tempelhof zum Flugplatz", blökte mir Klaus ins Ohr. In diesem Moment sah ich zum ersten Mal einen Neger. Dieser muss mein erstauntes Gesicht bemerkt haben, denn er lächelte mir zu und dann flog etwas durch die Luft und landete vor meinen Füßen. „Mensch, Lori", rief mir Mäcki zu, „der Soldat hat uns amerikanische Kaugummis geschenkt." Schnell hob ich das kleine Päckchen auf und wollte dem Ami zuwinken, da rollte der Panzer schon weiter. „Det sind mindestens zwanzich Panzer, ick kann det Ende jar nich' erkennen", schrie Jürgi.

In diesem Augenblick ging ein Ruck durch die Kolonne und alle Fahrzeuge standen still. Es kam eine eigenartige Ruhe auf. Wir versuchten so dicht wie möglich an die Panzer ranzukommen, denn vielleicht bekamen wir noch mehr Kaugummis. Doch wie von Zauberhand dröhnten mit einem Höllenlärm die Maschinen wieder auf und alles setzte sich in Bewegung. Noch lange danach, als schon kein Panzer mehr zu sehen war, summten mir meine Ohren.

Durch diesen Zwischenfall hatte Mäcki nicht bemerkt, dass seine Mutter auf dem Balkon stand und nach ihm rief. Erst jetzt entdeckte er sie und sogleich lief er über die Straße. „Wo willst'n hin?", rief ich ihm nach. „Meene Mutter will, det ick einkoofen jehen soll." „Mann, immer denn, wenn wa spielen woll'n. Soll ick mitkommen, Mäcki?", fragte ich ihn. „Wenn de willst", rief er zurück und wartete auf mich vor der Haustür. „Hoffentlich musste nich' wieder bis zum Brotladen von ‚Handt' unten anne Halskestraße latschen, det is' immer so weit." Aber als wenn ich es gewusst hatte, drückte ihm seine Mutter einen ellenlangen Einkaufszettel in die Hand. „Wenn wa det allet einjekooft haben, is' der Nachmittag vorbei", sagte ich zu Mäcki.

Seine Mutter gab ihm das abgezählte Geld und das Einkaufsnetz. „Und trödle nich' wieder so, Wölfi", rief sie ihm noch nach, während wir schon das Treppengeländer runterrutschten. Kurz bevor wir den ersten Stock erreichten, stiegen wir leise vom Geländer runter und schlichen auf Zehenspitzen die Treppe hinunter. Doch das hatte alles nichts genutzt, denn im selben Moment, als wir vor der Wohnungstür der Marienfeld standen, riss diese ihre Tür auf. Mit ihrer tiefen Stimme säuselte sie hämisch: „Gehst du einkaufen, Wolfgang, dann bring mir doch auch noch ein paar Sachen mit." Wie ich diese Frau hasste, jedes Mal, wenn ich zu Mäcki hochlief, meckerte sie mich aus und wenn ich dann wieder mit meinem Freund zum Spielen gehen wollte, schickte sie ihn einkaufen. Natürlich bekam Mäcki für`s Einholen immer ein paar Groschen und gerade das machte mich noch mehr wütend, denn er gab mir nie was ab davon.

Gemeinsam stiefelten wir den Munsterdamm entlang in Richtung Steglitzer Damm. „Wo willsten zuerst hin?", fragte ich ihn. „Erst ma' inne Benzmannstraße zu ‚Messer-Schmitt', meen Vater braucht ma' wieder zehn Schrauben." Die Holzdielen auf dem Boden knarrten verdächtig, als wir durch den Laden liefen. „Irjendwann krachen wa hier ma' ein," sagte ich zu Mäcki. Er bezahlte die kleine Tüte Schrauben und ich fragte ihn: „Wo müssen wa'n jetzt hin?" „Tiefenfurter Brot koofen bei ‚Handt' und denn zu ‚Hefter'. Auf 'n Rückweg muss ick noch zu ‚Gemüse Polte' und zur Drogerie ‚Giesa'. „Haste nich' vergessen, das wa ooch noch zur Post müssen inne Stephanstraße", knurrte ich." „Hab ick nich'", antwortete er mir und marschierte weiter.

In der Halskestraße, unmittelbar hinter dem Modehaus ‚Joppin' wechselte ich mit einem Mal die Straßenseite. „Wo willsten hin?", rief mir Mäcki nach. „Sag' ick dir nachher." Ich wusste genau, dass er mich dann auslachen würde. Als wir das Vier-Pfund-Brot im Netz hatten und auf dem Weg zum nächsten Geschäft waren, erzählte ich Mäcki, warum ich vorhin die Straßenseite gewechselt hatte. „Battis Bruder hat mir erzählt, dass in dem Bestattungsladen neben ‚Joppin' Särge stehen, wo Tote drinliegen und dass die manchmal auß'n Sarg rauskieken." Mäcki lachte laut los. „Du gloobst ooch jeden Scheiß, den dir die Halbstarken erzählen, wa."

Inzwischen waren wir bei ‚Hefter' angekommen. Während Mäcki sich im Geschäft aufhielt, schaute ich mir die neusten „Sigurd Piccolos" an, die nebenan an der Außenwand des Zeitungskiosk mit Wäscheklammern angeklemmt waren. Es dauerte ewig, bis er endlich aus dem Laden kam. „Wo musst`n nu noch hin?", langsam wurde es mir zuviel. „Jetzt braucht meene Mutter noch Kaffee von MK, aber det is' hier gleich anne Ecke Kellerstraße." Bepackt wie die Esel gingen wir dann endlich zurück.

Es war wie immer dasselbe Spiel. Zu Hause angekommen, musste ich im Treppenhaus warten, während Mäcki bei der Marienfeld abkassierte. Dann dauerte es noch mal zehn Minuten, bis er mit seiner Mutter alles bis auf den Pfennig abgerechnet hatte.

Als wir dann zum Buddelkasten rüberkamen, war es schon spät am Nachmittag. Der Rest des Tages verging wie immer wie im Fluge und dann ertönten auch schon die ersten Pfiffe der Mütter, die uns nach oben riefen.

Kapitel 41

Drachensteigen   1959

Sehnsüchtig schaute ich schon seit Tagen aus dem Fenster und hoffte jedes Mal, dass endlich starker Wind kommen würde. Ich hatte meinen Opa gefragt, ob er mir in diesem Jahr einen Drachen baut, denn ich konnte mir keinen kaufen, dafür besaß ich nicht genug Geld. Jürgi besaß seit kurzem einen „Hör-Zu-Drachen" aus durchsichtigem Plastikpapier und Mäcki zeigte stolz seinen großen blauen Drachen, den ihm sein Vater gebaut hatte.

Mit dem Geld, was mir mein Opa gab, besorgte ich die Materialien für den Bau des Drachens. Die Leisten kaufte ich bei Zimmermann in der Albrechtstraße, ein Knäuel Schnur und eine Tube Klebstoff von Uhu im Schreibwarengeschäft „Hönnecke" neben Hirsch in der Halskestraße. Dort bekam ich auch verschieden farbiges Drachenpapier von der Rolle. Ich setzte mich zu meinem Opa und passte genau auf, wie er den Drachen baute. Zuerst fertigte er das Drachenkreuz, dann half ich beim Biegen der kurzen Kreuzleiste. Als Nächstes spannte er die Schnur rund um das Leistengerüst. Das Aufkleben des Drachenpapiers dauerte am längsten, denn mein Opa arbeitete mit größter Sorgfalt. Langsam wurde ich ungeduldig, doch ein mahnender Blick ließ mich daran erinnern, dass ich mich ruhig verhalten sollte. Nach drei Stunden war der Drachen fertig. Nun prüfte er noch, ob er auch in der Waagerechten blieb und nicht nach einer Seite abkippte. Den Schwanz durfte ich dann selber basteln. Zuletzt klebten wir gemeinsam noch ein Gesicht auf den Drachen. Als Ohren wurden links und rechts ausgefranste Zeitungsschnipsel angebracht. Inzwischen jedoch war es bereits dunkel geworden und ich durfte nicht mehr auf die Straße.

Die nächsten beiden Tage brachten auch keinen Wind. Doch am dritten Tag endlich konnte ich vom Fenster aus beobachten, wie sich die Baumkronen bogen. In Windeseile haute ich meine Schularbeiten runter, griff mir meinen Drachen und sauste los.

Der beste Platz, um einen Drachen steigen zu lassen, war oben am Oehlertring auf dem freien Gelände zwischen Knöfels Haus, was inzwischen abgerissen war und dem Schwimmbad. Es war ein unebener Acker, bewachsen mit Büschen, Dornengestrüpp und Goldrauten. Auch mussten wir aufpassen, um nicht in eines der Kaninchenlöcher zu treten. Aber ansonsten waren keine Gefahrenstellen vorhanden, abgesehen von den hohen Bäumen an der Straße. Natürlich konnte es passieren, dass der Drachen im Schwimmbad abstürzte, das war dann eine heikle Sache. Im letzten Jahr war der Drachen von Jürgi dort hineingesegelt. Er erzählte uns anschließend, wie er an den Kabinen vorbei bis zum Schwimmerbecken geschlichen ist, immer auf der Hut vor dem Wächter. Sein Drachen war im Eimer gewesen und unter größten Gefahren sei er dann davongekommen.

Als ich das Gelände erreichte, waren die anderen schon alle da. Jürgi zeigte stolz nach oben: „Kiek ma, Lori, wie meener steht", damit meinte er, dass sein Drachen dort ruhig in der Luft segelte. Der Drachen von Mäcki hatte daumendicke, viereckige Leisten und war für meine Begriffe enorm schwer. Dagegen fühlte sich meiner geradezu leicht an. Mein Opa hatte breite, dünne Leisten genommen, genauso wie Schmittis Vater. Poli schoss wie immer den Vogel ab. Er kam mit einem Kastendrachen, den aber keiner anfassen durfte und so zog er sich in die hinterste Ecke zurück um seinen Drachen steigen zu lassen.

„Typisch Poli", meinte Mäcki zu mir", „det is' der jeborene Eigenbrötler, nur mit Klaus kann der spielen." Achim, Jürgis Bruder, stand am Rand und schaute uns zu. Er besaß keinen Drachen und so half er uns, wenn wir ihn brauchten.

Ich wickelte mein Schnurknäuel auf einen armdicken, etwa fünf Zentimeter langen Stock ab. Mein Opa hatte mir gezeigt, wie man die Schnur über Kreuz wickelt und dass sie sich dann wieder besser aufwickeln lässt. So ganz hatte ich es aber nicht begriffen, denn laufend verhedderte ich mich. Achim kam zu mir herüber und fragte mich, ob er meinen Drachen halten sollte, während ich die Schnur abwickelte. „Klar, kannste machen. Ick lass' unjefähr zwanzich Meter ab. Wenn ick denn soweit bin, hältste den Drachen mit een' Arm hoch, kiek ma', so." Ich zeigte ihm, wie ich es meinte. „Wenn denn 'ne Windbö kommt, jeb ick dir een Zeichen und denn lässte los."

Achim nickte und ich trabte davon. Auf einmal verfing sich die Schnur in einem Gestrüpp und ich musste daran reißen. Achim dachte schon, das wäre das Zeichen und ließ den Drachen los, der nun auf dem Boden schleifte. „Jetzt doch noch nich' du Idiot", brüllte ich ihn an. Achim zog eine Schippe, fing an zu heulen und wollte gehen. „Mann, Achi, det war doch nich' so jemeint, du bist doch der beste Drachenhochhalter", tröstete ich ihn. Denn wir brauchten ihn doch, obwohl er sich meistens ziemlich blöde anstellte. Als ich den am Boden liegenden Drachen betrachtete, entdeckte ich einen kleinen Riss im Papier. Mein Opa hatte mir jedoch vorsorglich eine kleine Rolle Klebeband mitgegeben und damit flickte ich den Riss. Ich drückte Achim den Drachen wieder in die Hand und ließ ungefähr zehn Meter Schnur ab. Schließlich war ich der Meinung, dass der Abstand reichen würde und blieb stehen.

Nun wartete ich auf den Moment, wo der Wind stark genug war um den Drachen steigen zu lassen. Dann kam der Augenblick. Ich rief Achim zu: „Jetzt!" und spurtete los.

Sekunden später wurde mir das Knäuel abrupt aus der Hand gerissen. Erschreckt drehte ich mich um und sah zu meinem großen Entsetzen, dass Achim das Signal nicht verstanden hatte. Er stand wie ein Ölgötze da und hielt den zerfetzten Drachen in der Hand. Der Blödmann hatte vergessen, den Drachen loszulassen.

Wutentbrannt rannte ich auf ihn los und schrie wie ein Verrückter. Achim machte auf der Stelle kehrt, ließ den Drachen fallen und suchte heulend das Weite. Als ich meinen Drachen sah, kamen mir die Tränen. Er war vollkommen zerfetzt, den konnte mein Opa nicht mehr reparieren. Hilfesuchend drehte ich mich nach den anderen um und zu meinem Erstaunen sah ich Mäcki traurig unter einem Baum stehen, während sein Drachen in der Baumkrone hing. Ich ging zu ihm hinüber um ihm meinen zu zeigen, denn geteiltes Leid ist halbes Leid. „Kiek ma, meen Drachen is' hin", sagte ich zu ihm. „Und meener hängt im Baum, den kann keener mehr runterholen." „Wo issen Jürgi?", wollte ich wissen. „Vorhin hab' ick ihn wieda über'n Zaun am Schwimmbad klettern seh'n." „Keene Ahnung", antwortete Mäcki. „Wat meinste, wat ick von meen' Vater zu hören kriege, wenn ick ihm erzähle, wo der Drachen is'." Zusammen gingen wir mit gesenkten Köpfen nach Hause.

Am nächsten Tag berichtete mir Mäcki, dass sein Vater demjenigen, der es schafft, den Drachen vom Baum zu holen, 20 Pfennig Belohnung zahlt. Ich kannte den Baum und wusste sofort, das würde keiner von uns schaffen und so hing Mäckis Drachen noch wochenlang da oben in den Ästen.

Eine Woche später hatte mein Opa den Drachen einigermaßen repariert. Ich lief zum Oehlertring und ließ meinen Drachen alleine steigen. Durch die Ausbesserungen am Papier hatte er jedoch

Schlagseite und so versuchte ich mit Zweigen, die ich an den Rändern des Drachens befestigte, einen Ausgleich zu schaffen. Als ich ihn oben hatte, eierte er wie blöde und zu guter Letzt stürzte er auch noch ab. Ich zerrte ihn mit Wut aus einem Gebüsch, natürlich riss wieder das Papier ein. Da hat's mir dann gereicht. Zu Hause knallte ich den Drachen in die Ecke.

Am darauf folgenden Sonntag ging ich mit den Freunden zum Insulaner. Dort war zur Drachenzeit immer die Hölle los, der ganze Himmel hing voll und oft passierte es, dass sich einige der Drachen verhedderten. Dann brach immer Streit aus und jeder gab dem anderen die Schuld dafür. Die Wiese an der Rodelbahn sah aus wie ein Ersatzteillager für Drachen. Wir amüsierten uns köstlich über Väter, die in langen Mänteln mit dem Wind wie angestochene Wildschweine über die Wiese rannten. Den Drachen schleiften sie derweil über den Boden hinterher. So mancher Opa schnaufte den Hang hinauf, um den abstürzenden Drachen noch vor den Bäumen zu erreichen, bevor dieser in der Botanik des Insulaners verschwand.

Da beobachtete ich plötzlich, wie ein paar Halbstarke seltsame Drachen steigen ließen. Diese waren im Vergleich zu den anderen sehr klein und sechseckig. Mit einem Affenzahn sausten sie durch die Luft. „Haste det jeseh'n, wie die abhauen?", sagte Mäcki zu mir. „Ick jeh' da ma' rüber und frach die, wat det für Drachen sind." Ich lief ihm hinterher und gemeinsam stellten wir uns hinter die Halbstarken. Der eine drehte sich um und fragte barsch: „Wat wollt ihr denn hier?" „Wir wollen nur ma' eure Drachen ankieken", antwortete ich. „Det sind japanische Kampfdrachen aus Seidenpapier", erklärte er uns. „Und nu' macht ma' dassa Land jewinnt."

Langsam gingen wir ein paar Schritte zurück und blieben in respektvollem Abstand stehen. Gespannt beobachtete ich das Geschehen. Die Leisten des Kampfdrachens waren so dünn wie Stricknadeln und als Schnur benutzten sie Anglersehne. An der Sehne dicht unterhalb des Drachens hatte einer der Halbstarken

Sandpapier befestigt. Als ich Mäcki darauf aufmerksam machte, zuckte dieser nur mit den Achseln. Doch kurze Zeit später wussten wir, was damit beabsichtigt war. Gezielt manövrierte einer der Halbstarken seinen Drachen dicht neben einen wunderschönen blauen Drachen, auf dem ein Gesicht aufgeklebt war. Als sich die Schnüre berührten, segelte der große Drachen mit einem Mal planlos durch die Luft und verschwand zwischen den Bäumen. „Haste det jesehen, der hat doch glatt mit dem Schleifpapier die Schnur des anderen Drachen durchjeschabt", sagte ich zu Mäcki. Der Tumult der, danach entstand, war aber schnell beendet, denn an die Halbstarken trauten sich auch die Erwachsenen kaum ran.

Kurz vor dem Dunkelwerden machten wir uns auf den Heimweg. Unter den Bäumen lagen große Laubhaufen, die von den Straßenfegern zusammengefegt waren. Es machte uns immer einen Heidenspaß, in diese Haufen reinzuspringen. Wer Pech hatte, landete in Hundescheiße.

Der Wind artete in den nächsten Tagen fast zu einem Orkan aus und so kamen wir auf die Idee, uns Pappteile von einem großen Karton unter die Arme zu binden, um damit „Otto Lilienthal" zu spielen. Am Abhang oben auf dem Südi sprangen wir ab und segelten dann mehr schlecht als recht ein paar Meter den Hang hinunter. Der weiche Sand dämpfte unsere Abstürze.

Kapitel 42

Der Weihnachtsbaumbrand 1959

Das Jahr verging wie im Flug und wieder stand Weihnachten vor der Tür. Es war das erste Weihnachtsfest in der neuen Wohnung am Steglitzer Damm.

Ein wenig traurig schaute ich am ersten Weihnachtsfeiertag aus dem Badezimmerfenster. Der Ausblick, den ich am Munsterdamm hatte, den gab es hier in den engen Häuserzeilen nicht. Verträumt schaute ich einer Krähe zu, die auf dem Ast eines Kastanienbaumes saß, der dicht am Haus stand. Der Vogel schaute mich mit seinen, kleinen schwarzen Augen an, als wenn er sagen wollte: „Bist wohl traurich, das de nich' mehr am Munsterdamm wohnst wa?"

Da hörte ich die Stimme meiner Mutter: „Michael, setz' dich bitte an den Tisch, es gibt bald Mittagessen." Ich fleetzte mich zu meinem Vater, der auf seiner Lieblingsecke auf dem Sofa saß. Der Tisch war mit einer Weihnachtstischdecke bedeckt, auf der noch die Kerzenwachsflecken vom letzten Jahr zu sehen waren. In der Ecke, dicht am Fenster, stand unser Weihnachtsbaum. Mein Vater hatte ihn einen Tag vor Heiligabend gekauft. „Da kriegste die 'Hallelujastaude'", so nannte er immer den Baum, „für'n Appel und 'n Ei." Auf dem Weg nach Hause hatte die Fichte schon fast die Hälfte ihrer Nadeln verloren. Aber jetzt, wo er, geschmückt mit bunten Kugeln, Watte, Lametta und den brennenden Kerzen, in der Ecke stand, sah er wunderschön aus.

Auf dem kleinen Tisch neben dem Wohnzimmerschrank stand die Pyramide, die sich langsam drehte. Daneben schmokte ein Räuchermännchen und verbreitete seinen Duft im ganzen Zimmer. Wir freuten uns schon auf den Gänsebraten und alberten herum, wer die beiden Keulen bekommt.

Da kam auch schon meine Mutter mit der Schüssel voller Klöße durch die Tür. „Wird ja auch langsam Zeit", meinte mein Vater, „mir hängt der Magen schon bis zu de Kniekehlen." Im selben Moment schrie meine Mutter mit aufgerissenen Augen: „Der Baum, der Baum brennt!" Wie von der Tarantel gestochen, sprang mein Vater vom Sofa hoch. Der Baum stand in hellen Flammen. „Meine Gardinen", rief meine Mutter, doch mein Vater war schon dabei, wie ein Berserker mit seinen Filzlatschen auf den brennenden Baum einzuschlagen. Die bunten Glaskugeln flogen in Stücken gemischt mit Lametta durch das Wohnzimmer. Eine lila gefärbte Flamme fraß sich mitten durch den Baum.

Urplötzlich stand meine Mutter mit einem Eimer Wasser neben meinem Vater und ehe wir uns versahen, kippte sie den Inhalt mit einem Schwung über den brennenden Weihnachtsbaum. Es zischte und qualmte wie verrückt. Kurz darauf zog der Geruch nach verbrannter Tanne durch den Raum. „Det riecht aba nich' wie'n Räuchermännchen", konnte ich mir nicht verkneifen zu sagen. Und schon bekam ich von meinem Vater eine gescheuert.

Auf dem Teppich breitete sich eine Wasserlache aus. Darin schwammen die Scherbenteile der Baumkugeln vermischt mit Lametta, Tannenbaumnadeln sowie den Resten von versengter Gardine. Ich stand zusammen mit meinen Eltern wie bedeppert vor dem Malheur.

Da zog ein neuer Geruch ins Wohnzimmer. Mit einem Aufschrei: „Mein Gott der Gänsebraten!", raste meine Mutter aus dem Zimmer in die Küche. Ein paar Sekunden später ertönte ein Schrei aus der Küche: „Der Braten ist total verbrannt."

Letztendlich gab es doch noch ein Weihnachtsessen. Anstatt des Weihnachtsbaumes brannten die Kerzen am Adventskranz und zu essen gab es die Reste von Heiligabend, Würstchen mit Kartoffelsalat.

Kapitel 43
Rodeln auf dem Insulaner 1960

Die große Rodelbahn auf dem Insulaner war immer der Anziehungspunkt für uns im Winter. Außerdem gab es dort noch zwei kleine Bahnen, links am unteren Teil des Berges. Besonders beliebt waren auch die kurvenreichen Wege, die um den Insulaner herumführten. Dort rodelten wir auch sehr gerne runter.

Wir waren dick angezogen mit Trainingshose, selbstgestrickten Wollsocken, die überall gestopft waren und kratzenden Schals, auf dem Kopf gestreifte Pudelmützen oder die gehassten Schirmmützen mit Ohrenklappen, die unter dem Kinn zusammengebunden wurden; dazu ein grobmaschiger Pullover, der nach Mottenkugeln roch, zuletzt noch der Anorak und die Schnürstiefel. Dass wir uns überhaupt noch bewegen konnten, grenzte schon manchmal an ein Wunder.

Den Schlitten auf dem Rücken tragend, lief ich gleich nach der Schule zum Kottesteig, wo ich mich mit meinen Freunden traf. Gemeinsam stiefelten wir durch den Schnee zum Insulaner. Unterwegs amüsierten wir uns köstlich über die verschiedenen Arten von Schlitten, die so manche Leute hinter sich herzogen. „Kiek ma, Lori", Mäcki stieß mir in die Seite, „wat der da für'n Apparat hat." Ein Stückchen vor uns lief ein Vater mit seinem Sohn. „Mann, det is' `ne ‚Eisente', so wat hatte ick früher ooch ma'", sagte Jürgi. „Kiekt ma', da kommen welche, die ham noch die alten Schlitten mit den spitzen Kufen vorne", ich zeigte auf drei Jungen, die uns entgegenkamen. „Genau det sind die Schlitten, wo ick ma immer beim Bauchklatscher hinten meene Knie jestoßen hab'", meinte Werner. Wir besaßen alle schon Schlitten mit runden Kufen.

Als wir am „Insu", so nannten wir auch das Sommerbad am Insulaner liebevoll, vorbeikamen, konnte ich schon die johlende Geräuschkulisse von der Rodelbahn hören. „Kommt, wir loofen erst ma' inne Tannenschonung rin, da könn' wa jute Spuren machen", schlug ich den anderen vor. Nachdem Schmitti an einem Tannenast gerüttelt hatte und mir ein Haufen Schnee in den Hals gefallen war, machten wir uns an den Aufstieg zur Rodelbahn. „Der Wächta hat ma' wieder die Wege jestreut, der Idiot", sagte Henni. „Na und, nachher probier ick doch ma', ob man da runterrodeln kann", antwortete ich.

Oben angekommen, sahen wir gleich, dass der Teufel los war. „Mann, det sind ja een Haufen Leute heute hier, da könn' wa ja wieder warten, bis wa da rankommen", meckerte Werner. Wir stellten uns in die Reihe der wartenden Rodler. Mäcki machte mich darauf aufmerksam, dass vorne an der Startkante alles vereist war. Ein paar Halbstarke machten sich den Spaß, ängstlichen Rodlern an den Schlitten zu treten, so dass diese sich querstellten und vom Schlitten kippten. Kurz bevor wir an die Reihe kamen, schob ein Junge den verrücktesten Schlitten, den ich je gesehen hatte, an den Start. Unter eine Sperrholzplatte waren an allen vier Ecken die Kufen von Schlittschuhen angeschraubt; die beiden vorderen konnten bewegt werden. Mit einer Schnur wurde das Gefährt gelenkt. Alle Leute blickten verblüfft, als sich das Gestell mit polterndem Geräusch in Bewegung setzte und die Rodelbahn runterdonnerte.

Jetzt waren wir dran. Mäcki nahm Anlauf und rodelte mit Bauchklatscher los. Ich wollte es ihm nachmachen, rutschte aber auf dem blanken Eis aus und fiel erst mal auf die Fresse. Die Halbstarken grölten vor Lachen. Als ich endlich auf der Bahn war, tauchte ich in eine Schneewolke ein. Vor mir fuhr ein Vater mit Hut, Mantel und Kleinkind auf dem Schoß. Mit seinen Füßen wirbelte er den ganzen Schnee auf. Im unteren Teil der Rodelbahn, kurz hinter der Kurve, befand sich ein ganz gemeiner Höcker. So mancher, der da schon rübergeknüppelt war, konnte seinen Schlitten anschließend zusammensammeln. Durch den aufgewirbelten Schnee fast blind, konnte ich dem Höcker nicht mehr rechtzeitig ausweichen. Mit einem Affenzahn bretterte ich darüber hinweg. Mir taten alle Knochen weh. Unten am Auslauf der Bahn hörte ich Rufe wie: „Bahn frei", „Nimm den Scheißschlitten aus'n Weg" oder „Haste keene Oogen im Kopp, loofst ma jenau vor'n Schlitten".

Dann begann wieder der mühsame Weg nach oben zum Start. Wie eine endlose Karawane zog die Schlange der Rodler auf der rechten Seite der Bahn den Hang aufwärts. Oft passierte es, dass so ein Anfänger von Rodler die Kontrolle über seinen Schlitten verlor und in die Schlange der Hochlaufenden reinbretterte. Da gab es dann schon mal 'ne Klopperei.

„Woll'n wa ma' `n Vierer machen", schlug ich vor, als wir wieder oben am Start standen. „Au ja", riefen die anderen Freunde begeistert. Wir stellten vier Schlitten hintereinander auf. Auf jeden Schlitten legte sich einer mit dem Bauch rauf und hielt sich mit den Händen am Vordermann fest. Ein anderer setzte sich auf ihn drauf. Derjenige, der auf dem ersten Schlitten lag, lenkte mit den Füßen, was manchmal die Schuhsohle kostete. Wenn wir dann über den Höcker kamen, flogen die ersten schon vom Schlitten runter. Wer sich nicht mehr am Vordermann festhalten konnte, rauschte die Böschung hinauf und verschwand im Gesträuch an der rechten Seite der Bahn.

In den Rodelpausen saß ich Rücken an Rücken mit Mäcki auf einem Schlitten und wir beobachteten die rangierenden Güterzüge auf den Gleisen unten am Bahnhof Priesterweg. Oft bestaunte ich auch die Flugzeuge, die mit lautem Propellergeräusch über meinen Kopf flogen, im Anflug auf Tempelhof. Ich wünschte mir dann, auch einmal in einem Flugzeug zu fliegen.

Die Halbstarken hatten großen Spaß daran, Mädchen auf ihren Schlitten zu kapern. Sie lauerten unterhalb des Starts auf der rechten Seite. Wenn dann die Mädchen mit lautem Gekreische an ihnen vorbeifuhren, versuchten sich die Jungs hinten an den Schlitten anzuhängen. Entweder wurde dann der Schlitten umgekippt oder ihnen wurden nasse Handschuhe um die Ohren gehauen. Die Mädchen zogen auch gerne an den Haaren, was immer ganz schön wehtat.

Kurz vor Einbruch der Dämmerung beschloss ich: „Für heute reicht det, meene Füße kann ick jar nich' mehr spür'n und meene Hosenbeene sind voller Eiszappen." Natürlich versuchten wir noch den kleinen Weg runterzurodeln. Es klappte einigermaßen, obwohl der Sand manchmal die Fahrt abbremste.

Mäcki war für einige Zeit stolzer Besitzer eines Bobs, auf dem fünf Leute sitzen konnten und der ein Lenkrad hatte. Aber eines Tages, er hatte den Bob vor der Haustür abgestellt, wurde ihm dieser geklaut.

Kapitel 44

Die Todesbahn 1960

Zwei Wochen später hatte es wieder mal so richtig lange geschneit. Der ganze Munsterdamm war fast gar nicht mehr unter der Schneedecke zu erkennen. Gleich nach dem Frühstück schnappte ich mir meinen Schlitten und lief zum Hang hinter Helgas Haus. Es war Sonntag und ich brauchte nicht zur Schule zu gehen. Auf der Straße war kaum jemand zu sehen. Mit Ausnahme des Hauswartes, der den Bürgersteig freischaufelte. Ich lief rüber zu Mäcki und kurz nach meinem Pfiff erschien er auch schon mit seinem Schlitten auf der Bildfläche.

„Wat machen wan heute?", fragte er mich gespannt. „Bei den Massen von Schnee könnten wa `ne jute Rodelbahn oben uff'n Südi bauen." „Det hab ick mir ooch schon überlecht", antwortete ich ihm. Gemeinsam stapften wir durch den Schnee in Richtung Kottesteig. „Kiek ma', da kommt ja ooch Jürgi", rief Mäcki. Wir unterrichteten Jürgi von unserer Idee und er war sofort Feuer und Flamme. Schon im letzten Sommer hatte ich darüber nachgedacht, wie gut man doch von da oben runterrodeln könnte. Der Abhang war zwar nicht so lang wie die Rodelbahn auf dem Insulaner, aber für unsere Zwecke reichte er vollkommen aus.

Zuerst schlug ich den Freunden vor: „Woll'n wa uns `ne Bobbahn bauen?" „Wie willsten det machen?", fragte Jürgi skeptisch. „Na, ick hab' mir det so vorjestellt, wir binden alle unsre Schlitten hintereinander fest und denn fahr'n wa von oben den schmalen Trampelpfad runter. Wenn wa det'n paar Ma' jemacht haben, denn ham wa schon ma `ne Spur." „Und wat machen wa unten, wo die Mauerkante is'? Wenn wa da nich' uffpassen, fliejen wa alle uff de Fresse oda wat meinste?" Jürgi hatte gar nicht so Unrecht mit seiner Frage. Aber da kam mir schon ein Gedanke. „Wir fahr'n einfach außen um die Mauer rum, denn durch det eene Gebüsch, an Heljas Hof vorbei und denn den kleenen Hang runter."

Gesagt, getan. Inzwischen waren auch noch einige andere von den Freunden angekommen. Jeder band die Schnur seines Schlittens an dem des Vordermannes fest. Es müssen so um die zehn Schlitten gewesen sein, die nun in einer Reihe hintereinander den Trampelpfad hinunterfuhren. Natürlich konnte von Tempo keine Rede sein, denn irgendein Idiot bremste immer während der Fahrt. „Det macht doch keen' Spaß, Lori", sagte Mäcki nach einer Weile zu mir. „Da könn' wa gleich uff de Babybahn im Stadtpark rodeln jehen."

Während die Freunde eine Schneeballschlacht machten, saß ich auf meinem Schlitten und träumte vor mich hin. Wie ich diese Jahreszeit liebte. Der graue, tiefhängende Himmel, die kahlen Bäume und Sträucher und die tiefverschneite Landschaft. Ich hatte einen prima Blick von hier oben. Über die Straße und die Laubenkolonie bis hin zum Friedhof Bergstraße. Da schoss es mir plötzlich durch den Kopf. „Mann, Mäcki, weeßte wat, wir rodeln eenfach hier den Abhang runter." „Det is' aba janz schön gefährlich, weil da so viele Bäume stehen." Aber ich hatte mich schon auf meinen Schlitten gesetzt und sauste den Abhang hinunter. Es war ganz schön steil und ich hatte ein höllisches Tempo drauf. Doch die Schneise zwischen den Bäumen am mittleren Teil des Hanges reichte aus, um ungefährdet runterrodeln zu können.

Nachdem ich es vorgemacht hatte, versuchten es nun alle. Nach einer halben Stunde war der Schnee festgefahren und es machte einen Heidenspaß, den Abhang runterzusausen. Der breite Grasstreifen bis hin zur Straße reichte als Auslauf gerade mal so aus. Wenn man nicht aufpasste und den Schlitten nicht früh genug abbremste, rauschte man in die kleinen Rosenbeete. Die hatten auch im Winter noch Dornen und so haben wir uns so manches Mal das Gesicht zerkratzt.

Nach ein paar Tagen aber war uns das alles zu lahm. Wir überlegten, was wir noch machen konnten, um die Rodelbahn gefährlicher werden zu lassen. „Wie wär'n det, wenn wa unten am Ende vom Hang `ne Sprungschanze bau'n?", schlug ich vor. „Wie willst'n det machen?", fragte Schmitti. „Wir suchen uns einfach inne Müll-keller allet zusammen, wat wa brauchen. Vielleicht finden wa alte Kartons und anderet Zeuch."

Wir teilten uns in zwei Gruppen und durchsuchten die vier Müllkeller, die am nächsten waren. Nach einer Weile kamen die ersten zurück. Werner und Henni schleppten einen großen Karton an, wo ein Fernseher drin gewesen war. Mäcki und ich fanden eine Keilmatratze. Fischi und der Lange stapelten die Pappe auf einen Haufen und legten die Matratze oben drauf. Abschließend schau-felten alle Unmengen von Schnee auf die Matratze, bis diese nicht mehr zu sehen war. Dann fuhren wir einige Male darüber, bis alles schön fest wurde. Von weitem betrachteten wir dann unser Kunst-werk und Mäcki meinte anerkennend: „Sieht fast wie `ne echte Sprungschanze aus."

Als alle wieder oben am Hang standen, traute sich keiner als Erster runterzurodeln. „Mann, habt ihr alle eene Angst", rief Wer-ner auf einmal. Er schwang sich auf seinen Schlitten, natürlich Bauchklatscher und sauste hinunter. Wie gebannt starrten ihm alle nach. Als er unten auf die Sprungschanze kam und drüberbretter-te, hob er ungefähr einen halben Meter ab. Er segelte, unter unse-rem Gejohle, samt Schlitten mindestens zwei Meter durch die Luft, bevor er wieder auf den Boden zurückkrachte. Als er wieder oben neben uns stand, jubelte er: „Det is' einfach dufte, wenn de so durch de Luft segelst. Aber meene Knochen tun ma doch janz schön weh. Außerdem is'n Stücke vom Schlitten abjebrochen, det muss ick jetzt erst ma' mit Draht flicken."

Jetzt versuchte ich mal mein Glück. Genau wie Mäcki besaß ich einen Schlitten der Marke „Davos" und die waren stabiler als die alte Krücke von Werner. Mein Absprung war nicht ganz so gut wie der von Werner. Beim zweiten Versuch, der weitaus bes-ser verlief, vergaß ich aber rechtzeitig den Schlitten abzubremsen und rauschte volle Kanne in das Dornengestrüpp. Nun probier-ten es auch die anderen. Die Muttersöhnchen rodelten natürlich alle im Sitzen und bremsten ängstlich kurz vor der Sprungschanze ab. Die Draufgänger wie Mäcki, Schmitti, Werner, Jürgi, Henni, Peter, der wieder mal zu Besuch bei seiner Oma war, und ich konnten gar nicht genug von der Bahn bekommen. Selbst Inge, die erst vor kurzem am Munsterdamm zugezogen war, rodelte kreischend den Hang hinunter.

Schon am nächsten Tag probierten wir die tollsten Kapriolen und Absprünge. Jeder beherrschte seinen Schlitten perfekt und es ging keiner zu Bruch. „Det is' ja wie `ne Todesbahn", meinte Henni. Und damit war der Name unserer Rodelbahn geboren. Von da an hieß sie nur noch „Todesbahn" und darauf waren wir alle stolz.

Eines Nachmittags kam ein Klassenkamerad von Mäcki auf dem Weg zum Insulaner vorbei. Stolz präsentierte er seinen neuen Schlitten. „Kann ick ooch ma' uff eure Bahn runterrodeln", fragte er uns. Ich betrachtete mir seinen Schlitten mal genauer. Es war auch einer von „Davos", aber bei diesem Modell war die Sitzfläche mit Leinenbespannung und vorne war ein Glöckchen befestigt. „Typischer Muttersöhnchenschlitten", dachte ich. Unsere dagegen sahen zerschlissen und zerkratzt aus. „Det hier is' aber `ne Todesbahn", warnte ich ihn. „Det gloob ick nich', die uff'n Insulaner is' viel jefährlicher", entgegnete er mir spöttisch. „Aber wir ham unten `ne Sprungschanze jebaut", sagte Mäcki. Bibi, so hieß der Junge, lächelte nur und winkte spöttisch ab.

Er schob seinen Schlitten in Startposition, setzte sich rauf und rauschte die Bahn hinunter. „Wenn det ma' jut jeht", dachte ich. Gespannt verfolgten wir, was nun passieren würde. Als er auf die Schanze traf, hob er mit seinem Schlitten ab. Völlig unkontrolliert segelte er durch die Luft, begleitet vom Gebimmel des Glöckchens und seinem Aufschrei. Sekunden später krachte er mit voller Wucht auf den Boden zurück. Das nächste Geräusch, was wir hörten, war das Splittern von Holz. Heulend stand er unten zwischen den Trümmern seines nagelneuen Schlittens. Wir standen oben und lachten uns fast kaputt. Ich konnte mir nicht verkneifen, ihm nach unten zu rufen: „Det Glöckchen kannste dir um' Hals hängen, wenn de nach Hause jehst."

Am späten Nachmittag war unsere Kleidung ziemlich feucht. An den Hosenbeinen klebten Eiszapfen und die Füße waren wie Eisklumpen. Im Hausflur am Kottesteig klemmten wir unsere nassen Handschuhe zwischen die warmen Streben des Heizkörpers um sie zu trocknen. Als das auch nichts mehr nützte, ging ich nach Hause. Dort setzte ich mich vor die Heizung und klemmte meine halb erfrorenen Füße dazwischen. Die Hosen hingen auf der Leine und in die Schuhe hatte meine Mutter Zeitungspapier gestopft. Der Rodeltag war zu Ende. Da ich nur die eine dicke, lange Hose besaß musste die erst mal über Nacht trocknen.

Der Februar war auch Karnevalszeit. Als wir noch am Munsterdamm wohnten, konnte ich jedes Mal nicht einschlafen, wenn es im Fernsehen die Sendung „Mainz, wie es singt und lacht" gab. Mein Opa stammte aus dem Rheinland und auf seinem Fernseher stand ein kleiner, silberner Kölner Dom. Selbst durch die geschlossenen Türen hörte ich immer: „Dedede, dedede, dedelde deldede", und dann „Da, dada, dada." Das ertönte alle paar Minuten, wenn ein Witz ausgesprochen wurde oder neue Karnevalisten auf die Bühne kamen. Mein Opa saß dann immer auf seinem Stuhl und hatte Tränen in den Augen. Manche vor Lachen, andere aber vor Heimweh nach Köln am Rhein. Genauso liebte er über alles die Schwänke aus dem Millowitsch-Theater, die im Fernsehen gesendet wurden.

Am Rosenmontag wurden die Karnevalsumzüge übertragen und so saßen meine Großeltern stundenlang vor dem Kasten. Meine Mutter hatte das natürlich geerbt und so machte sie es genauso wie Oma und Opa. Wenn ich dann aus der Schule kam, hörte ich schon, kurz bevor ich an der Wohnungstür war, den lauten Ton des Fernsehers, aus dem der Reporter auf „Kölsch" begeistert in das Mikrofon laberte. „Mann, Mutti, is' det wieder laut, kannste det nich' een bisschen leiser hören?", rief ich ins Wohnzimmer. „Ick muß hier meene Schularbeeten machen." Meine Mutter schunkelte aus dem Zimmer, gab mir ein Küsschen und sang dabei Karnevalslieder.

Kapitel 45

Der Expander 1960

Jürgi war schon immer ein „Spacker Hecht" gewesen. Schon als Kind bekam er einmal von einer älteren Dame einen Pfirsich geschenkt, weil er so bleich aussah. Jetzt war er dreizehn Jahre alt und wollte mal was für seine Muskeln tun. Von irgendjemandem hatte er einen Expander bekommen. Sogleich zeigte er uns dieses Gerät und erklärte, wie man es benutzte. Zuvor mussten alle seine „Mukkis" befühlen. Jeder der Freunde wollte es auch einmal ausprobieren. Als ich an der Reihe war, spannte Jürgi drei der Gummibänder ein. Ich schaffte es lässig, diese auseinander zu ziehen. „Jetzt musste ma' det mit fünf Bändern schaffen", schlug er vor. Unter größtem Kraftaufwand schaffte ich es nicht, den Expander zu spannen. Da kam ich auf die blödsinnige Idee, mit dem Fuß in einen der Griffe zu treten, während ich mit der Hand die fünf Bänder auseinander ziehen wollte. Als ich der Meinung war, jetzt klappt es, rutschte mein Fuß aus dem Griff und der Expander rauschte hoch. Der Holzgriff krachte mir an den Unterkiefer, dass mir Hören und Sehen verging. Ich habe das Scheißding nie mehr angefasst. Die Freunde lachten, bis sie Tränen in den Augen hatten.

An einem regnerischen Tag spielte ich bei Mäcki oben mit seinem neuen Tipp-Kick-Spiel. Sein Vater hatte es ihm gekauft. Das aufgerollte Spielfeld rutschte aber immer dermaßen hin und her, dass schon nach kurzer Zeit der erste Streit ausbrach. Mäcki war der Meinung, ich verschob immer genau in diesem Moment das Spielfeld, wenn er am Schießen war. Als der Streit immer lauter wurde, donnerte sein Vater dazwischen. Er machte nun den Schiedsrichter und ich verlor fast jedes Spiel. Mäcki lachte immer ganz hämisch und auch Werner fing an, mich zu verspotten. Beleidigt, weil ich nun mal nicht verlieren konnte, ging ich nach Hause.

Bei Schmitti oben war es fast genauso. Immer wenn wir mit unseren Indianer- oder Ritterfiguren spielten, nahm er sich die besseren Reiter oder die mit den besseren Waffen. So spielte ich am liebsten immer alleine zu Hause mit meinen Spielsachen. Da konnte mir keiner etwas wegnehmen und gezankt habe ich dann nur mit mir selber.

Im Fernsehen fing eine neue Familienserie an. Sie hieß, „Die Firma Hesselbach". Das war wieder was für meinen Vater. Meine Mutter dagegen, sah für ihr Leben gern das „Ohnesorg-Theater" mit Henry Vahl. Ich beölte mich über eine neue Zeichentrickserie aus Amerika „Yogi Bär". Vor der Abendschau gab es auch immer irgendwelche Serien. Besonders spannend fand ich damals „Sprung aus den Wolken".

Kapitel 46

Feuer 1960

Streichhölzer waren schon seit frühester Kindheit eine große Leidenschaft von mir gewesen. Als ich acht Jahre alt war, entwendete ich aus der Blechschachtel mit den Zigaretten eine Schachtel Streichhölzer. Damit ging ich in das Schlafzimmer und kroch unter das Bett meiner Eltern. Auf dem Bauch liegend zündete ich ein Streichholz nach dem anderen an. An die große Gefahr, dass die Matratze Feuer fangen könnte, dachte ich nicht. Als ich vom Kokeln genug hatte, ließ ich dummerweise die abgebrannten Hölzer unter dem Bett liegen. An einem Sonntagmorgen fiel meinem Vater ein Teil seiner „Morgenpost", die er immer im Bett las, herunter und segelte unter das Bett. Als er sich bückte um die Blätter aufzuheben, entdeckte er die abgebrannten Streichhölzer. Ich spielte gerade in der Küche mit meinem Bauernhof, als er mich rief. Am Tonfall seiner Stimme ahnte ich zwar, dass etwas nicht stimmte, aber unbekümmert trottete ich in das Schlafzimmer.

„Hast du unter dem Bett gekokelt?", fragte er mit drohender Stimme. Lügen konnte ich schon immer schlecht und so versuchte ich es gar nicht erst. Mein Vater sprang aus dem Bett und packte mich am Arm. Er schleifte mich in die Küche, wobei mich seine Hand wie ein Schraubstock festhielt. Dann griff er in den schmalen Zwischenraum von Wand und Küchenschrank. Was dort an einem Nagel hing, wusste ich nur zu gut. Wie eine Schlange wand ich mich und versuchte dem Griff meines Vaters zu entkommen. Doch all meine Bemühungen waren zwecklos. Der „Ochsenstriemer", ein kurzer Holzstiel, an dem sieben dünne Lederriemen befestigt waren, klatschte schon auf meinem Hintern. Ich kreischte und schrie wie ein Blöder. Meine Oma kam in die Küche gestürzt und rief: „Was machst du denn mit dem Jungen, Fritz? Der schreit ja, als wenn er umgebracht wird." „Der kricht nur `ne ‚Wucht', weil er unter dem Bett gekokelt hat. Die ganze Bude hätte abbrennen können, der Lauser." Als mein Vater fertig war, tat mir mein Hintern dermaßen weh, dass ich den halben Tag nicht mehr sitzen konnte.

Trotz der Tracht Prügel konnte ich meine Finger nicht vom Feuer lassen. Manchmal fand ich am Straßenrand eine weggeworfene Schachtel Zündhölzer, in der noch ein oder zwei Streichhölzer drin waren. Selbst nasse Hölzer ließ ich nicht liegen, die trocknete ich in einem Versteck im Keller. So steckten in meiner und den Hosentaschen meiner Freunde immer einzelne Streichhölzer oder eine Reibefläche.

Batti war ein ebensolcher Kokler wie ich. Von seinem Bruder Peter bekam er eines Tages ein paar „Allesbrennerhölzer" geschenkt. „Kiek ma', Lori, wat ick hier für jute ‚Streichbeene' hab'. Die kannste überall anreiben." Er nahm eines der Hölzer und ratschte es über den Rinnstein, mit einem Fauchen entzündete es sich. Ich war begeistert. „Da brauchen wa ja jar keene Reibefläche mehr", sagte ich zu ihm. Solche Dinger musste ich unbedingt auch haben. „Wo jibts'n die?", fragte ich Batti. „Na neben Polte is`n Zijarettenladen, da kannste die koofen. Aber am besten, ick frach ma' meen Bruder, ob der uns welche besorjen kann", meinte Batti.

Ich erzählte die Neuigkeit gleich den anderen und jeder gab Batti einen Groschen. Dafür besorgte er uns die Hölzer, die dann genau aufgeteilt wurden. „Haste ma' jesehen, wie det die Cowboys im Film machen?", fragte mich Batti. „Die reiben so`n Streichholz anne Hose an. Kiek ma', so." Batti zog eines der Hölzer aus seiner Hosentasche und versuchte es an der Seite seiner Lederhose anzuzünden. Doch es klappte nicht, denn das Leder war zu glatt. „Versuch' det doch ma' am Reißverschluss von der Hosenklappe", meinte Schmitti. Und dort ging es wunderbar.

Als Batti durch seine Kokelei, wir nannten es immer „Flächenbrand", den halben Südi abfackelte, hätte mir das eine Warnung sein sollen. Aber die Sucht nach dem Feuer war ungebrochen in mir. Aus kleinen, trockenen Goldrautenstengeln bastelten wir uns kleine Blockhütten. Die wurden dann angesteckt und fasziniert verfolgten alle, auf dem Bauch liegend, wie die Häuschen abbrannten.

Im letzten Sommer hatte ich beinahe eine Gartenlaube abgefackelt. An einem warmen Tag stromerte ich im oberen Teil des Grundtis herum. Dicht bei der alten, zerfallenen Holzlaube wuchs eine Konifere. Darunter befand sich eine breite Grasfläche. Es war so um die Mittagszeit und kein Mensch war zu sehen. Ich beschloss einen kleinen Flächenbrand zu entfachen. Als sich die kleine Flamme durch das knochentrockene Gras fraß, schaute ich gebannt zu. Doch zu meinem Entsetzen breitete sich das Feuer blitzschnell aus. Voller Angst versuchte ich das brennende Gras auszutreten, doch es war vergebens. Schon hatten die ersten Flammen die Konifere erreicht, die Sekunden später lichterloh brannte.

In panikartiger Flucht rannte ich weg und versteckte mich im Flur eines der Häuser am Kottesteig. Ich kauerte mich in eine Ecke und betete zum lieben Gott, dass mich keiner beobachtet habe. Da erklang schon die Sirene der Feuerwehr und kurz darauf fuhr ein Feuerwehrauto den Kottesteig hoch. Ich hockte ungefähr eine Stunde da, bis ich mich entschloss, den Hausflur zu verlassen. Danach bin ich zwei Stunden umhergeirrt, damit sich der Rauchgeruch aus meinen Sachen verzieht. Denn wenn meine Mutter am Abend etwas gerochen hätte, mein lieber Mann. Zu meinem Glück war ich aber von niemandem gesehen worden und kam so ungeschoren davon.

Ein neues Schuljahr hatte begonnen. Ich war jetzt in der 6. Klasse. Der Lehrer, den wir als neuen Klassenlehrer bekamen, hieß Reier; das war ein ganz scharfer Hund. Schmitti hatte mich schon vorgewarnt: „Bei dem haste nischt zu lachen, wenn der dich uff 'n Kieker hat." Schon nach den ersten Wochen konnte ich erahnen, was mir in der nächsten Zeit blühen würde.

Jeden Morgen, wenn er die Klasse betrat, knallte er als Erstes seine Aktentasche auf das Lehrerpult. Alle Schüler standen kerzengerade hinter den Tischen. Wie auf Kommando riefen alle: „Guten Morgen, Herr Reier." Sein stechender Blick schweifte durch die Tischreihen und jeder Schüler wurde kurz gemustert. Bei mir und ein paar anderen Schülern dauerte die Musterung immer etwas länger. Während des Unterrichts schritt er durch den Klassenraum. Jedes Mal, wenn er neben mir stand, konnte ich den Duft von ‚Kaloderma Rasierseife' riechen, der von ihm ausging. Eines Tages ließ er von den Musterschülern einen Fragebogen austeilen.

„Heute", fing Reier an: „Dass der immer so schreien muss, wenn er wat will", flüsterte ich Nussmann, der neben mir saß, ins Ohr. „Heute bekommt ihr einen Begabungstest vorgelegt. Der dient dazu, um mir einen Überblick zu schaffen, wie weit ihr schon seid und welche Empfehlung jeder am Ende des Schuljahres von mir bekommt. Bestimmt werden einige von euch auf den Wissenschaftlichen Zweig gehen wollen, andere möchten auf dem Technischen Zweig weiterkommen." Er machte eine kurze Pause und sein Blick blieb auf mir haften. „Aber es werden auch einige von euch darunter sein, deren Leistungen nur für den Praktischen Zweig reichen werden. Ihr bekommt eine Stunde Zeit, um alle Fragen auf dem Bogen zu beantworten." Er zog seine silberne Armbanduhr vom Handgelenk, legte sie vor sich auf das Lehrerpult und vergrub sich hinter einer Tageszeitung. Ich hatte schon mal kurz in den sechs Seiten des Testbogens geblättert und was ich dort sah, ließ mir gleich das Herz in die Hose rutschen. Und so brütete ich eine Stunde lang über Würfelhaufen, die zu bestimmen waren, Sätzen, die zu ergänzen waren und diversen Rechenaufgaben. Als es zur Pause läutete, fehlten mir immer noch ein paar Fragen, doch Reier ließ alle Bögen einsammeln.

Die Schulstunden wurden für mich zur Qual. Oft konnte ich dem Unterricht nicht folgen und schon bald hatte mich Reier schwer auf dem Kieker. Strafarbeiten machen, vor der Tür stehen und eine Blauer Brief an die Eltern waren das Ergebnis. Nach jeder Rechen- oder Deutscharbeit graulte es mir vor dem Tag, an dem es die Arbeiten zurückgab.

Die Arbeitshefte waren alle in verschiedenfarbigen Plastikumschlägen eingeschlagen. Wenn Reier dann mit den Arbeiten unter dem Arm in die Klasse kam, entdeckte ich meines immer bei den obersten Heften. Dort lagen die Fünfen und Sechsen. Eines Tages erwischte er mich dabei, wie ich eine Zigarette in der Mappe versteckt hatte. Ich wollte die gar nicht rauchen, sondern bloß so zum Quatsch in der Hand halten. Knapp entging ich einer Ohrfeige von ihm, aber er steckte die Zigarette in einen blauen Briefumschlag und adressierte diesen an meine Eltern. „Den gibst du heute deinem Vater", mit diesen Worten steckte er das Kuvert in meine Mappe. Was mir zu Hause blühen würde, war ja klar. So vergrub ich den Briefumschlag samt Inhalt vor der Haustür in den Grünanlagen.

Auch so manch anderer Klassenkamerad hatte unter Reier zu leiden. Udo Lehmann haute er das Diktatheft um die Ohren, weil dieser zu blöd war, als er bei einem Diktat von Andreas Risch abschrieb. Es waren haargenau dieselben Fehler, die auch Risch gemacht hatte. Selbst Diana besaß eine Heidenangst vor dem Lehrer, obwohl sie gar nicht so schlecht in der Schule war. Wie oft schaute ich während des Unterrichts aus dem Fenster, auf das schwarze Ziffernblatt der Kirchturmuhr von der gegenüber stehenden Markuskirche. Viel lieber wäre ich oben auf dem „Südi" gewesen und hätte Cowboy und Indianer gespielt. Doch dann erwischte mich Reier eiskalt.

„Dein Benehmen, deine Mitarbeit im Unterricht und deine Leistungen in Deutsch und im Rechnen lassen sehr zu wünschen übrig. Deine Versetzung ist jetzt schon sehr gefährdet", sagte er eines Tages zu mir. „Wenn du dich nicht mehr anstrengst, darfst du auch nicht mit auf die Klassenreise nach Hermes kommen."

Das hatte gesessen. Ich hatte jetzt nur noch eine Chance, ich musste im Sportunterricht mit der Beste sein. Das war jedoch gar nicht so einfach. Im Wettrennen in der Sportstunde, von der Sprungkiste zur Hoftür, war mir Rolf Kobow haushoch überlegen. Und auch Lehmann, „Schütti" Schütt, Raini und noch ein paar andere waren in verschiedenen Sportarten besser als ich. Den ersten Erfolg brachte ich im Schwimmunterricht zustande. Im Hallenbad in der Bergstraße machten wir unseren Frei- und Fahrtenschwimmerschein. Ich war unter den Besten, weil ich am weitesten, am längsten und am tiefsten tauchen konnte.

Drei Wochen später hieß es: „Morgen machen wir einen Wandertag." Ich wich während des zermürbenden Fußwegs durch den Grunewald nicht von der Seite des Lehrers. Aufmerksam hörte ich zu, wenn er von seiner Zeit als Pfadfinder erzählte, über Tiere und Pflanzen sprach und anderes mehr oder weniger Interessantes zum Besten gab. Auch stellte ich laufend blöde Fragen an ihn und tat sehr wissbegierig. Als wir uns nach sechs Stunden Grunewaldwanderung am Bahnhof Steglitz vom Lehrer trennten, war ich total am Ende. „Jetzt erst ma' 'ne Fassbrause, meene Zunge hängt ma schon inne Kniekehle", meinte Hartmut Dietsch zu mir. „Jeh'n wa doch jleich hier in die Kneipe am Bahnhof", warf Lehmann ein. „Die ham da drin ooch 'ne Musikbox steh'n, da könn' wa jleich die neuesten Schlager hör'n."

Wir schleppten uns mit müden Knochen in die Kneipe. „Na, Jungs", begrüßte uns der Wirt, „habt wohl'n Wandertach jehabt wa. Kann man ja an eure staubigen Botten jut erkenn'." Ich zischte erstmal die kalte Fassbrause runter. „Haste ma' noch drei Jroschen für noch eene Fassbrause?", fragte mich Dietsch. „Nee, so viel Jeld hab' ick nich' mit", antwortete ich. Inzwischen fummelte Lehmann an der Musikbox rum. Kurz darauf dröhnte der „River Kwai Marsch" durch die Kneipe und wir pfiffen alle mit.

Kapitel 47

Mein „Lichtburg" 1960

Mit sieben Jahren ging ich zum ersten Mal ins Kino. Zusammen mit Helga, Mäcki und noch zwei anderen Freunden liefen wir, unter der Aufsicht von Frau Böttcher, zum „Parklichtspiele". Ein Kino in der Albrechtstraße, gleich neben dem Stadtpark. Nebenan, am Bretterzaun des Kohlenplatzes „Willi Wand", waren zwei Schaukästen angebracht, in denen Fotos aus den Filmen zu sehen waren. In dem einen Kasten hingen Bilder aus dem Film: „Fuzzy räumt auf", das war ein Western. Als ich mir die Bilder ansehen wollte, sagte Frau Böttcher: „Das ist noch nichts für dich, Michael, wir sehen uns heute einen schönen Märchenfilm an." „Wie heißt'n der?", wollte Mäcki wissen. „Tischlein, deck' dich", antwortete ihm Helga. „Meen Onkel Heinz liest aber immer Wild-

West-Romane und denn erzählta mir immer wie spannend die sind", rief ich dazwischen. „Papperlapapp", sagte Helgas Oma und schob uns in das Kino rein.

Als mein Opa dann den Fernseher gekauft hatte, schaute ich mir immer nachmittags „Fury" an. Da spielten auch Cowboys mit. Nur geschossen wurde zu selten. Aber dann kamen neue Serien aus Amerika auf den Bildschirm. „Am Fuß der Blauen Berge" mit Slim und Jess sah ich für mein Leben gern. Richtige Western kamen aber nur spät abends im Fernsehen. In der Fernsehzeitschrift „Hör Zu" stand dann immer: „Ein Film aus dem Wilden Westen".

Das „Häsi" war das kleinste Kino im Dreh. Jedes Mal, wenn wir von „Eis Hennig" kamen, blieben wir vor dem Kino stehen. Gleich oben rechts neben der Leuchtreklame war eine Klappe. Dahinter saß der Filmvorführer und wenn es dem zu heiß wurde, machte er die Klappe auf. Dann hörten wir immer den Ton vom laufenden Film. Kindervorstellungen gab es im „Häsi" nicht mehr, seitdem eine Scheibe vom Eingangsportal zu Bruch gegangen war. Die wartenden Kinder hatten zu sehr dagegen gedrückt. Einmal lag die gesamte Bestuhlung draußen vor dem Kino. Die Halbstarken hatten das Mobiliar während des Filmes „Außer Rand und Band" mit Bill Haley zertrümmert. Battis Brüder waren mit ihren Freunden natürlich daran beteiligt gewesen.

Kurz bevor Wolli den Munsterdamm für immer verließ, erzählte er begeistert von einem Film, den sie im „Laterna" spielten; „Rhodan, Ungeheuer aus dem Weltall". „Ick kann euch sagen, det muss een juter Film sein. So mit Unjeheuer aus'n Weltall und so." „Spiel'n se den inne Jugendvorstellung?", fragte Jürgi. „Klar, jetzt am Sonntag um 13 Uhr." Da wollten alle unbedingt hin. „Kommste ooch mit Lori?", fragte mich Wolli. „Na, ick weeß nich', nachher is' det so'n gruseliger Film." Ich wusste noch genau, dass ich nach der einen Folge von „Soweit die Füße tragen" in der Nacht nicht einschlafen konnte. Aber ich ging dann doch mit. Es war ein ziemlich langer Weg zum Kino. Unten am Ende der Bergstraße, wo das Postamt war, gleich neben der S-Bahnbrücke, dort stand der flache Bau mit dem Kino.

Als wir am „Laterna" angelangt waren, lief der Film schon fünf Minuten. Ich wollte mir noch kurz die Aushangfotos ansehen, als mich Schmitti in das Kino zog. Im Dunklen tapsten wir auf unsere Plätze. Als ich auf die Leinwand schaute, sah ich gerade, wie ein paar Männer, die durch einen Bergwerksschacht schlichen, aufschrieen, weil sie eine Riesenraupe sahen. Sofort schlug ich meine Hände vor die Augen und rutschte unter den Sitz. Danach steigerte sich die Filmmusik immer mehr ins Dramatische. Als ich nachsehen wollte, was nun passierte, sah ich, wie einer der Männer wie von unsichtbarer Hand unter Wasser gezogen wurde. Gleich darauf verfärbte sich dieses blutrot. Da hielt's mich nicht mehr auf dem Sessel. Ich sprang auf und raste unter dem Gelächter von Jürgi und Wolli aus dem Kino. Zwei Nächte konnte ich nicht schlafen, immer sah ich diese eine Szene vor mir und bei meiner Phantasie malte ich mir das Schrecklichste aus. Den Spott der Freunde, den ich in den darauf folgenden Tagen zu hören bekam nahm ich gelassen hin.

Doch am liebsten gingen wir ins „Lichtburg", ein kleines Kino in der Leonorenstraße, dicht am S-Bahnhof Lankwitz.

Ich war jetzt zwölf Jahre alt und konnte nun endlich richtige Westernfilme im Kino sehen. Das Plakat mit den Kinoprogramm, an der Litfasssäule, war noch gar nicht richtig trocken, da stand ich schon davor. Den Spielplan vom „Lichtburg" fand ich auf anhieb. Sofort suchte ich nach der Jugendvorstellung am Sonntag um 15 Uhr. Meist waren die Filme ab zwölf Jahre zugelassen. „Herrscher von Kansas" las ich an diesem Tag. Schmitti der hinter mir stand, fragte gleich: „Wer spielt'n da mit?" Das war natürlich auch sehr wichtig, denn jeder von meinen Freunden hatte seinen Lieblingsschauspieler. Die von Batti, Schmitti und mir waren Jeff Chandler, Audie Murphy und Victor Mature. Schmitti mochte auch noch Gordon Scott. „Det is' der beste Tarzanschauspieler, den ick kenne, da is' Johnny Weissmüller `ne Flasche dajejen."

In diesem Western war Jeff Chandler der Hauptdarsteller. Sofort war klar, da müssen wir hin. Aber woher sollte ich das Eintrittsgeld hernehmen. Ich fragte am Abend meinen Vater beiläufig, was er von lehrreichen, historischen Filmen im Kino hielt. „Was meinst du denn damit?" Abwartend schaute er mich an. „Na, so Filme, wo man wat für de Schule im Jeschichtsunterricht lernen kann." „Das musst du mir mal näher erklären," antwortete mein Vater. „Na, vonne alten Griechen und Römer und so." Ich versuchte ihm mit salbungsvollen Worten zu erklären, das jetzt am Sonntag so ein Film im Kino gespielt wird. „Wie heißt denn der Film?", wollte er nun wissen. „Na, irjentwat mit Herrscher und so", antwortete ich. „Wenn es kein Hottentottenfilm ist, dann darfst du ihn dir ansehen. „Det würde ick ja jerne machen, aber wenn de mir ma' eene Mark jeben könntest." „Aha, daher weht der Wind", lachte mein Vater, griff in sein abgewetztes Lederportmonee und gab mir das Geld. Ich atmete tief aus und lief in die Küche. Meine Mutter, die gerade am Kochen war, schaute mich an und sagte: „Das mit dem lehrreichen Film war doch bestimmt wieder geschwindelt, nicht wahr? Ich gehe jede Wette ein, wenn das nicht wieder so ein Wild-West-Film ist." „Aber nischt Pappi verraten", flüsterte ich ihr zu, „der war heute abend ma' jut druff, sonst hätte er mir det Jeld nich' jejeben."

Ich traf mich mit meinen Freunden am darauf folgenden Sonntag um 14 Uhr am Kottesteig. Alle waren da und auch Henny und Werner wollten mitkommen. „Wat wollt ihr denn hier?", fragte ich die beiden. „Na, ooch den Film sehen". „Mensch, ihr seid doch noch viel zu kleen, ihr kommt doch jar nich' in det Kino rin." Obwohl es manchmal schon geklappt hatte, denn mit dem Alter nahm man es im „Lichtburg" nicht so genau. Da waren die Kontrollen im „Parklicht" viel schärfer. Jürgi kam mal wieder als Letzter. „Kannste nich' eenmal pünktlich sein", meckerte ich ihn an, „jetzt müssen wa uns wieder wie die Blöden beeilen."

Auf dem Weg zum Kino blieben wir erst mal kurz auf der Siemensbrücke stehen, um in den Teltowkanal zu spucken. Dann liefen wir weiter am Krankenhaus vorbei, die Leonorenstraße entlang. Kurz hinter dem Krankenhaus war die Gärtnerei von Kotzhausen, dort hatte mein Vater 1956 als Aushilfsgärtner gearbeitet, weil das Geld hinten und vorne nicht langte. Kurz bevor wir das Kino erreichten, sah ich schon, dass von überall her Kinder zielstrebig zum Eingang strömten. „Mann, los, wir müssen uns beeilen", rief ich den anderen zu, „sonst komm' wa nich' mehr rin." Die letzten Meter rannten wir alle, bis wir Seitenstiche bekamen. Schnell reihten wir uns in die lange Reihe der Kinobesucher ein.

Während mir Schmitti meinen Platz freihielt, lief ich zu den Aushangkästen unten an der Straße, um mir die Fotos von der Spätvorstellung anzusehen. Besonders die Fotos von den leicht bekleideten Schauspielerinnen zogen mich an. Ich wünschte mir dann immer recht schnell erwachsen zu sein, um auch mal in eine Spätvorstellung zu gehen.

Inzwischen waren das Gedrängel und die Schubsereien immer heftiger geworden. Schon kam es zu einer Klopperei zwischen zwei Kindern. Das lenkte uns beinahe so ab, dass wir fast nicht bemerkten, wie sich die Tür zum Kinoeingang öffnete. Da die Tür nach außen aufging, wurden diejenigen, die ganz vorne standen, zur Seite gedrängt und so kamen die dahinter Stehenden zuerst hinein. Zum Glück schafften wir es alle auf einmal, in das Kino zu gelangen. Nachdem ich mir meine Eintrittskarte gekauft hatte, überlegte ich kurz, ob ich noch schnell zum Süßwarenstand gehen sollte. „Nu' komm schon, Lori, sonst kriegen wa unsere Plätze nich' mehr." Mäcki zog mich am Arm in den Innenraum.

Auf dem knarrenden Holzfußboden liefen wir nach vorne. Im Innenraum herrschte das totale Durcheinander. Der Kampf um die besten Plätze war in vollem Gange. Immer wieder ging irgendwo ein lautstarker Streit los, weil irgendwer für irgendjemanden einen Platz freihalten wollte. Endlich erreichten wir unsere Plätze. Sechste Reihe außen, nahe dem Seitenausgang. Mäcki meinte immer: „Falls ma'n Feuer ausbricht, sind wa schneller draußen. Die

Halbstarken in der letzten Reihe rauchten nämlich heimlich und traten dann die Kippen auf den Holzdielen aus.

„Kiek ma, Lori", Schmitti stieß mir den Ellenbogen in die Seite, „da vorne, erste Reihe inne Mitte, da sitzt wieder olle Poli. Wie der det immer schafft unter den Ersten zu sein, die rinkommen. Ick frach' mich immer, wie der det da vorne inne Jenickbrecherreihe den janzen Film über aushält." Manchmal hatte ich Poli, während der Film lief, beobachtet. Er saß meistens wie teilnahmslos da und ließ den Film an sich vorbeilaufen. Doch Klaus hatte neulich erzählt, dass er sich zusammen mit Poli den Film, „Fliegende Untertassen greifen an", angesehen hatte. „Und uff'm Weg nach Hause hatta denn alle Leute erschreckt." „Wat hatta denn jemacht?", wollte ich wissen. „Wenn ihm eener entjejenkam, riss er beede Arme hoch, so wie der eene Marsmensch im Film und denn hatta mit'm Mund komische Jeräusche jemacht."

Die Klappsitze aus Holz waren ohne Polsterung und so machte es immer einen Heidenspaß, den Sitz krachend nach oben rauschen zu lassen. Nach dem dritten Gong wurde es langsam dunkel im Kino. Das rote Licht, das den schweren Bühnenvorhang anstrahlte, erlosch langsam. Zuerst kam meistens ein öder Naturfilm, der durch blöde Sprüche von den Halbstarken das ganze Kino zum Brüllen brachte.

Nach kurzer Zeit schon flogen im hellen Lichtstrahl des Filmvorführapparates allerlei Dinge von den hinteren Reihen nach vorne. Zusammengeknautschte Zigarettenschachteln, zerkaute Kaugummis und die Holzstäbe von Langnese-Eis. Nach dem Vorfilm wurde es für kurze Zeit wieder hell. Dann kam „Fox Tönende Wochenschau", wir nannten es immer „Fox stöhnende Knochenschau". Nun wurde es schon ruhiger im Raum, denn die neusten Nachrichten aus aller Welt wollten sich alle ansehen. Kurz bevor die Wochenschau zu Ende war, schlichen schon die ersten Gestalten nach vorne und stellten sich vor dem Vorhang zum Vorraum auf. „ Die könn' jar nich' warten, bis det wieder hell wird", meinte Mäcki zu mir. „Jeder will vorne am Süßigkeiten-stand der Erste sein."

Jetzt folgte eine kurze Pause und einige von uns rannten ebenfalls zum Süßigkeitenstand. Wer etwas Geld übrig hatte, kaufte sich „Prickel-Pit" Brausebonbons, „Double Bubble" Kaugummis oder ein Eis von Langnese, am beliebtesten waren die Sorten „Split" oder „Capri". Wer vor dem letzten Gong nicht wieder an seinem Platz war, hatte das reinste Spießrutenlaufen vor sich. Demjenigen, der im Halbdunkel nach seinem Sitzplatz suchte, wurden Beine gestellt oder Nackenschläge verpasst. Nach dem zweiten Gong leuchtete nur noch das Licht, welches den Samt-vorhang auf der Bühne in einen roten Schein tauchte.

Was jetzt kam, gehörte zum Ritual der Jugendvorstellung. Es folgte der Auftritt von „Onkel Lichtburg", so nannten die Kinder liebevoll den Besitzer des Kinos. Er stellte sich in die Mitte der Bühne. In seiner Hand hielt er eine Taschenlampe, deren Lichtstrahl nach oben an die Decke gerichtet war. Ein paar Sekunden lang verfolgte er das Tohuwabohu unten zwischen den Sitzreihen. Dann kippte er die Taschenlampe nach unten, so dass der Lichtstrahl auf den Boden zeigte. Schlagartig war es mucksmäuschenstill im Raum.

Dann sprach er: „ Ich habe heute eine Überraschung für euch, einen neuen Trickfilm", ein ohrenbetäubender Lärm brach los. „Aber nur wenn ihr euch wieder vernünftig benehmt", rief er in das Chaos. Wieder kehrte Totenstille ein. Als ein paar Idioten ver-suchten erneut zu krakeelen, sorgten die Halbstarken dafür, dass augenblicklich wieder Ruhe einkehrte. Einen Trickfilm, vielleicht noch mit Micky Maus, den wollten auch die Halbstarken sehen. Schon nach den ersten Szene des Trickfilms war Klaus nicht mehr zu halten. Mit seiner einmaligen Lache brachte er das ganze Kino zum Brüllen. Nach dem Trickfilm, der ja meistens ziemlich kurz war, folgte eine Episode aus der Unfallverhütungsreihe mit dem Bestatter „Denn bei mir liegen sie richtig."

Kurz vor dem Hauptfilm wurden noch Ausschnitte aus dem Film am kommenden Sonntag gezeigt. Es war ein Tarzan-Film mit dem Titel „Tarzan und die verschollene Safari". Für Schmitti stand sofort fest: „Den muss ick uff alle Fälle seh'n." Und dann begann mein Western. Sofort vergaß ich alles um mich herum.

Oft musste so ein Blödmann, gerade wenn es spannend wurde, auf die Toilette gehen. Im Lichtburg waren die Toiletten links und rechts neben der Bühne. Sobald aber die Holzklapptüren an die Wand donnerten, erhellte ein Lichtschein für einen kurzen Augenblick das dunkle Kino. Sofort kamen Rufe aus dem Publikum: „Musste jerade jetzt pinkeln, bind' dir doch `ne Windel um."

Manchmal ertönten auch knallende Geräusche oder Aua-Schreie. Das waren dann wieder mal die Halbstarken, die von der letzten Reihe aus angelutschte Malzbonbons nach vorne warfen. Wenn es knallte, war nur die Sitzlehne getroffen worden. Aber wenn ein Aufschrei erscholl, dann war es ein Treffer. Ja, so etwas gab es nur in unserem „Lichtburg".

Inzwischen kam es zu einem Revolverduell auf der Leinwand. Automatisch griff ich an meine rechte Seite und zog in Gedanken meinen Colt. Wenn dann eine besonders spannende und gefährliche Szene kam, hielt es so manchen nicht mehr auf seinem Platz. Kam dann jedoch der ‚Gute' angeritten, kam der Schrei aus allen Kehlen: „Der Jute kommt, der Jute kommt." Kurz vor dem Ende des Films wurde Jeff Chandler erschossen. Mir kamen die Tränen. Als ihn dann die Soldaten über den Boden schleifen wollten, rief sein Gegenspieler voller Achtung: „Tragt ihn, ihr sollt ihn tragen." Diese Szene blieb immer in meiner Erinnerung.

Dann war der Film aus und die Seitenausgänge wurden aufgerissen. Der helle Sonnenschein und das Trampeln vieler Füße rissen mich aus meinem Traum. Der leichte Wind draußen vor der Tür trocknete schnell meine Tränen und sogleich beteiligte ich mich an den Szenenbeschreibungen meiner Freunde über den Film. „Loofen wa wieder am Schwarzen Weg lang nach Hause?", fragte Schmitti. „Klar, da könn' wa wieder een Pfennich uff de S-Bahn-Schiene lejen und den denn platt fahr'n lassen." „Pass aber uff, dass de nich' wieder mit'n Fuß so dicht anne Weiche kommst, letztet Mal biste ja beinahe einjeklemmt worden", warnte ich ihn. So bummelten wir an den Bahngleisen entlang, über die schmale Notbrücke am Ebenkobener Weg, die Borstellstraße hoch zurück zum Munsterdamm.

Kapitel 48

Cowboy und Indianer   1960

Zum Spielen blieb uns immer weniger Platz. Wir hatten zwar noch die beiden Buddelplätze, aber so richtig austoben konnten wir uns nur noch oben auf dem „Südi". Zum Glück besaß das kleine verwilderte Gelände noch ausreichend Möglichkeiten zum Verstecken, Ranschleichen und anderen wichtigen Dingen, die wir für unsere Abenteuer brauchten.

Da war zum Beispiel der sandige Abhang auf der Seite zum Munsterdamm hin. Dann der kleine Hügel mit dem schiefen Baum, der dicht an der zerfallenen Steintreppe stand, wo die zerbombte Mauer war. Auch standen noch ein paar Bäume herum, auf die wir klettern konnten. Das dichte Gestrüpp, welches sich auf der einen Seite vom Oehlertring bis hin zum Abgrund zog, schirmte uns von der Straße ab. Fluchtmöglichkeiten bei drohender Gefahr gab es auch noch reichlich.

Es begann nun die Zeit, wo sich so manch einer von den Freunden anderen Spielen zuwendete. Mäcki ging immer öfter auf die Fußballwiese, um mit anderen Jungs zusammen dem Fußball nachzujagen. Jürgi fing an, sich für elektronische Basteleien zu interessieren. Klaus büffelte für die Schule. So war ich immer mehr mit Schmitti zusammen. In ihm fand ich den richtigen Partner, um

Cowboy und Indianer, Ritter oder Piraten zu spielen. Die Western und Abenteuerfilme, die wir im „Lichtburg" sahen, gaben unserer Fantasie genug Anregungen.

Wir richteten uns ein Sheriff-Office im Gebüsch unter einem Baum ein. Dort lag, halb im Boden versteckt, ein flacher großer Stein, den wir als Gefängnis nahmen. Der Gefangene musste immer auf dem Stein sitzen bleiben. Außerdem wurde er noch zusätzlich am unmittelbar daneben stehenden Baum gefesselt. Manchmal spielten auch Achim, Werner, Henny, Tommy und Peter mit. Peter war 1958 nach Steinstücken gezogen, doch in den Ferien wohnte er bei seiner Oma am Munsterdamm.

Schmitti und ich waren die Bosse und die Jüngeren einfache Banditen oder, wenn Schmitti Sheriff war, Hilfssheriffs. Jeder von uns besaß einen mehr oder weniger guten Zündplättchencolt. Meiner hatte rote Griffschalen, die ich mit Draht umwickelt hatte, denn sonst wäre er auseinander gefallen. Einen neuen wollte ich aber nicht haben, denn meiner sah so schön gebraucht aus. Zündplättchencolts gab es unten in der Albrechtstraße im Spielwarengeschäft Wagner zu kaufen, die Munition dazu ebenfalls. Am liebsten nahmen wir die Zündplättchenrollen. Manche rubbelten die Rollen auch an der Kante vom Bürgersteig runter. Das hieß dann Dauerfeuer. Es gab auch einzelne Knallplättchen, aber die Rolle in den Colt einspannen, das war wie Patronen laden. Meinen Colt steckte ich immer in den Hosenbund, denn einen Revolvergürtel aus Plastik wollte ich nicht haben. Da riss das dünne Plastik nach einer Weile ein, wenn der Colt ins Holster geschoben wurde. Ganz besonders stolz war ich auf meine „Winchester", ein defektes Luftdruckgewehr mit hellem Holzstutzen. Den Eisenlauf hatte ich ebenfalls mit Draht umwickelt, weil er sonst auseinander gegangen wäre. Das Gewehr funktionierte zwar nicht mehr, aber ich war der Einzige, der eines besaß. Wenn wir kein Geld für Zündplättchen hatten, machten wir die Schussgeräusche mit dem Mund. Oft dachte ich an die Zeit zurück, als ich immer der Jüngste war und zum Schießen nur einen Stock von Wolli bekommen hatte.

Cowboyhüte aus der Spielwarenabteilung besaßen wir auch nicht, aber im Kleiderschrank der Eltern oder bei Oma und Opa ließ sich manches Brauchbare abstauben. So nahm ich einfach den Hut von meinem Opa. Von meiner Mutter nahm ich mir ein blutrotes Seidentuch. Dieses wickelte ich mir wie einen Lendenschurz nach Apachenart um die Hüfte.

Zum Indianerspielen fehlten uns allerdings anfangs die richtigen Waffen. Klar, ich hatte ja damals auf dem „Südi" unten die Schieferplatten für die Tomahawks entdeckt, aber inzwischen stand ja da unten eine Laubenkolonie. Nun gab es dort keine Möglichkeiten mehr, sich einen Tomahawk zu bauen. „Weeßte wat", sagte ich eines Tages zu Schmitti, „wir müssen uns een richtjen Flitzbogen bauen. Det Material dazu liecht hier überall rum. Wir brauchen nur eenen starken Ast, der sich jut biejen lässt und nich' gleich bricht. Als Pfeile nehm' wa einfach een' jraden, dünnen Ast."

Wir zückten unsere Taschenmesser und jeder machte sich auf die Suche nach dem passenden Ast. Als ich einen leicht gekrümmten entdeckte, hackte ich ihn ab. Ich stellte ihn auf den Boden und testete, ob er beim Biegen bricht. Als ich zufrieden war, holte ich aus meiner Hosentasche ein Stück Schnur hervor, die ich an das eine Ende des Astes verknotete. Nun spannte ich die Schnur, indem ich den Ast so lange bog, bis er fast brach und befestigte dort das andere Ende der Schnur. Als das geschafft war, prüfte ich die Spannkraft des Bogens. Zufrieden suchte ich Schmitti, der irgendwo im Gebüsch rumkroch. „Ick hab' meen Bogen schon fertich, wo issen deiner?"

„Ick krieg den blöden Ast nich' abjebrochen", kam seine Antwort aus dem Dickicht. Bevor ich zu ihm gelangen konnte, gab es einen peitschenden Knall. „Jetzt hab' ick ihn." Schmitti tauchte vor mir auf und zog einen Ast samt Blättern hinter sich her. Als er ihn gesäubert hatte, wurde ich gleich wieder neidisch. Sein Ast besaß schon beinahe die optimale Krümmung für einen Bogen. „Kiek ma' Lori, den brauch ick fast jar nich' mehr biejen."

Nun ging es daran, einen geeigneten Pfeil zu finden. Wir machten ein paar Probeschüsse mit einigermaßen geraden, dünnen Ästen, aber das war noch nicht das Richtige. Da fiel mein Blick auf ein kleines Feld mit Goldrauten. In der Mitte, zwischen den grünen Goldrauten, die zu unserem Glück hier noch wuchsen, standen vereinzelte braune Stiele ohne Blätter. Ich riss einen heraus und stellte zu meiner Freude fest, dass dieser Stengel verhältnismäßig leicht, fast kerzengrade und fest war. Gleich brach ich ihn auf Pfeillänge ab und legte ihn auf den Bogen. Er flog zwar nicht schlecht, trieb aber durch den Wind von der Flugbahn ab.

„Den müssen wa oben anne Spitze beschweren," meinte Schmitti. „Mit wat'n?", antwortete ich. „Ma' kieken, ob hier irjendwo een verrosteter Nagel rumliecht." Ich hätte wahrscheinlich ewig suchen können, um einen Nagel hier zu finden. Schmitti fand sofort einen. „Der hat immer ein Schwein, allet findet der vor mir", dachte ich wütend. Wir popelten den Nagel oben in den Goldrautenstängel. „Wie willsten den festmachen?", fragte ich ihn. „Ick hab' hier ooch noch gleich so'n Stücke alten, dünnen Draht jefunden. Den nuddle ick jetzt um den Stengel und den Nagel." Schmitti legte den Pfeil auf die Bogenschnur, spannte den Bogen und ließ ihn fliegen. Zuerst schoss dieser hoch in den Himmel, doch dann passierte es. Der Draht musste sich gelöst haben, denn der Pfeil kam wieder ins Trudeln. Als wir der Sache nachgingen, stellte ich fest, dass wir uns was Besseres einfallen lassen mussten.

Ein paar Tage später strolchten wir wieder mal über Helgas Hof. „Sei bloß leise", flüsterte ich Schmitti ins Ohr, „Nich', dass uns hier wieder eener entdeckt. Letztet Mal hat mich der Vater von Klaus janz schön anjemeckert."

Wer die Idee mit der Bleiummantelung vom Blitzableiter als Erster hatte, ist nie geklärt worden. Jedenfalls war das die beste Erfindung, die wir bis dahin gemacht hatten. An der Hausmauer, unterhalb von Polis Balkon, hing ein Stück vom Blitzableiter herunter. Während Schmitti Wache stand, bog ich den Bleimantel so lange hin und her, bis er durchbrach. Schnell zog ich ihn vom

Kabel ab. Es waren ungefähr zehn Zentimeter. „Schnupper ma', Schmitti, riecht wie Marzipan wa." Ich hielt ihm das hohle Bleistück, es hatte ungefähr den Durchmesser eines Bleistiftes, unter die Nase. Schnell verließen wir den Hof.

Nun zerteilten wir das Bleistück in fünf gleichgroße Teile. Jedes Teil ließ sich exakt auf den Goldrautenstängel schieben. Mit einem kleinen Stein klopften wir das Bleistück vorsichtig fest. Ich legte den Pfeil auf den Flitzbogen und schoss ihn ab. Es war einfach fantastisch zu sehen, wie der Pfeil nach oben pfiff. Kerzengrade, dann ein leichter Bogen und er kam zurück. Und was das Beste war, er blieb im Boden stecken. „Wie in echt beim Film, wa", sagte ich stolz zu Schmitti.

Am nächsten Tag übten wir mit unseren Flitzbogen weiter. Doch auf einmal riss meine Schnur. „So'n Scheiß", meckerte ich. „Haste ma `ne Ersatzschnur dabei?" Schmitti suchte in seinen Taschen, fand aber keine. Ich überlegte eine ganze Weile, ob es noch etwas Besseres als Schnur geben könnte. Etwas, was nicht mehr reißen kann, auch wenn die Spannung noch so groß war. Da kam mir plötzlich eine Idee. Seit einiger Zeit wohnte bei mir im Haus ein Mädchen, die hieß Eleonore Maiwald, doch gerufen wurde sie immer nur Ello. Deren Mutter spulte in Heimarbeit Angelsehne von verschiedener Stärke auf große Spulen. „Sag' ma', Schmitti, is' so 'ne Angelsehne eijentlich unzerreißbar?" „Klar, damit zieh'n se ja janz jroße Fische aus'n Wasser."

Am nächsten Tag klingelte ich unten bei Maiwalds. Ellos Mutter öffnete die Tür und sagte: „Na, Michael, willste zu Ello?" „Nee, ick wollte nur ma' wat fragen." „Was hast du denn auf dem Herzen", sie schaute mich an. „Willste wieder `ne Butterbemme mit Salz haben?" „Nee, ooch nich', aber sie haben doch da Angelsehne in der Kiste." Ich zeigte auf eine großen Karton, in dem mindestens fünfzig Spulen mit Sehne lagen. „Kann ick vielleicht davon wat haben?" Sie lachte und wickelte ungefähr fünf Meter von einer Spule ab. Als sie mir die Sehne in die Hand drückte, bedankte ich mich artig mit einem Diener. „Was ist denn heute mit dir los, du bist doch sonst nicht so höflich", schmunzelte sie. Aber da flitzte ich schon aus der Wohnung.

Schnell rannte ich auf den „Südi", wo ich meinen Flitzbogen in einem Gebüsch versteckt hatte. Mit nach Hause nehmen durfte ich den Bogen nicht, mein Vater hätte ihn gleich zerbrochen und weggeschmissen. Fieberhaft fummelte ich mit der Sehne am Ast rum. Bei einer Schnur lässt sich ein Knoten immer so leicht machen, aber mit dieser Sehne hier war das verdammt schwer. Endlich hatte ich es geschafft. Ich legte einen meiner Pfeile auf die Sehne und schoss ihn ab. Ich konnte mein Glück kaum fassen. Der Pfeil sauste durch die Luft in Richtung Polis Haus. Er flog über das Dach und war dann nicht mehr zu sehen. Schnell flitzte ich hinterher um nach dem Pfeil zu suchen. Als ich um die Hausecke bog, blieb mein Herz vor Schreck fast stehen. Ich hatte meinen Pfeil gefunden, bloß er steckte im Dach eines dort parkenden Autos. Ich tat so, als wäre nichts geschehen, und lief pfeifend an dem Auto vorbei.

Am nächsten Tag trabte ich den Kottesteig hoch, um auf dem „Südi" zu spielen. Batti und sein Bruder Peter kamen mir von oben entgegen. Peter schoss, nur so zum Quatsch, einen Pfeil ab. Dieser traf mich unter meinem rechten Auge. Es hätte natürlich auch viel schlimmer ausgehen können. Das wird wohl auch Battis Mutter gedacht haben, denn sie kam am Abend zu meinen Eltern und entschuldigte sich tausendmal. Die Wunde unter dem Auge schmerzte am nächsten Tag nur noch halb so sehr, als mir Batti sagte: „Jetzt siehste erst richtich aus wie'n jezeichneter Bandit." Von da an spielte ich immer den Banditen.

Fast jeden Nachmittag knallten unsere Zündplättchenpistolen. Todesschreie, Kampf- und Reitgeräusche wurden mit dem Mund gemacht. „Hände hoch, zieh' oder stirb!" „Ick hab' dich jenau jetroffen!" „Nee, det war nur'n Streifschuss." „Kann ja nich' sein, ick hab' jenau jeseh'n, dass det n' Bauchschuss war."

Eines Tages kam Achi mit einem täuschend echt aussehenden Pistolenholster zum Spielen auf den „Südi". „Mann, Achi, wo hast'n det her?", fragte ich ihn aufgeregt. „Hat mir meene Oma aus `ner alten Schulmappe gemacht, jut wa." Es war wirklich ein prima Holster. Sogar mit breiter Lasche, wo man den Gürtel durchschieben konnte. Das Ding musste ich unbedingt haben. „Tauschte den ein?", fragte ich ihn. „Nee, det hat mir meene Oma verboten." „Ick jeb' dir dafür ooch drei Winkingautos und meen Flitzbogen." Ich versuchte alle Tricks und Überredungskünste um Achi umzustimmen, doch er hatte zu viel Angst, dass ihn seine Oma ausmeckerte.

Zu unserem Cowboyspiel gehörten außer Banditen und dem Sheriff auch Gefangene und Feiglinge. Welche, die laufend erschossen, gefesselt und bei gestellten Schlägereien die Unterlegenen waren. Achi war das geborene „Opfer" für diese Rolle. Er wurde gewürgt (natürlich nur zum Spaß), gefesselt und war beim Zweikampf immer der Unterlegene. Er wurde immer als Erster erschossen. Wenn er dann nicht gekonnt umfiel, sich dabei ans Herz griff und einen guten Schrei ausstieß, hieß es immer: „Fall noch ma' um, du Idiot." Aber wir brauchten ihn zum Spielen, denn ohne Achi machte es nur halb so viel Spaß.

Irgendwann konnte ich Achi dann doch noch überreden, mit mir zu tauschen. Sein Lederholster gegen meinen geliebten Indianerhäuptling auf dem schwarzen Pferd von „Elastolin". Zu Hause machte ich unten im Leder noch ein Loch hinein, wo ich einen braunen Lederschnürsenkel durchzog. Nun konnte ich mir, genau wie Audie Murphy es machte, das Holster am Oberschenkel festbinden. Natürlich rückte ich den Gürtel dabei tiefer, um schneller „ziehen" zu können. Wenn ich jetzt über unsere kleine „Prärie" ritt, saß mein Colt fest im Holster. Nicht so wie bei den anderen, wo der Colt beim Rennen immer hin und her schlabberte. Außerdem trugen sie ihre Colts viel zu hoch an der Hüfte.

Eines Tages war Achim vom Sheriff gefangen genommen worden. Schmitti, er spielte Wyatt Earp, fesselte ihn im „Office" an den Baum. Ich sagte noch zu Schmitti: „Binde ihn schön fest, damit'n die andern nich' so leicht befreien können." Doch während des Spielens hörten wir die Pfiffe unserer Mütter, die uns zum Essen riefen. An Achi dachte in diesem Moment keiner mehr. Als ich nach einer halben Stunde auf den „Südi" zurückkehrte, sah ich zu meinem Schreck den armen Achi. Der stand immer noch am Baum gefesselt da und heulte. Schnell band ich ihn los und versuchte ihn zu trösten: „Jetzt wirste ooch zum zweeten Banditenführer ernannt, weil de det so lange jefesselt am Baum ausjehalten hast. Det war ja janz stark, wie de det jemacht hast." Achim wischte seine Tränen ab und wollte mich gleich erschießen. Gekonnt stürzte ich den Sandabhang vorne an der Baumwurzel hinab und tat so, als wenn Achi mich besiegt hätte. Da war seine Welt wieder in Ordnung und er spielte munter weiter mit.

Ein anderes Mal, wir hatten im „Lichtburg" einen Ritterfilm mit Robert Taylor gesehen, spielten wir Ritter. Der kleine Hügel mit dem Schwingbaum war die Ritterburg. Aus einem alten Laken, auf das sich jeder ein Kreuz malte, machten wir unsere Umhänge. Jetzt waren wir Kreuzritter. Unsere Schwerter bastelten wir aus einem geraden Ast. Als Handschutz befestigten wir einen kleineren, kurzen Ast mit Draht quer über den dickeren. Schmittis Vater baute ihm ein Ritterschild aus einer Sperrholzplatte. Die strich er dann mit Silberfarbe an. Als Krönung malte ihm der Vater noch einen schwarzen Adler darauf. Ich war wieder einmal neidisch, weil ich mit meinem Schild, einem Deckel von einer Persiltonne aus Pappe, nicht mithalten konnte. Mäcki trug einen Westover, auf den ihm seine Mutter ein Kreuz aufgenäht hatte. Wir „ritten" dann durch das Gelände und freuten uns, wenn im Wind die Laken flatterten. Spielten wir Musketiere, nahmen wir als Degen Weidenruten. Da diente als Handschutz ein Bierdeckel, der aufgespießt wurde. Trotz des Handschutzes taten die Hiebe, die ausgeteilt wurden, immer höllisch weh.

Bei einem Spielzug, brach ich dem dicken Olaf aus Versehen den Arm. War ich als Rüpel des Munsterdammes noch immer nicht allen bekannt genug, danach war ich es bestimmt. Schmittis Vater bat Klaus sogar, er solle darauf achten, dass sein Sohn möglichst nicht mit mir zusammen spielt.

Kapitel 49

Die Bundesjugendspiele 1960

14 Tage später fanden auf dem Schulhof die Bundesjugendspiele statt. Ein Wettkampf der einzelnen Klassen, bei dem es Sieger und Verlierer gab. Das höchste Ziel war die Ehrenurkunde. Dann gab es die Siegerurkunde und für die Unsportlichen nur den Punkteschein. Reier wollte natürlich, dass seine 6. Klasse mit zu den besten der Schule gehörte. Im Sportunterricht schliff er uns bis zum letzten Schweißtropfen. Ich gab mir immer die größte Mühe, mit zu den zehn Besten der Klasse zu gehören. Im Unterricht dagegen war ich nach wie vor einer der Schlechtesten. Ein ums andere Mal ließ er mich wissen, dass meine Versetzung immer noch sehr gefährdet war.

Drei Tage vor den Bundesjugendspielen bekam ich von Manfred Rahn, einem der Halbstarken, gebrauchte Sportschuhe, sogenannte Spikes, geschenkt. Mit diesen Schuhen übte ich jeden Tag, um schneller rennen zu können.

Am Tag der Bundesjugendspiele half ich eifrig mit, die Sportgeräte auf dem Schulhof aufzubauen. Immer mit dem Gedanken, bei Reier ein paar Pluspunkte zu machen. Doch ich bekam nie ein lobendes Wort zu hören. Bei den ersten Sportdisziplinen war ich eher mittlerer Durchschnitt.

Dann kam der Hochsprung an die Reihe. Die Meßlatte lag bei 1,50 Meter. Eine utopische Höhe für mich. Selbst der lange Mattern riss sie runter. Als ich an der Reihe war, schaffte ich es bei allen drei Durchgängen nicht, nur Kobow und Lehmann schafften diese Höhe. Als nächstes war der 50-m-Lauf an der Reihe. Es war natürlich klar, dass ich gegen Rolf Kobow, Raini und Schütti wenig Aussichten auf einen guten Platz hatte. Dennoch gelang mir ein erstaunlich sicherer dritter Platz, was bei Reier jedoch ein wenig Beachtung fand. „Keen Wunder, der hat ja ooch Spikes an", moserte Lehmann neidisch.

Inzwischen hatte der total unsportliche Christof Keller zusammen mit dem Schlappschwanz Ralf Mauttörn, der beim Rennen umgeknickt war, den Sandkasten an der Sprunggrube präpariert, denn nun war der Weitsprung dran. Wir mussten uns alle in einer Reihe aufstellen. Zwischen Lehmann und Wilfried Nussmann war es zu einem Streit gekommen und bei dem Durcheinander vergaß ich meine Spikes mit den normalen Turnschuhen auszutauschen. Während die ersten Schüler mit dem Springen begannen, überlegte ich, wie ich am besten abspringen konnte, ohne auf den Holzbalken zu treten. Zwischendurch bogen wir uns alle vor Lachen, als der dicke Ralf Brunkschmidt schon beim Anlauf auf die Fresse flog. Andreas Labwitz verstauchte sich beim Landen in der Sprunggrube den Knöchel und „Fratzer" Friedrich rannte den rechten Ständer um.

„Jetzt du, Michael", rief mir der Lehrer zu. Ich war unwahrscheinlich aufgeregt, als ich losspurtete. Gebannt schaute ich auf den Holzbalken, der immer näher kam. Doch beim folgenden Absprung trat ich mit dem rechten Fuß auf den porösen Holzbalken, wobei sich die spitzen, kurzen Stahlnägel in das Holz bohrten. Der rechte Schuh riss sich von meinem Fuß los, als er stecken blieb und ich segelte mit rudernden Armen quer durch die Luft. Das grölende Gelächter der Klassenkameraden und von Reier werde ich nie vergessen. Besonders beschämt war ich, dass auch die Mädchen, vor allem Diana, dabeistanden, als mir das Missgeschick passierte. „1,20 Meter Michael, `ne dolle Weite", sagte Reier süffisant. Ich wäre am liebsten in den Boden versunken. Alle Lust an den Wettkämpfen war mir vergangen und so stellte ich mich erst mal abseits der anderen auf. Helga versuchte mich zu trösten, aber das half auch nichts. Ich war jetzt der Idiot der Schule.

Als letzte Disziplin war Schlagballweitwurf an der Reihe. „So `ne Siegerurkunde wirste sowieso nich' kriegen", dachte ich bei mir, als ich den mit Sand gefüllten kleinen Ball in der Hand hielt. Ich legte meinen ganzen Frust und die Wut der Enttäuschung in den Wurf. Der Ball flog in der Ideallinie halbhoch, quer über den Schulhof, über den Zaun und landete irgendwo auf der Straße. „Mann, det war'n Wurf!" Lehmann klopfte mir anerkennend auf die Schulter. Reier kam auf mich zu und sagte kopfnickend: „Mit dem Wurf kommst du doch noch auf die Punktezahl für eine Siegerurkunde."

Eine Woche später hielt ich meine Urkunde in der Hand. Trotzdem blickte ich neidisch auf Rolf Kobow, der eine Ehrenurkunde bekommen hatte.

Kapitel 50

Frösche 1960

Während sich Mäcki und Wolli, der jetzt in der Bergstraße wohnte, auf der Fußballwiese austobten und mit anderen Straßenmannschaften Turniere austrugen, tat ich mich immer mehr mit Schmitti zusammen. Er wusste eine Menge über allerlei Tiere, die in unmittelbarer Nähe in den wilden Gärten zwischen den Ruinen und im Paresü-Teich lebten. Mich ekelte allein schon der Anblick einer dicken Kreuzspinne. Für ihn gab es nichts Normaleres als dieses Tier in der Hand zu halten. Wie oft hat er mich damit gejagt. Er besaß als einziger von meinen Freunden ein Aquarium, in dem Guppys und andere Fische schwammen.

Darunter war aber auch ein ganz besonderer Fisch. Der stammte aus dem Aquarium von Mäckis Vater. Als er einmal bei Mäcki oben war, entdeckte er diesen Fisch und beschloss: „Den muss ick haben." In einem unbeobachteten Moment griff er blitzschnell in das Becken, schnappte sich den Fisch und stopfte diesen in seine Hosentasche. Mit den Worten „Ick muss ma' schnell nach Hause", sauste er die Treppe runter. Zu Hause angekommen, pulte er den Fisch vorsichtig aus der Hosentasche und ließ ihn in sein Aquarium gleiten. Es grenzte schon fast an ein Wunder, dass der Fisch das überlebt hat.

In Biologie bekam Schmitti meistens eine 1. Wenn man ihn fragte, was er später mal werden wollte, antwortete er: „Naturforscher, wat denn sonst."

An einem warmen Sommertag nahm er mich mit zum Paresü-Teich, wo er Frösche fangen wollte. Auf dem Weg dorthin erklärte er mir, wie man Frösche fängt. „Als erstet musste dich ranschleichen könn'. Du darfst keen Jeräusch machen, nich' ma' laut furzen und denn musste Ausdauer und Jeduld haben. So'n Frosch is' nämlich verdammt schlau, der hört `ne Mücke husten. Und wat noch janz wichtich is', der Teich jehört zum „Paresü-Restaurant" und die woll'n natürlich nich', dass wa da Frösche klau'n. Also looft da ab und zu `n Wächter rum mit'n Schäferhund. Det is' `ne janz jefährliche Bestie, der hat mich beinahe ma' jebissen." „Wie üblich", dachte ich, „an den Plätzen, wo man am besten spielen kann, looft'n Wächter mit `ner Töle rum."

Als wir den ersten Teich an der Musikschule passierten, meinte Schmitti zu mir: „Da könn' wa nich' rin. Erstens is' der Zaun zu hoch und zweetens wohn' da zu viel Leute, die alle uffpassen." Dieser Teich war aber durch einen kleinen gemauerten Tunnel mit dem anderen verbunden. „Da, wo der Tunnel in den anderen Teich rinjeht, da jibs ooch Molche", erzählte er weiter. „Wat iss'n det?", fragte ich. „Na, die seh'n aus wie schwimmende Eidechsen", antwortete er. „Aber die sind janz schwer zu fangen."

Als wir am Paresü-Teich angekommen waren, ermahnte mich Schmitti, ab jetzt ganz ruhig zu sein. Es war um die Mittagszeit und die ganze Gegend schien wie ausgestorben. „Mann, is' det hier stille", flüsterte ich. Schmitti vergewisserte sich, dass kein Erwachsener in der Nähe zu sehen war und kletterte behände über den hölzernen Jägerzaun. Drüben angekommen, winkte er mir zu. Ich blieb natürlich prompt mit dem einen Schuh an der Spitze eines

Zaunpfahles hängen. „Stell dich doch bloß nich' so blöde an", zischte er mir ins Ohr.

„Sollte ma' Jefahr drohen, unsere Fluchtweje sind der schmiedeeiserne Zaun vorne am Tunnel und uff der anderen Seite zwischen dem Jestrüpp an dem verwilderten Jarten. Haste verstanden?" „Klar", erwiderte ich.

Ich blickte mich noch einmal sichernd um, doch es war keiner zu sehen. Als ich Schmitti noch was fragen wollte, war der schon im dichten Gebüsch, welches am Abhang runter zum Teich wucherte, verschwunden. Ich beeilte mich ihm zu folgen, wusste aber nicht, wie steil es zum Teich runterging und ließ dabei alle Vorsicht außer Acht. Und schon stolperte ich über einen aus dem weichen Boden ragenden Ziegelstein und verlor das Gleichgewicht. Vergebens versuchte ich mich noch irgendwo festzuhalten, aber der Boden war zu rutschig. Wie eine Lawine polterte ich den Hang hinunter. Kurz bevor ich neben Schmitti zum Halten kam, plumpste der Ziegelstein, den ich losgetreten hatte, ins Wasser.

„Dusslijer kannst de dich wohl nich' anstellen, wa", fauchte er mich an. „Nächstet Mal kannste ja jleich die Klamotte von oben rinwerfen. Jetzt könn' wa erst ma' 'ne Weile warten, bis die Frösche wieder alle ufftauchen."

Langsam, Schritt für Schritt, schlich sich Schmitti am Ufer entlang. Ich folgte ihm auf den Fersen. Nach einer Weile setzte ich mich dicht am Wasser auf eine Wurzel und beobachtete die Wasserläufer, die an der Oberfläche des dunklen Wassers hin und her flitzten. Ein paar Meter weiter ragte der Griff eines verrosteten Kinderwagens aus dem Schlamm und gleich daneben ein Eisenträger. „ Ick möchte ma' wissen, wat da noch so allet im Modder steckt", überlegte ich in Gedanken.

Auf der anderen Seite des Teiches ertönte lautes Quaken. „Jetzt sind die Frösche da drüben", sagte Schmitti leise. Ehe ich mich versah, verschwand er von der Bildfläche. Einen Moment später tauchte er in Höhe der alten Trauerweide drüben am Tunnel wieder auf. Er winkte mir zu und ich winkte zurück. Ungehalten winkte er mir erneut zu, um damit anzudeuten, ich solle zu ihm rüberkommen.

Auf dem Weg dorthin rutschte ich an einer schlammigen Stelle aus und versank mit dem rechten Fuß bis über den Knöchel im brackigen Wasser. Schmitti schüttelte nur mit dem Kopf, was so viel heißen sollte wie: „Wat biste nur für een Trottel." Kurz bevor ich ihn erreichte, legte er den Finger an seine Lippen, ich verstand und näherte mich ganz behutsam. Als ich neben ihm stand, zeigte er mit dem Finger auf eine Stelle am Ufer. „Wat issen da?", fragte ich leise. „Na siehste det nich', da issen Frosch?". „Wo denn?" „Mensch, reiß doch deine Glotzen uff, da im Schilf."

Plötzlich sah ich das Tier. „Keen Wunder, dass die so schwer zu entdecken sind", dachte ich, „bei all dem Grünzeuch wat hier is', musste schon janz genau hinkieken."

Gebannt starrte ich zu Schmitti, dessen Arm immer länger zu werden schien. Langsam ging er in die Hocke und wollte den Frosch gerade greifen, als sich zwei Dinge zur gleichen Zeit ereigneten. Eine donnernde Stimme durchbrach augenblicklich die Ruhe am Teich. „Euch Lausern werd' ich helfen hier Frösche zu klauen." Der Frosch, den Schmitti eben noch fangen wollte, tauchte blitzschnell ab und verschwand in der Tiefe des Teiches. „Der Wächter", rief Schmitti erschrocken, „nischt wie weg."

Wir sprangen hoch wie von der Tarantel gestochen und versuchten, so schnell wie möglich den Hang hochzukrabbeln. Auf Händen und Füßen versuchte jeder den rettenden Zaun zu erreichen, da ertönte lautes Hundegebell. „Ach du Scheiße", schoss es mir durch den Kopf, „jetzt hatta den Köter vonne Leine jelassen." Dass uns die Zweige der Büsche ins Gesicht knallten und so mancher Hautfetzen daran hängen blieb, war uns egal. Ich hatte nur eine Heidenangst, dass mich der Köter erwischen könnte und dass er mir ins Bein beißt.

Doch zum Glück erreichten wir den Zaun rechtzeitig, kletterten drüber weg und rannten davon.

Kapitel 51

Wenn du denkst, du hast'n   1960

Wir ließen ein paar Tage vergehen, bevor wir wieder zum Teich gingen. Jürgis jüngerer Bruder Achim begleitete uns. Schmitti hatte ihm einen von seinen Plastikindianern versprochen, wenn er Schmiere stehen würde. Wir postierten ihn oberhalb vom Durchlass am Tunnel, da konnte er beide Ufer überblicken. Das Problem war nur, Achim war ein bisschen schwer von Begriff und so musste ihm Schmitti alles dreimal erklären, bis er es begriffen hatte.

In der Zwischenzeit war ich schon über den Zaun gestiegen und als ich mich gerade anschleichen wollte, sprangen mindestens sechs Frösche auf einmal ins Wasser. Schmitti, der hinter mir stand, lachte: „So`n Frosch ist verdammt schlau wa, den zu überlisten, da brauchste schon Übung." Er zog seine Schuhe aus und watete vorsichtig in das schlammige Wasser. „Hier musste manchmal uffpassen, dass de nich' uff Glasscherben trittst." Dann blieb er stehen. Das Wasser reichte ihm bis zu den Knien. Nach ein paar Minuten schien er einen Frosch entdeckt zu haben, denn wie in Zeitlupe beugte er sich nach vorne und sein Arm schoss dann urplötzlich ins Wasser. „Ick hab' eenen erwischt." Zwischen dem Schlammzeug in seiner Hand hielt er den Frosch. „Wat machsten jetzt mit dem?", fragte ich aufgeregt. „Na, den lassen wa jleich wieda frei" und schon ließ er ihn zurück in den Teich tauchen.

Als Schmitti aus dem Wasser kam, zeigte ich auf ein daumengroßes Ding, was an seiner Wade klebte. „Wat hasten da am Been?" Schmitti verdrehte seinen Hals, um nach unten zu schauen. „Ach du Scheiße, det issen Blutegel, die jibt's immer in Teichen." „Wie kriegst`n den jetzt ab?", fragte ich ihn. Doch er hatte schon einen kleinen Stock in der Hand und popelte den Blutegel von seinem Bein. Als er es endlich schaffte, konnte ich noch genau sehen, wo die Stelle gewesen war, denn es blutete immer noch ein bisschen.

An diesem Tag fing Schmitti noch drei Frösche, ich jedoch hatte kein Glück. Als wir nach Achim sehen wollten, war der verschwunden. „Keen Wunder", meinte Schmitti, „wenn ick zwee Stunden Wache halten sollte und nischt passiert, denn wär' ick ooch abjehauen."

Die nächsten Tage goss es draußen wie aus Eimern und wir konnten nicht zum Teich gehen. Zu gerne würde ich auch mal einen Frosch fangen, doch so flink wie mein Freund war ich eben nicht. Außerdem traute ich mich nicht barfuss in das Wasser zu steigen. Wer weiß, was da noch für Viecher sich versteckten, der Blutegel hatte mir gereicht. Als ich so aus dem Fenster schaute und die Regentropfen zählte, die auf das Fensterbrett klatschten, kam mir eine blendende Idee. Um vom Ufer aus einen Frosch zu erwischen, der einen Meter entfernt im Wasser hockte, dazu brauchte ich einen Kescher.

Von meiner Mutter ließ ich mir einen gebrauchten Perlonstrumpf geben. Den Fußteil schnitt ich ab. Das lange Teil des Strumpfes verknotete ich unten. Inzwischen hatte der Regen aufgehört und ich kroch durch Hellwigs Garten auf der Suche nach einem geeigneten Stock. Nach einiger Zeit fand ich den passenden Ast. Es dauerte eine Weile, bis ich den Ast abgebrochen hatte. Natürlich wurde ich wieder von einem der Nachbarn, die nichts weiter zu tun hatten, als den ganzen Tag aus dem Fenster zu hängen, beobachtet. „Was machst du denn da, na das werde ich der Polizei melden." Damit drohten die Erwachsenen andauernd, weil sie genau wussten, vor einer Anzeige hatten wir alle Schiss. Ich konnte nur hoffen, dass er mich nicht richtig erkannt hatte.

Jedenfalls besaß ich jetzt den idealen Stock für meinen Kescher. Nun brauchte ich noch ein Stück festen Draht um eine Schlinge, die am oberen Rand des Stockes angebracht werden sollte, zu formen. An dieser Drahtschlinge befestigte ich den Perlonstrumpf. Stolz präsentierte ich am nächsten Tag meinen Freunden den selbstgebauten Kescher. Schmitti bastelte sich gleich auch einen.

Als wir das nächste Mal zum Teich gingen, waren wir zu viert. Mäcki und Jürgi hatten sich uns angeschlossen. Nun machen natürlich vier Leute mehr Krach als zwei. Und so war es kein Wunder, dass erst mal alle Frösche abtauchten, als sie uns kommen hörten. Jeder suchte sich sein Gebiet am Ufer, wo er ungestört sein wollte. Schmitti hatte eine Blechbüchse mit dabei, in die wir die Frösche rein tun wollten. Wir verbrachten den halben Tag am Teich. Wieder einmal war Schmitti der Glücklichere von uns. Er fing an dem Durchlass einen Molch, was seiner Meinung nach gar nicht so einfach gewesen war. Den wollte er zu Hause in sein Aquarium setzen. Ich besaß anfangs kein Glück. Nach mehreren Versuchen, bei denen ich außer Schlamm, nur Grünzeug und Wasserflöhe im Kescher hatte, gelang es mir endlich, einen Frosch zu fangen. Ich war jedoch so aufgeregt darüber, dass er mir, als ich ihn in die Hand nehmen wollte, entschlüpfte. Bei dem Versuch ihn doch noch zu greifen, rutschte ich mit beiden Füßen aus und landete wieder einmal im Wasser. Doch die Sonne trocknete meine Sachen schnell.

Jürgi hatte inzwischen zwei Frösche gefangen und sie in die Blechbüchse von Schmitti gesetzt. Mäcki fand noch irgendwo ein Einweckglas ohne Deckel. Dort schwamm nun Schmittis Molch drin. Er stellte das Glas neben die Blechbüchse auf den Boden. Auf einmal herrschte große Aufregung. Mäcki hatte einen Frosch im Kescher, doch er war genauso aufgeregt wie ich kurz zuvor. Und dann passierte es auch schon. Er fuchtelte mit dem Stock herum und stieß dabei gegen die Blechbüchse mit den Fröschen. Diese kippte um und die Tiere hüpften ins Wasser zurück. Jürgi war sofort wütend und wollte ihm an den Kragen. Dabei stolperte er über das Glas mit dem Molch, welches ebenfalls umkippte und dem Tier die Freiheit wiedergab. Jetzt war Schmitti auf Jürgi wütend und sie fingen an sich zu kloppen.

Das Endresultat war: Jürgi hatte Nasenbluten, Schmitti war beleidigt und Mäcki und ich waren traurig, dass wir nun keine

Frösche mehr hatten. Bedeppert zogen wir alle am späten Nachmittag nach Hause.

Eine Woche später stand ich erschüttert am Paresüteich. Es stank wie die Hölle und es war kein Wasser mehr im Teich. Auf Grund von Säuberungsarbeiten hatte man den Teich trockengelegt. Ein Jahr später war zwar wieder der alte Zustand des Teiches hergestellt, doch Frösche haben wir nie mehr gesehen. Der alte Unrat im Teich war die Brutstätte der Tiere gewesen und die war vernichtet worden.

Kapitel 52

Die Jeans 1960

Wenn sich die Halbstarken vom Munsterdamm vor der Haustür der Geschwister Karin und Lutz Volk zusammenrotteten, stand ich manchmal in der Nähe und beobachtete sie. Ich war zwar erst zwölf Jahre alt, fühlte mich aber wie ein „Viertelstarker". Das war natürlich undenkbar und das machten sie mir auch jedes Mal klar, indem ich von ihnen verarscht wurde. Sie trugen blaue, eng anliegende Nietenhosen, wo aus der „Arschtasche" eine Brieftasche und ein Kamm hervorschauten. Bewundernd stand ich immer dabei, wenn sie sich vor der Haustürscheibe ihre Haare kämmten. Ich trug immer noch so eine halbe „Russenpeitsche."

Als ich Battis Bruder Peter fragte: „Wat sind denn det für Hosen, die ihr alle anhabt?", antwortete er mir: „Det sind Blue Jeans, die trägt man in Amerika. Haste det noch nie im Fernseh'n jeseh'n? Ooch die Cowboys im Western ham so 'ne Hosen an." „Wo jibts'n die Hosen zu koofen?", fragte ich ihn. „Die krichste nur bei „Scout" unten am Bahnhof Steglitz. Det is' so 'n Pfadfinderladen, der hat ooch jebrauchte Amiklamotten. Aber wenn de dir ma' so eene koofen willst, denn nur die Juten von ‚Levi's'. Nich' so 'ne Schlabberjeans aus blauem Stoff, wie se manche anham'."

Als ich das meiner Mutter erzählte, meinte sie nur: „Komm' mir ja nicht mit der Idee; so eine Nietenhose haben zu wollen." Doch als ich Batti ein paar Tage später traf, trug er ebenfalls so eine Jeans von „Levi's". Da stand für mich fest, koste es, was es wolle, ich musste unbedingt auch so eine Hose haben. Tagelang jammerte ich meiner Mutter die Ohren voll. Ich erklärte ihr die Vorteile solch einer Hose. „Die is' unverwüstlich, die brauchste nie zu büjeln und wenn da ma' een Loch rinkommt, denn fällt det noch nich' ma' uff. So 'ne Jeans muss abgewetzt und ramponiert aussehen, sonst is' det keene richt'je Jeans." Meine Mutter konterte mit den Argumenten: „Die sind ja viel zu eng, da klemmste dir die Hoden ein und außerdem ist der Preis von 24,75 Mark viel zu hoch für so eine Hose." Doch irgendwann gab sie dann doch nach, denn ich erklärte ihr noch: „Die sind so praktisch wie meene Lederhosen und die hab' ick ooch schon etliche Jahre."

Am nächsten Tag ging ich mit meiner Mutter zu „Scout" in der Robert-Lück-Straße, unten am S-Bahnhof Steglitz. Die Schaufensterauslagen reichten vom kompletten Pfadfinderzubehör über Wanderschuhe jeglicher Art bis hin zu Taschen- und Fahrtenmessern in allen Ausführungen.

In der einen Ecke des Schaufensters hing ein Plakat, darauf stand „Aus Amerika Levi's Strauss Original Jeans". „Det sind se, Mutti, los nischt wie rin in den Laden." Der Verkäufer fragte nach unseren Wünschen: „Na, ick will so 'ne Levis Jeans ham'" sprudelte ich gleich los. „Er meint eine Nietenhose", berichtigte mich meine Mutter. Der Verkäufer schmunzelte nur. „Welche Größe hat denn ihr Sohn?", fragte der Mann. „Die muss knalleng sitzen", rief ich. „Nicht so eine enge Hose, bitte", sagte meine Mutter. Der Verkäufer griff in einen Stapel Jeans und fischte eine heraus, die er mir dann reichte. „Wat'n, so 'ne dunkle will ick aber nich' haben. Die von Battis Bruder is' viel weicher und sieht abgewichster aus."

Meine Mutter warf mir einen tadelnden Blick zu. „Ick meine, die muss schon wie jetragen ausseh'n. Und die hier is' ja knochenhart. „Die Hose wird im Laufe der Zeit natürlich weicher, sie muss nur oft genug gewaschen werden", sagte der Mann. „Zieh mal erst die hier an, ob auch die Größe stimmt."

In einer Ecke des Geschäfts war eine kleine Umkleidekabine. Dort ging ich hinein und zog den Vorhang zu. Ich stieg in die Jeans rein und schüttelte den Kopf. „Die is' ja viel zu weit und drei Kilometer zu lang", rief ich. Ich steckte den Kopf aus der Kabine, als in diesem Moment zwei Halbstarke den Laden betraten. „Kiek ma', Mutti, jenauso wie bei den da, so muss die Jeans sitzen." „Mein Gott, Junge", sagte meine Mutter entsetzt, „da quetschst du dir ja alles ab."

Nachdem ich eine weitere Jeans anprobiert hatte, fing ich an zu schwitzen. Keine der Hosen wollte mir so recht gefallen. Als ich noch eine vierte anprobieren wollte, trat ich in meiner Hektik auf das linke Hosenbein, verlor das Gleichgewicht und stürzte durch den Vorhang nach draußen in den Verkaufsraum. Draußen standen die beiden Mädchen der Halbstarken. Als sie mein Ungeschick sahen, kicherten beide. Mann, war mir das peinlich, mit hochrotem Kopf verschwand ich wieder in der Kabine. Ich nahm die Jeans, obwohl sie mir zu weit und zu lang war. Aber was sollte ich machen, meine Mutter hatte das Geld und ich war froh überhaupt so eine Jeans zu bekommen.

Gleich am nächsten Tag fragte ich Battis Bruder, wie er es anstellte, dass seine Jeans so verwaschen aussehen. „Da musste die Jeans anziehen, heißet Wasser inne Badewanne loofen lassen und denn rinsteigen. Denn musste 'ne Weile drinne liegen bleiben und denn looft die ein."

Ich ließ die Wanne voll laufen und setzte mich hinein. Es war verdammt heiß und länger als drei Minuten hielt ich es in der Wanne nicht aus. Nachdem die Hose getrocknet war, zog ich sie an und es kam mir so vor, als wenn sie etwas heller geworden war. Von enger allerdings konnte keine Rede sein und kürzer war sie auch nicht. „So'n Scheiß, da verbrühste dir bald den Körper, doch die Jeans loofen nich' ein", ärgerte ich mich.

Eine Woche später lief mir „Appel", einer von den Halbstarken, über den Weg. „Du Appel, wie wird so'ne neue Jeans enger?", fragte ich ihn. „Da musste inne Wanne mit eiskaltet Wasser steigen. Vonne Kälte zieht sich denn der Stoff zusammen und die Hose schrumpft ein", antwortete er mir. Das war die Lösung des Problems, dachte ich. Ich ließ wieder Wasser in die Badewanne, doch diesmal kaltes. Nackt, nur mit der Hose am Körper, stieg ich in die Wanne. Sogleich zog sich alles an mir zusammen. Ich hoffte, die Hose würde es auch tun. „Det hältste ooch nich' lange aus", dachte ich gleich. Nach einer halben Stunde stieg ich halb erfroren aus dem Wasser. Als ich in die Wanne sah, bekam ich erst mal einen Schreck. Das Wasser sah aus wie Tinte und nachdem ich es abgelassen hatte, war rundherum ein blauer Rand. Meine Mutter kam in das Badezimmer und sah die Bescherung. „Dann nimm mal gleich Scheuersand und schrubb' die Wanne sauber", meckerte sie mich an. „Det haste nu' davon, erst bibberste dir een ab und denn kommste beim Scheuern wieder ins Schwitzen", sagte ich zu mir.

Als ich am nächsten Tag die Hose anzog, kam sie mir doch irgendwie etwas enger vor. Heller war sie auch ein bisschen geworden. Im ersten Moment hatte ich den Eindruck, der oberste Knopf ließe sich etwas schwerer zuknöpfen als am Tag zuvor. Aber als ich dann die Jeans richtig angezogen hatte, stellte ich fest, „verbrüht, erfroren und geschwitzt, die Hose immer noch nicht enger sitzt." Es dauerte noch eine ganze Weile, bis die Jeans langsam helle Stellen bekam, aber enger ist sie nicht geworden. Trotz alledem steckte in der Arschtasche eine leere, viel zu große Brieftasche, die ich von meinem Vater gemopst hatte. Von Onkel Heinz bekam ich einen schwarzen Taschenkamm, den ich dazu steckte. Nur einen Eckschnitt mit Ente, den hatte ich immer noch nicht.

Kapitel 53

Rauchen 1960

Mit zehn Jahren probierten wir zu rauchen. Natürlich besaß keiner von uns Zigaretten, aber irgendwer von den Freunden kam auf die Idee: „Wat haltet ihr denn davon, wenn wa ma' trockene Hausranken roochen?" Der wilde Wein rankte sich an der Hausmauer am Müllkeller hoch. Die etwa zehn Zentimeter langen Stücke, die wir dort abbrachen, mussten knochentrocken sein, sonst zogen sie nicht so gut. Es war bloß eine Pafferei, die man auf keinen Fall als Rauchen bezeichnen konnte.

Zwei Jahre später popelte ich aus den Zigarettenkippen meines Vaters den Tabak heraus. Das ging aber nur, wenn meine Eltern am Abend zuvor vergessen hatten, den Ascher zu leeren. Die Tabakreste stopfte ich in eine Pfeife, die im Wohnzimmerschrank in der Schublade lag. Dann öffnete ich die Balkontür und versuchte zu rauchen. Es schmeckte grauenhaft.

Der Lange war vier Jahre älter als ich und hatte immer eine Schachtel „Ernte 23" in der Tasche. So eine Schachtel Zigaretten kostete aber eine Mark und so viel Geld besaß ich nicht. Also fragte ich Mäcki und Schmitti, ob sie auch mal eine rauchen wollten. „Wenn wa dem Langen det Jeld jeben, denn kooft der uns welche im Tabakwarenladen", schlug ich den beiden vor. „Wie viel Jeld hasten inne Tasche?", fragte ich Mäcki. Der wühlte in seiner Hosentasche und brachte zwanzig Pfennig hervor. „Und du?" Schmitti hatte auch nur zwei Groschen. „Ick hab' jetzt jerade keen Jeld mit, aber wenn ihr mir wat borgt, denn jebe ick euch det übermorgen zurück." Mäcki schüttelte den Kopf: „Det is' immer det selbe mit dir, erst machste die Vorschläge und denn haste keen Jeld."

Als wir den Langen fragten, ob er uns mal 'ne Schachtel Zigaretten kaufen würde, wollte er erst das Geld dafür haben. „Wir ham aber bloß vierzich Pfennich, reicht det?" „Da krichta aber bloß 'ne Schachtel P4 oder Chesterfield dafür, da sind nur vier Stück drin, die kostet dreißich Pfennich." „Det is' ejal", antworte-te ich, „denn teilen wa die eben. Und denn bringste noch 'ne Packung Pfefferminzbonbons von Vivil mit". „Warum denn det?", wollte er wissen. „Na, meene Mutter hat ma neulich erwischt, wie ick zu Hause Tabakreste jepafft habe. Da hat se mir eene jescheuert und jesacht: „Du hauchst mich jetzt jeden Abend an, damit ich riechen kann, ob du wieder geraucht hast." „Wenn ick jetzt det Vivil lutsche, denn riecht der Tabakrooch nich' so aus'n Mund."

Der Lange besorgte uns eine Schachtel „P4" und zusammen gingen wir auf den „Südi", um uns mal eine Zigarette anzuste-cken. Natürlich stellten wir uns alle ziemlich blöde an und pafften nur „Pustebacke". Aber wir fühlten uns unwahrscheinlich stark dabei. Da kam Batti mit seinem Bruder Peter vorbei. Als er uns „rauchen" sah, lachte er sich halb kaputt. „Spielta hier Lokomoti-ve oder wat? Det is doch keen roochen wat ihr da macht. Komm ma her, Lori", sagte er zu mir. „Haste schon ma' Lunge jeroocht?" „Wat issen det?", wollte ich wissen. „Pass ma' uff. Jetzt ziehste ma' janz stark an deiner ‚Lusche' und denn pusteste den Rooch nich' jleich wieda aus, sondern schluckst den ma runter." Eifrig tat ich, was Peter gesagt hatte.

Ich weiß nicht mehr, was zuerst passierte, das schmerzhafte Stechen in der Lunge oder die Übelkeit, die mir hochkam. „Wat issen, Lori?", fragte mich Mäcki. „Du siehst aus wie'n Weißkäse im Jesicht, is' dir nich' jut?" Ich war unfähig eine Antwort zu ge-ben. Mir war nur unendlich schlecht. Es dauerte eine ganze Weile, bis ich wieder einen klaren Gedanken fassen konnte. Die Lust am Rauchen war mir jedenfalls für längere Zeit vergangen.

Kapitel 54

Der Katapult 1960

Nachdem wir uns einen Flitzbogen gebaut hatten, überlegten wir, was man als Nächstes basteln könnte. Aus Langeweile stellte ich zusammen mit Mäcki leere Flaschen, die wir aus dem Müllkeller geholt hatten, auf die zerbombte Mauer neben dem schiefen Baum. Wir versuchten, mit kleinen Steinen die Flaschen zu treffen um sie kaputtzumachen. Aber das gelang uns nur selten, meistens kippten die Flaschen um und fielen auf der anderen Seite der Mauer herunter. Dann musste erst einer dort runterkrauchen, um die Flaschen wieder hochzuholen. Während uns die Mauer auf der einen Seite an der kleinen Steintreppe nur bis zur Hüfte reichte, war sie auf der anderen ungefähr zwei Meter tief.

„Wir müssen irgendwat nehmen, wo die Flaschen so richtig zersplittern", schlug ich vor. „Haste `ne Idee?", fragte Mäcki. „Wat hältste denn davon, wenn wa uns `n Katapult basteln?" Mäcki war begeistert von meinem Vorschlag. Sogleich machten wir uns auf die Suche nach einer geeigneten Astgabel. Wie immer benutzten wir unsere Taschenmesser und hackten den passenden Ast ab. Dann wurde noch eine Weile daran rumgeschnitzt und bald darauf hatte jeder seinen Katapult im Rohbau fertig.

„Wer besorgt'n jetzt die Gummis dafür?", fragte ich Mäcki. „Ick frag' ma' meene Mutter, die macht immer det Obst in Einweckjläser und dazu nimmt se so breite, rote Einweckjummis. Die ham da so `ne kleene Lasche, da passen Kieselsteine rin." Mäcki flitzte los. Als er wiederkam, brachte er für jeden einen der breiten Gummis mit. Jeder befestigte seinen Gummi an der Astgabel. Als ich mit der kleinen Lasche einen Kieselstein abschießen wollte, knallte mir dieser auf den Daumen, weil der Gummi riss. „Mensch Mäcki, hat deine Mutter keene neuen Gummis? Meener war so porös, dass er gleich beim ersten Mal gerissen is'." „Nee", antwor-

tete Mäcki, „die Neuen jibt se mir nich', die brauchtse für die Einweckjläser."

Am nächsten Tag lief ich zu meiner Tante und fragte sie: „Tante Ruth, haste nich' ma' so'n paar Einweckjummis für mich?" Sie
öffnete die Speisekammer und gab mir drei nagelneue Gummis.
Meine Tante war schon in Ordnung. Diesmal überlegte ich mir
genau, wie ich die Gummis am besten anbringen konnte. Zuerst
schnitt ich den blöden Gumminippel ab. Der hatte nämlich nicht
viel genutzt. Nun befestigte ich einen der Gummis an der rechten
und einen an der linken Seite der Astgabel. Zu Hause hatte ich mir,
aus einer alten Handtasche meiner Mutter, ein Stückchen weiches
Leder rausgeschnitten. Das ritzte ich auf beiden Seiten etwas ein
und knüpperte dort die beiden Gummis mit Draht fest. Als ich
fertig war, nahm ich einen kleinen Stein, er passte wunderbar in
die Lederlasche, und spannte den Katapult.

„Mann, hat der `ne Spannweite", dachte ich. Die Flasche, die
ich anvisiert hatte, zersprang beim Aufprall des Steines in tausend
Stücke. Überglücklich, so einen dollen „Katschi" zu besitzen, zeigte
ich ihn stolz den Freunden. Alle nickten anerkennend und bauten
sich auch so einen. Bald darauf hatte jeder einen mehr oder weniger guten Katapult. Ich schnitzte noch mit dem Taschenmesser ein
Muster in den Griff, damit alle wussten, der gehört Lori.

Nun beauftragte ich Achi und Henni, leere Flaschen aus dem
Müllkeller herbeizuschaffen. Als Lohn durften sie dann auch Fla-
schenaufsteller sein. Wir ballerten, was das Zeug hielt. Schon nach
zwei Tagen lag hinter der Mauer ein großer Haufen von Scherben. Bei einem Schuss von mir zerplatzte die Flasche nur halb und
dann kippte sie nach hinten weg. „Henni, jehste ma' hinter de
Mauer und holst ma' die eene Flasche wieder hoch", bat ich ihn.
„Aber denn dürfta nich' schießen, wenn ick hinter der Mauer bin",
rief Henni der gerade dahinter verschwand. „Nee, machen wa
nich'", rief ich zurück. Doch kaum war Henni hinter der Mauer
verschwunden, ballerten wir aus allen Rohren auf die noch stehenden Flaschen. Dem armen Henni flogen die Scherben nur so

um die Ohren, als er da unten rumkroch. „Seid ihr denn blöde, ich krieg hier hinten allet uff'n Kopp. Holt doch eure Scheißflaschen alleene", rief er wütend und ging beleidigt nach Hause.

Eines Nachmittags kam Poli auf den „Südi". Er schaute uns eine Weile zu und zog dann einen sagenhaften Katapult aus der Tasche. Einen aus Eisen. Der hatte auch keine Einweckgummis, sondern viereckige, schwarze Spezialgummis und eine superweiche Lederlasche. Poli legte einen Stein in die Lasche und zog die Gummis stramm. Der Schuss war unheimlich hart und präzise. „Wo hasten den her?", fragte ich ihn. „Gekauft", antwortete er hochnäsig. „Genau wie det hier", er zeigte auf ein Fahrtenmesser, welches an seinem Gürtel hing. Beinahe hätte ich laut losgelacht. Ich wusste nämlich, dass Klaus ihm erst vor kurzem das Messer verkauft hatte, weil es Poli unbedingt haben wollte. Poli machte ihm ein Angebot, dass weit über dem Preis lag, den Klaus dafür bezahlt hatte. Als Klaus zögerte, weil er überlegte, dass es zu viel wäre, erhöhte Poli den Preis noch mal. Klaus hatte dann sofort zugestimmt.

„Kann ick ooch ma' damit schießen?" Poli schaute mich spöttisch an und gab mir den Katapult. „Wie weit schießt'n der?", fragte Mäcki. „Det will ick ja ma' testen", antwortete ich und lief nach vorne zum Abhang am „Südi". Ich suchte mir einen guten Stein und klemmte ihn in die Lasche. Unten auf dem Fahrradweg trampelte ein Radfahrer entlang. Der Katapult ließ sich viel schwerer als meiner spannen. Ich zog kräftig und ließ den Stein fliegen.

Inzwischen befand sich der Radfahrer genau auf meiner Höhe. Die Entfernung betrug etwa 70 Meter. Sekunden nachdem der Stein den Katapult verlassen hatte, schrie der Radfahrer auf und fasste sich an den Oberschenkel. „Mann, den haste jetroffen", rief Mäcki aufgeregt. Doch ich hatte mich schon versteckt. „Zufallstreffer", antwortete ich aus dem Gebüsch. Da der Radfahrer uns nicht entdeckt hatte und kurze Zeit später weiterfuhr, kroch ich wieder aus dem Versteck hervor. „Wo issen Poli?", wollte ich von den anderen wissen. „Als de den uff'n Fahrrad beinahe abjeschossen hast, is' Poli abjehauen." Natürlich durfte keiner von uns den Katapult mit nach oben nehmen und so versteckten wir ihn, genauso wie die Flitzbogen, in den Gebüschen neben Schmittis Haustür. Gerne hätte ich auch so einen Katapult wie Poli gehabt, aber meiner war ja auch nicht von schlechten Eltern.

Im Fernsehen hatte ich einen Film gesehen, wo sich ein Mann über einen reißenden Fluss mit einem Seil rettete. Er hing mit beiden Händen an einem kurzen Holzknüppel, den er über das straffe Seil legte und rutschte so auf das andere Ufer. Das wollte ich auch mal probieren. Statt des reißenden Flusses, der zu überwinden war, spannte ich eine Wäscheleine am Abhang des „Südis" von oben nach unten. Ich suchte mir einen passenden kurzen, dicken Ast und wollte es dem Mann aus dem Film nachmachen.

Doch schon nach einem Meter kippte der Knüppel seitwärts weg. Augenblicklich scheuerte die Wäscheleine die Haut zwischen Daumen und Zeigefinger runter. Ehe ich das begriffen hatte, obwohl es höllisch schmerzte, vergingen fünf Sekunden. Dann erst ließ ich mich fallen. Als ich die Wunde betrachtete, sah ich erst nur einen tiefen Einschnitt. Plötzlich begann es heftig zu bluten. Ich rannte nach Hause und meine Mutter wickelte die ganze Hand in eine Mullbinde. „Wie soll ick'n jetzt damit spielen?", fragte ich sie. Sie schüttelte nur mit dem Kopf und sagte: „Erst mal muss die Wunde heilen, dann kannste wieder rumtoben."

Als ich am nächsten Tag wieder auf dem „Südi" erschien, wollten alle wissen, was passiert sei. Ich berichtete kurz, was mir widerfahren war, verschwieg aber einige Details, um nicht als Idiot dazustehen.

Am Nachmittag erschien Batti auf der Bildfläche. „Wat hasten mit deiner Hand jemacht?", fragte er gleich. „Is' `ne tiefe Wunde", antwortete ich angeberisch. „Aber wir wollten doch heute am schiefen Baum Tarzan spielen." Batti stieg die Treppe zum Baum hoch. „Det kannste heute alleene machen, ick kiek' dir ma' dabei zu."

Er griff sich das Seil und nahm etwas Anlauf. Dann stieß er sich ab und schwang mit dem Seil ein paar Meter zur Seite. Der Ast, an dem das Seil hing, knarrte sehr verdächtig, denn Batti war nicht gerade leicht. „Det war ja nich' jerade berauschend, wie de da jeschwungen bist", rief ich ihm zu. „Na, denn pass ma' uff, jetzt kommt Johnny Weissmüller." Dieses Mal nahm Batti einen Riesenanlauf und stieß sich weit ab. Sein sogenannter „Tarzan-schrei" erfüllte die Luft. Doch der Knall des brechenden Astes ließ seinen Urwaldschrei in einen Schreckensschrei ausarten. Sekunden später verschwand er krachend in einem Gebüsch. Minutenlang war nichts zu hören. „Batti, lebste noch?" Ich rannte auf das Ge-büsch zu. Ein leises Stöhnen war das Einzige, was ich von ihm hörte. Dann tauchte er plötzlich vor mir auf und hielt sich seinen rechten Arm. „Ick gloobe, der is' jebrochen", jammerte er und ging langsam nach Hause. „Det sah aber wie echt aus, wie de so durch de Luft jesegelt bist", rief ich ihm noch nach. Aber er schlich ohne ein Wort zu sagen davon. Am nächsten Tag kam er und zeig-te stolz seinen eingegipsten Arm. „Nu' könn' wa beede erst ma' `ne Weile nich' rumtoben", sagte ich zu ihm.

Im Haus von Schmitti wohnte im Parterre rechts Herr Baer. Dieser war bei der Wohnungsgesellschaft „Gehag" als Gärtner angestellt. Viele Jahre glich der Mittelstreifen auf dem Kottesteig einem Trampelpfad, bis Herr Baer diesen mit Quittensträuchern bepflanzte. Diese kleinen, gelben Früchte konnten wir zwar nicht essen, sie eigneten sich aber hervorragend als Wurfgeschosse.

Zusammen mit Peter stand ich an einem Nachmittag an der Treppe am Kottesteig. Wir hatten ein paar Quitten in der Hand und versuchten diese auf das Dach eines Hauses zu werfen. Auf einmal meinte ich, Klaus zu erkennen, der unten um die Ecke bog. Ich rief seinen Namen, doch es kam keine Antwort. „Der hat dich bestimmt nich' jehört", meinte Peter zu mir. „Na, der wird ma gleich bemerken." Ich nahm eine von den Quitten und feuerte sie in Richtung Klaus.

Da rief Peter auf einmal: „Mann, Lori, det is' jar nich' Klaus!"
Doch es war schon zu spät, denn in diesem Moment knallte die
Quitte genau auf das Auge der Person, die da lief. „Ach du Scheiße, det is' der Vater von Elke Block, einem Mädchen, das in den
neuen Häusern oben am Oehlertring wohnte. „Los, nischt wie
weg", rief ich Peter zu, denn der Mann rannte auf einmal auf uns
zu. Wir flitzten den Kottesteig hoch und sausten um die Ecke an
der Laterne bei Reuters Garten. In wilder Flucht rannte ich an Otts
Villa vorbei und warf mich neben dem Trampelpfad zur Fußballwiese in ein Gebüsch. Dort blieb ich mit klopfendem Herzen
und völlig außer Puste erst mal regungslos liegen. Wo Peter abge-
blieben war, wusste ich nicht. Das war mir im Moment auch egal,
Hauptsache Elkes Vater hatte mich nicht erkannt.

Aber wie es nun mal im Leben so ist, ein paar Tage später lief
ich Elkes Vater genau in die Arme. Eh' ich höflich grüßen konnte,
hatte er mir schon eine gescheuert. „Wofür die is', weeste ja wohl",
sagte er zu mir. Ich entschuldigte mich mit einem Diener und damit war die Sache aus der Welt.

Schmitti hatte schon seit ein paar Tagen beobachtet, dass sich
Mäuse in den Anlagen am Kottesteig tummelten. „Die fressen die
Kerne von den Quitten", erzählte er mir. „Ick hab' da so'ne Idee,
wie wa die Mäuse fangen können."

Zum Glück waren es keine Ratten. Erst letztes Jahr hatte Jürgi
eines dieser ekligen Viecher mit einem Ziegelstein erschlagen.
Schmitti zog eine Zellophantüte aus der Hosentasche und füllte ein
paar Kerne hinein, die er zuvor aus den Quitten herausgepult.
Nun kroch er zwischen den kleinen Sträuchern herum und legte
eine der Tüten, die er aufgeblasen hatte, vor eine Quittenpflanze.
„Jetzt müssen wa uns erst ma' verdrücken. Die Mäuse müssen erst
ma' die Kerne entdecken", sagte er zu mir. Als wir nach einer halben Stunde zurückkehrten, schlichen wir uns leise an den Strauch
heran, wo die Tüte lag.. „Da is' eene drin", flüsterte mir Schmitti
leise ins Ohr. Und tatsächlich, da saß eine Maus in der Tüte und
knabberte an den Kernen. Er schlich sich vorsichtig heran und

sprang dann, mit einem Hechtsprung auf die Tüte. „Ick hab' se!"
Stolz zeigte er mir die Maus in der Tüte. Nun legten wir mehrere
Tüten aus und meistens fingen wir damit die Tiere, die wir aber
wieder freiließen.

Und wieder verloren wir einen weiteren Teil unseres „Südis".
Eine Frau Möglich hatte den unteren Teil des wilden Geländes
oben am Kottesteig gekauft und es sollten dort Häuser gebaut
werden. Traurig sahen wir den Rodungsarbeiten zu. Da sprach uns
die Frau an: „Wenn ihr mithelft Wurzeln auszugraben, dann gibt
es Kuchen für euch als Belohnung." Das ließen wir uns nicht zweimal sagen und packten wochenlang kräftig mit an. Als der Rohbau stand, hatten wir noch immer nicht die versprochene Belohnung bekommen. Aus Rache klauten wir Nägel und alles, was wir
gebrauchen konnten, von der Baustelle. Eines Nachmittags setzte
ich mich mit Mäcki auf das obersten Gerüst eines der fast ferti-
gen Häuser. Wir hatten uns eine Tüte gesalzene Erdnüsse und eine
Flasche Zitronenbrause von „Fürstenbrunn" gekauft. Traurig
blickten wir von dort oben über das, was einmal unser Südi gewesen war. Ein paar Monate später zogen die ersten Leute ein.
Das Einzige, was uns Spaß machte, war das Verbrennen der Unmengen von Pappe, die beim Einzug der neuen Mieter anfiel.

Von unseren schönen, wilden Gebieten, auf denen wir jahrelang nach Belieben rumgetobt hatten, blieben nur noch der Abhang
an der Todesbahn und der sandige Randstreifen am Munsterdamm übrig. Doch wir suchten uns andere Orte zum Spielen.

Kapitel 55

Die Häuserkeller   1960

Die Keller am Munsterdamm waren alle durch verschieden lange Kellergänge verbunden. Der kürzeste war der in Schmittis Haus. Der auf der anderen Seite, wo Klaus und Helga wohnten, war nur geringfügig länger. Der auf Mäckis Seite dagegen war schon bedeutend länger und hatte zwei verwinkelte Ecken. Außerdem war dort eine der drei Waschküchen. Der Kellergang auf Dianas Seite ähnelte dem von Mäcki. Der auf meiner Seite war bedeutend länger. Auch dort war eine Waschküche. Aber in diesem Kellergang gab es eine gemeine Treppe, die dicht hinter einer Ecke anfing. Außerdem trennte auch noch eine alte Luftschutztür, die natürlich immer offen stand, den Gang zwischen Munsterdamm 36 und 34.

Den längsten Kellergang aber gab es auf Battis Seite. Er reichte vom Hanstedter Weg bis nach vorne zum Steglitzer Damm. Die Häuser gegenüber von Batti haben wir nie besucht.

Nachdem nun immer mehr gebaut wurde, suchten wir uns eben andere Orte, wo wir rumtoben konnten. Da war natürlich so ein Keller eine feine Sache. Alleine traute ich mich nur selten in den Keller. Wenn ich mal was aus unserem Kellerverschlag holen sollte, dann pfiff ich immer ganz laut und versuchte, so schnell wie möglich wieder an das Tageslicht zu kommen. Jedes noch so leise Geräusch ließ meine Haare zu Berge stehen. Wie oft stand ich kurz vor einem Herzschlag, wenn ich schlurfende Schritte hörte oder das Licht mit einem Male ausging. Das war natürlich ganz anders, wenn wir zu mehreren in den Keller gingen. Da war ich dann derjenige, der den Jüngeren von uns mit größter Freude einen Schrecken einjagen konnte.

In jedem Kellergang gab es auch Seitenausgänge. Meistens führten sie auf den Hof hinter den Häusern. Ein Ausgang war immer am jeweiligen Müllkeller und an den Waschküchen. Die Gänge waren 1,20 Meter breit und 1,80 Meter hoch. Oben, dicht unter der Kellerdecke, liefen die Warmwasserrohre entlang. Die Seitenausgänge waren durch eine Eisentür mit Riegel versperrt und obendrein noch durch eine Gliederkette aus Eisen gesichert. Der Schlüssel jedoch steckte immer von innen im Schloss der Tür. Jedes Mal, wenn wir im Keller spielen wollten, prüften wir zuerst die Seitentüren und entsicherten diese. Sollte Gefahr drohen und wir mussten schnellstens abhauen, dann entwischten wir aber meist durch eine der Türen an den Müllkellern.

Neben jeder Eingangstür zum Keller war gleich rechts eine Nische. Diese führte ungefähr zwei Meter hinein und machte dann einen Knick. Dahinter wurde sie immer niedriger, weil darüber die Treppe war. Diese Nischen dienten dem Hauswart zur Aufbewahrung von Sand, welchen er im Winter zum Streuen der Bürgersteige brauchte. Mit wenigen Ausnahmen lag in den meisten Sand. Ein paar Nischen nutzten die Mieter, um dort Gerümpel abzustellen oder mal einen Kinderwagen. Es gab aber auch ein paar, die mit einem Lattenzaun verbarrikadiert waren. Dort lagerte der Hauswart seine Schneeschieber und anderes Werkzeug.

Wir kannten fast alle Nischen und bei den meisten war hinter dem Sandhaufen noch Platz genug für uns, um sich dort zu verstecken. In der Nische bei Rainis Haus hatten wir uns einen Schlupfwinkel eingerichtet. Komischerweise war dort alles bis auf eine Holzkiste leer gewesen. So schoben wir diese Kiste in den Knick hinein. Im uneinsehbaren Teil legten wir eine Matratze auf den Boden. Wir nannten dieses Versteck „Rainis Geheimnische".

Es dauerte schon eine Weile, bis wir alle Kellergänge erforscht hatten. Letztendlich wussten wir immer genau, wo welche Kellertür offen war, meistens die an der Waschküche. Manchmal mussten wir drei oder vier Versuche unternehmen, bis einer von uns eine offene Kellertür fand, denn die Mieter, die im Parterre wohnten, passten höllisch auf. Besonders die ewig meckernde Oma von Poli und auch der Vater von Klaus hatte Ohren wie ein Luchs.

Dem entging fast nichts. Doch gemeckert hat er fast nie, nur wenn er mittags schlafen wollte und wir im Müllkeller nebenan oder auf dem Hof Radau machten.

Zum Durchforschen der einzelnen Kellergänge und der Nischen benutzten wir unsere Taschenlampen, wenn wir eine besaßen. Beliebt waren Stabtaschenlampen, in die zwei Batterien reinpassten und man vorne den Lichtstrahl verstellen konnte. So eine hatte jedoch kaum einer von uns. Wir hatten alle nur so eine Taschenlampe, in der nur eine Batterie drin war. Einer von den Freunden war stolzer Besitzer von einer schwarzen, eckigen Taschenlampe. Er nannte diese eine Signallampe, weil er mit einem Schalter das Licht auf Rot stellen konnte.

Beim Durchstreiften von Helgas Keller waren manchmal, außer den üblichen Freunden, auch die jüngeren mit von der Partie. Darunter war auch Gerd, der immer Schiss hatte. Jedes Mal, wenn Gefahr im Anzuge war, rannte er als Erster weg. Nur durch Mäckis Überredungskünste war er mitgekommen. Das war natürlich für Schmitti ein besonderer Grund ihn zu erschrecken. In der Nische neben der Kellertür entdeckte Schmitti einen ausgestopften Kaiman. Er zeigte ihn mir und ich war selbst erst erschrocken, wie echt der aussah. Nun wollten alle den Fund sehen und drängten in die Nische. Nur Gerd blieb draußen im Kellergang stehen und konnte somit nicht wissen, was Schmitti entdeckt hatte und sogleich ausheckte. Dieser nahm den Kaiman in die Hand und mit einem lauten Aufschrei stürzte er aus der Nische. Dem erschrockenen Gerd warf er den ausgestopften Kaiman in die Arme und rief: „Ein Ungeheuer!" Gerd schrie ebenfalls auf, aber in echter Panik und ließ das ausgestopfte Tier fallen, als wären es heiße Kohlen. Er sauste wie der Blitz aus dem Keller und kam seitdem nur noch selten mit, wenn wir im Keller spielten.

Ein paar Tage später entdeckte Schmitti an der Mauer zu Helgas Hof ein krankes Kaninchen. Es rannte auch nicht weg, als er sich dem Tier näherte. Gemeinsam mit Jürgi trug er es in seinen Keller. Sie versuchten das Tier zu waschen, weil es so zerzaust aussah. Anschließend setzte er es in eine Kiste im Kellerverschlag und schloss die Holztür. Als er am nächsten Tag nach dem Kaninchen sehen wollte, entdeckte er ein durchgenagtes Loch in der Holztür und das Tier war verschwunden. Das war auch das einzige Aufregende in Schmittis Keller gewesen.

Als wir Dianas Keller unter die Lupe nahmen, entdeckten wir eine schwer überwindbare Falle am Ausgang zum Immenweg. Gleich hinter der Eisentür war ein Eisentor. Normalerweise wäre das für uns kein Hinderungsgrund gewesen, doch die spitzen Eisenstäbe oben auf dem Tor sahen gefährlich aus. Bei der Flucht vor dem Hauswart konnte es da schon Schwierigkeiten geben. So beschränkten wir uns nur auf einen kurzen Durchgang des Kellerganges, bei dem wir allerdings von einer Mieterin überrascht wurden. Schnell versteckten sich alle hinter einem Mauervorsprung. Die Frau war auf dem Weg zum Müllkeller und kam schlurfend näher. Irgendeiner der Freunde warf einen Schatten an die gegenüberliegende Wand, den die Frau sah. Ein komisches Stöhnen kam über ihre Lippen und sie blieb plötzlich stehen. Diesen Moment nutzten wir zur Flucht durch die Tür am Müllkeller.

Mäckis Keller wurde des Öfteren von uns zum Spielen genutzt. In seinem Haus und im Haus bei der Waschküche war die Kellertür fast nie verschlossen. Der Kellergang an sich ähnelte dem von Dianas, wenn da nicht die uneinsehbare, verwinkelte Ecke mit einer kleinen Steintreppe gewesen wäre. Schon gleich beim ersten Mal, als ich und Peter aus Langeweile Wellenlinien an die Kellerwand pinkelten, kam der Hauswart angerannt. Bei der Flucht wäre ich beinahe die drei Stufen der kleinen Treppe hinuntergefallen.

In vereinzelten Kellerverschlägen konnten wir im Schein unserer Taschenlampen Regale entdecken, auf denen Gläser mit eingemachtem Obst standen. Wie schon ein paar Jahre zuvor die Halbstarken, so versuchten auch wir an die Gläser heranzukommen. Dieses gelang uns aber nur ein Mal, weil Werner das Schloss aufbiegen konnte. Doch die Angst, erwischt zu werden, war zu groß.

Da entdeckten Klaus und Jürgi eines späten Nachmittags im Müllkeller eine schwarze Schneiderbüste. „Wat machen wa'n damit?", fragte ich die beiden. Wir überlegten eine Weile, bis irgendeiner meinte: „ Wisst ihr wat? Die häng' wa im Keller an die Heizungsrohre." Wir schleppten die Büste in Mäckis Hausflur. „Kiek ma', ob die Kellertür offen is'", sagte Jürgi leise zu mir. Ich schlich nach unten und drückte auf die Türklinke. Die Türe war nicht verschlossen. Vorsichtig transportierten wir die Büste die Treppe hinunter. Dabei passierte es, dass einer mit dem Oberteil an das Treppengeländer stieß. Dumpf hallte der Ton im ganzen Hausflur. „Mann, pass doch uff, sollen hier alle wissen, wat wa vorhaben?", meckerte Klaus. „Mach' ick ja, aber det Ding is' janz schön schwer und unhandlich isset ooch", kam die Antwort zurück. Im toten Winkel, dort wo der Kellergang den Knick machte, hängten wir das Ding an ein dickes Warmwasserrohr. Werner schraubte unterdessen ein paar Glühbirnen, die in der Nähe waren, heraus.

Als wenn es geplant war, betrat in diesem Moment Poli den Keller. Er trug einen Mülleimer. Als er den Lichtschalter andrehte, brannten natürlich die Lampen nicht, Werner hatte ja alle Glühbirnen rausgeschraubt. „Der kommt ja jerade richtig", flüsterte mir Jürgi ins Ohr. Blitzschnell versteckten wir uns und warteten ab, was nun passieren würde. In der dunklen Ecke war die Schneiderbüste kaum auszumachen. Es kam mir vor, als wenn sich da einer aufgehängt hatte. Poli kam immer näher, bog um die Ecke und stieß an die Schneiderbüste, die da hing. Wir hörten einen jaulenden Aufschrei, dass Geschepper des Mülleimers, der auf den Steinboden polterte und dann schrie Poli: „Omaa!! Da hängt eener im Keller." Dann raste er zur Kellertür. Bevor im Keller ein Tumult ausbrach, rannten wir schnell zum Fluchtausgang am Müllkeller. Draußen angekommen lachten wir uns halbtot. Was aus der Schneiderbüste geworden ist, wusste am nächsten Tag keiner von uns.

In meinem Keller wurde am liebsten gespielt. Zum einen war da unsere Geheimnische und zum anderen die steile Steintreppe runter zur Waschküche. Die Seitenausgänge führten alle auf den

Hof. Der kleine Eisenzaun zum Hanstedter Weg hin, den schafften wir ohne Mühe. Noch vor ein paar Jahren konnten wir uns mit Leichtigkeit durch die Gitterstäbe zwängen, das machten nun die jüngeren von uns. Wir kletterten wie die Affen einfach darüber hinweg.

An einigen Stellen des Kellers waren Wasserhähne an der Wand. Wir konnten sie aber anfangs nicht aufdrehen, weil kein Griff dran war. Da kam Werner auf die Idee mit dem Rollschuhschlüssel und mit dem ging es prima. Die größte Gefahr in diesem Keller aber lauerte in Gestalt des Hauswartes auf uns. Dieser tauchte oft urplötzlich aus dem Nichts auf und dann hieß es nur immer „er oder wir". Deshalb wurde peinlichst darauf geachtet, die Fluchttüren zu entriegeln. Aber möglichst unauffällig, dass es keiner merkt. Im Klartext: die Türe aufschließen, aber den Schlüssel im Schloss locker stecken lassen, nicht an der Kette baumelnd; den Riegel wegschieben, so dass er nicht zurückrutschen konnte.

Als meine Mutter eines Tages eine von den kleinen, gelben Plastikflaschen, in denen Zitronensaft drin war, wegwerfen wollte, kam mir eine Idee. Ich füllte die Flasche mit Wasser auf und hatte eine prima Spritzflasche. Für eine Wasserpistole reichte mein Geld nicht aus.

Als ich Mäcki meine neue Idee zeigte, war er hell begeistert. Es dauerte auch nicht lange, bis alle so eine Spritzflasche hatten. Es wurden zwei Parteien gebildet und jede versteckte sich im Keller. Es begann eine wilde Wasserschlacht. Wasser zum Nachfüllen besorgten wir uns aus den Wasserhähnen im Keller. Da entdeckte Mäcki einen leeren Kellerverschlag, der nicht verschlossen war. Wir schlichen hinein und öffneten das kleine Glasfenster zur Straße hinaus. Durch das Gitterfenster blickten wir hinaus auf den Bürgersteig, der 50 Zentimeter unter dem Kellerfenster lag.

„Kiek' ma' Lori, da hinten kommt Frau Voigt mit ihrem Dackel ‚Uwe'", sagte Mäcki zu mir. Der Dackel war immer sehr zutraulich und ließ sich von allen streicheln. Schnüffelnd rannte er von Baum zu Baum. „Pass ma' uff, wat ick jetzt mache", grinste mich Mäcki an.

Er wartete einen Moment, bis der Hund in die Nähe des Kellerfensters kam. Leise rief er den Namen des Dackels und pfiff dabei. Der Hund hob den Kopf und kam schwanzwedelnd auf das Fenster zu. Als er davor stand und schnüffelnd den Kopf hob, spritzten wir aus allen Rohren los. Der arme Hund erschrak und jaulend rannte er davon. Schnell schlossen wir das Fenster und krümmten uns vor Lachen.

Als ich wieder auf den Kellergang hinaustrat, traf mich ein dicker Wasserstrahl. Das konnte keine Zitronenflasche gewesen sein, denn da war der Strahl viel dünner und auch nicht so stark. Lachend blickte Fischi aus einer Nische und schoss den zweiten Strahl ab. Da sah ich, dass er eine „Spüliflasche" in der Hand hielt. „Det is' ja keen Wunder, mit der Riesenflasche, Fischi. Aber die Idee is' jut", rief ich ihm zu.

Natürlich blieb die Toberei im Keller nicht ungehört und auf einmal ertönte die donnernde Stimme des Hauswartes durch den Keller. „Hab' ich euch endlich erwischt, na jetzt könnt' ihr was erleben." Mit Riesenschritten kam er auf uns zu. Wir brachen in Panik aus und jeder versuchte in dem heillosen Durcheinander so schnell wie möglich abzuhauen. Die einen rannten Richtung Müllkeller am Buddelplatz. Doch irgend so ein Blödmann hatte einen Ast quer verkantet in Fußhöhe über den Boden gelegt. Peter war der Erste, der darüber stolperte und hinflog. Die anderen, die hinter ihm waren, purzelten alle über Peter, der am Boden lag.

Werner hatte in diesem Tohuwabohu den besten Einfall gehabt. Da er klein und dürre war, hatte er sich schnell von Fischi hochheben lassen. Wie ein Aal kroch er zwischen die dicken Wasserrohre und lag dort mucksmäuschenstill. Der Hauswart raste unter ihm vorbei.

Ich hatte als Einziger den Weg zum Ausgang am Hanstedter Weg gewählt. Doch das sollte sich nun als fataler Fehler herausstellen. Der Hauswart drehte sich um und rannte nun mir hinterher. Ich raste wie von allen Hunden gehetzt dem rettenden Ausgang zu. Es war ein langer Weg bis zur Tür. Schon bekam ich Seitenstiche, als ich endlich die Türe sah. Doch zu meinem Entsetzen entdeckte ich, dass der Riegel noch vorgeschoben war. In meiner Angst bekam ich den Riegel zwar auf, aber der Schlüssel klemmte irgendwie und dann fiel er mir auch noch aus der Hand. Da war alles zu spät. Ich fühlte die schwielige Hand des Hauswarts an meinem Genick und dann haute er mir auch schon eine runter. Zur Strafe mussten wir eine Woche lang die Hausflure ausfegen.

Das machte uns natürlich sehr wütend und wir überlegten uns, wie wir es dem Hauswart zurückzahlen konnten. Noch ein letztes Mal kam uns Wollis Einfall zu Hilfe. Über seinen Plan waren alle hell begeistert. Einer der Freunde besorgte einen Eimer, ein anderer eine dünne Strippe. Mit besonderer Vorsicht schlichen wir zum letzten Haus am Hanstedter Weg, wo der Hauswart im ersten Stock wohnte. Den Eimer hatten wir mit Wasser voll gefüllt. Leise lehnte ich den Wassereimer schräg gegen die Wohnungstür vom Hausmeister. Mäcki band die Strippe erst an der Klinke der gegenüberliegenden Wohnungstür fest und spannte die Schnur ganz straff. Dann verknotete er sie an der Klinke der Tür vom Hauswart. Als alles fertig war, zogen wir uns eine halbe Treppe tiefer zurück. Raini, der am schnellsten von uns war, klingelte nun erst bei dem Nachbarn und dann beim Hauswart.

Es dauerte nur kurz und dann wollten beide Parteien ihre Wohnungstür aufmachen. Die Strippe verhinderte dies jedoch für einen Moment. Natürlich riss jetzt jeder an seiner Tür und dann passierte genau das, was Wollis Plan war. Als der Hauswart endlich seine Tür aufgerissen hatte, kippte der angelehnte Wassereimer in seine Wohnung. Sein wütendes Gebrüll erfüllte uns mit Genugtuung und wir flitzten aus dem Haus.

Kapitel 56

Die Weihnachtsaufführung 1960

Anfang Oktober 1960 sah ich Wolli zum letzten Mal. Er kam zu uns auf den Kottesteig und gemeinsam hörten wir mit Jürgis kleinem Kofferradio „Frolik at Five" im AFN. Er war zur Bergstraße gezogen und er fehlte uns doch sehr mit seinen verrückten Ideen, die er immer hatte. Nur Mäcki spielte mit ihm noch kurze Zeit zusammen auf der Fußballwiese.

In der Schule lief es etwas besser, nachdem mir meine Eltern gehörig den Marsch geblasen hatten. Bei einem Streit mit Lehmann fing ich mir ein blaues Auge und eine leichte Gehirnerschütterung ein und das nur, weil ich ihm eine Papierkramme an den Kopf geschossen hatte. Während des Unterrichts musste ich des Öfteren vor der Tür stehen. Stand ich draußen vor der Tür, kam fast jedes Mal der Schulrektor vorbei. Das warf natürlich kein gutes Licht auf mich. In der Beurteilung des Halbjahreszeugnisses stand: „Michaels Betragen gibt immer wieder zu Ermahnungen Anlass. Fleiß und Mitarbeit können nicht immer befriedigen."

Seit dem Sommer sang ich im Schulchor, wo Mäcki schon lange mit dabei war. Unter der Leitung von Frau Kirsch lernten wir Volkslieder, Wanderlieder und Weihnachtslieder. Zu Weihnachten wollte unsere Schule ein Krippenspiel in der Hermann-Ehlers-Schule aufführen.

Am Montag nach dem 1. Advent hing in unserem Klassenzimmer ein großer Adventskranz. Herr Reier las uns eine Weihnachtsgeschichte vor, nachdem wir bei geöffneter Tür dem Schulchor gelauscht hatten, der im Flur ein Weihnachtslied gesungen hatte. Es war immer sehr schön.

Mitte Dezember mussten Mäcki und ich nachmittags zur Probe in die Aula der Hermann-Ehlers-Schule. Wir saßen oben auf der Empore, während unten auf der Bühne die anderen Schüler ihre Rolle für das Krippenspiel probten. Aus meiner Klasse spielten auch ein paar Kinder mit. An einem dieser Nachmittage waren wir furchtbar albern und lachten über jeden Scheiß. Eine Ermahnung der Lehrerin brachte uns aber zum Schweigen. Ich kaufte für meine Eltern die Eintrittskarten für die Vorführung und meine Mutter war ganz stolz, dass ihr Sohn bei dieser Feierlichkeit im Chor sang. Sie kaufte mir extra eine silberne Fliege für mein blütenweißes Oberhemd.

Bei der letzten Probe jedoch fiel mein Blick, während wir die Lieder übten, nach unten auf die Bühne. Ich glaubte meinen Augen nicht zu trauen, als ich sah, wie Wilfried Nussmann auf die Bühne kam. Er trug eine graue Mädchenstrumpfhose, ein langes Nachthemd und auf dem Kopf eine Zipfelmütze. Er sah aus wie Rumpelstilzchen. Dazu hüpfte er auch noch so blöde über die Bühne. Ich stieß Mäcki in die Seite und deutete mit dem Finger nach unten.

„Kiek' ma', olle Nussmann rennt über de Bühne mit Mädchenklamotten." Mäcki schossen sogleich die Tränen vor Lachen in die Augen. Und nun war es passiert. Wir konnten uns nicht mehr einkriegen. Je mehr Nussmann auf der Bühne rumturnte, desto mehr mussten wir lachen. Da traf uns der böse Blick der Lehrerin. Jeder kennt bestimmt das Gefühl vor Lachen platzen zu müssen, wenn man nicht lachen darf. Nur minutenlang konnte ich mich zusammenreißen. Da trat auf einmal einer der anderen Darsteller auf den Saum von Nussmanns Nachthemd. Nussmann flog voll auf die Fresse. Ich verlor die Beherrschung und lachte laut auf. Sogleich stand Frau Kirsch neben mir und sagte böse: „Du gehst auf der Stelle nach Hause und du brauchst auch morgen nicht zu kommen." Ich war aus dem Chor geflogen.

Auf dem Heimweg, überlegte ich mir dauernd, wie ich das meiner Mutter beibringen sollte, dass ich nun morgen nicht oben auf der Empore beim Schulchor saß sondern neben ihr zwischen den Zuschauern. Meine Mutter war zwar nicht gerade erfreut darüber, aber am nächsten Tag saß ich mit ihr und meiner Oma

zusammen im Parkett. Ich verfolgte mit einem Schmunzeln Nussmanns Auftritt als Herbergsvater, während Mäcki oben lauthals
im Chor sang.

Kurz vor Weihnachten jagte Henni beinahe den kleinen Eisen-
ofen in der Küche in die Luft. Er wollte mal sehen, wie ein Ten-
nisball brennt. Als es jedoch grauenvoll zu stinken anfing und
Rauchschwaden aus dem Ofen quollen, versuchte er den Ball zu
löschen. Er goss Wasser in den Ofen, worauf erst eine Stichflam-
me hochschoss, die ihm die Wimpern verbrannte und dann flog
ihm auch noch die Ofenklappe um die Ohren.

Zu Weihnachten bekam ich von Onkel Heinz eine selbstgebas-
telte Ritterburg aus Holz geschenkt, daran hatte er das ganze Jahr
gebastelt. Sie sah genauso aus, wie die in meinem „Prinz Eisen-
herz Buch", das ich von Frau Römer, unserer Nachbarin, bekommen hatte.

Bei Familie Schmidt passierte am letzten Tag des Jahres noch
eine Schote. Am Sylvesterabend feierte man über ihnen, wo Jürgi
mit seiner Familie wohnte, anscheinend eine Party. Im Laufe des
Abends schwoll das Gepolter und Getrampel dermaßen an, dass
bei Schmittis Eltern der Leuchter im Wohnzimmer von der Decke rauschte.

Kapitel 57
Kohlentragen 1961

Mein Taschengeld, das ich nun seit Weihnachten bekam, reichte
hinten und vorne nicht aus. Immer, wenn ich ein paar Groschen in
der Tasche hatte, gab ich sie aus. Im Sommer verkaufte ich geklaute Blumen an Frau Böttcher oder sammelte leere Flasche im

Müllkeller. Aber jetzt war Winter und da wuchsen keine Blumen. Mäcki, der überaus beliebte Junge vom Munsterdamm, ging jetzt schon für mehrere Leute einkaufen und verdiente sich damit sein Geld. Er erzählte mir, dass er jetzt in der kalten Jahreszeit für eine Frau am Kottesteig die Kohlen aus dem Keller holte. Alle vier Häuser am Kottesteig hatten Ofenheizung. „Da krieg' ick immer acht Mark inner Woche", erzählte er mir.

Das war die Idee, das musste ich auch machen. Ich klapperte ein paar Mieter ab, die mich aber alle nicht brauchten. Als letzten Versuch klingelte ich am Kottesteig Nr.4 in der dritten Etage. Dort wohnten drei ältere Schwestern. Als ich mein Anliegen vortrug, waren sie sehr erfreut darüber. „Du bist doch ein kräftiger Junge", sagte die eine zu mir. „Die vier Kohlenschütten hochzutragen, das schaffst du doch leicht." Das stärkte natürlich meinen Stolz. Hätte ich da schon gewusst, wie schwer vier volle Schütten sind, dann wäre ich vielleicht nicht so eifrig bei der Sache gewesen. Die Frau ging mit mir in den Keller und zeigte mir ihren Verschlag. In einer Ecke lag ein Mordshaufen Eierkohlen, die sollte ich dann nach oben tragen.

Schon am nächsten Tag war ich pünktlich um 15.00 Uhr da. Ich nahm jeweils zwei der schwarzen Schütten in eine Hand und lief in den Keller. Als ich den Lichtschalter betätigen wollte, ging das Licht nicht an. „Is' ja komisch", dachte ich, „gestern brannten doch noch alle Lampen. Is' hier eener?", rief ich in den dunklen Gang. Ich bekam keine Antwort. Zum Glück war der Kellerverschlag nicht weit von der Kellertür entfernt. Pfeifend betrat ich den Keller und schloss das Vorhängeschloss auf. Drei Schütten stellte ich auf den Boden, eine behielt ich als „Waffe" in der Hand. Dann betrat ich den kleinen dunklen Raum. Nachdem ich zwei Schütten mit Eierkohle voll geschaufelt hatte, musste ich mal schnauben. Als ich das Taschentuch betrachtete, war es pechschwarz. „Keen Wunder, wenn det hier so staubt", brabbelte ich vor mich hin. Nachdem ich alle vier Kohlenschütten voll hatte, schleppte ich jede einzeln zum Treppenaufgang. Doch dann überlegte ich, es wäre ja

Blödsinn, jetzt viermal den Weg nach oben latschen zu müssen. Also schnappte ich mir alle vier Schütten auf einmal und ging los. Bis zum ersten Stock schaffte ich es gerade noch, dann ging mir die Puste aus. Endlich stand ich total verschwitzt vor der Wohnungstür der Frauen. Meine Arme kamen mir so lang vor, wie die von einem Gorilla. Die eine Frau gab mir einen Apfel, die andere drei Kekse. Die dritte fummelte in ihrer Geldbörse herum und drückte mir dann fünfzig Pfennig in die Hand. „Und übermorgen kommst du dann wieder, nicht war?", sagte die eine zu mir und streichelte mir über den Kopf. Auf dem Weg nach unten rechnete ich erst einmal aus, was ich in der Woche verdienen würde, wenn ich immer fünfzig Pfennig bekam.

Als ich aus der Haustür trat, kam mir Schmitti entgegen. „Trägste ooch Kohlen hoch?", fragte ich ihn. „Klar hier jejenüber bei eener Frau. Die jibt mir dafür fünf Mark inne Woche. Wie viel kriegst'n du?", fragte er mich. Ich sagte ihm, dass ich heute zum ersten Mal Kohlentragen war und dass ich noch nicht wüsste, was ich bekommen würde. Natürlich war ich wieder auf Mäcki und Schmitti neidisch, denn so viel wie die beiden würde ich nicht bekommen, das war klar. Ich schuftete drei Wochen lang und verdiente in dieser Zeit 11,50 DM, sechs Äpfel, eine Tafel Schokolade und 18 Kekse.

Eines Tages sollte ich erst am späten Nachmittag kommen. Es war schon dunkel draußen, als ich den Keller betrat. Ich knipste den Lichtschalter an, lief zum Kellerverschlag und fing an die Eierkohlen einzuschaufeln. Auf einmal ging das Licht aus. Ich ließ die Kohlenschütte fallen und raste zum Lichtschalter, um das Licht wieder anzumachen. Schnell flitzte ich zurück und schaufelte in aller Eile die andern Schütten voll. Da ging das Licht wieder aus und auf einmal hörte ich schlurfende Schritte. „Jetzt biste dran", war mein erster Gedanke. „Na, mein Kleiner, soll ich dich mal einsperren?", ertönte eine näselnde Stimme. Meine Hand mit der Kohlenschaufel wurde schweißnass. Als ich mich langsam umdrehte, erkannte ich einen Schatten, dessen Umrisse mir sehr bekannt vorkamen. Da trat Schmitti auch schon hervor und lachte sich über mein blödes Gesicht halb krank. „Du Idiot", rief ich erleichtert. „Hast ma janz schön erschreckt."

Und zum wiederholten Male schleppte ich die von Etage zu Etage immer schwerer werdenden Schütten drei Stockwerke hoch. Muskeln wie Herkules habe ich davon nicht bekommen, aber meine Arme schienen mir irgendwie länger zu sein. Die Kohlenschlepperei habe ich dann noch bis zum Ende des Winters gemacht, aber ob ich die Tortur im nächsten Jahr wieder machen würde, das stand noch nicht fest.

Mit Begeisterung verfolgte ich einmal in der Woche, im Radio, ein Weltraumhörspiel mit mehreren Folgen. Immer donnerstags um 19.05 Uhr mit dem Titel „ Unternehmen Luna".

Kapitel 58

Eishockey auf dem Paresü   1961

Schon im letzten Jahr hatte man damit begonnen, unseren „Grundti" zu roden. Schweres Baugerät wühlte sich durch das verwilderte Grundstück, das wir so geliebt hatten. Der Teich, auf dem wir unsere ersten Eishockeyspiele machten, der Baumstamm mit der Baumhöhle und das Dickicht, durch das wir tausendmal gestrolcht sind, alles wurde platt gemacht. Eine neue Schule sollte nun dort entstehen. Die 5. Grundschule aus der Karl-Stieler-Straße würde 1962 in die neu erbauten Gebäude einziehen. Im gleichen Zuge sollte aus dem alten Schulgebäude eine reine Oberschule werden. Komischerweise aber nahmen wir gar nicht so großen Anteil an den Bauarbeiten. Im Winter und im Sommer spielten wir meistens oben auf dem „Südi". So nahmen wir stillschweigend Abschied vom „Grundti".

Der Winter in diesem Jahr war wieder mal sagenhaft. Es gab massenhaft Schnee und es war klirrend kalt. Der Paresüteich lag unter einer dicken Eisdecke.

Inzwischen hatten wir einen neuen Hauswart bekommen. Ein netter Mann, der uns nur selten anmeckerte. Über Nacht hatte es wieder stark geschneit und er schuftete schon seit dem frühen Morgen mit seinem Schneeschieber. Mäcki und ich fragten ihn, ob wir ihm dabei helfen könnten. Er gab jedem einen Schneeschieber. Ich bekam natürlich den schweren Holzschieber und Mäcki den leichten mit der Blechschaufel. Als wir mit unserer Arbeit fertig waren, sagte der Hauswart: „Wenn ihr mal einen Wunsch habt, dann kommt zu mir."

„Woll'n wa ma' kieken, ob det Eis uff'm Paresü schon hält?", fragte ich Mäcki und zusammen mit Werner, Peter, Achi und Henni liefen wir zum Teich. „Ick seh' hier nur Schnee und keen Eis", sagte Werner, als wir oben am Teich standen. Wir kletterten über den Zaun und rutschten die Böschung hinunter. „Wirf doch ma' `ne Klamotte uff's Eis", sagte ich zu ihm. Werner kloppte mit seinem Fuß an einen festgefrorenen Stein, der in dem harten Boden steckte. „Ick mach' mir noch den Latschen kaputt", schnaubte er wütend, „der Stein jeht so schwer raus." Endlich kullerte die Klamotte über den Boden. „Schmeiß ihn ma' da drüben rüber, da sieht det nich' so geheuer aus", sagte ich zu ihm.

Er nahm den Stein und warf ihn auf die schneebedeckte Eisfläche. Der Stein polterte über den zugefrorenen Teich. „Sieht aus, als wenn det Eis hält", rief er. Achi tastete sich vorsichtig auf das Eis. „Doch nich' hier vorne, du Blödmann", meckerte Werner ihn an. „Meenste, ick will einbrechen", schnauzte Achi zurück. Nun wagte sich Werner auf den zugefrorenen Teich. „Hüpp ma' noch'n paar Mal hin und her", riefen wir ihm vom Ufer aus zu. „Det Eis hält ooch'n Elefanten aus", antwortete er. „Denn könn' wa ja Eishockey spielen", sagte Mäcki zu mir. „Wie willsten det bei dem

Schnee, der uff'm Eis liecht, machen? Da siehste ja den Puck jar nich' oder meinste, ick will dauernd im Schnee wühlen?", antwortete Peter.

Da fiel mir ein, was der Hauswart am Morgen zu mir und Mäcki gesagt hatte. „Ick weeß, wie wa uns een prima Eishockeyfeld freischippen können", sagte ich zu den anderen. „Wir leihen uns vom Hauswart zwee Schneeschieber." Alle waren hell begeistert. Eine Stunde später liefen wir, bewaffnet mit den Schiebern auf der Schulter zum Teich zurück. Mäcki maß das Hockeyfeld ab, während die anderen Freunde mit dem Schneeschieben begannen. „Macht det Feld nich' so weit inne Mitte vom Teich, falls wa doch einbrechen sollten", rief ich Achi und Werner zu. „ Und achtet uff einjefrorene Blätter und kleene Äste, det sind nämlich jemeine Fallen."

Während die anderen auf dem Teich rackerten, holte ich meine Schlittschuhe aus dem Campingbeutel. Ich hatte zwar vom Schlittschuhlaufen keine blasse Ahnung, aber ich stellte mir das so vor, als wenn man Rollschuh läuft. Die Schlittschuhe, hatte ich von Helga zusammen mit dem Rollschuhschlüssel bekommen. Die war nämlich schon Schlittschuhlaufen gewesen. In Lankwitz hinter dem Rathaus spritzen sie immer den Tennisplatz, da konnte man sich sogar Eishockeystiefel leihen. Helgas Schlittschuhe jedoch musste ich an der Schuhsohle festschrauben. Es war eine ewige Fummelei, bis ich die richtige Größe eingestellt hatte. Man konnte sie breiter und länger verstellen. Als ich sie endlich richtig angeschraubt hatte, versuchte ich mich vorsichtig hinzustellen. Mäcki und Peter beobachteten mich unauffällig dabei. Kaum dass ich stand, flog ich auch schon wieder auf die Fresse. Die beiden Freunde bogen sich vor Lachen. Nun hangelte ich mich an der Trauerweide, wo einer der Äste ein Stück auf den Teich reichte, nach vorne. Wackelnd stand ich da und knickte dauernd abwechselnd mit dem linken und dann mit dem rechten Fuß um. Jetzt rief ich nach Achi: „Komm doch ma' her und schieb mich ma' `ne Runde über das Eis." Meine Eishockeykelle, die ich mir vor Weihnachten bei „Zenker", einem Sportartikelgeschäft am Bahnhof Steglitz, gekauft hatte, nahm ich als Stütze. Achi schob mich gerade mal zwei Meter weit, als ich mit dem rechten Schlittschuh an einem eingefrorenen Zweig hängen blieb. Zuerst riss mir die halbe Schuhsohle ab und dann flog ich mächtig auf die Fresse. Die Freunde grölten und johlten, was das Zeug hielt. Wütend rappelte ich mich hoch und humpelte zum Ufer zurück. Dort schraubte ich die Dinger wieder ab. „Ick geh' nur ma' schnell nach Hause und zieh' andere Schuhe an. Mit denen hier kann ick nich' mehr loofen."

Als ich zum Teich zurückkam, waren die Freunde schon am Rumtoben. Sie hatten in der Zwischenzeit ein prima Spielfeld auf dem zugefrorenen Teich freigeschoben. Statt der plattgedrückten Libby's Milchbüchse benutzten sie einen richtigen Eishockeypuck. Den hatte Mäcki besorgt. Sogleich stürzte ich mich in das Gewühl. Während Mäcki und die anderen immer noch ihre selbst gebastelten Kellen hatten, war ich mit dem Eishockeyschläger meistens überlegen. Doch mit der Zeit wurde mir der Schläger immer schwerer, denn ich hatte die breite Fläche des Schlägers mit drei Rollen Textilband umwickelt. Zum Schutz gegen frühzeitigen Bruch. Wir jagten stundenlang über das Eis des Teiches und es machte einen höllischen Spaß. Nur die Torwarte hatten oft Grund laut zu meckern. Denn wer von dem Hartgummipuck getroffen wurde, dem verging das Lachen.

Eines Tages kamen ein paar ältere Jungen, die in der Nähe wohnten, dazu. Sie besaßen alle Eishockeystiefel und Schläger. Wir hatten gegen die gar keine Chance und zu allem Übel ging auch noch meine schöne Eishockeykelle zu Bruch.

Kapitel 59

Die Klassenfahrt nach Hermes 1961

Am 7. März sollte es nun auf Klassenfahrt gehen. Die Fahrtkosten betrugen 80,- DM. Am Vorabend erinnerte ich mich noch daran, was für ein großes Heimweh ich 1955 gehabt hatte. Damals war ich sechs Wochen in ein Kinderheim des Deutschen Roten Kreuzes nach Duisburg verschickt worden.

Pünktlich um 6.30 Uhr fuhr der Reisebus an der Markus-Schule ab. Anfangs war ich noch sehr aufgeregt gewesen, als ich mich von meiner Mutter verabschiedete. Doch als der Bus um die Ecke bog und der Lehrer mit uns zusammen „Muss i denn zum Städtelein hinaus" sang, da freute ich mich dann doch auf die Reise. Während der Fahrt machte Reier manchmal Quatsch mit einer Handspielpuppe, einem Affen. Zwischendurch wurde wieder mal ein Lied gesungen, welches der Lehrer auf seinem Akkordeon begleitete. Nachdem wir den Kontrollpunkt „Töpen Juchö" passiert hatten, dauerte es nicht mehr lange und wir erreichten Hermes im Frankenwald.

Die Jugendherberge, in der wir nun 14 Tage bleiben würden, stand in unmittelbarer Nähe eines Bauernhofes. Es war ein Gebäude mit einem Stockwerk. Nachdem alle Koffer ausgeladen waren, trug jeder seinen in das Haus. Unterwegs hatte Reier bereits alle Zimmer eingeteilt. Die Mädchen betreute Frau Elgaß, die als Begleitperson mit dabei war. Wir Jungs wurden im Obergeschoss untergebracht, die Mädchen bekamen ihre Zimmer unten. Ich teilte das Zimmer mit Klaus Hurmsermann, „Schütti" und Christof Keller. Der Lehrer hatte das so bestimmt, weil ich immer der Unruheherd der Klasse war. Die drei anderen dagegen gehörten zur Gruppe der Streber. Mit Ausnahme von Hurmsermann, der war letztes Jahr hängen geblieben.

Im Zimmer standen Etagenbetten und sofort rief ich: „Ick schlaf' oben", denn das hatte ich noch nie gemacht. „Aber furze nicht, wenn de im Bett liechst, denn ick schlaf' unter dir", nuschelte Hurmsermann. Da trat der Lehrer in unser Zimmer und kündigte einen Stubenwettkampf an. Jedes Zimmer wollte natürlich Sieger werden und so beeilten wir uns mit dem Auspacken der Koffer und dem Einräumen der Sachen in die Schränke. Anschließend versammelte sich die ganze Klasse unten im Aufenthaltsraum zum Kaffeetrinken. Es gab Weißbrotstullen mit Marmelade und Malzkaffee.

Danach wurde eine kleine Wanderung in die nähere Umgebung unternommen. Am Abend aßen wir Nudelsuppe. Gegen 22.00 Uhr spielte Herr Reier noch ein Abendlied auf seiner Gitarre. Dann wurde das Licht ausgemacht. Ich konnte zuerst nicht einschlafen, denn draußen war es totenstill. Ab und zu drang ein fremdes Geräusch an mein Ohr und dann hörte ich noch ein Käuzchen rufen. Schon im Halbschlaf bemerkte ich noch, wie sich die Tür zum Zimmer leise öffnete und der Lichtstrahl einer Taschenlampe durch den dunklen Raum huschte. Dann schloss sich die Tür leise. „Das war bestimmt der Lehrer gewesen", dachte ich und schlief ein.

Am nächsten Tag machten wir uns gleich nach dem Frühstück auf den Weg zu einer langen Wanderung. Es war das erste Mal in meinem Leben, dass ich durch einen tiefen Wald wanderte. Wir fanden den Kopf von einem toten Reh, der schon halb verwest war. Es gab sehr viele neue Eindrücke für mich. Am Abend wurde ein Heimatabend veranstaltet, bei dem gespielt, gesungen und vorgelesen wurde. Schütti und Klaus Schönplatz lasen abwechselnd aus dem Buch „Käpt'n Konny" vor.

In den darauf folgenden Tagen hetzte uns Herr Reier förmlich mit ausgedehnten Fußmärschen durch Wald und Wiesen und über Felder und Hügel. 12-13 Kilometer ging es da manchmal querfeldein. Manche Kinder stöhnten während der langen Wanderungen, andere gaben vor, sie hätten schon einen Sonnenstich.

Doch es war immer spannend, wenn uns der Lehrer Geschichten über verschiedene Dinge, die wir unterwegs sahen, erzählte. So zum Beispiel vom „Galgenberg", wo angeblich noch vor zwei Jahren ein Galgen gestanden haben soll. An den Nachmittagen veranstalteten wir oft Sport- und Wettkämpfe wie Völkerball oder Geländespiele. Immer wieder gab es Stubenwettkämpfe. Abends fiel ich todmüde ins Bett.

Aus dem Tagebuch von Schütti: „Heute haben wir im Wald Tannenzapfen und Kleinholz gesammelt. Dadurch fällt der Heimatabend aus. Dafür können wir uns aber mal wieder richtig waschen. Ich fand, der Tag war ganz schön, aber eines gefiel mir nicht, dass wir abends noch Tagebuch schreiben mussten."

Oftmals saß ich mit Bernd Guttler und Dietsch im Aufenthaltsraum und schrieb an einer Strafarbeit, während die anderen draußen spielten. Als eines Tages eine Wanderung von einer Strecke über 25 Kilometer angesagt wurde, fühlten sich einige nicht in der Lage, das durchzuhalten. Aber Reier kannte keine Gnade und so zogen wir wieder einmal unsere festen Schuhe und den Anorak an. In der Nacht hatte es geregnet und viele Wege waren schlammig und aufgeweicht. Kurz bevor es losging, meinte der Lehrer noch: „Alle aufpassen, dass keiner ausrutscht." Kaum waren wir ein paar Meter gelaufen, als er selber ausrutschte und im Schlamm lag. Die ganze Klasse lachte sich schief. Frau Elgaß säuberte ihn anschließend mit dem Taschenmesser. Ich hatte mein Messer auch mitgenommen und schnitzte an jedem kleinen Ast, den ich finden konnte, herum.

Am selben Nachmittag wurde eine „Bergfeier" veranstaltet. Wieder wurde gesungen und gespielt. Eines der Spiele hieß „U-Boot-Fahrt". Als Reier fragte, wer den Kapitän spielen wollte, meldete ich mich als Erster. Hätte ich das mal bloß nicht gemacht. Er stellte zwei Stühle dicht zusammen, zwischen denen ich mich auf den Boden legen musste. Er sagte, dass ich auf seine Fragen nur immer mit „macht nischt, fahr'n se weiter" antworten sollte. Dann stülpte er seinen Anorak über die Stühle, von dem ich einen

Ärmel als Seerohr nehmen sollte. Vom Boden aus liegend, konnte ich nun durch den Ärmel nur das Gesicht des Lehrers sehen. Er stellte mir dann laufend neue Fragen wie: „Da vorne kommt eine hohe Welle oder da winkt uns einer zu." Ich antwortete nur immer: „Macht nischt, fahr'n se weiter." Da rief er auf einmal: „Eine Granate hat uns getroffen, was soll ich machen?" Ich leierte den üblichen Satz runter. Mit einem Mal traf mich ein eiskalter Wasserstrahl, der durch den Ärmel kam. Erschrocken fuhr ich vom Boden auf und riss dabei die beiden Stühle um. Die ganze Klasse grölte vor Begeisterung. Als ich mich nach dem Lehrer umdrehte, sah ich ihn lachend mit einem Wasserglas in der Hand stehen. Da wusste ich Bescheid.

Jeden Abend saß die Klasse im Aufenthaltsraum und jeder musste in sein Tagebuch schreiben. Einige lasen auch vor, was sie geschrieben hatten. Am besten gefielen mir Schüttis Tagebucheintragungen.

Aus Schüttis Tagebuch: „Heute haben wir das Kloster Banz besucht. Das Kloster gefiel mir nicht so gut, da es meiner Meinung nach etwas verstaubt aussah."

Bei einem Ausflug nach Kronach besuchten wir auch eine Porzellanmanufaktur, wo sich jeder ein Andenken für seine Eltern kaufte. Als wir wieder auf die Straße kamen, standen auf der anderen Straßenseite amerikanische Panzer. „Die kenn' ick aus Berlin", rief ich aufgeregt, „die fahr'n bei uns immer den Munsterdamm lang zum Flughafen. Da üben se denn."

Eines Tages stand ein Reisebus vor dem Heim und zur Freude aller machten wir eine Tour zum Fichtelgebirge. Dort wollten wir dann auf den „Ochsenkopf" steigen.

Aus Schüttis Tagebuch: „Während des Aufstiegs wunderten wir uns, dass dort immer noch viel Schnee lag. Ich rutschte oft beim Gehen in einen Schneehaufen. Dadurch wurden meine Schuhe innen und außen nass. Das gefiel mir aber ganz und gar nicht. Mein Freund Christoph rutschte einmal aus und stak mit dem Fuß im

Schnee. Kurz darauf setzte er sich hin und wrang seinen Strumpf aus. An diesem Tag bestand unser Mittagessen nur aus Stullen und einer Flasche Limonade."

Am Abend gab es Weißkäse zum Abendbrot. Auf dem Tisch stand eine große Schüssel. Ich beugte mich vor und wollte mal am Käse riechen, so wie es mein Vater manchmal zu Hause machte. Da packte mich eine Hand von hinten und stieß meinen Kopf tief in die Schüssel mit dem Weißkäse. Ich dachte, ich müsste ersticken und tauchte prustend mit Weißkäse in Augen und Nase wieder auf. Wer derjenige gewesen war, habe ich nie rausbekommen. Aber ich schätze mal, es war bestimmt Reier gewesen.

Jedes Mal, wenn wir eine Wanderung durch den Wald machten, sammelte jeder so viel Kienäppel, wie er tragen konnte. Damit wurde dann der Badeofen geheizt. In kleinen Gruppen wuschen wir uns mit dem heißen Wasser. Der Lehrer kam mit einer harten Stielbürste und schrubbte jedem den Rücken. Manchmal dachte ich: „Wenn der noch lange an meen' Rücken rumscheuert, haste bald keene Pelle mehr druff." Wenn dann der Rücken so richtig „glühte", nahm Reier einen Eimer eiskalten Wassers und kippte ihn jedem über den Kopf. Das war immer so ein Schock, dass einem beinahe das Herz stehen blieb.

Nachdem alle Jungs mit der Waschzeremonie fertig waren, kamen die Mädchen dran. Ich überredete Dietsch, er solle mir mal die Räuberleiter machen, damit ich durch das Fenster den Mädchen beim Waschen zusehen kann. Natürlich wurden wir beide erwischt und durften eine Strafarbeit von drei Seiten Länge schreiben.

Andreas Laubwitz feierte bei dieser Fahrt seinen Geburtstag. Seine Mutter hatte dem Lehrer vor Antritt der Fahrt einen Kuchen mitgegeben. Als Laubwitz den Kuchen aus seinem Zimmer holen wollte, um mit uns seinen Geburtstag zu feiern, fehlte ein Stück davon. Am Abend, wir lagen schon in den Betten, gab es plötzlich einen lauten Tumult im Flur. Reier hatte herausbekommen, dass Guttler es gewesen war, der das Stück Kuchen geklaut hatte. Er bekam eine saftige Backpfeife und am nächsten Tag Stubenarrest.

Fast jeden Vormittag mussten wir Karten zeichnen. Von der Gegend um Hermes und auch Wanderkarten der Wege, die wir schon gewandert waren.

Aus Schüttis Tagebuch: „Ich malte eine Karte. Es war eine genaue Karte mit den Wanderungen. Ich brauchte ungefähr eine Stunde. Ein Bild vom Landschulheim war auch zu zeichnen. Dieses konnte ich leider nicht mehr fertig stellen. Wäre ich nämlich fertig gewesen wäre, hätte ich Kienäppel sammeln gehen können. Das hätte mir nämlich viel mehr Spaß gemacht. Nach dem Kaffeetrinken gab es den Stubenwettkampf. Wir hatten eine Stunde Zeit zum Saubermachen, konnten die Zeit jedoch noch verlängern. Unser Zimmer brauchte etwas mehr als bis vier Uhr. Wir ‚wüschten‘ unserer Meinung nach überall Staub. Doch Herr Reier fand noch Staub unter den Stuhlbeinen und hinter dem Wäscheschrank, worüber wir ein wenig verdutzt waren. Bei den Schuhen fand er in den Rillen noch Sand. Am Abend wurden wir wieder gebadet. Ich fand, dass dieses eine richtige Wohltat war. Für unseren „Kühnen Esser" war es, so glaube ich, keine Wohltat. Bei der kühlen Dusche spielte er prustend Blasebalg und heulte. Heute hatte die Oma des Hauses, Frau Haueis Geburtstag, wir gratulierten. Ich konnte das nicht tun, weil mir vor Hunger schlecht war.

Am vorletzten Tag unserer Klassenreise wollten wir noch eine kleine Wanderung machen. Die meisten Kinder standen schon alle vor dem Heim und warteten auf den Lehrer. Der dicke Brunkschmidt stand dicht an einem Abwassergraben, der aus dem Schweinestall kam. Jetzt hatte ich endlich die Gelegenheit mich an ihm für die Schmach bei den Bundesjugendspielen zu rächen. Er hatte damals am lautesten gelacht, als ich mit den Spikes im Holz stecken blieb. Unauffällig näherte ich mich ihm von hinten. Er war gerade mit seinem Campingbeutel beschäftigt. Als ich hinter ihm stand, gab ich ihm einen kleinen Schubs und Brunkschmidt flog der Länge nach in den Abwassergraben. Es wurde zwar nur seine Hose nass, aber dafür stank er umso erbärmlicher.

Am Abend machte das Gerücht von einer Nachtwanderung die Runde. Wir zogen uns nicht um wie sonst, sondern behielten unsere Sachen an.

Aus Schüttis Tagebuch: „Gegen 22.00 Uhr wurde das Licht angemacht und wir wurden geweckt. Nun stand es fest, wir machen eine Nachtwanderung. Zuerst war man noch gar nicht richtig im Kopf. Man stellte einige dumme Fragen, die man am Tag nicht stellen würde. Gegen 23.00 Uhr ging es dann los. Ab und zu stolperte ich über eine Wurzel oder über einen Stein. Bei der Überspringung eines Baches fiel einer mit einem Fuß hinein. Dann mussten wir Herrn Reier suchen. Nach einem Pfiff sollten wir ihn finden. Ich fand ihn nicht. Es war 1.00 Uhr, als wir wieder im Heim waren. Ich lag noch lange schlaflos im Bett und dachte über die Wanderung nach."

Als der Tag der Abreise kam, freute ich mich sehr. Meine Eltern und meine Freunde vom Munsterdamm hatte ich ganz schön vermisst.

Aus Schüttis Tagebuch: „Es war der letzte Fahrtentag. Dieses freute mich nicht sehr, da es nun nach Berlin wieder ging. Mein Koffer war schnell gepackt. Frau Elgaß sah ihn nach und fand ihn gut. Über Nacht hatte es sieben Zentimeter geschneit und nach dem Mittagessen durften wir noch einen Schneemann bauen. Gegen halb vier fuhren wir dann los. Mit dem Bus hatten wir großes Glück, denn es war ein neues Modell. Ich fand, die Fahrt nach Töpen verlief schnell. Unterwegs überraschten uns mehrere Schneefälle. Das letzte, was ich vor Babelsberg sah, war die Elbe. Von da ab schlief ich ein bis Babelsberg. Hier störte mich ein Grenzpolizist von drüben. Vor der Schule warteten die Eltern. Alle Eltern waren nicht da. Meine aber waren da."

Glücklich, wieder zu Hause zu sein, schlief ich in dieser Nacht wie ein Murmeltier.

Kapitel 60

Der Kindergottesdienst 1961

Mäckis Mutter ging jeden Sonntag um 10.00 Uhr zum Gottesdienst in die Markus-Kirche. Manchmal musste Mäcki auch mit.
Als er wieder mal von der Kirche nach Hause kam, zeigte er mir
ein kleines, dünnes Heft, worin bunte Bilder aus der Bibel einge-
klebt waren. „Det bekommste immer, wenn de zum Kindergottesdienst jehst. Der is' immer gleich nach dem richtijen Gottesdienst", erzählte er mir. „Und wenn de denn det Heft im Religionsunterricht der Lehrerin zeichst, krichste ooch noch `n Lob."
Das musste ich auch mal probieren.

Am darauf folgenden Sonntag ging ich zusammen mit Mäcki
zum Kindergottesdienst. Sauber angezogen saß ich mit ihm neben seiner Mutter. Als die Andacht zu Ende war, lief ich mit zu
einer Gemeindeschwester, die mich freundlich begrüßte. Ich bekam auch so ein Heft und ein buntes Bild. Das sprach sich natürlich auf der Straße unter den Freunden rum und schon am nächsten Sonntag waren außer Klaus und Jürgi fast alle mit dabei.

Es war jedes Mal das gleiche, wenn Schmitti, Mäcki und ich
zusammen an einem Ort waren, wo nicht gelacht werden durfte,
dann ging das nicht lange gut. Zu Ostern war die Kirche gerammelt voll, auch meine Eltern waren an diesem Tag mit dabei. Wir
Kinder saßen alle in der zweiten Reihe. Der Pfarrer konnte uns
nicht so gut sehen, weil wir hinter den wuchtigen Holzbänken fast
verschwanden. Nur, wenn er manchmal durch den Mittelgang
schritt, dann nickte er uns freundlich zu. An den Rückseiten der
Kirchenbänke, waren an jedem Platz kleine Garderobenhaken
angebracht. Weil mir der Gottesdienst wieder einmal zu lang war,
drehte ich einen der Haken hin und her. Gerade in diesem Moment herrschte totale Stille in der ganzen Kirche. Der Haken
quietschte jämmerlich und Mäcki fing an leise zu lachen. Ich hörte
augenblicklich auf, an dem Haken zu spielen.

Der Pfarrer stimmte ein Lied an und die Gemeinde begann zu singen. Schmitti stieß mir den Ellenbogen in die Seite: „Hör' ma', Lori, da singt eener genauso wie der Haken eben jequietscht hat." Ich konnte nur mühsam ein Lachen unterdrücken. Nun fing Mäcki auch noch an zu kichern. Es war die reinste Hölle für mich. Das Lied war zu Ende und der Pfarrer schritt langsam auf uns zu. Als er neben unserer Bank stand, drehte er uns den Rücken zu und begann etwas aus der Bibel vorzulesen. Da stieß ich aus Versehen an den Haken und wieder ertönte das quietschende Geräusch. Der Pfarrer drehte sich zu uns um und schaute mit einem starren Blick in unsere Gesichter. Ich muss rot wie eine Tomate geworden sein. Dann ging er langsam weiter. Schmitti und Mäcki pressten sich die Hände vor den Mund und die Tränen liefen ihnen nur so aus den Augen. Der Pfarrer hatte sich ungefähr zwei Meter von uns entfernt, als Schmitti, der Idiot, wieder an dem Haken drehte. Der Pfarrer wirbelte herum und machte einen Riesenschritt auf uns zu. Er hob seine Hand und zeigte auf mich. Dann sagte er: „Und du gehst jetzt nach Hause." Aufs tiefste erschrocken erhob ich mich von meinem Platz und machte mich auf den Weg nach draußen. Als ich an Mäckis Mutter vorbeikam, schüttelte diese nur den Kopf. Als ich jedoch an der Bankreihe vorbeikam, in der meine Eltern saßen und den Blick meines Vaters sah, wusste ich schon, was die Glocke geschlagen hatte. Ich bekam zu Hause mächtig eine gescheuert.

In der Schule schossen wir gerne mit Flitzgummis und Papierkrammen. Das hatte mir bereits eine Eintragung in das Klassenbuch eingebracht. Im Freien ging das nicht so gut, weil der Wind dauernd die leichten Papierfetzen davonblies. Als ich am Nachmittag mit Schmitti, Mäcki und Batti zum Oehlertring ging, um mit Chrille zu quatschen, fand ich auf dem Weg ein kleines, gebogenes Stück Eisen von der Stärke eines Nagels. Ich nahm es in die Hand und blitzartig kam mir eine Idee. Man könnte diese gebogenen Dinger vielleicht auch als Krammen benutzen. Sogleich machte ich einen Versuch und war erstaunt, wie die Dinger abzischten. Beim zweiten Versuch aber schoss ich mir so eine Kramme auf den Daumen. Mein lieber Mann, hat das wehgetan.

Als wir am Oehlertplatz ankamen, sagte Mäcki zu mir: „Kiek ma', jetzt bauen se ooch noch den letzten Fleck zu. Da war doch ma' unsere zweete Wüste jewesen." Gemeinsam stiefelten wir zu dem Rohbau hinüber. Rohbauten zogen uns immer magisch an, es waren ideale Plätze um Verstecken zu spielen. Außerdem lag immer allerhand am Boden rum, was wir gut gebrauchen konnten, um irgendwas damit anfangen zu können. Es war schon nach 16.00 Uhr und von den Bauarbeitern war keiner mehr zu sehen. Schnell kletterten wir über den Bauzaun. Da entdeckte ich zwischen Holzspänen und anderen Holzabfällen überall verstreut herumliegende Eisenkrammen. „Mensch, kiekt ma', wat hier liecht, massenweise Krammen. Da könn' wa jetzt `ne jute Schlacht damit machen", rief ich begeistert. Jeder der Freunde nahm eine Handvoll der kleinen Dinger und steckte sie in die Hosentasche. „Die zecken aber janz schön, wenn die eener abkricht", meinte Batti. „Is' ja klar und deswejen verabreden wa ooch, dass nur uff de Hose jeschossen wird", antwortete ich. Wir verteilten uns auf dem einstöckigen Rohbau und jeder kroch irgendwo rum, um dem anderen eine zu verpassen.

Vorsichtig schlich ich über das Gerüst. Da sah ich plötzlich Batti, der unter mir aus dem Kellerfenster kletterte. Er zwängte sich dermaßen dusselig und umständlich aus dem kleinen Fenster und streckte mir dabei noch seinen Hintern einladend entgegen, da konnte ich gar nicht anders. Ich spannte den Flitzgummi mit der Eisenkramme und schoss sie ab. Batti jaulte wie ein Köter auf, als ihn die Kramme an der Pobacke traf. „War'n prima Treffer, wa", rief ich lachend zu ihm hinunter. Da fühlte ich einen stechenden Schmerz an meiner linken Wade. Schmitti tauchte hinter einer Ecke auf und grinste: „Det ooch, wa." Doch dann kam Mäcki und meinte: „Det is' vielleicht doch zu jefährlich, wat wa hier machen. Stellt euch ma' vor, eener kricht so'ne Eisenkramme ins Ooge."

Wir schauten uns an und dann gaben wir Mäcki Recht. Es war wirklich zu gefährlich, was wir hier taten.

„Woll'n wa ma' kieken, wat die neuen Kinder oben am Oehlertring machen?", fragte ich meine Freunde. „Det is' `ne jute Idee, vielleicht is' Monika zu Hause?" Schmitti grinste mich blöde an.

In den Neubauten oben auf unserem damaligen „Südi" waren auch ein paar neue Kinder zugezogen. Mit den Jungs hatten wir am Anfang noch zusammen Pappe verbrannt, aber dann haben Schmitti, Batti und mich die beiden neuen Mädchen, Elke Block und Monika Gehrmann, mehr interessiert. Vor allen Monika hatte es mir angetan. Wie schon seit der Zeit mit Diana buhlte ich mit Schmitti um die Wette. Jeder wollte Monikas Gunst zuerst erlangen. Sie war tagsüber oft alleine zu Hause und so klingelten wir immer an ihrer Wohnungstür.

Eine Woche zuvor hatte sie Schmitti und mich in die Wohnung geholt. Zuerst alberten wir gemeinsam im Wohnzimmer rum. Dann zeigte sie uns ihr Zimmer. Da die Wohnung im Parterre lag, zog sie die Jalousie herunter. Mädchen mit 13 Jahren waren wahrscheinlich reifer als wir. Denn sie wusste nur allzu gut, wie man mit Jungen umgeht. Als es im Zimmer dunkel war, legte Schmitti los und wollte einen Kuss von ihr haben. Mich schob er immer beiseite, wenn ich auch mal in die Nähe von Monika kam.

Auf einmal wurde im Flur das Licht angeknipst. Monika rief erschreckt: „Auweia, das ist mein Vater. Der ist ja früher von der Arbeit gekommen als sonst." Schon riss der Vater die Tür von ihrem Zimmer auf. Schmitti flitze blitzschnell hinter die Tür. Ich stand wie ein Idiot mitten im Zimmer, angestrahlt wie ein Weihnachtsbaum durch die Flurlampe. „Warum ist denn hier alles dunkel", donnerte eine Stimme in das Zimmer. „Und wer bist du?" Ehe ich antworten konnte, hatte ich mir schon eine eingefangen und suchte mein Heil in der Flucht nach draußen.

Es dauerte nicht lange, da kam auch Schmitti aus der Haustür gestürzt. „Hatta dir ooch eene gescheuert?", fragte ich ihn. „Nee, ick konnte mich jerade noch ducken und bin denn abjehau'n."

Kapitel 61

Das Probehalbjahr 1961

Bereits einige Wochen vor Beendigung der 6. Klasse bekamen wir von Reier die Empfehlungen für den Werdegang zur Oberschule. Einigen der Streber wie Schütti, Schneider und Redwanz wurde der Wissenschaftliche Zweig empfohlen. Die hatten ja auch den Geist dafür. Andere wählten auf Rat des Lehrers den Technischen Zweig als weiteren Weg. Und der Rest, natürlich war ich darunter, sollte es lieber auf dem Praktischen Zweig versuchen.

Das entsprach aber nun gar nicht dem Wunsch meiner Eltern. Trotz einer Rücksprache mit dem Lehrer war mein Vater fest davon überzeugt, dass ich mit Fleiß, Ausdauer und Konzentration das Probehalbjahr auf dem Technischen Zweig schaffen würde. Da ich in Mathematik nicht gerade eine Leuchte war, beschlossen meine Eltern, dass ich den Sprachlichen Zweig nehmen sollte. „Da lernste wenigstens noch `ne zweite Fremdsprache, nämlich Französisch", sagte mein Vater zu mir. „Ich war ja in französischer Kriegsgefangenschaft und da kenn' ich auch noch ein paar Wörter", fügte er hinzu. Na ja, Englisch hörte ich ja immer im AFN und da konnte ich schon etwas verstehen, aber ob das für die Oberschule reichte?

Der Abschied aus der Grundschule verlief eigentlich sang- und klanglos. Reier schmetterte mir noch ein ausreichendes Zeugnis hin, wünschte mir alles Gute für meinen weiteren Lebensweg und ich war froh, den Lehrer nicht mehr zu sehen. Manche der Klassenkameraden würde ich bestimmt noch treffen, aber die anderen? Wer wusste das schon.

Nach den Osterferien lief ich zum ersten Mal einen anderen Schulweg als die letzten sechs Jahre. Zusammen mit Klaus, der schon seit zwei Jahren auf der Friedrich-Bayer- Oberschule ging, marschierte ich zur Lauenburger Straße wo die Schule war.

Schon nach den ersten Tagen war mir klar, hier wehte ein völlig anderer Wind. In der Hofpause schritten die Lehrer, die Aufsicht hatten, wie stolze Schwäne über den Hof. Ich war ja einigen Drill von Reier gewöhnt gewesen, aber was hier ablief, ob das gut gehen würde? Der Unterricht war knochentrocken und zu lachen gab es kaum etwas. Geschweige denn einen Streich auszuhecken. Den einzigen, den ich machte, der brachte mir gleich einen Tadel ein. Ich bekam seitenweise Hausaufgaben auf, die mich stundenlang zu Hause brüten ließen. Zeit zum Spielen auf der Straße hatte ich nur noch am späten Nachmittag oder am Wochenende. Mein Vater konnte mir schon gar nicht helfen mit seinen paar französischen Brocken. Englisch konnte auch keiner in der Familie. Und die schweren Aufgaben in Mathematik und Raumlehre, die konnten wir alle drei kaum lösen. So saß ich abends noch lange mit meinen Eltern zusammen über den Hausaufgaben für den nächsten Tag. Die erste Französischarbeit verhaute ich mit einer glatten sechs. Die Mathearbeit, die Englischarbeit und einen Aufsatz folgten mit dem gleichen Resultat.

Nach ein paar Wochen stand für mich fest: Wenn ich das Probehalbjahr überstehen würde, dann wäre das wie Weihnachten und Ostern auf einen Tag. Im August, passierte mir dann auch noch die Sache mit der Hüfte.

Eines Nachmittags spielte ich mit Schmitti, Peter und ein paar anderen Freunden Cowboy und Indianer. Zufällig kam Micki Müller, ein Junge, der seit einiger Zeit am Munsterdamm wohnte, vorbei. Das war so ein richtiger Strolch. Schon nach kurzer Zeit bekamen wir uns in die Wolle. Er fing an mich zu stoßen, worauf ich ihn in den Schwitzkasten nahm. Bei diesem Gerangel stellte er mir ein Bein und ich verdrehte mir die Hüfte.

Als ich am Boden lag und wieder aufstehen wollte, durchzuckte mich ein wahnsinniger Schmerz. Ich konnte mein Bein nicht mehr drehen. Ich schrie auf vor Schmerz. Die Freunde standen erst dumm da und einer meinte sogar: „Nu' markier' hier ma' keen' Sterbenden", bis Schmitti endlich erkannte, dass etwas mit mir nicht stimmte. Er rannte zu Frau Böttcher und die rief sofort die Feuerwehr.

Kurz nachdem der Unfallwagen vor Helgas Haus hielt, hing schon der halbe Munsterdamm aus dem Fenster, allen voran Peters Oma, Frau Jacobi. Als mich die Feuerwehrmänner auf die Krankentrage hoben, hörte ich, wie einer der Männer sagte: „Sieht ganz nach ausgerenkter Hüfte aus." Ich muss schon ein komisches Bild abgegeben haben, wie ich da so lag. Das eine Bein verdreht und um die Hüfte einen Revolvergurt mit Zündplättchencolt.

Im Auguste-Viktoria-Krankenhaus am Grazer Damm wurde ich in einem Raum auf den Boden gelegt. Ein Arzt sagte zu mir: „Nun zähl' mal schön bis zehn und dann schläfst du ein." Ich kam gerade mal bis drei und dann war ich weg. Als ich wieder aufwachte, lag ich in einem Bett. Zuerst wusste ich gar nicht wie ich dorthin gekommen bin, doch dann fiel mir alles wieder ein. Sogleich bewegte ich vorsichtig mein Bein und siehe da, es ging. Am nächsten Tag besuchten mich meine Eltern und brachten mir Süßigkeiten, Obst und die neueste „Bravo" mit. In den darauf folgenden Tagen besuchten mich auch Schmitti und Mäcki. Sie berichteten mir die Neuigkeiten vom Munsterdamm. „Micki Müller, den Arsch, lassen wa jetzt nich' mehr mitspielen", tröstete mich Mäcki.

Nach einer Woche durfte ich zum ersten Mal aufstehen. Eine Schwester machte mit mir Gehübungen. Ich musste den Gang auf der Station rauf und runter laufen. Draußen war es irre heiß. „Bestimmt sind se jetzt alle im Schwimmbad", dachte ich traurig. Ich freundete mich mit einem Jungen aus dem Nachbarzimmer an. Als ich zum ersten Mal die Station verlassen durfte, unternahm ich mit ihm in gestreifter Krankenhauskluft Streifzüge über das Krankenhausgelände. Manchmal stand ich vor der hohen Steinmauer und wusste, dahinter ist der Munsterdamm. Doch noch durfte ich nicht nach Hause. In meinem Zimmer lagen noch zwei andere Jungen. Dem einen hatten sie den Blinddarm rausgenommen, woran der andere litt, wusste ich nicht. Der heulte aber jeden Tag vor Heimweh.

Mein Vater hatte mir sein kleines Transistorradio mitgebracht und so konnte ich immer „Schlager der Woche", „Es geschah in Berlin" und „Menschen und Paragraphen" hören. Einige Schlager aus der Sendung mit Fred Ignor hörte ich besonders gern. „Hello Mary Lou" und „Travellin' Man" von Ricky Nelson sowie „Schöner fremder Mann" von Connie Francis und „Dankeschön für die Blumen" von Siw Malmquist erinnerten mich von da an immer an meinen Krankenhausaufenthalt.

Das am 13. August 1961 die Mauer errichtet wurde, nahm ich nur am Rande wahr. Doch als mir meine Mutter unter Tränen sagte: „Nun können wir nicht mehr nach Sachsen fahren", wurde es mir halbwegs bewusst.

Nach vier endlosen Wochen sollte ich endlich entlassen werden. Doch in der Nacht bekam ich hohes Fieber und es stellte sich heraus, dass ich mir eine Angina zugezogen hatte. Nun musste ich weitere 14 Tage im Krankenhaus bleiben. In der Zwischenzeit war die Schule bereits wieder in vollem Gange und als ich nach vier Wochen wieder das Klassenzimmer betrat, schien mein Probehalbjahr bereits beendet. Ich schaffte es trotz größter Anstrengungen nicht mehr, die versäumten Unterrichtsstunden nachzuholen. Mein Halbjahreszeugnis sah dementsprechend aus. Drei Fünfen und zwei Sechsen. Nur im Sport bekam ich wieder eine Zwei. So ging ich dann im Herbst wieder den alten, mir so vertrauten Schulweg. Inzwischen hieß meine ehemalige Grundschule „Johann-Thienemann-Oberschule", Praktischer Zweig. Die 5. Grundschule war zum Hanstedter Weg gezogen, dort wo einst unser „Grundti" gewesen war.

Ich kam in die Klasse 7 G2. Mein Klassenlehrer hieß Wilke. Groß war die Freude, als ich ein paar der alten Klassenkameraden aus der 6. Klasse wiedertraf. Olle Hurmsermann, Dietsch, Lehmann und Guttler. Der Lehrer war ein sehr ruhiger Mann und mir machte die Schule seit langer Zeit wieder Spaß. Schon bald stellten sich die ersten Erfolge ein. Eine 2 in der Mathearbeit, eine 1 im Aufsatz und eine weitere 2 in Englisch. Wie das zustande gekommen war, blieb mir immer ein Rätsel.

Während einer Hofpause erzählte mir Hurmsermann, dass sein Vater zu Hause im Schrank eine echte Pistole hätte. „Kannst de mir die ma' zeigen?", fragte ich. Nach Schulschluss begleitete ich ihn nach Hause. Es war ein langer Weg, erst durch den ganzen Stadtpark und dann noch durch den Bäkepark. Er zeigte mir die Pistole und ich hatte zum ersten Mal in meinem Leben eine echte Waffe in der Hand, nicht nur so eine verrostete, wie wir sie damals in einer Ruine gefunden hatten. „Kannste mir die ma' leihen, bis morjen?", fragte ich ihn. Nach einigem Zögern willigte Hurmsermann ein. „Aber zeig' die nich' uff de Straße", nuschelte er. „Nee, nee mach' ick schon nich"", antwortete ich.

Doch kaum zu Hause angekommen, rannte ich zum Oehlertplatz und spielte Gangster. Natürlich war in der Pistole kein Magazin, aber dennoch hatte mich ein Polizist beobachtet und kam nun auf mich zu. „Was hast du denn da, kann ich das mal sehen?", sagte er und streckte seine Hand aus. Mir wurde furchtbar heiß und ich geriet mächtig ins Schwitzen. „Die kann dein Vater auf dem Polizeirevier heute abend abholen", sagte der Polizist zu mir. „Aber die jehört mir doch jar nich"", stotterte ich, „die hab' ick nur von eenem Freund aus de Schule jeborgt." Da wollte er natürlich die Adresse von Hurmsermann wissen. Was sollte ich machen, also sagte ich, wo dieser wohnte. Am nächsten Tag in die Schule sprach Hurmsermann kein Wort mit mir. Auch meine Entschuldigung nahm er nicht an. Doch nach einer Woche hatte er sich beruhigt und erzählte mir dann, dass sein Vater die ganze Geschichte nicht so tragisch genommen hatte.

Die Sendungen im Fernsehen wurden immer besser. Zusammen mit meinem Vater beölte ich mich jedes Mal, wenn im Werbefernsehen das „HB Männchen" auftrat. Auch die lustige Sendung mit Chris Howland, „Vorsicht Kamera" verfolgten wir mit dem größten Vergnügen.

Mindestens ein Mal in der Woche liefen wir zum Markt, um dort bei „Krasselt" eine der so beliebten Currywürste zu essen. Am 1. Dezember 1959 hatte Krasselt damit begonnen, aus einem kleinen, einachsigen Wohnwagen heraus seine Wurst unter die Leute zu bringen. Bis dahin kannte ich nur Bockwurst mit Senf. Diese neue Wurst aber war mit Tomatenketchup übergossen und mit scharfen Gewürzen bestreut. Ich weiß noch genau, wie mir beim ersten Mal fast die Luft wegblieb, als ich abgebissen hatte. Krasselt schob seinen Anhänger immer in eine Lücke im weißen Holzzaun, der den Markt umschloss. An den Markttagen schob er den Hänger in die Karl-Stieler-Straße, um ihn am Abend wieder nach oben zum Markt zu holen. Neben seinem Anhänger spannte er eine Plane vom Dach des Hängers bis über den Holzzaun, damit die Leute bei Regen nicht nass wurden.

Meist waren Schmitti und Klaus mit dabei, wenn wir zu „Krasselt" gingen. Wenn wir dann ankamen, sahen wir schon von weitem die Schlange der wartenden Leute. Jeder schaute Krasselt und seiner Frau auf die Finger, wenn sie ein oder zwei, manchmal sogar drei und mehr Würste auf das Papptablett legten. Mit schnellen Griffen kamen zuerst aus zwei verschiedenen Büchsen die scharfen Gewürze drauf. Darüber kam der hervorragend schmeckende Ketchup. Zuletzt wurde die Wurst halbiert und an den Enden steckte Krasselt spitze Holzpieker hinein. Mir lief jedes Mal das Wasser im Mund zusammen, wenn ich das sah. Doch mehr als zwei Würste konnte ich mir nicht leisten. Anders dagegen Klaus, der verdrückte meistens drei Currywürste. Anfangs gab es noch kleine, warme Brötchen dazu. Später kosteten die dann auch etwas. Nachdem wir köstlich gespeist hatten, warfen wir die Pappteller in den Mülleimer und steckten die Holzpieker in die Zwischenräume des Holzzaunes.

Kapitel 62

Das Fahrrad 1961

Ein eigenes Fahrrad hatte ich nie besessen. In Sachsen, bei meinen Großeltern, da stand damals ein altes Damenrad im Schuppen. Mit dem fuhr mein Opa immer zur Brauerei und wenn er mal nicht arbeiten brauchte, dann durfte ich mit dem Fahrrad auf dem Hof rumkurven.

Mäcki besaß seit geraumer Zeit ein tolles Fahrrad mit Drei-gang-Schaltung. Sein Vater hatte es ihm bei „Matze Schmidt", einem Fahrradladen in der Albrechtstraße, gekauft. Jedes Mal, wenn ich von der Schule nach Hause kam, blickte ich neidisch auf den älteren Jungen, der bei uns im Haus wohnte. Der besaß ein rotes Rad mit Schwanenlenker und zwei Weihmannbremsen. Und außerdem hatte das Rad auch noch eine Fünf-Gang-Kettenschaltung.

Als ich eines Tages aus der Schule kam, stand er unten vor der Haustür mit seinem Fahrrad. „Willst du mein Rad haben?", fragte er mich. „Ich bin letzte Woche 18 geworden und nun will ich mir ein Moped kaufen, 'ne Kreidler." „Wat soll'n det kosten?", fragte ich ihn. „Na, wenn du mir fünfzig Mark gibst, ist das okay." Das war 'ne Menge Geld für mich. „Ick muss erst ma' meenen Vater fragen, der borgt mir vielleicht wat." Ich raste nach oben. „Du Pappi, der Junge aus'n Haus, ick gloobe, der heißt mit Nachnamen Feldmann, will mir sein Fahrrad verkoofen. Für nur fuffzich Mark." Ich bettelte wie ein Köter und endlich sagte er zu mir: „Wenn du weiter so gut in der Schule bist, dann kauf' ich dir das Rad. Aber du musst mir von deinem Taschengeld jeden Monat zwei Mark zurückzahlen." Ich fiel meinem Vater um den Hals. „Mach' ick, Pappi."

Den Nachmittag verbrachte ich mit meinen Freunden auf dem Randstreifen, der noch vom „Südi" übrig geblieben war. Der leicht ansteigende Hang war mit Gras bewachsen und so konnten wir uns dorthin flegeln. Wir hatten einen Lederball mit dabei und spielten „Arschball". Das war so eine Abwandlung von Prellball, nur dass wir bei diesem Spiel auf dem Boden saßen und verhindern mussten, dass uns der Werfer mit dem Ball traf. Der Ball durfte nur mit den Beinen abgewehrt werden. Während wir so vor uns hinspielten, kam ein Schäferhund auf das Gelände gerannt. Mäcki, der gerade dabei war den Ball zu werfen, sah den Hund zu spät. Der Köter rannte durch Mäckis Beine hindurch und riss ihn um. Er schoss einen Kabolz und wir grölten alle wie die Blöden vor Lachen.

Am nächsten Tag konnte ich es kaum erwarten, dass die Schule aus war. Sogleich rannte ich nach Hause, schmiss die Schulmappe in die Ecke, griff mir den Kellerschlüssel und raste die Treppe wieder runter. Vor Aufregung fiel mir zweimal der Kellerschlüssel aus der Hand, als ich die Kellertüre aufschließen wollte. Endlich stand ich vor meinem roten Fahrrad. Vorsichtig schleppte ich es die Kellertreppe hoch und stellte es vor die Tür. Als ich aufsteigen wollte, stieß ich mich an der Querstange. „Na klar, is' ja ooch'n Herrenrad", tadelte ich mich selbst. Ich übte erst mal ein paar Runden in der Häuserzeile. Das Auf- und Absteigen klappte noch nicht so richtig, weil immer diese blöde Stange im Weg war. Außerdem hatte das Rad keinen Rücktritt, sondern Leerlauf wegen der Kettenschaltung und da musste ich beim Bremsen ganz schön aufpassen. Dafür zogen die Weihmannbremsen dermaßen fest, dass ich beinahe auf die Fresse geflogen wäre. Den Fuchsschwanz, der hinten am Gepäckständer hing, durfte ich auch behalten.

Nachdem ich mich einigermaßen sicher fühlte, wollte ich zum Munsterdamm radeln, um den Freunden mein neues Fahrrad zu zeigen. Als ich kurz vor der Waschküche war, schaute ich beim Schalten in einen anderen Gang nach unten. Dadurch sah ich die Frau, die gerade in die Zeile einbog, zu spät. Wie ich es gewohnt war, bremste ich mit dem Rücktritt. Doch da war keiner. Blitzschnell zog ich an beiden Weihmannbremsen und schon schoss ich über das Lenkrad. Die Frau meckerte mich böse an, doch das war mir völlig egal. Auch mein abgeschürfter Ellenbogen und mein höllisch wehtuendes Knie interessierten mich nicht. Ich schaute nur auf mein Fahrrad und war sichtlich erleichtert, als ich sah, dass nur der Lenker verbogen war. Ich zeigte das Rad Mäcki und der nickte anerkennend: „Det iss'n jutet Rad."

Am nächsten Tag stellte ich fest, dass das hintere Rücklicht nicht brannte. Also fuhr ich zu Lampen Schulz und kaufte mir eine neue Glühbirne. Nachdem ich sie angebracht hatte, machte ich eine Probefahrt auf dem breiten Parkstreifen. Dabei drehte ich meinen Kopf nach hinten, um zu sehen, ob das Rücklicht auch brannte. Den Funkwagen, der mir von vorne entgegenkam, bemerkte ich erst, als ich mit der Pedale an die Stoßstange stieß. Erschreckt bremste ich abrupt. Mein Vater, der gerade in diesem Augenblick vom Lebensmittelgeschäft „Lauschitzki" kam, hatte alles beobachtet. „Das Fahrrad kommt sofort in den Keller. Lern du mal erst richtig fahren", schimpfte er mich aus. Der Polizist, der auch ausgestiegen war, meinte nur: „Is' doch allet halb so schlimm, hat ja noch nich' ma' `ne Beule jejeben." Ich schob das Fahrrad heulend nach Hause und bekam eine Woche Fahrradverbot.

Am 11. Oktober starb mein Opa. Es war ein sehr trauriger Tag für mich, denn ich hatte meinen Opa sehr lieb gehabt, auch wenn er oft mit mir geschimpft hatte, weil ich immer so ungeduldig war. Meine Oma kam über den Tod ihres geliebten Mannes nur sehr schwer hinweg. Damit es nicht schlimmer werden sollte, weil sie Anfang der 50er Jahre schon mal in der Nervenklinik gewesen war, beschlossen meine Eltern, ich sollte zur Oma in die Wohnung ziehen und so lange dort wohnen, bis sie sich beruhigt hatte. So kam ich zurück zu meinem geliebten Munsterdamm.

Ich wohnte jetzt auf der anderen Straßenseite, Nr. 35 und nur zwei Häuser weiter wohnte Mäcki. In den ersten Wochen schlief ich zusammen mit meiner Oma im Zimmer nach vorne raus zur Straße. Aber sie schnarchte höllisch und ich bekam kein Auge zu. Außerdem träumte sie nachts sehr oft und schrie dann im Schlaf auf. Meine Oma war es dann, die vorschlug: „Pass mal auf, Junge, so geht das nicht weiter. Du musst doch in der Schule hellwach sein und wenn du nun nachts nicht schlafen kannst, dann machen wir das anders. Ich schlafe ab jetzt hinten im Wohnzimmer auf meinem Schlafsofa und du bleibst hier und schläfst im Wandklappbett."

Nach ein paar Wochen sagte ich zu ihr: „Du Oma, bei dir is' det so schön, kann ick nich' für immer bei dir bleiben?" Meine Oma nahm mich in den Arm und antwortete: „Ich bin ja so froh, dass du hier bei mir bist, bleib man für immer hier." So kam es, dass ich zum ersten Mal in meinem Leben ein eigenes Zimmer hatte. Ich war der glücklichste Junge auf dem Munsterdamm.

Schmitti schien doch nicht der harte Junge zu sein, den nichts umhaute. Als sich Jürgi beim Basteln in die Hand schnitt, blutete er wie ein Schwein. Er lief ins Badezimmer und hielt seine Hand in die Badewanne. Schmitti kam dazu und als er das Blut sah, kippte er aus den Latschen und wurde ohnmächtig. Jürgis Mutter holte ihn nach einer Minute wieder ins Leben zurück.

Kapitel 63

Das Hörspiel 1961

Im November wurde es draußen schon sehr früh dunkel und wir konnten nicht mehr auf der Straße spielen. Nur manchmal, besonders wenn es neblig war, rannten wir mit unseren Taschenlampen durch die Gegend.

Jürgi saß immer öfter zu Hause in seinem Zimmer und bastelte an alten oder kaputten Rundfunkteilen herum. Er saß vor einem kleinen Schreibtisch, auf dem ein Haufen technisches Gerümpel, Ersatzteile von Transistorradios, kaputte Telefonhörer, ein

Lötkolben und allerlei andere Dinge herumlagen. Es war mir immer ein Rätsel, wie er sich in diesem heillosen Durcheinander zurechtfand. In einer Kiste, die auf dem Boden stand, lagen Dioden, kleine Schraubenzieher und ein wildes Knäuel von verschiedenfarbigen Drähten. Schon in der 6. Klasse in der Grundschule brachte er eine ausgebaute Hörmuschel von einem Telefonhörer mit, an die er einen Draht gelötet hatte. Ich weiß noch genau, wie wir alle in der großen Pause auf dem Schulhof um ihn herumstanden, als er den Draht mit dem Maschendrahtzaun verknüpfte. Dann hielt er jedem die Muschel ans Ohr und verblüfft hörten wir Musik aus dem Rias.

An einem trüben Nachmittag klingelte ich bei ihm. Jürgi zeigte mir ein kleines Tonbandgerät, das er geschenkt bekommen hatte. Sogleich spielte er mir seinen aufgenommenen Gesang vor. „Klingt fast wie Elvis, wa Lori. Aber det bin ick, der da singt", erzählte er mir stolz. Na ja, wie Elvis klang das, was da aus dem Lautsprecher kam, nicht so ganz, aber es war nicht schlecht. Jürgi war ein großer Fan von Elvis. Er besaß sogar schon zwei Singles von ihm, die er auf seinem kleinen, zerkratzten Plattenspieler dauernd abdudelte.

Als Nächstes spielte er mir blöde Sprüche und Geräusche vor, die er zusammen mit Klaus aufgenommen hatte. Die Lache von Klaus war einmalig. „Wir könn' ja ma' so'n Kriminalhörspiel machen. Wat hälts'n davon?" Das war eine prima Idee von Jürgi. Ich schlug ihm vor auch noch Klaus zu holen. „Denn haben wa noch'n dritten", sagte ich zu ihm.

Während Jürgi alles vorbereitete, flitzte ich schnell zu Klaus rüber und erzählte ihm, was wir vorhatten. Er war begeistert und wir sausten zurück zu Jürgi. Grübelnd saßen wir alle um das Tonband herum, aber außer blöden Sprüchen fiel uns erst mal nichts ein. Nach einer Weile besprachen wir so eine Art Konzept, wie wir das Hörspiel machen wollten. Klaus sollte der Mörder sein, ich das Opfer und Jürgi der Kommissar. Aber schon im Vorfeld der Probeaufnahmen lachten wir uns halb tot. Ich sollte mit einer hohen Stimme wie eine Frau sprechen. Um die Spannung zu steigern musste ich vor die Tür gehen und sollte dann anklopfen. Wenn ich dann hereinkam, sollte ich sagen: „Guten Tag, mein Name ist Susan."

Also ging ich raus, klopfte an und Klaus rief: „Herein, wenn's kein Schneider ist!" Jürgi fiel vor Lachen fast vom Stuhl. Er konnte sich kaum noch einkriegen, als nun auch noch Klaus zu lachen anfing. „Mann, det is' doch blöde", rief ich dazwischen, „ihr müsst ernst bleiben, det soll doch een Krimi werden." Wir probierten es noch einmal. Doch diesmal brachen Klaus und Jürgi in brüllendes Gelächter aus, als ich mit hoher Stimme meinen Satz sprechen wollte und mich dabei verhaspelte. Anstatt: „Mein Name ist Susan", zu lispeln, sagte ich: „Mein Name ist Lori."

Das war dann auch schon das Ende der Hörspielaufnahme, wir versuchten es zwar noch zweimal, aber es hatte einfach keinen Zweck. Immer wieder bekam Klaus einen seiner Lachanfälle. Ich war bloß froh, dass ihm nicht wieder die „Springwurzel" eingefallen war, denn sonst wäre er kaum noch zu halten gewesen.

Manchmal fuhr ich auch mit Jürgi zusammen, zu „Atzert", einem Ersatzteilladen für Elektrosachen am Anhalter Bahnhof. Dort bekam er alles, was er für seine Basteleien brauchte.

Ich fing an, immer mehr Musik zu hören. Schlager der Woche lauschte ich immer montags und manchmal auch freitagabends.

Punkt 17.00 Uhr tauchte jeden Tag der Lange mit seinem Kofferradio auf und dann hörten wir alle im AFN „Frolik at Five". Im Fernsehen gab es, außer den sonnabendlichen Unterhaltungsshows, endlich eine Musiksendung für Junge Leute. Chris Howland erschien als, „Heinrich Pumpernickel" mit seinem „Musik aus Studio B" auf dem Bildschirm. Das war was für mich. Mein Vater war nicht so erbaut davon, er sagte immer: „Da kann ja keiner den Text verstehen, wenn die in Englisch jaulen."

An einem trostlosen Novembernachmittag, der Nebel waberte durch die Straße, fragte mich Schmitti: „Kommste mit, ick will ma' wieder ins Völkerkunde-Museum in Dahlem jehen. Da kannste jute Sachen sehen. Schwerta von Rittern, Indiana und Mongolen." Ich war noch nie im Museum gewesen und wollte schon immer mal dorthin gehen.

Wir fuhren mit dem Autobus 33 bis zum S-Bahnhof Steglitz und stiegen dann in die Straßenbahn nach Grunewald um. Von der Haltestelle aus mussten wir noch ein kleines Stück zu Fuß gehen. „Findste det ooch nich' so'n bisschen unheimlich bei dem Nebel?", fragte ich Schmitti. „Nee", antwortete der", „det kommt mir denn immer so vor wie im Gruselfilm. Bei den Filmen von „Professor Flimmerich" im Ostfernsehen jibst ooch manchmal Filme, wo denn so'n Nebel is' wie heute."

Das Museum tauchte im Nebel wie ein dunkles, altes Gemäuer vor uns auf. Drinnen roch es ganz komisch, fand ich. Schmitti führte mich durch die verschiedenen Abteilungen. Er wusste genau, wo es was Gutes zu sehen gab. Mal waren es grauenvoll verzerrte Holzmasken aus Indonesien, dann wieder Indianerzelte. Immer wieder erschrak ich vor plötzlich auftauchend lebensgroßen Gestalten oder Figuren, die in einer Ecke standen. In der Abteilung mit den Indianern aus Nordamerika hätte ich stundenlang stehen können.

Die Zeit verging wie im Fluge und wir mussten uns beeilen, weil das Museum um 18.00 Uhr zumachte. Als ich beiläufig aus einem der großen Fenster schaute, sah ich, dass der Nebel draußen noch dicker geworden war. Schmitti führte mich noch schnell in die Gemäldegalerie. Als ich vor einem Bild von Hieronymus Bosch stand, graulte es mich ganz schön bei dem Anblick der Figuren, die dort gemalt waren.

Doch Schmitti wusste genau, wie er mich noch mehr erschrecken konnte. Gezielt zog er mich in einen Gang, wo in einer Ecke eine Glasvitrine stand. „Kiek ma' hier, Lori", rief er und schob mich dicht an die Glasscheibe heran. Ich erschrak fast zu Tode, als ich dort eine verschrumpelte Mumie erblickte. Schmitti lachte mich aus. „Mann, Lori, die is' doch schon seit ewigen Zeiten tot." „Der Idiot", dachte ich. Immer muss der einen so erschrecken. In dieser Nacht träumte ich von der Mumie und war froh, als am nächsten Tag kein Nebel mehr war.

Kapitel 64

Das Aquarium 1962

Schmitti liebte Tiere über alles. Er fing Mäuse, Eidechsen, Frösche, Vögel und Kaninchen. Bloß die konnte er nicht alle mit nach Hause nehmen. Also besorgte er sich ein größeres Glas und ließ darin zwei Fische schwimmen. Doch das war ihm dann zu eintönig und er kaufte sich ein Aquarium. Dieses hegte und pflegte er jeden Tag. Er kaufte sich verschiedene Wasserpflanzen und Fische. Als ich wieder mal bei ihm oben war, was sehr selten vorkam, denn seine Mutter mochte mich nicht so recht, zeigte er mir stolz sein Aquarium.

Er erklärte mir, wie die einzelnen Fische hießen und welche gefährlich waren. „Siehste die beeden Kampffische da? Wenn de da nich' uffpasst, fressen die alle andern Fische uff. Det hier, die mit dem langen, spitzen Schwanz, heißen Schwertträger. Die Kleenen hier, det sind Guppys, die vermehren sich wie die Irren. Der dicke Brocken da, der da an de Scheibe klebt, det is'n Wels. Kiek' ma' hier, den hab ick jerade jestern erst jekooft." Er zeigte auf einen gelb schwarz gestreiften Fisch, der aussah wie ein Aal. „Det is' so eene Art Muräne." Ich war von dem Aquarium begeistert, von den vielen bunten Fischen, die da so rumschwammen. Da konnte man ja stundenlang davor sitzen.

„Wat kostet denn so een Aquarium?", fragte ich ihn. „Det kommt immer uff die Jröße von dem Becken an und wat de für

Fische haben willst", antwortete er. Da fiel mir ein, wie ich damals bei Andreas Ott im Haus war und das riesengroße Aquarium gesehen hatte. Damals hatte ich mir vorgenommen, eines Tages auch mal so eines haben zu wollen.

Ich borgte mir von meiner Oma etwas Geld, den Rest nahm ich von meinem Gesparten und ging mit Schmitti zusammen zu „Zoo Frank" am Steglitzer Damm. Dort kaufte ich mir ein mittelgroßes Aquarium mit allem was dazugehörte. „Du musst dir ooch noch so'n Sprudelstein koofen, det sieht denn besser aus, wenn da so die Luftblasen nach oben steigen. Det is' außerdem ooch für die Fische jut, da könn' se besser atmen", meinte Schmitti. Zuletzt besaß ich nur noch drei Mark und dafür kaufte ich mir ein paar Guppys. Zu Hause half er mir beim Aufstellen des Aquariums. „Am besten, du schneidest dir noch een Stück Pappe aus, unjefähr so groß wie die Scheibe. Det malste denn mit Tusche blau aus und stellst det denn hinter det Becken. Denn sieht det von vorne aus wie im Ozean", schlug er vor. Als ich die Pumpe angeschlossen hatte, stellte ich noch meine Stehlampe dicht an das Becken heran, damit die Fische nicht im Dunkeln zu schwimmen brauchten.

Am Abend saß ich noch lange davor und beobachtete meine Guppys. Als ich zu Bett ging und schlafen wollte, bekam ich kein Auge zu, weil die Pumpe so einen Radau machte. Aber nach ein paar Tagen hatte ich mich daran gewöhnt.

Drei Wochen später fragte ich Schmitti: „Wann kriejen denn die Guppys endlich ma' Junge?" „Det kann nich' mehr lange dauern", antwortete er mir und schon am nächsten Tag entdeckte ich die ersten Jungfische. Aus dem Fensterschrank in der Küche holte ich ein Einweckglas und fischte die kleinen Fische mit einem Kescher aus dem Becken. Dann ließ ich sie vorsichtig in das Glas fallen. Doch schon am selben Abend entdeckte ich noch mehr kleine Fische und an den darauf folgenden Tagen wurden es immer mehr. Nun kaufte ich mir noch ein Pärchen von den Schwertträgern. Jetzt wartete ich darauf, dass die auch Junge bekamen. „Bei denen dauert det immer länger", meinte Schmitti zu mir.

Nach einiger Zeit bemerkte ich, dass sich an den Scheiben so ein grünes Zeug absetzte. „Det sind Algen, am besten du koofst dir ooch noch'n Wels, der leckt det allet ab", riet mir Schmitti. Aber trotz des Welses wurden die Scheiben immer schlieriger. „ Mann, Lori, du musst det Aquarium ooch ma sauber machen", Schmitti war erschrocken darüber, wie die Scheiben aussahen. „Wie jeht denn det?", fragte ich ihn. „Na erst ma musste alle Fische rausholen und in een Eimer tun. Denn musste det Wasser ablassen." „Wie soll ick det denn machen? Etwa det janze Becken inne Badewanne jießen? Heb det ma' an, wie schwer det is'." „Quatsch, da nimmste noch'n Eimer und een Stücke Schlauch. Det eene Ende davon steckste in det Becken und det andere nimmste kurz in' Mund und saugst dranne. Denn looft det janze Wasser von alleene in den Eimer. Det musste natürlich een paar Mal machen, weil nich' allet uff eenmal in den Eimer jeht."

Ich machte es so, wie mir Schmitti gesagt hatte. Leider muss ich einen der Guppys übersehen haben, denn als ich den Schlauch nicht schnell genug wieder aus dem Mund nahm, schluckte ich außer einer Portion dreckigem Wasser auch etwas Knubbliges runter. Zu spät versuchte ich es noch auszuspucken. Als ich das Schmitti sagte, meinte er: „Det war bestimmt'n Guppy, aber keene Sorge, den kackste wieder aus." Dreimal musste ich mit dem Eimer zum Klo und ihn da ausschütten. Dabei ging meistens was daneben. Dauernd rannte meine Oma mit dem Aufwischlappen hinter mir her.

„Als Nächstet musste den Kies rausschaufeln und den waschen. Am besten inne Badewanne", sagte Schmitti. „Wat denn, den janzen Kies, det is' doch eene Scheißarbeit." Aber es musste ja sein. Der Kies stank ganz gewaltig, als ich ihn mit den Händen aus dem Becken schaufelte. Den randvollen Eimer schleppte ich dann zur Badewanne. Als ich den Kies in die Wanne schüttete, machte dieses einen lauten Krach. Sofort kam meine Oma angerannt und rief: „Was machst du denn da, Junge? Da geht ja die ganze Emaille kaputt." Mit der Handbrause duschte ich die kleinen Steine ab. Als ich das Wasser abließ, verstopften Sandreste und noch ein paar Steinchen den Ausfluss. So musste ich erst noch minutenlang die Steine aus dem Sieb rauspopeln. Inzwischen hatte Schmitti die Scheiben geputzt. Nun begann alles noch mal von rückwärts: Kies rein, frisches Wasser, alle Pflanzen und zuletzt die Fische.

Das ganze Theater hatte zwei Stunden gedauert. Ich war fix und fertig. Meine Oma gab mir für die Plackerei zwei Mark und sagte: „Dafür kaufste dir einen schönen Fisch." Ich wusste auch schon welchen. Genauso eine Muräne wie sie Schmitti besaß. Der Verkäufer verfrachtete den Fisch in eine Plastiktüte und auf dem Nachhauseweg betrachtete ich andauernd das Tier. Ich ließ den Fisch in mein Aquarium gleiten, holte mir den Stuhl und setzte mich davor, um meine neue Errungenschaft zu beobachten. Doch das Viech schwamm dreimal im Wasser hin und her, wühlte sich dann in den Kies und ward nicht mehr gesehen. Ich schaute von allen Seiten in das Becken, doch die Muräne blieb verschwunden. Das ärgerte mich maßlos.

Als die Zeit wieder ran war, um das Becken zu säubern, holte ich Onkel Heinz. Der konnte das besser als ich. Natürlich ging ich ihm zur Hand und als er einen der großen Steine aus dem Wasser nahm, tauchte die Muräne wieder auf. Doch nu' war se tot. Da hat's mir dann gelangt und ich habe das Aquarium in den Keller gestellt. Meine Fische habe ich Schmitti geschenkt, der sich noch lange Zeit danach über meine Muräne totlachte.

Im Fernsehen lief am 17. Januar ein Durbridge Krimi mit dem Titel „Das Halstuch". Alle Freunde, die einen Fernseher zu Hause hatten, hingen gespannt vor dem Bildschirm. Selbst in der Schule war der Krimi Gesprächsthema Nummer 1. Jeder rätselte, wer der Mörder sein könnte. Da erschien, einen Tag vor der letzten Folge, auf der Titelseite der Zeitung, „Der Abend" die Schlagzeile: „Der Mörder ist Dieter Borsche". Es gab keinen, der nicht stocksauer darüber war. Höchstens Mäcki, denn der hatte den Krimi nicht gesehen. Trotzdem sah ich mir noch den letzten Teil an.

Kapitel 65

Zeitungen austragen 1962

Mit Batti zusammen ging ich jetzt oft ins Kino. Doch leider fehlte uns manchmal das Geld dafür. Obwohl er immer die leeren Bierflaschen seiner Eltern zu Rohde, einer Kneipe am Steglitzer Damm, brachte, reichte es oft nicht. Da kam ich auf die Idee, es mal mit Zeitungenaustragen zu probieren. Jürgi machte das schon lange. Er lieferte das Magazin, „Hobby" aus und verdiente sich manche Mark damit. Der Zufall spielte mir eine Anzeige in der Berliner Morgenpost zu. Dort stand, dass Schüler gesucht werden, die einmal in der Woche Zeitungen und Zeitschriften austragen möchten. Bedingung war, dass sie ein Fahrrad besitzen mussten und dass die Eltern der Nebentätigkeit zustimmten. Nichts leichter als das, dachte ich und erzählte Batti davon. „Det könn' wa machen. Een Fahrrad haben wa beede und unsere Eltern haben bestimmt nischt dajejen", meinte er. Aber als wir in der Filiale der Morgenpost vorsprachen, wurde uns gesagt, dass sich bereits genügend Jungen gemeldet hatten. Traurig radelten wir nach Hause. Am nächsten Tag ging ich mit meiner Mutter in die Schloßstrasse, wo sie mir bei „Leiser" ein paar neue Schuhe kaufen wollte. Da entdeckte ich in der Kieler Straße eine Filiale des Lesezirkels „Daheim". Ich lief dorthin und schaute durch das Schaufenster. Drinnen saß ein älterer Mann zwischen Riesenstapeln von Zeitungen und Illustrierten. Als ich den Laden betrat, blickte der

Mann auf und fragte mich mürrisch: „Wat willst du denn?" „Ick wollt' ma' fragen, ob Sie welche brauchen, die Zeitungen austragen", antwortete ich. Der Mann beäugte mich und antwortete dann: „ Haste denn ooch n' Fahrrad?" „Klar, sogar mit Jangschaltung", erwiderte ich stolz. „Na komm ma' morjen vorbei, da kannste denn anfangen." „Kann ick ooch noch een Freund mitbringen, der hat ooch n' Fahrrad?", fragte ich. „Kannste machen, aber seid ja pünktlich."

Am nächsten Nachmittag, pünktlich um 15.00 Uhr, betraten Batti und ich den Laden. „Bevor ihr hier anfangt, muss ick erst wissen, ob eure Eltern ooch einverstanden sind mit det hier", sagte der Mann und zeigte auf die gebündelten Zeitungspakete. „Klar", antworteten wir beide fast gleichzeitig. Er schlurfte nach hinten in eine Ecke das Raumes. „Kommt ma' her", rief er dann, „hier liejen die Zeitschriften, die ihr morjen austragen müsst. Jeld jibs aber erst Ultimo." Batti und mir fielen fast die Augen aus dem Kopf. In der Ecke lagen zwei große Stapel Illustrierten. „Wie soll ick'n die uff meen Jepäckständer kriejen?", flüsterte Batti mir ins Ohr. Doch da tauchte der Alte schon wieder auf und drückte jedem von uns einen Zettel mit Namen und Adressen in die Hand. „Und det sind die Leute, die alle eene Zeitschrift kriejen. Habtda noch Fragen?" „Nee, nee", stotterte ich. „Na denn packt ma' allet ein. Und wenna allet ausjeliefert habt, kommta gleich wieder her und denn rechnen wa ab."

Batti ging in die Knie und wuchtete sich seinen Packen auf die Schulter. Unter dem Gewicht heftig schwankend eierte er aus dem Laden. Ich versuchte den Stapel mit beiden Händen zu greifen. Sogleich schnitt mir die Schnur, mit der alles zusammengebunden war, in die Handflächen. Um mir aber nichts anmerken zu lassen, biss ich die Zähne zusammen und schleppte meinen Packen auch nach draußen. Als ich endlich absetzen konnte, fühlte ich meine Hände fast nicht mehr. „Ick gloobe, die sind abjestorben", sagte ich zu Batti.

Doch der war viel zu sehr mit seiner Arbeit beschäftigt. „Haste anne Tasche oder n' Einkoofsbeutel jedacht?", fragte er mich auf einmal. „Nee, det hab' ick jlatt vergessen", antwortete ich. „Na denn bin ick ja ma' jespannt, wie wa det allet heil nach Hause kriejen woll'n", stöhnte Batti. „Ick hab schon jetzt keene Lust mehr." Mit großer Kraftanstrengung gelang es ihm, den ganzen Packen auf einmal auf seinen Gepäckständer zu hieven. Mit einer Hand hielt er ihn dann fest, während er versuchte mit der anderen Hand am Lenkrad, aufzusteigen. Fast hätte er es geschafft, als er mit dem Bein an den Stapel stieß und der Packen auf den Bürgersteig krachte. „Scheiße, jetzt kann ick allet noch ma' uffladen", rief er verzweifelt. Doch nun half ich ihm und er half mir. Gemeinsam schafften wir es schließlich, die Packen auf die Gepäckständer zu bekommen. An Radfahren jedoch war gar nicht zu denken.

Wir schoben unsere Räder von dem Laden aus nach Hause. Immer eine Hand am Stapel und die andere am Fahrrad. Unterwegs beratschlagten wir, wie wir es am nächsten Tag anstellen wollten, die vielen Zeitschriften auszutragen. „Ick muss zum Südwestkorso, da war ick noch nie jewesen. Zu Hause muss ick erst ma' kieken, wo die Straßen alle sind", sagte ich zu Batti. „Ick muss da ooch in die Nähe, vielleicht treffen wa uns unterwegs", antwortete er. „Ick nehm' einfach zwee jroße Einkoofstaschen und häng die vorne an den Lenker", schlug ich vor.

Am frühen Abend fiel meiner Mutter noch ein, dass ja heute noch ein Päckchen nach Sachsen zur Post musste. Sie packte das Päckchen in ein Einkaufsnetz aus Plastik. Ich schwang mich auf mein Fahrrad und radelte wie ein Begaster zur Post, Borstell- Ecke Stephanstraße. Als ich die schwere, braune Holzschwingtür vom Postamt aufgestieß, stieg mir gleich wieder der muffige Geruch, der in dem alten Gebäude hing, in die Nase. Links neben der Eingangstür stand ein zerkratzter Schreibpult, in den ein Tintenfass eingelassen war. Aber der Federhalter fehlte natürlich. Mein Opa hatte damals immer einen Kopierstift dabei, den leckte er kurz an und schrieb dann damit.

Ich beeilte mich, denn ich wollte ja zu Hause noch ein bisschen in den Illustrierten blättern, vielleicht waren da Fotos von Brigitte Bardot im Bikini drin. Als ich wieder auf mein Fahrrad stieg, hatte ich vergessen, das Plastiknetz sorgfältig auf dem Gepäckständer zu befestigen. Dieses sollte nun nicht ungestraft bleiben, denn als ich den Bürgersteig an der Benzmannstraße runterbretterte, rutschte das Netz vom Gepäckständer und verfing sich im Radkranz des Hinterrades. Ich schoss eine Sonne und das Fahrrad knallte an den Bordstein. Nachdem ich meinen ersten Schreck überwunden hatte, traf mich gleich der nächste. Das Netz hatte sich vollkommen im Hinterrad verheddert und zu allem Übel war auch noch eine leichte Acht im Vorderrad. Wie sollte ich denn nun morgen ohne Fahrrad die Zeitschriften austragen?

Noch am selben Abend lief ich zu Batti, um ihm von meinem Pech zu erzählen. Als ich bei Röslers klingelte, machte seine Mutter auf. „Is' Batti da? „, fragte ich. „Ja, aber der sitzt schon seit einer halben Stunde auf der Toilette und liest Illustrierten." Betrübt lief ich nach Hause.

Am nächsten Tag schwänzte ich die Schule und mit zwei schwerbepackten Einkaufstaschen stieg ich in den Autobus und fuhr zum Südwestkorso. Stundenlang lief ich durch die Straßen einer Gegend, in der ich noch nie zuvor gewesen war. Oft musste ich jemanden nach einer Straße fragen und verlief mich dennoch. Die Arbeit, die mir eigentlich hätte Spaß machen sollen, wurde zum Alptraum. Ich musste einen Haufen Treppen steigen. Mal war der Mieter nicht da, dann wieder wurde ich angeblafft: „Ick hab' die Zeitschrift schon lange abbestellt." Rumms, knallte die Tür zu.

Als ich endlich am späten Nachmittag müde und zerschlagen und mit Blasen an Händen und Füßen in der Zeitschriftenfiliale eintraf, war es 17.30 Uhr. „Von früh um Neune bis jetzt, man bin ick kaputt, det machste nich' noch mal", sagte ich zu mir. „Wo bleibste denn so lange?" meckerte mich der Alte an. „Meen Fahrrad is' jestern Abend kaputt jejangen und da musste ick die janze Strecke heute zu Fuß ablatschen", antwortete ich müde. „Bist wohl jefahr'n wie `ne Wildsau, wa", kicherte der Alte. „Na nu' jib mir ma' det Jeld her, wat de einjenommen hast. Ich knallte ihm die schwere Geldbörse auf den Tresen. Als er mit dem Zählen des Geldes fertig war, gab er mir den Rest als Trinkgeld. Es waren fünfzig Pfennig. Ich hätte schwören können, dass ich mindestens fünf Mark an Trinkgeld bekommen hatte. Aber was soll's, mir war das im Moment egal. „Kommste übermorjen wieda?", fragte der Mann. Blitzschnell überlegte ich mir eine Ausrede, denn hier wollte ich nicht mehr arbeiten.

„Nee, meen Vater hat jestern Abend noch mit mir jemeckert. Ick soll erst ma' inne Schule besser werden, hatta jesacht." Wütend fuhr der Alte von seinem Stuhl hoch: „Det hat dein Kumpel vor `ner halben Stunde ooch jesacht. Sieh ma' zu, dass de Leine ziehst und lass da hier nich' mehr blicken." Schnell verließ ich den Laden und lief erleichtert nach Hause. Mein erster Weg war zu Batti. Er berichtete mir fast das Gleiche, was mir wiederfahren war. „Hatta dir ooch nur'n Fuffziger als Trinkgeld jejeben?", fragte er mich noch. Zuerst ärgerte ich mich wieder darüber, doch als ich Batti erzählte, wie der Alte aus seinem Stuhl hochgefahren war, lachten wir Tränen zusammen. Zeitschriften habe ich danach nie wieder ausgetragen.

Im Radio dudelte auf fast allen Sendern Chubby Checkers „The Twist „. Diesen neuen Modetanz wollte ich auch unbedingt lernen, um nicht in der Schule als Blödmann dazustehen, der von „Tuten und Blasen" keene Ahnung hat. Es war mir klar, dass mir nur Diana das Tanzen beibringen konnte und so fragte ich in der Schule: „Kann ick ma' zu dir nach oben kommen, damit wir ma' zusammen tanzen?" Wir verabredeten uns für den nächsten Abend so um 19.00 Uhr.

Der Vater von Diana war Polizist und da hatte ich so meine Bedenken, denn der Ruf, der mir auf der Straße vorauseilte, war ja nicht der beste. Zu meiner Überraschung jedoch begrüßte mich ihr Vater mit einem fröhlichen: „Na Lori, wie geht's dir denn? Setz dich doch einen Moment her." Klar, Herr Laue kannte ja meine

Eltern aus der Zeit, wo sie noch am Munsterdamm gewohnt hatten. Mein Vater war sogar einmal bei Laues oben gewesen und hatte zusammen mit ihm ein Spiel der Fußball-Weltmeisterschaft 1954 im Fernsehen verfolgt. Nach ein paar Minuten ging ich in das Zimmer, welches Diana mit ihren jüngeren Zwillingsschwestern teilte.

Neben der Balkontür stand eine Musiktruhe mit Plattenspieler. Dianas Bruder Siggi gehörte ja zu den Halbstarken und dadurch besaß Diana schon ein Plattenalbum mit kleinen Schallplatten. Natürlich überwiegend Rock'n Roll, Elvis, Bill Haley und andere Rock'n Roll Heuler. Ich war im ersten Moment sehr gehemmt, nun mit Diana ungestört allein zu sein. Aber als ihre Schwestern durch das Zimmer tobten, wurde ich lockerer. Eines jedoch erfüllte mich mit wahnsinniger Genugtuung: Wenn ich Schmitti morgen erzählte, wo ich am Abend vorher gewesen war, dann würde er vor Neid platzen.

Diana legte erst einmal ein paar Schallplatten auf und wir quatschten über dieses und jenes. Langsam wich der Kloß aus meinem Hals und als sie dann die Platte „Peppermint Twist" und „Fanny Mae" von „Joe Dee and the Starlighters" auflegte, war ich kaum zu halten. Wir „twisteten", bis wir außer Atem waren. In meiner Aufregung hätte ich beinahe noch die Tischlampe runtergerissen. Zuletzt tanzten wir noch einen Blues. Als ich Diana im Arm hielt, starb ich fast vor Erregung. Ich besuchte von da an Diana einmal in der Woche und sie machte aus mir einen fast perfekten „Twister".

Einen Tag später zog der Lange wieder mal eine seiner „Shows" ab. Wir standen alle am Kottesteig, als er zu uns rüberkam. Jürgi wollte ihm die Hand reichen, als er plötzlich zurücksprang und rief: „Fasst ma' nich' an, ick hab 40 Grad Fieber!" Wir brüllten alle vor Lachen und glaubten ihm von da an wirklich kein Wort mehr, wenn er wieder mal eine Geschichte erzählte.

Kapitel 66

Blödsinn in der Schule 1962

Nachdem mir das letzte Schuljahr wieder mehr Spaß gemacht hatte und ich ein für meine Begriffe gutes Zeugnis bekam, begann für mich am 31.3.1962 das achte Schuljahr. Aus der gemischten Klasse wurde eine reine Jungenklasse, die 8 K2. Bis auf ein paar Sitzenbleiber blieben wir Jungs alle zusammen und neue Klassenkameraden kamen dazu. Die Mädchen kamen in die Mädchenklasse 8 M2. Da der Oberschule aber aus Platzmangel nur wenige Räume zur Verfügung standen, der Umzug der 5. Grundschule war noch nicht abgeschlossen, wurden die Mädchen in einer Villa in der Beymestraße unterrichtet. Einige Fächer wie Chemie und Physik mussten in den Räumen der Elisen-Schule unterrichtet werden. Im Sportunterricht trabten wir zum Lessing-Sportplatz und im Winter zur Turnhalle an der Plantagenstraße. Dieses hin und her brachte aber immer Abwechslung in den langen Schultag.

Keiner der Klassenkameraden wusste am ersten Tag des neuen Schuljahres, wen wir als Klassenlehrer bekommen sollten. Zu meinem Bedauern würde es nicht Herr Wilke sein. Als die Schulglocke zum zweiten Mal geläutet hatte, wurde die Spannung immer größer. Und dann ging die Tür vom Klassenzimmer auf und da stand sie!!

Ich glaube, wir haben alle ziemlich blöde aus der Wäsche geschaut. Alles hatten wir erwartet, nur keine Lehrerin. Sie stellte sich als Fräulein Germershausen vor. „Frisch von der Uni wat!", kam ein Ruf aus der hintersten Reihe. Doch ein Blick von ihr durch ihre Brille ließ die Lacher schnell verstummen. Der Unterricht, den die Lehrerin in den darauf folgenden Tagen mit der Klasse durchzog, erinnerte mich an die Zeit, als Reier noch mein Klassenlehrer war. Sie zeigte keine Schwäche und wenn sie mal unsicher erschien, dann merkten wir es nicht.

Den Chaoten der Klasse gefiel das ganz und gar nicht. Doch die sollten schon bald keinen Spaß mehr haben. Es waren Schüler darunter, die zwei oder sogar drei Jahre älter waren als ich. Die meisten von denen waren bereits zweimal sitzen geblieben. Als es so schien, dass die Sache mit diesen Jungs zu eskalieren drohte, zwei von ihnen saßen vier Wochen im „Café Schönstedt" ein, das war eine Erziehungsanstalt in Neukölln, wurden sie in die 8B versetzt. Das war die Berufsfindungsklasse unter der Leitung von Quilitzsch. Der härteste, brutalste und jähzornigste Lehrer der Schule.

Er war Kriegsinvalide und besaß nur noch ein Bein. Für die Rabauken in dieser Klasse war er der richtige Mann. Die meisten seiner Schüler waren die reinsten Chaoten, Schläger und ausgekochte Schlitzohren, die mit Lernen nichts am Hut hatten. Oft hörten wir Quilitzsch wütend schreien, sein Klassenzimmer lag auf der gleichen Etage, ganz hinten rechts am Ende des Flures. Manchmal schmiss er seine Krücke quer durch den Flur einem seiner Schüler in den Rücken. Oder er warf sein Schlüsselbund durch das Klassenzimmer.

Da ging es in unserer Klasse doch bedeutend ruhiger zu, obwohl der „Harte Kern" der Klasse, zu dem ich mich natürlich auch zählte, bei manchen Lehrern derbe Streiche inszenierte. Bei einem der Fachlehrer zuckte immer das rechte Bein. Er schabte damit immer über den Boden, wenn er an seinem Pult saß. In einer Geschichtsstunde war es ganz besonders schlimm. Er las uns aus einem Buch über griechische Sagen vor und war dabei sehr in das Buch vertieft. Sein Bein schabte unaufhörlich hin und her. Da schlich sich einer von den Neuen Klassenkameraden, der in der ersten Reihe saß, leise nach vorne und legte einen runden Bleistift unter den Fuß des Lehrers. Als dieser dann auf den Bleistift trat, rutschte er vom Stuhl und verschwand augenblicklich unter seinem Pult. Wutschnaubend kam er wieder hoch. Natürlich meldete sich niemand auf seinen Ruf: „Wer war das?" Und dafür bekam die ganze Klasse einen Tadel.

Bei Fräulein Germershausen lag die Sache etwas anders. Sie war nicht so leicht zu überlisten, geschweige denn durch einen derben Streich aus der Ruhe zu bringen. Ich weiß noch genau, wie „Fuzzy" Füssel eine Stinkbombe im Klassenzimmer zertrat. Die Lehrerin kam in die Klasse, schnüffelte kurz und sagte dann: „So, meine Herren, die Fenster werden alle geschlossen und bis zum Klingeln der Hofpause nicht geöffnet. Wer es trotzdem wagt, bekommt einen Tadel. Ich sitze vor der Tür." Sie ging hinaus, schloss die Tür und wir saßen quälende 45 Minuten in dem stinkenden Mief der Stinkbombe.

„Det is' `ne janz Harte", meinte Peter Rodewald in der Pause zu uns. „Die kriejen wa so nich' kleen." Ein paar Tage später schmierten Fuzzy, Dieter Mehliß und ich die Wandtafel mit Kerzenwachs ein. Dafür ließ sie uns einen vierseitigen Aufsatz schreiben. Rodewald reizte sie mit blöden Antworten. Daraufhin zog sie ihn an seinen langen Haaren vom Stuhl hoch. Ich warf den nassen Schwamm durch das Zimmer, wobei dieser überall nasse Abdrücke hinterließ, dafür durfte ich eine Schulstunde vor der Tür stehen.

In Form ihres neuen VW Käfers spielte uns der Zufall eine weitere Chance zu, die Lehrerin zu testen. Der lange Achim Wiesental beobachtete vom Fenster aus, wie Fräulein Germershausen eines Morgens mit ihrem neuen Auto unten vor der Schule parkte. Er rief die anderen ans Fenster und lachend beobachteten wir ihre Einparkmanöver. Da hatte Gerd Schulz, genannt „Opa", weil er der Älteste der Klasse war, eine Idee. Er kannte einen Scherzartikelladen an der Kaisereiche. Dort wollte er mal hinfahren und was besorgen.

Zwei Tage später brachte er eine täuschend echt aussehende, etwa zehn Zentimeter lange aufklebbare Schramme mit. „Die kleben wa ihr heute in der jroßen Pause an de Autotür uff de Fahrerseite. Denn sieht se die gleich." Alle waren hell begeistert.

„Opa" und Fuzzy schlichen in der Hofpause zum Auto und klebten die Schramme an die Tür. Nach Schulschluss versteckte sich die halbe Klasse in einem Gebüsch am Markusplatz, genau gegenüber dem parkenden Auto. Es dauerte auch nicht lange, da kam die Lehrerin aus dem Schulgebäude und lief schnurstracks auf ihr Auto zu. Als sie die Schramme entdeckte, blieb sie wie angewurzelt stehen. Wir kauerten alle im Gebüsch und versuchten unser Lachen zu unterdrücken. Jetzt trat Fuzzy auf den Spielplan. Lässig schlenderte er zu ihr hinüber und meinte süffisant: „Na, hat sie eener anjefahr'n und is' denn jetürmt?" Doch die Lehrerin hatte inzwischen entdeckt, dass die Schramme nur aufgeklebt war. Wütend und mit hochrotem Gesicht riss sie das Ding ab und stieg in ihr Auto ein. Völlig durcheinander versuchte sie den Wagen zu starten und würgte diesen zweimal ab. Da tauchte Mehliß an ihrer Fahrerseite auf und sagte wie beiläufig zu ihr: „Ick würd' ja ma' die Handbremse lösen", Sekunden später rauschte sie mit Vollgas davon. „Hoffentlich hat det keen böset Nachspiel", dachte ich. Und richtig, schon zwei Tage später ließ sie uns eine verdammt schwere Mathearbeit schreiben. Während wir alle mit dampfenden Köpfen über unseren Heften saßen, beobachtete sie uns mit einem diabolischen Grinsen. Wieder hatten wir den Spaß gehabt, sie hatte uns jedoch gezeigt, wer am längeren Hebel saß.

In jeder Hofpause versuchten wir den Schulhof zu verlassen, um uns am Milchladen, Ecke Kellerstraße, was zum Naschen zu kaufen. Außerdem gab es dort auch ein Glas frische Milch aus dem Hahn für 20 Pfennig. Es war jedoch nicht einfach, den Schulhof unbemerkt zu verlassen. An der großen Tür vom Schulportal stand meistens ein Lehrer und die Toreinfahrt wurde von Schülern aus der 9. Klasse bewacht.

Schmitti war einer der Torsteher. Er forderte zusammen mit seinem Kumpel immer einen Zoll in Form von Süßigkeiten, den die Schüler der unteren Klassen abgeben mussten.

Im Milchladen herrschte in der Pause immer ein heilloses Durcheinander. Alles drängte sich um die Kisten mit den „Double Bubble" Kaugummis, den Kirschlutschern, den Triesellutschern und den kleinen Brausepulvertüten. Ein paar der Klassenkameraden lenkten den völlig überlasteten alten Ladeninhaber ab, während die anderen klauten was das Zeug hielt. Eine Zeit lang waren besonders die Kaugummis mit den Tätowierbildern sehr beliebt. Diese Bilder wurden angeleckt und dann auf den Arm gedrückt. Die Motive waren Anker, gekreuzte Säbel oder Totenköpfe. Gekauft wurde auch Milch oder Kakao in Dreieckstüten, bei denen man immer große Schwierigkeiten hatte, den Strohhalm in das Loch zu stechen.

Einmal in der Woche, in den letzten beiden Stunden, mussten wir in den Schulgarten. Der war hinten an der Birkbuschstraße, immer ein ellenlanger Weg von der Schule aus. Diesen Schulgarten teilten sich mehrere Schulen aus Steglitz. Jede hatte ihre eigenen Beete, Obststräucher und Obstbäume zu bearbeiten. Es war uns streng untersagt, etwas von diesen Beeten zu klauen. Während sich die meisten Schüler mit Harken und Gießen beschäftigten, veranstalteten Fuzzy, Mehliß und ich zusammen mit noch ein paar Klassenkameraden eine Wasserschlacht mit dem Gartenschlauch. Manchmal „bedienten" wir uns auch von dem Obst der anderen Klassen.

Seit ich lesen konnte, verschlang ich Schmöker jeder Art. In letzter Zeit entdeckte ich meine Vorliebe für eine Romanreihe mit dem Titel „Die Rothaut". Das waren spannende Indianergeschichten. Auf den Titelbildern waren erstklassige Kampfszenen abgebildet. Aber auch Akim, Sigurd, Falk und all die anderen Hefte, so wie die Micky Maus, las ich für mein Leben gern. Meistens tauschten wir die Hefte untereinander aus.

Die Cordes-Zwillinge, die vorne am Munsterdamm wohnten, besaßen eine große Kiste voll mit Schmökern aller Kategorien und immer wieder kamen neue dazu. Kein Wunder, ihre Eltern besaßen genug Geld, denn sie verkauften „Knittax-Strickmaschinen". Manchmal verschwanden die verborgten Hefte auch auf Nimmerwiedersehen. So hatte Klaus alle seine Micky Maus Hefte eingebüßt.

Auf dem Markt war auch ein Stand, an dem Hefte und Romane angekauft, getauscht und verkauft wurden. Die Preise für ein gebrauchtes Heft lagen zwischen 10 und 30 Pfennig. Für zwei gelesene Hefte bekam man ein anderes. Ich besaß zwar auch ein paar Schmöker, aber nicht so viele wie manch anderer. So kam mir der Marktstand wie gerufen. Jeden Mittwoch und Sonnabend nach der Schule flitzte ich dorthin, um mich mit neuem Lesestoff zu versorgen. Aber auch einige meiner Klassenkameraden rannten an den Markttagen zu dem „Hefte- und Romane- stand". Jeder wollte der Erste sein, um an die besten Hefte ranzukommen. Und gerade mein Lieblingsroman „Die Rothaut" wurde von allen sehr gerne gelesen. Natürlich las ich auch gerne die anderen Serien wie „Die Fledermaus", „Kommissar X" oder die Western von „Pabel" und „Erdmann". Doch die von Erdmann waren manchmal in deutscher Schrift gedruckt und die konnte ich dann nicht lesen. Ich besorgte diese Hefte aber immer für Onkel Heinz, der hatte den ganzen Nachttisch voll davon.

Es herrschte immer ein höllisches Gedrängel am Marktstand. Die Frau hinter dem Holztisch rief in die Meute der Kinder: „Nu' schmeißt mir ma' nich' alle Hefte runter, ick hab' nur zwee Hände!" Sie musste aufpassen wie ein Schießhund, überall waren Hände, die nach den Schmökern griffen. Es blieb nichts weiter übrig als zu warten, bis man an der Reihe war. Argwöhnisch beobachtete ich jeden, der eventuell nach der „Rothaut" greifen wollte. Doch der Stapel mit den Westernromanen lag immer ziemlich weit hinten. Dann war ich endlich dran. Ich gab meine Hefte ab und die Frau sagte zu mir: „Det sind zehn Stück, dafür darfste dir fünf andere aussuchen." „Kann ick ma' den Haufen mit den Western haben?", fragte ich sie und gleich darauf reichte sie mir den Stapel rüber.

Während ich in den Romanen wühlte, beobachtete ich Mehliß aus den Augenwinkeln. Der hatte einen ganz ausgekochten Trick auf Lager, wie man Hefte klaute. Er hängte sich die Schulmappe vor die Brust und versteckte dahinter die geklauten Hefte. Doch es kam schon vor, dass bei dem Gedrängel und der Schubserei jemand an seine Mappe stieß und dann fielen alle Hefte auf den

Boden. Doch heute schien er Glück zu haben, denn nach ein paar Minuten ging er zufrieden grinsend vom Stand fort.

Auch ich hatte mir inzwischen einen Trick ausgedacht, wie ich noch mehr Hefte bekommen konnte, ohne diese zu bezahlen. Ich legte mir alle Romane, die ich mir ausgesucht hatte, auf einen Haufen. Die fünf, die ich nehmen durfte, hob ich hoch und zeigte sie der Frau. Mit den Worten: „Mehr hab' ick heute nich' jefunden", legte ich die fünf Hefte wieder auf den Stapel zurück und tat so, als müsste ich mal schnauben. Dann griff ich nach meinen Schmökern nahm dabei die darunter bereitgelegten gleich mit und machte mich aus dem Staub. Das klappte meistens ganz gut, bei dem Durcheinander.

Kapitel 67
Flieder 1962

Blumenklauen wurde langsam immer schwieriger. Die meisten der verwilderten Gärten oder Grundstücke waren bebaut worden. In Reuters Garten konnten wir nur noch sehr schwer einsteigen, da die Mieter aus dem „Möglichen Bau" freies Blickfeld in den Garten hatten. Eigentlich gab es am Oehlertring nur noch ein verlassenes Grundstück und das lag genau zwischen zwei Häusern. Der Zaun um das Grundstück herum bedeutete kein großes Hindernis für uns, aber tagsüber war ein Überklettern fast unmöglich, weil laufend jemand vorbeikam und es kein schützendes Gebüsch gab.

Anfang Mai blühte in diesem Garten der herrlichste Flieder. Die Büsche standen aber am hintersten Ende des Gartens, vor einer Steinmauer. Von der anderen Seite der Mauer gab es keine Möglichkeit, den Flieder zu erreichen. Am Sonnabend vor Muttertag

traf ich auf Klaus. „Haste schon wat für deine Mutter für morjen?", fragte er mich. „Nee", antwortete ich. „Aber ick weeß, wo
juter Flieder wächst, den brauchen wa nur abzupflücken." Ich
zeigte Klaus den Garten. „Während wir davor standen, beobachtete uns ein Mann von gegenüber. „Wie willsten da den Flieder klau
'n, hier kiekt doch dauernd eener aus'n Fenster oder looft mit'm
Köter vorbei", flüsterte Klaus mir zu. „Det weeß ick ooch, deswegen müssen wa warten, bis det dunkel jeworden is. Zufällich is'
heute abend wieder olle Kuhlenkamp im Fernsehen und da hucken se alle vor de Glotze." Wir verabredeten uns um 20.00 Uhr
vor Reuters Garten. Schmitti, den wir auf dem Nachhauseweg
trafen, wollte auch noch mitkommen, nachdem wir ihm von unserem Plan erzählt hatten.

Am Nachmittag begann es leicht zu nieseln. Als ich mich um
halb acht auf den Weg zum Treffpunkt machte, schüttete es wie
aus Eimern. Klaus war schon da und unmittelbar nach mir traf
auch Schmitti ein. „So'n Scheiß, dass det nun jerade heute abend
so pissen muss", meckerte Schmitti. Der Oehlertring war menschenleer, als wir vor dem Garten ankamen. Das einzige Geräusch,
das ich hörte, war das Rauschen des Regens. An der linken Seite
des Zaunes konnte man den Maschendraht so weit wegbiegen,
dass einer nach dem anderen hindurchschlüpfen konnte. Es war
das erste Mal, soweit ich mich erinnern konnte, dass Klaus bei einem „Raubzug" mitmachte. Ihm fehlte die Schnelligkeit, wenn es
darum ging abzuhauen und über Zäune konnte er schon gar nicht
klettern. Aber heute Abend war er mit dabei.

Wir schlichen geduckt durch den dunklen Garten und mussten
sehr aufpassen, da der Boden schlüpfrig war. Prompt rutschte
Klaus aus und wäre beinahe hingeflogen. „Mensch, pass doch uff",
zischte Schmitti ihm zu. Inzwischen tauchte ich im Fliedergebüsch
unter. Schmitti kroch mir hinterher und rüttelte wie ein Blöder an
jedem Ast, wodurch mir das ganze Wasser in den Hals lief. „Mann,
hör' doch uff mit dem Scheiß, meine Klamotten sind schon nass
genuch", fauchte ich ihn an. Klaus blieb vor dem Gebüsch stehen

und wartete darauf, dass wir ihm die abgebrochenen Äste zuwarfen. „Wenn eener kommt, sag' ick Bescheid", rief er uns leise zu.

„Der beste Flieder is' janz oben", sagte ich zu Schmitti, „da muss eener hochklettern." Ich versuchte mich an der Mauer hochzuhangeln, rutschte aber immer wieder an den glitschigen Steinen ab. „So jeht det nich', Schmitti, heb' mich ma'n Stücke hoch." Schmitti schob mich auf einen der dickeren Äste, von dem aus ich auf die Mauer klettern konnte. „Lass' ma wieder runter", rief ich leise, „hier oben uff der Mauer hat eener Glasscherben einjelassen." So mussten wir wohl oder übel wie die Affen im Geäst rumkrauchen. Es regnete unaufhörlich und bald sahen wir aus wie die Dreckschweine. „Komm, Schmitti, det reicht, Klaus hat jenuch Flieder inne Arme." Jeder griff sich seinen Strauß und wir machten, dass wir wegkamen. Unter der Laterne oben am Kottesteig sah ich im gelben Lichtschein, wie dreckig ich war. „Mein lieber Mann, wie soll ick'n det meener Oma erklären, woher meine Klamotten so mistig aussehen?" „Dafür haste aber jenuch Flieder für deine janze Familie geklaut", meinte Klaus. „Du hast jut reden", sagte Schmitti zu ihm. „Du siehst immer noch aus wie aus'm Ei jepellt. Nur das de nass jeworden bist, det seh' ick."

Als ich meiner Mutter am Sonntagvormittag den schönen Flieder überreichte, fragte sie: „Hast du den nicht wieder irgendwo gestohlen?" „Nee", antwortete ich. „Ick war mit Klaus und Schmitti spazieren und da haben wir den Flieder entdeckt. Der wuchs da einfach so rum und keener wollte den haben."

Kapitel 68

Blödsinn in der Schule II 1962

Jeder Schultag brachte neue Überraschungen mit sich. Im Musikunterricht bekamen wir es mit der dicken Söllinger zu tun. Der einzige Vorteil an dieser Stunde war, dass wir immer erst zur Beymestraße laufen mussten. Der Weg führte uns durch den Steglitzer Stadtpark. Natürlich warteten schon die Mädchen auf uns, mit denen wir zusammen Musikunterricht hatten. Fuzzy und Bernd Mönnich waren schon lange scharf auf Diana und ihre Freundin. Erst Schmitti, dann Wolli und nun Mönnich. Ich hatte bei ihr eben keine Chance. So fand ich mich damit ab und blieb einfach nur ihr Freund Lori vom Munsterdamm.

Der Musikraum war im Wintergarten der Villa. Während wir ein Lied singen mussten, schaute ich aus dem Fenster und begann gelangweilt anstatt zu singen, zu brummen. Die Söllinger unterbrach ihr begleitendes Klavierspiel, kam auf mich zu und fragte nach meinem Namen. Diesen muss sie jedoch falsch verstanden haben, denn sie schrieb anstatt Lorenz, Lenz brummt im Unterricht und bekommt einen Tadel in das Klassenbuch. Als meine Lehrerin am nächsten Tag das Klassenbuch aufschlug und die Eintragung las, fragte sie: „Wer ist denn Lenz?" Fuzzy schüttelte mit dem Kopf. „Den kennt hier keener." Und zu meiner Verblüffung strich sie den Tadel aus. Bestimmt hatte sie gewusst, wer der Betreffende war, denn inzwischen kannte sie jeden Schüler nur zu gut. Von diesem Tag an stieg meine Achtung vor ihr.

Zwei Tage später ereignete sich ein schwerer Zwischenfall und ihre Anteilnahme an diesem Geschehen brachte der Lehrerin in der ganzen Klasse die größte Sympathie ein.

Es war kurz nach der Hofpause, als sie sehr erregt in die Klasse stürmte. „Man hat den Dietmann beim Stehlen von Süßigkeiten im Milchladen erwischt. Er musste zum Rektor und der hat ihn der Schule verwiesen." Wir waren alle schockiert. Das hatte keiner erwartet. Fast alle aus der Klasse hatten schon mal im Milchladen geklaut und nun hatte es einen von uns erwischt. „Ich konnte nichts mehr für ihn tun, denn man hat mich zu spät informiert", sagte sie mit traurigem Tonfall. Von diesem Tage an gingen wir für unsere Lehrerin durchs Feuer.

Unser Klassenzimmer lag auf der linken Seite des Flures und so konnte ich durch das Fenster immer die schwarze Turmuhr von der Markuskirche sehen. Oft schaute ich während des Unterrichts verträumt aus dem Fenster und bekam dann natürlich nichts vom dem mit, was sich vorne an der Tafel abspielte. Wenn ich dann dabei ertappt wurde, durfte ich mal „kurz" vor die Tür, um im Stehen wach zu werden.

Außer Quilitzsch gab es noch einen weiteren Lehrer, der Invalide war. Er hieß Kiekebusch, und war der Werklehrer. Das war auch so ein scharfer Hund, der keinen Widerspruch duldete. Immer lief er mit seinem Eisenlineal durch den Werkraum. Einmal sollten wir einen Buchdeckel falzen. Als sich Rodewald über Hans Schützig amüsierte, weil dieser sich ziemlich doof anstellte, drosch Kiekebusch ihm fast mit dem Lineal auf die Finger. Doch als alle schadenfroh grinsten, weil er nicht getroffen hatte, regte sich der Lehrer noch mehr auf. Wir bekamen alle eine Strafarbeit über zehn Seiten zum nächsten Tag aufgebrummt.

Die nächste Aufregung passierte eine Woche später. Während der Hofpause tauchten auf einmal Bernd Tischler und Klaus Haube auf. Sie trugen Pudelmützen und als sie diese abnahmen, sahen wir, dass sie sich eine Glatze rasiert hatten.

Der Ablauf im Unterricht verlief reibungslos. Wir hatten bei Fräulein Germershausen Deutsch, Englisch und Geschichte. Auch nahm sie unsere Späße nicht mehr so ernst, sondern lachte des Öfteren mit uns zusammen. Fuzzy war inzwischen zum Klassensprecher gewählt worden, weil er der Pfiffigste von uns allen war und am besten mit allen Lehrern auskam. Manchmal wurde er, während wir gerade eine Mathematikarbeit schrieben, aus der

Klasse geholt. Es ging dann um eine Klassensprecher-Besprechung. Er lachte sich halb tot und wir schauten wie die Idioten aus. Manchmal gab sie auch als Vertretung für den Sportlehrer Gesche Sport bei uns. Da wurden dann jedes Mal die Schlappschwänze verarscht. Der dicke Detlef Assler riss beim Bockspringen den ganzen Bock gleich mit um. Schützig, der mit dem „Superzinken", hing in den Ringen wie ein Sack Zement und Bernd Herdaps kam an den Seilen gerade mal 50 Zentimeter hoch. Obwohl wir alle in der Klasse eine eingeschworene Gemeinschaft waren, hatte sich doch schon seit langem die Spreu vom Weizen getrennt.

Ich fühlte mich in der Truppe um Fuzzy sauwohl und wurde zusammen mit Rodewald der Pausenclown der Klasse, Rodewald war jedoch schlitzohriger und schlagfertiger als ich. Er schmierte in seine langen, schwarzen Haare immer jede Menge Haarfett. Die Lehrerin griff ihm fast täglich in die Haare, um ihn dadurch zum Aufstehen zu zwingen. Da schmierte er eines Tages die doppelte Menge „Brisk" Frisiercreme in sein Haar. Als er wieder eine dämliche Antwort gegeben hatte, kam die Lehrerin prompt auf ihn zu und griff in sein Haar. Angewidert ließ sie die Haare sofort wieder los. Die ganze Klasse wieherte vor Lachen und sie lachte mit. In der kleinen Pause hängten Fuzzy und Mehliß den „armen" Rodewalt an einem der Garderobenhaken im Klassenzimmer auf. Sie deckten ein paar Jacken über ihn, bis er nicht mehr zu sehen war. Da hing er dann die ganze Schulstunde über ohne sich zu mucksen.

Kurz nach den Großen Ferien sollte es eine Klassenfahrt in die Lüneburger Heide geben. Mit von der Partie war die 9G2. Da waren ganz scharfe Mädchen bei. Ich freute mich schon mächtig darauf. Doch mein Schicksal sollte etwas dagegen haben.

Ich war nun immer öfter mit Schmitti zusammen. Er hatte wieder mal eine neue Idee gehabt. „Heute jehn wa ma' in' Stadtpark, junge Vögel fangen", schlug er vor. „Ick kenn' da eene Stelle, da wimmelt det bloß so vor kleene Pieper." Vor einem dichten Gebüsch im Park blieb er stehen und legte den Finger auf den Mund. „Hörste det Jepiepe?", flüsterte er mir ins Ohr. „Am besten isset, wenn wa Grünlinge oder Meisen erwischen." „Wie willste denn det machen, so'n Vogel is' doch viel zu schnelle für dich?", erwiderte ich. Da schlich er sich schon leise an eine Stelle im Gebüsch, aus dem ein lautes Gezwitscher kam. Schon sah ich, wie ein junger Vogel aus dem Gesträuch rannte und versuchte mit seinen kurzen Flügeln zu flattern. Es war immer sehenswert, wie schnell Schmitti zupacken konnte, ohne dem Tier dabei weh zu tun.

„Ick hab' een'!", rief er stolz und schon steckte er sich den kleinen Vogel unter den Pullover. „Den nehm ick mit nach Hause und zieh' den uff", sagte er zu mir. Als wir den Markusplatz erreichten, kam uns ein Mann entgegen. Sein Blick fiel auf Schmittis Pullover, unter dem es mächtig piepte. „Was hast du denn da unter deinem Pullover?", wollte er wissen. „Na, eenen kleenen Vogel", antwortete ich. Schmitti warf mir einen bösen Blick zu. „Gib mir mal lieber den kleinen Vogel, ich hab' zu Hause noch mehr Vögel und den hier kann ich dann großziehen." Widerstrebend rückte Schmitti den Vogel raus. Als der Mann weg war, fauchte er mich an. „Wie konnteste denn det verraten, ick wollte doch den Vogel behalten."

Haste schon ma' jeangelt?", fragte er mich, als wir am Kottesteig angekommen waren. „Nee", antwortete ich. „Wir könn' ja ma' morjen Nachmittag zum Teltowkanal jehen, da werd' ick dir ma' zeijen, wie det jeht", meinte er angeberisch. Dass Schmitti Fische mit der Hand fangen konnte, hatte er ja schon vor ein paar Jahren bewiesen. Damals war er zusammen mit Helga, Jürgi und deren Oma zum Grunewaldsee gefahren und dort fing er zwei Plötzen. Die haben wir dann in einem kleinen, künstlichen Teich im „Grundti" ausgesetzt. Lange haben die Fische aber da nicht gelebt, weil ihnen der Sauerstoff fehlte.

„Ick hab' aber keene Angel", sagte ich zu Schmitti. „Die brauchste ooch nich', da nimmste einfach een' langen Stock, denn brauchste noch Sehne und `n Korken als Pose." „Und wat soll ick als Angelhaken nehm'?" „Ick jeb dir eenen von meen' Haken."

Am nächsten Tag liefen wir zum Teltowkanal. „Am besten könn' wa in Lichterfelde am Kanal angeln", sagte Schmitti zu mir.

„Wat'n, willste bis dahin loofen, det is' aber een janz schönet Stücke", brummte ich. Kurz hinter dem Kraftwerk Steglitz rutschten wir die Böschung zum Kanal hinunter. Kurz vorher hatte mir Schmitti noch einen Buddeleimer gegeben, wo die geangelten Fische rein sollten. Als ich jedoch die Böschung zu schnell hinunterrutschte, konnte ich nur noch mit beiden Händen bremsen, denn sonst wäre ich in den Kanal gerauscht. Dabei verlor ich den kleinen Eimer, der nun ins Wasser bollerte. „Du bist aber ooch een Idiot, wo soll'n wa nu' die Fische rinmachen?", meckerte er mich an.

Ich hatte noch eine Zellophantüte von meinen Stullen aus der Schule in der Hosentasche. Die holte ich raus und sagte: „Die könn' wa doch hier rintun, du wirst ja keene Haifische angeln, wa." Schmitti popelte einen kleinen Krumen Weißbrot an seinen Haken und warf seine Angel aus. Ich tat es ihm gleich und so saßen wir schweigend eine Stunde am Kanal und beobachteten die Korken, die im trüben Wasser schwammen. Nach zwei Stunden hatte Schmitti einen mickrigen kleinen Fisch am Haken, den er gleich wieder in das Wasser warf. Bei mir war nur aufgeweichtes Weißbrot dran.

Kapitel 69

Im Fußballverein 1962

Mäcki besaß ein großes Talent im Fußballspielen und so war es auch kein Wunder, dass er in den Fußballverein vom SSC Südwest eintrat. Wolli spielte schon seit einiger Zeit, genauso wie der Lange, bei Stern 1900. Raini schloss sich Mäcki an und die beiden überredeten mich auch mitzukommen. „Da kannste ja erst ma' bei eener Sitzung im Verein mitmachen. Wenn dir det denn jefällt, denn trittste ooch ein", meinte Mäcki zu mir.

So lief ich mit den beiden eines Nachmittags zum Lessings-portplatz, wo der SSC Südwest sein Domizil hatte. Einer der Mannschaftsbegleiter in der Kabine, Herr Tierschmann, war der Vater eines ehemaligen Klassenkameraden, der jetzt in der Klasse von Quilitzsch saß. Es wurde bei dieser Sitzung viel erzählt und im Endeffekt dachte ich mir: „Wenn de denn ooch so'n Trikot, Stutzen und 'ne farbige Turnhose krichst, denn is' det schon wat anderet als uff de Fußballwiese rumzutoben." Also trat ich auch in den Fußballclub ein. Anfangs dachte ich noch, ich würde zusammen mit Mäcki in einer Mannschaft spielen, doch er kam gleich in die 1. Jugendmannschaft, während ich in der 4. Jugend spielte.

Der Fußball war natürlich viel härter aufgepumpt als der damals von Wolli und als ich einmal mit der Pieke schoss, glaubte ich, mein Zeh wäre gebrochen. Mit meinen ausgelatschten Turnschuhen konnte ich nicht richtig spielen. Da brachte der Trainer zum Training ein paar gebrauchte Töppen mit und fragte mich in der Kabine, ob ich die haben wolle. „Wat soll'n die denn kosten?", fragte ich. „Na' wenn de zehn Mark inne Mannschaftskasse packst, denn jehören se dir." „Kann ick die erst ma' anziehen, ob die ooch passen?", fragte ich den Trainer. Der gab mir die Töppen, doch als ich sie anhatte, stellte ich fest: „Die sind ma viel zu jroß." „Na denn ziehste zwee paar Socken an und stoppst vorne noch Zeitungspapier rin, denn passen die ooch", war seine Antwort.

Zweimal in der Woche musste ich nun zum Training gehen. Anfangs machte es mir ja noch Spaß, aber dann auch noch die langen Mannschaftssitzungen immer nach dem Training, das war doch ziemlich langweilig. Zumal ich in der ersten Zeit nur immer Auswechselspieler war und auf der Bank sitzen musste.

An einem kühlen regnerischen Sonntag musste die Mannschaft der 4. Jugend mit der S-Bahn bis nach Gesundbrunnen fahren. Dort sollten wir gegen die 4. Jugend-Mannschaft von Hertha BSC spielen. Da der linke Verteidiger Grippe hatte und nicht spielen konnte, sollte ich an dessen Stelle auflaufen. Natürlich war ich sehr aufgeregt an diesem Tag.

Gespielt wurde meist auf Schotterplätzen oder ähnlichen Ackern. Erst neulich war ich beim Training böse gefoult worden und hatte mir auf dem Schotter die Haut am Oberschenkel abgeledert. Es brannte noch drei Tage später.

Nachdem wir auf dem Sportplatz angekommen waren, musste ich feststellen, dass es keine Umkleidekabinen auf dem Gelände gab. So mussten wir Spieler uns im Freien umziehen. Die Kleidung legten wir auf eine Holzbank neben dem Trainer. Kurz bevor das Spiel angepfiffen wurde, nahm mich der Jugendbegleiter zur Seite und sagte: „Und dass de mir hinten keen' durchkommen lässt, is' det klar?" „Jawoll", antwortete ich. Als ich die Spieler von Hertha BSC sah, wurde mir ganz mulmig. Mann, waren da „Hürten" bei. Mein direkter Gegenspieler war bestimmt zwei Köpfe größer als ich. „Na det kann ja heiter werden, hoffentlich komm' ick heute hier lebend runter", dachte ich insgeheim.

Das Spiel begann und schon nach 20 Minuten lagen wir 0:2 hinten. In der Halbzeit bekamen wir ein lautes Feuerwerk vom Betreuer zu hören. Kaum hatte die zweite Halbzeit begonnen, fing es an zu schütten. Mir war vorher schon kalt gewesen, doch nun fing ich an zu frieren. „Mann, steh' da nich wie'n Blöder rum, beweg dir, loof' hin und her!", schrie der Betreuer von der Seitenlinie. Meine Töppen waren vollkommen durchgeweicht und das Zeitungspapier vorne in der Schuhspitze fühlte sich an wie feuchte Pampe.

Da bekam einer der Hürten vom Gegner den Ball und rannte wie eine Dampframme auf mich zu. „Grätschen, grätschen, lass den nich' vorbei!", schrie der Betreuer. Doch bevor ich den Befehl ausführen konnte, zog der Hürte einen gewaltigen Schuss ab. Ich sprang in die Schussbahn und der harte, nasse Lederball knallte auf meinen Oberschenkel. Doch von da aus flog er über das Tor. Ein heftiger Schmerz durchzuckte mein Bein. „Jetzt is' det Been jebrochen", war mein erster Gedanke. „Haste jut jemacht", kam der Ruf von der Außenlinie.

Den Rest des Spieles humpelte ich nur so über den Platz. Auf meinem Oberschenkel konnte ich, in wunderbarem Rot, den genauen Abdruck des Balles erkennen. Als ich dann auch noch in die durch den Regen total durchnässten Klamotten steigen musste, stand für mich fest: „Lange machste da nich' mehr mit."

Kapitel 70
Die Fahrradtour 1962

Klaus war der Erste von meinen Freunden gewesen, der damals ein Fahrrad besaß. Da er nicht immer mit mir und den anderen auf dem „Südi" herumtobte, fand er in Poli den Freund für seine Unternehmungen. Zuerst unternahmen sie Rollertouren und später waren sie mit dem Fahrrad unterwegs.

Aber er fuhr auch oftmals alleine durch die Gegend und entdeckte dabei schöne Ecken. Einmal hatte ihn Mäcki bei solch einer Tour begleitet. Er erzählte mir ein paar Tage später: „... und denn sind wa bis nach Glienicke rausjefahren. Mann, det war `ne lange Tour. Aber da war'n wa denn an so'm Freibad, so ähnlich wie Strandbad Wannsee, bloß kleener und da sind wa den halben Tag im Wasser jewesen. Aber da musste uffpassen, dass de nich' zu weit raus schwimmst, die eene Hälfte von dem See jehört nämlich zur Ostzone und da fahr'n laufend Vopos mit'm Motorboot rum. Wenn die dich erwischen, kommste für zehn Jahre ins Jefängnis." „Hat det lange jedauert, bissa da draußen wart?", fragte ich Mäcki. „Na ja, so mit hin und zurück hat det schon so'n halben Tach jedauert."

Als ich Klaus beim nächsten Mal sah, lief ich zu ihm hinüber. „Du Klaus", sagte ich zu ihm, „Mäcki hat mir von eurer Fahrradtour erzählt, kann ick da ooch ma' mitkommen?" „Da musste aber janz früh uffsteh'n", erklärte er mir.

Inge, die inzwischen dazugekommen war, hörte unserem Gespräch zu. Sie war oft mit uns Jungen zusammen. Im Winter rodelte sie ohne Angst die „Todesbahn" hinunter und auch bei den Streichen im Keller war sie manchmal mit dabei. Die Fahrradtour wollte sie auch mitmachen. „Ick sach noch olle Batti Bescheid, vielleicht kommt der ooch mit und Peter, der is' jerade ma' wieder bei seiner Oma zu Besuch." Klaus war einverstanden und wir verabredeten uns am kommenden Sonnabend früh um 7.00 Uhr bei Klaus vor der Haustür.

Als Klaus gegangen war, fragte mich Inge noch mal: „Is' det ooch nich' jefährlich mit den Vopos?" „Nu' hab' ma' keene Angst, wir sind ja alle mit dabei, da wird schon nischt passieren. Außerdem haben wir beede ja erst vor kurzen anne Havel unsern Rettungsschwimmer-Grundschein jemacht." Angeberisch wischte ich ihre Bedenken zur Seite. „Und absaufen wirst de ooch nich', ick rette dich denn. Außerdem kann ick jut tauchen, mich erwischt keener."

Am Abend vorher ließ ich mir von meiner Oma den Wecker stellen. „Nimm aber den Wecker von Opa, den mit der schrillen Glocke, wo ooch Tote von wach werden", sagte ich noch zu ihr. Punkt sechs Uhr riss mich der Höllenradau der Glocke, meine Oma hatte den Wecker noch auf eine Untertasse gestellt, aus dem Schlaf. Schnell wusch ich mich, packte meinen Campingbeutel und zog mich an. Dann schleppte ich das Fahrrad aus dem Keller nach oben auf die Straße, pumpte noch rasch Luft auf die Reifen und radelte zum Kottesteig. Zehn vor sieben stand ich vor der Haustür von Klaus. Die Jalousien an den Fenstern waren alle noch runtergelassen.

Kurz nach mir trafen Inge und Peter ein. „Habta alle ausjepennt?", fragte ich leise. Die beiden nickten. Eine Minute nach sieben kam Batti um die Ecke gebraust. „Ick hab' beinah' vapennt, meen Bruder, der Idiot, hat den Wecker versteckt jehabt und da hab' ick det nur janz leise bimmeln jehört", schnaufte er vollkommen außer Puste. „Wo issen Klaus?", wollte er wissen. „Der is' noch nich' uffjetaucht, ick versteh' det ooch nich', der is' sonst immer der Überpünktlichste von allen", antwortete ich.

Wir warteten noch zehn Minuten und dann klingelte ich bei Klaus an der Wohnungstür. Kurz darauf erschien er vollkommen verschlafen an der Tür und stammelte: „ Entschuldige, ick hab' verschlafen, bin gleich fertich." Es dauerte auch nicht lange, da kam Klaus mit seinem Fahrrad aus der Haustür. „Na denn los", sagte er und hintereinander radelten wir Richtung Breitenbachplatz.

Unterwegs stoppte Klaus bei einer Kneipe. Wir hatten alle auf seinen Rat hin eine Thermosflasche mit dabei und die ließ sich nun jeder in der Kneipe mit Fassbrause voll füllen. Als wir die Heerstraße erreichten, musste ich erst mal was trinken und mich fünf Minuten ausruhen. „Mach' nich' so lange Lori", sagte Klaus, „det is' noch `ne janze Strecke bis zum Glienicker See." Hinter der Stößenseebrücke fragte ich Klaus: „Wie lange dauert denn det noch, bis wa endlich da sind?" „Wir biejen jetzt gleich links ab und denn, wenn wa am Flughafen Gatow vorbeijekommen sind, is' det nich' mehr so weit", rief er mir über seine Schulter zu. Klaus trampelte in einem gleichmäßig zügigen Tempo. „Ick möchte nur ma' wissen, woher der die Kondition hat. Wenn wa Flieder klauen, kanna kaum drei Meter rennen, denn issa schon außer Puste", sagte ich zu Batti, der neben mir fuhr. Hinter dem Flughafen Gatow führte neben der Landstraße ein schmaler Fahrradweg entlang auf dem alle radelten, außer mir. Ich musste natürlich wieder mit meinem Fahrrad angeben und die anderen überholen.

Da rief mir Klaus zu: „Komm doch rüber uff'n Radweg, hier kannste ooch jut fahr'n." Zwischen der Straße und dem Radweg war ein etwa ein Meter breiter mit hohem Gras bewachsener Streifen. Ich schwenkte mein Fahrrad abrupt nach rechts und hatte den Grasstreifen schon fast durchquert. Da blieb ich mit der Pedale an einem durch das Unkraut überwucherten Kilometerstein hängen und flog vom Rad. Die Freunde kamen mit quietschenden Bremsen zum Stehen. Ich rappelte mich auf und stellte zu meinem Entsetzen fest, dass die rechte Pedale verbogen war. Alle Bemühungen, die Pedale wieder gerade zu biegen, waren vergebens und so musste ich mich die ganze Fahrt über an das schleifende Geräusch gewöhnen, welches die Pedale am Schutzblech verursachte.

Als wir endlich den Glienicker See erreichten, war ich völlig entnervt. Doch das schöne Strandbad entschädigte mich. Wir tobten bis zum Nachmittag im Wasser rum. Doch dann mahnte Klaus zum Aufbruch und ich dachte schon mit Grausen an den langen Weg nach Hause. „Na jedenfalls kannste nich' einpennen uff'n Fahrrad, det Schleifen von der Pedale wird dich schon wach halten", meinte Batti spöttisch. Dennoch war ich nicht aufmerksam genug, denn in der Schildhornstraße endete plötzlich der Fahrradweg und wenn Klaus nicht: „Pass uff, Lori, da is' der Fahrradweg zu Ende", gerufen hätte, wäre ich da auch noch rangeknallt.

Am nächsten Tag kletterte ich auf die hohe Tanne, die dicht neben Reuters Garten stand. Man hatte von oben eine gute Aussicht über das Gelände. Dass Klaus mit seinem Luftdruckgewehr am Fenster stand und auf den Ast unter mir schoss, bemerkte ich anfangs gar nicht. Mich wunderten nur immer die komischen Geräusche, die ich hörte. Klaus muss es aber dann wohl mit der Angst bekommen haben, er könnte mich treffen und zog sich vom Fenster zurück. Irgendwann einmal hat er es mir dann erzählt. „Ick hab ma zwar jewundert, weil ick da immer so klackende Jeräusche am Stamm jehört hab', aber dass du uff mich jeballert hast, hab' ick nich' jemerkt."

Kapitel 71

Im Schwimmbad 1962

Wie jedes Jahr in den Sommerferien waren auch diesmal unwahrscheinlich heiße Tage dabei. Schon früh um 8.00 Uhr trafen wir uns, um den Tag im „Sommerbad am Insulaner" zu verbringen. Ich war jetzt fast 14 Jahre alt und fühlte mich schon so wie ein Halbstarker. Die Liegewiese überließen wir den Familien mit Kindern. Es sei denn, ein paar Mädchen in unserem Alter lagen dort auf ihren Decken.

Wir breiteten uns jetzt auf den Steinterrassen am Schwimmerbecken aus. Der einzige Nachteil lag darin, dass wir nun durch das Fußbecken mussten. Zwei Jahre zuvor konnten wir uns noch durch das kleine Gitter auf halber Höhe der Treppe zum Schwimmbecken durchzwängen. Doch das schien dem Bademeister gar nicht zu gefallen und kurze Zeit später waren noch zusätzliche Gitterstäbe angeschweißt worden.

Die Steinterrassen waren in unsichtbare Grenzen eingeteilt. Während auf der gegenüberliegenden Seite von uns die Rentner lagen, befand sich die linke Seite der Steinterrassen, dort wo die Grünanlage war, unter Beschlag der teilweise arroganten Mitglieder vom Schwimmverein SSC Südwest. Das erkannte man schon an den Handtüchern. Wir hatten nur unsere zum Teil gestopften, ausgewaschenen grauen Handtücher. Manche besaßen sogar nur ein Küchenhandtuch, während sich die Mitglieder vom SSC auf flauschigen, einfarbigen Frottéehandtüchern aalten. Sogar an der Badehose war der Unterschied zu erkennen.

Anfangs trug ich noch meine Dreiecksbadehose, die ich beim Kopfsprung aber oft verlor. Schmitti meinte dann immer ironisch: „Warum badeste denn nich' gleich nackend." Als nächstes besaß ich eine Stoffbadehose mit Reißverschlusstasche. Dagegen trugen die Schwimmsportler alle eine schwarze Badehose aus Latex. Fischi, der ja auch im Schwimmverein war, trug als Einziger von uns auch so eine Badehose. Auf meine Frage hin: „Wo krichst'n so eene Hose her?", antwortete er mir: „Nur wenn de im Verein bist." Doch nach einiger Zeit bekam man diese schwarzen Badehosen auch im Sportgeschäft bei „Zenker" zu kaufen und es dauerte nicht lange, da hatten wir alle so eine Badehose. Nur der Lange und Jürgi schleppten ihre karierten Badeshorts mit sich rum. Kein Wunder, die sahen ja beide aus wie die Hungerharken.

Kleine Plastikkämme für zehn Pfennig, die gerade in Mode kamen, wurden am rechten Oberschenkel zwischen den Badehosenrand geschoben. Fischi besaß einen Kamm aus Hartgummi, mit dem er laufend seine langen „Zotteln" nach hinten kämmte und dann anklatschte.

Auf der Seite, wo die Halbstarken lagen, dröhnten ab 17.05 Uhr die Kofferradios. Dann begann nämlich die von allen Jugendlichen beliebte Sendung „Frolik at five" im AFN. Oft rauschte der Bademeister heran und blökte die Jugendlichen an: „Könnta nich' ma' det Jejaule leiser stellen!" Die Halbstarken antworteten mit blöden Sprüchen, die uns jedes Mal zum Lachen brachten. Der Bademeister traute sich natürlich nicht zu nahe an die wilde Horde ran und so kam es manchmal vor, dass zwei „Männer in Blau" (damalige Bezeichnung für Polizisten) auftauchten und für Ruhe sorgten.

In diesem Sommer wurden besonders oft die Hits „I can't stop loving you" von Ray Charles, „When my little girl is smiling" von „The Drifters" und „Ginny come lately" von Brian Hyland gedudelt. Über all der nie enden wollenden Geräuschkulisse von Tausenden von Badenden schwebte wie eine Wolke der Geruch einer Mischung von Wiener Würstchen mit Senf und Tiroler Nussöl. Ich liebte diese Zeit im Sommer. Zu meinem vollkommenen Glück fehlte mir nur noch eine Freundin, die ich aber noch nicht hatte.

An diesem heißen Ferientag beeilten wir uns schnellstens ins Schwimmbecken zu kommen, denn am frühen Morgen war das

Wasser noch so schön glatt und sauber. Ganz im Gegenteil zum Nachmittag, wenn man beim Tauchen fast nicht mehr den Boden sehen konnte, weil das Wasser einer trüben Brühe glich. Mäcki sagte immer: „Ick möchte nich' wissen, wie viele da den janzen Tach in det Wasser rinpinkeln." Da wir durch das Fußbecken mussten, zog ich meine Sandalen und die Socken aus. Meine Hose und das Hemd behielt ich noch an. Auf einem Bein hüpfte ich durch das knöcheltiefe Wasser. Ich war fast schon durch, als so ein Idiot von Schüler durch das Fußbecken rannte und mich dabei anstieß. Taumelnd versuchte ich mein Gleichgewicht zu halten, doch es nutzte nichts. Samt Klamotten flog ich der Länge nach in das Wasser. Die Freunde grölten vor Lachen. Als wir auf unseren Plätzen angekommen waren, schaute ich gleich nach meiner Flasche, wo Himbeersirup mit Wasser verdünnt drin war. Zum Glück war die Glasflasche heil geblieben.

Nachdem wir lange Zeit, erst im Nichtschwimmerbecken und dann im Schwimmer, rumgetobt hatten, legten wir uns ausgepumpt auf unsere Handtücher. Mäcki, Jürgi und Schmitti spielten „51 tot" und danach „66". Ich schmökerte inzwischen in einem zerlesenen „Sigurd"-Heft. Als mich Schmitti dann fragte: „Lori, spielste `ne Runde „Mau Mau" mit?", legte ich das Heft beiseite und spielte mit den Freunden Karten. Nach einer Weile vermisste ich Batti.

„Hat eener von euch Batti jeseh'n?", fragte ich Mäcki. Die anderen schüttelten die Köpfe. In diesem Moment tauchte Batti hinter der Mauer am Fußbecken auf. Er hielt sich seine linke Wange. „Wat issen mit dir los?", wollte ich wissen als er näher kam. „Haste Zahnschmerzen?" Er nahm seine Hand von der Backe und ich konnte den genauen Abdruck einer Hand darauf erkennen. „Hast wieda oben uff'n Dach vonne Damendusche jelegen, wa?" Batti nickte und antwortete: „Jerade war so `ne jut aussehende Frau nackend unter de Dusche, als mich der Bademeester von hinten packte und mir eene runterdrosch. Det hat vielleicht weh jetan."

Als wir das nächste Mal ins Wasser gingen, spielten wir das bei allen beliebte „Greifi über Eck". An der rechten Seite des Schwimmbeckens wurden die Grenzen abgesprochen. Vom Startblock Nr. 2 bis zur ersten Leiter im Becken reichte das „Gebiet". Bei diesem hektischen Spiel ging es natürlich nicht ohne Blessuren ab. Ich stieß mir beim Absprung das Knie höllisch am Startblock. Batti rutschte auf den nassen Steinen aus und scheuerte sich die Haut am Bein auf. Jürgi sprang einer auf den Kopf, als dieser gerade auftauchen wollte. Aber es machte einen Heidenspaß.

In den kurzen Verschnaufpausen lehnten wir am Beckenrand und beobachteten die Halbstarken bei ihren Spielen. Da tauchte einer von ihnen unter und ein zweiter stellte sich auf dessen Schultern. Nun lief der Untergetauchte los und der andere schaute oben blöde aus dem Wasser. Als der unter Wasser keine Puste mehr hatte, ging er in die Hocke und schnellte dann hoch. Der auf seiner Schulter stand, flog im hohen Bogen ins Wasser. Das wollte ich auch mal mit Mäcki machen, aber als ich unter Wasser stand und Mäcki sich auf meine Schultern stellte, ging ihm das Wasser bis zum Mund. Wir waren noch zu klein dafür.

Die Zeit verging wie im Fluge und als ich Durst bekam und nach meiner Flasche mit dem verdünnten Himbeerwasser griff, stellte ich fest: „Det Zeug is' ja pupwarm, det kann ja keener mehr trinken." Um den aufkommenden Hunger zu stillen, packte ich meine Stullen aus. Doch von der Butter war nichts mehr zu sehen, die war in der Wärme weggeschmolzen. Zum Glück besaß ich noch 30 Pfennig und konnte mir eine Streuselschnecke für 20 Pfennig und zwei Brausebonbons kaufen. Neben mir stand einer der SSC-Schwimmer und kaufte sich eine Tafel von der neuen Schokoladensorte mit Erdbeercremefüllung. Die kostete eine Mark, viel zu teuer für mich.

Am Nachmittag, das Schwimmbad war inzwischen gerammelt voll und selbst im Schwimmer konnte man fast nur noch am Rand stehen, kam es zu einem Massenauflauf am Sprungbecken. Heiko, von uns allen nur „Eierkopp" genannt und seine Kumpels veranstalteten wieder einmal ihr „Quatschspringen" vom Fünf-Meter-Turm. Im Nu leerte sich das Sprungbecken und die Leute saßen oder standen rund um das Becken.

Die Halbstarken trugen Schlafanzüge oder 30er-Jahre-Badeklamotten. Dazu hatten sie entweder einen Zylinder auf dem Kopf oder einen Sonnenschirm in der Hand. Sie führten unter dem Gejohle der Zuschauer Sprünge wie: „Arschbombe", „Ente" oder „Badewanne" vor. Dabei versuchten sie, so dicht wie möglich am Rand des Sprungbeckens einzutauchen. Das Wasser spritzte dann immer so hoch, dass die am dichtesten Stehenden vollkommen nass wurden. Als die Jungens mit ihrer Vorführung fertig waren, wollte ich auch mal eine „Badewanne" vom Ein-Meter-Brett machen. Dabei knallte ich aber falsch auf das Wasser und meine Oberschenkel brannten wie Feuer.

Das Wasser in den Becken war inzwischen schon trübe geworden und wir veranstalteten Wetttauchen nach kleinen Steinen. Beim Weittauchen erreichte ich die einmalige Weite von 30 Metern. Das hatte vor mir keiner von den Freunden geschafft.

Als ich zum Himmel blickte, erkannte ich eine schwarze Wolkenwand, die sich vom Wasserturm am Friedhof Bergstraße näherte. Kurz darauf erklang aus den Lautsprechern die blecherne Stimme des Bademeisters, der darauf hinwies, dass sich ein Gewitter näherte und dass sich die Badegäste aus dem Wasser begeben sollen. Es setzte eine kleine Panik ein, als die Leute ihre Siebensachen zusammenrafften und zu den Umkleidekabinen stürmten. Auch wir schnappten uns unsere Klamotten und flitzten zur Umkleidehalle. In der Sammelkabine herrschte das reinste Chaos. Ich entdeckte eine leere Einzelkabine und rannte dorthin.

Die Einzelkabinen mit ihren Sperrholzwänden waren ziemlich eng. Oben über der Kabine war ein Maschendrahtzaun gespannt, damit keiner auf die Idee kommen konnte, in eine der anderen Kabinen zu schauen und durch den zehn Zentimeter breiten Spalt zwischen Boden und Wand konnte man höchstens die Füße des Nachbarn erkennen. Ich setzte mich auf die kleine Holzbank um mich umzuziehen. Da entdeckte ich drei kleine Löcher in der Holzwand. Ich schaute durch eines hindurch und sah, wie sich eine Frau ihres nassen Badeanzuges entledigte. Aufgeregt presste ich mein Auge gegen die Sperrholzwand. Doch außer einem dicken Hintern sah ich nichts Aufregendes.

Draußen vor den Kabinen kam es zum Tumult. Die Leute standen Schlange vor den Türen. Als die Tür neben mir wieder klappte, sah ich durch den Spalt am Boden rot lackierte Fußnägel. Ich ließ meine Hose, die ich gerade anziehen wollte, fallen und presste mein Auge an das Loch. Mir stockte der Atem, als ich eine junge Frau erkennen konnte. Jetzt war ich nicht mehr zu halten. Ich betrachtete den nackten Busen der Frau, aber gerade als sie ihr Bikiniunterteil auszog, hämmerte es an die Kabinentür. „Mach' ma' hinne, hier wollen sich noch mehr Leute umziehen", erscholl ein Ruf von draußen. Aber ich war viel zu erregt um mich darum zu kümmern. Wie gebannt starrte ich auf den nackten Körper der Frau. Da sah ich, wie sich ihr Gesicht dem Loch, an dem mein Auge klebte, näherte. Eh' ich mich versah, pustete die Frau durch das Loch.

Erschrocken prallte ich zurück und stieß mir den Kopf am Kleiderbügel. Ich rieb mir mein Auge, weil ich einen Holzkrümel hineinbekommen hatte. Da schloss es an der Kabinentür und der Bademeister stand vor mir. Durch den scheiß Holzkrümel im Auge sah ich die Hand, die auf mich zukam, zu spät und schon hatte ich eine sitzen. „Mach', dass du rauskommst, du Ferkel", schrie mich der Bademeister an. Ich griff meine Sachen und flitzte mit hochrotem Kopf aus der Kabine.

Im kleinen Spiegel unten an der Kasse sah ich mir mein Gesicht an. Auf der Wange hatte ich fast so einen Händeabdruck wie Batti am Vormittag. Mein rechtes Auge war feuerrot und rundherum erkannte ich den Abdruck des Loches. Als ich Batti von meinem Erlebnis erzählte, meinte er nur: „Det is' mir vorige Woche ooch schon passiert."

Natürlich war es nicht das letzte Mal, dass ich durch die Löcher in der Kabinenwand geschaut habe. Doch irgendwann wurden dann die Löcher mit Gips zugeschmiert. Aber das machte mir keine Sorgen, es gab ja Experten, die schon einen Tag später neue Löcher in die Wände gepopelt hatten.

Kapitel 72

Der Unfall 1962

Anfang August trat ich aus dem Fußballverein aus. Zu viel von meiner geliebten Freizeit blieb mit Schularbeiten und Training auf der Strecke. Mäcki jedoch wurde langsam berühmt. In der Zeitschrift „Fußball-Woche", kurz „FuWo" genannt, tauchte sein Name immer öfter in den Vereinsnachrichten auf. Ab und zu ging ich dennoch auf die Fußballwiese, um mit ihm zusammen zu kicken. Die anderen Mitspieler wohnten aber alle nicht mehr am Munsterdamm.

In der Schule wurde nur noch von der bevorstehenden Klassenreise gesprochen, die im September stattfinden sollte.

Eines Nachmittags, es war eine Woche vor der Abfahrt in die Jugendherberge nach „Amelinghausen" in der Lüneburger Heide, spielte ich wieder mal mit Mäcki unten auf der Fußballwiese. Ich fuhr mit dem Fahrrad dorthin und Mäcki meinte: „Wenn de Lust hast, kannste ja mitspielen." Ich lehnte mein Fahrrad an einen Baum und schloss es an. Mäcki nahm mich in seine Mannschaft auf und das Spiel begann. Anstoßpunkt war wie immer der Baum in der Mitte des Platzes, der während des Fußballspieles von uns laufend umkurvt wurde. Es dauerte nicht lange, da bekam ich von Mäcki den Ball zugespielt. Eifrig fing ich an zu fummeln. Den

Kopf nach unten auf den Ball gerichtet, rannte ich auf den Baum in der Mitte zu.

Was dann geschah, daran konnte ich mich später nur noch in Bruchstücken erinnern. Irgendwie taumelte ich, meine Hände vor das Gesicht haltend, über den Platz. Ich rutschte an einem Baumstamm herunter und murmelte: „Mein Auge, mein Auge", und „hier Mäcki, nimm meenen Fahrradschlüssel." Dann wurde es dunkel um mich herum.

Das Nächste, was ich im Unterbewusstsein mitbekam, war ein grelles Licht, welches in mein Auge stach, während ich über meinem Gesicht so etwas wie ein Tuch spürte. Da piekte irgendetwas an meinem Auge und von irgendwoher kam die Stimme einer Frau, die zu mir sagte: „Tut das weh?" Ich antwortete: „Na klar, tut det weh", versank aber unmittelbar wieder im Dunklen. Nur einmal spürte ich noch dumpf, wie mir jemand leicht auf die Wange schlug und wie aus weiter Ferne hörte ich: „Atme, du musst atmen, Michael."

Irgendwann wachte ich auf. Ich lag in einem Bett und als ich den Kopf drehte, sah ich meine Eltern, die weinend neben dem Bett standen. Meine Mutter streichelte mir sanft über den Kopf und sagte mit tränenerstickter Stimme: „Mein Junge, da bist du ja endlich." Doch bevor ich fragen konnte, wo ich bin, wurde es wieder Nacht um mich. Als ich das nächste Mal aufwachte, wurde mir bewusst, dass ich in einem Krankenhausbett lag. Auf dem Tisch neben dem Bett stand ein komischer Apparat mit Schläuchen. Erst später sollte ich erfahren, dass es ein Sauerstoffapparat war. Dann wunderte ich mich auf einmal, dass ich nur mit dem linken Auge sehen konnte, während die andere Gesichtshälfte sowie mein Kopf verbunden war.

Meine Eltern besuchten mich jeden Tag, doch niemand, auch nicht die Schwestern, sagten mir, was passiert war. Als ich nach drei Tagen zum ersten Mal aufstehen konnte, ging ich zum Spiegel in der Waschecke und schaute hinein. Alles was ich sah, war mein dick verbundener Kopf, aus dem ein Auge herausschaute. „Siehst aus wie `ne Mumie", dachte ich.

Am nächsten Tag war Arztvisite. Ein Haufen Leute in weißen Kitteln standen um mein Bett herum und endlich sollte ich erfahren, was mit mir passiert war. „Hör mal zu Michael", begann einer der Ärzte, „du hast einen schlimmen Unfall gehabt." Er machte eine kurze Pause und sprach dann weiter: „Wir mussten dir dein rechtes Auge entfernen."

Mir liefen dicke Tränen aus dem linken Auge und während der Arzt weiter erzählte, hatte ich nur noch einen Gedanken: „Jetzt krichste keene Freundin mehr." Wie durch Watte hörte ich den Arzt sagen: „Du bist gegen einen Baum gerannt, in dem ein zwölf Zoll langer Nagel steckte. Dieser ist durch dein Oberlid in dein Auge gedrungen und hat es zerquetscht. Wir haben lange überlegt und auch mit deinen Eltern gesprochen. Sie mussten die Entscheidung treffen, ob wir das Auge rausoperieren sollen oder nicht. Dein Vater wollte dir sein Auge geben, aber das geht leider nicht. Versteh' mal, wenn das verletzte Auge nicht entfernt worden wäre, dann hättest du furchtbar entstellt ausgesehen und weil beide Augen miteinander verbunden sind, wäre nach einiger Zeit auch das gesunde Auge in Mitleidenschaft gezogen worden. Irgendwann wärst du dann blind gewesen."

Nach dieser Erklärung verließen die Ärzte das Zimmer und ließen mich mit meinen Gedanken alleine.

Am Nachmittag kam meine Mutter und als ich ihr erzählte, was mir der Arzt gesagt hatte, fing sie wieder an zu weinen. Ich versuchte, sie so gut wie ich es konnte zu trösten, obwohl mir auch zum Heulen war. Als sie sich einigermaßen beruhigt hatte, fragte ich sie, was denn nun genau passiert war. Meine Mutter erzählte mir, was ihr Mäcki berichtet hatte.

„...und da hab' ick Lori den Ball zujespielt und der is' jenau uff den Baum zujerannt. Denn jab det een dumpfet Jeräusch, als wenn eener mit'n Vorschlachhammer anne Wand haut. Denn hatta sich die Hände vor's Jesicht jehalten, hat sich an een Baum jesetzt und hat immer jemurmelt, meen Auge, meen Auge. Da hab' ick denn det Blut rausloofen jeseh'n und bin so schnell wie noch nie in meen' Leben nach oben zum Munsterdamm jerannt, wo die Frau Dr. Hornung ihre Praxis hat. Die is' denn gleich mit mir zur Fußball-wiese jerannt und hat ihm eene Spritze jejeben und denn kam die Feuerwehr und hat Lori einjeladen."

Meine Mutter fing wieder an zu weinen als sie fortfuhr: „Die hat dich dann in das Wenckebach-Krankenhaus gebracht, wo du dann operiert worden bist. Der Pappi hat ganz doll geweint und wollte sein Auge für dich geben. Nach der Operation hast du unter dem Sauerstoffzelt gelegen, weil deine Atmung immer wieder aussetzte. Du hast unter einem Schock gestanden." „Is' ja jut Mutti, det hat mir der Doktor ooch schon allet erzählt. Ick bin ja noch am Leben." Meine Mutter drückte mich ganz fest an ihr Herz und nun weinten wir alle beide.

Am anderen Tag besuchte mich Mäcki im Krankenhaus und sagte: „Ick soll dich von allen recht herzlich jrüßen. Meene Mutter hat ooch jewehnt, als se det von dir jehört hat und alle andern sind ooch traurich, dass dir det mit dem Ooge passiert is'." „Weeßte ooch Mäcki, dass de mir det Leben jerettet hast, weil de so schnell zum Arzt jerannt bist?", sagte ich zu meinem Freund, dem das aber sichtlich peinlich war und der so was gar nicht hören wollte. Als ich ihn aber aufforderte: „Erzähl' mir doch ma' jenau, wie det al-let passiert is', wich er mir aus, was mich sehr verwunderte.

Zwei Tage, bevor meine Klasse auf Klassenfahrt ging, besuch-te mich meine Lehrerin im Krankenhaus. Sie überbrachte mir von allen Klassenkameraden Grüße und überreichte mir ein kleines Päckchen. Als ich es auswickelte, kam ein silberfarbener „Geha" Patronenfüller zum Vorschein. „Das ist ein kleines Trostpflaster für dich von mir, weil du so Schreckliches durchgemacht hast und nun nicht mit auf die Klassenreise kommen kannst. Aber sei mal nicht traurig Michael, im nächsten Jahr machen wir noch eine Fahrt." Die letzten Tage im Krankenhaus verbrachte ich mit neuen Kartenspielen, die mir ein Rentner beibrachte, der auf meinem Zimmer lag.

Am Tag meiner Entlassung aus dem Krankenhaus holte mich meine Mutter ab. Ich musste erst wieder lernen Entfernungen und Abstände abzuschätzen, denn immer, wenn ich mir etwas aus einer Flasche eingießen wollte, ging die Hälfte daneben. Wir fuhren zum KaDeWe und dort kaufte sie mir in der Spielwarenabteilung den Kampfturm aus Elastolin für meine Ritterburg.

Eine Woche später bekam ich für die leere Augenhöhle ein Glasauge angepasst. Dazu fuhren wir zu einem Kunstaugen-Institut am Anhalter Bahnhof. Als ich mich zu Hause im Spiegel betrachtete, stellte ich fest: „Na ja, sieht fast so aus, als wenn de schielst, is' aber besser als dauernd mit eener Augenklappe rumzurennen." Am nächsten Tag umringten mich gleich alle meine Freunde und wollten das Glasauge sehen. Ich nahm es raus und sofort kreischten die Mädels auf. Auch am ersten Tag in der Schule musste ich dauernd das Auge rausnehmen, weil es alle sehen wollten. Langsam hatte ich aber genug davon, denn das Ding wieder reinsetzen war gar nicht so einfach. Vor dem Schlafengehen nahm ich das Auge raus und legte es über Nacht in ein Glas Wasser. Im Spiegel schaute mich dann immer eine leere Augenhöhle an. Das tat ich aber nur in der ersten Zeit, später dann ließ ich es einfach drin und spülte es am Morgen mit Wasser aus, wobei es mir natürlich aus der Hand fiel und im Waschbecken in tausend Scherben zersprang. Aber ich besaß ja noch ein Ersatzauge.

In der Schule berichtete mir Fuzzy, was für Schoten auf der Klassenfahrt passiert waren und dass unsere Lehrerin heiraten wird. „Wen denn?", fragte ich ihn. „Na den Quilitzsch", antwortete Fuzzy. Mich haute es fast hintenüber.

Kapitel 73

Werners Balkonakt 1962

Es war jedes Jahr dasselbe, Klaus und Jürgi kauften sich in der Drogerie „Giesa" am Steglitzer Damm ihre Sylvesterknaller. Die beiden besorgten sich „Donnerschläge, Frösche, Zorros" und andere Kracher. Natürlich wurde nicht bis zwölf gewartet, sondern sie ballerten schon am Nachmittag drauflos. Ich war zwar mit dabei, doch hielt ich mich immer in einigem Abstand auf und steckte mir die Finger in die Ohren.

Werner stand oben auf dem Balkon und schaute zu uns herunter. Zu gerne wäre er mit dabei gewesen, doch sein Vater, der wieder mal besoffen war, hatte ihn im Balkonzimmer eingeschlossen. Werner war klein und drahtig. Obwohl er zu den jüngeren Freunden genauso wie Henny, Gerd und Achi gehörte, war er bei fast allen Streichen mit dabei. Er war sogar der Erste, der sich getraut hatte, im Schwimmbad vom Fünf-Meter-Turm zu springen. An diesem Sylvestertag traf er eine waghalsige Entscheidung.

Immer wenn ich von Mäckis Balkon im dritten Stock nach unten schaute und mich nur ein kleines bisschen über die Brüstung lehnte, wurde mir schon schwindelig. Werner hatte keine Angst. Der Wunsch nach draußen zu gelangen, um mit den anderen zu knallen, war viel größer. Er stieg auf die Balkonbrüstung und klammerte sich an der Hauswand fest. Dann hangelte er sich Stück für Stück, nur nicht nach unten blickend weiter, bis er auf dem Nachbarbalkon stand. Dort verschnaufte er kurz und klopfte, als wenn nichts gewesen wäre, an die Balkontür. Die Nachbarin fiel vor Schreck fast in Ohnmacht, als sie Werner da stehen sah. Er erzählte ihr kurz, wie er es gemacht hatte und flitzte dann runter auf die Straße.

Am nächsten Tag erzählte er uns: „Und wat meint ihr, wie meen Vater blöde jekiekt hat, als er mich in der Wohnung nicht finden konnte." „Haste `n Arsch- voll jekricht?", wollte ich wissen. „Nee, der Alte war zu verblüfft", antwortete Werner.

Kapitel 74
Die Geheimnische 1963

Langsam begann die Zeit, wo die Mädchen vom Munsterdamm anfingen, einen festen Freund zu haben. Diana war kaum noch mit uns zusammen, ich sah sie nur noch in der Schule oder wenn ich zu ihr nach oben ging, wo sie mir die neuesten Tänze beizubringen versuchte. Chrille tauchte auch nur noch selten auf. Helga hatte nur ihren Freund Lutz im Kopf, der immer mit seiner „Florett" den Munsterdamm herunterratterte. Marina war bei ihrem Freund „Höppi" in festen Händen.

Manchmal war ich auch bei Marina oben und zusammen übten wir den neuen Tanz „Shake". Auf ihrem kleinen Plattenspieler dudelte dazu „Loui, Loui" von den „Kingsmen" und „Hippi, Hippi Shake" von den „Shakers".

Blieben noch Angela und Inge. Mit Angela hatte ich im letzten Winter zusammen auf meinem Schlitten, Rücken an Rücken, gesessen. Dabei fragte ich sie: „Willste meine Freundin sein?", und schenkte ihr einen kleinen Souvenirfächer aus Italien, den ich kurz zuvor von Hurmsermann aus der Klasse gegen ein Tarzanheft eingetauscht hatte. Doch mehr als gemeinsam Händchen haltend spazieren gehen war nicht drin gewesen. Dabei hatte sie mir erzählt, wie sie beim Langen ein Pfand eintauschen musste und sie ihm dafür einen Kuss gegeben hat. Ich ärgerte mich schwarz darüber. „Gerade der Lange, der Idiot, so'n hässlicher Knochen". Es wurmte mich maßlos und einen Tag später verlangte ich von Angela den Fächer zurück.

Mit Inge war das eine ganz andere Sache. Sie war ziemlich burschikos und für mich mehr der Kumpeltyp. Sie war die Einzige, die mit uns zusammen im Schwimmbad rumtobte, während die anderen Mädchen zickig wurden. Natürlich hatte sie auch mal einen Rock an, zum Beispiel wenn wir hinten an der Laubenkolonie am Friedhof nach Kofferradiomusik twisteten. Batti war auch scharf auf Inge und so überredete er sie, mit uns in die Geheimnische zu kommen. „Brauchst ooch keene Angst haben", sagte ich zu ihr, „wir woll'n da nur `n bisschen quatschen, draußen regnet det ja in Strippen." Auch Batti redete ihr mit Engelszungen zu. Sie kicherte nur und kam dann mit uns mit.

Als wir auf der alten Matratze in der Nische saßen, dachte ich: „Det is' unverständlich, dass ick mir hier uff der muffijen Matratze noch keene Flöhe oder Läuse einfangen hab'." Zuerst quatschten wir über alles Mögliche. Vorsichtig versuchte ich meinen Arm um Inges Schultern zu legen. Natürlich fing sie wieder mit ihrer blöden Kicherei an und wand sich wie eine Schlange. Da verging mir alles. Batti war auch nicht untätig gewesen und hatte ebenfalls versucht, sich Inge zu nähern. Bei meinem zweiten Versuch war ich erfolgreicher, sie ließ es zu, dass ich sie am Rücken streichelte. Es war sehr aufgeregend für mich.

Umso erstaunter war ich kurz darauf, als ich eine Hand spürte, die meine streichelte. Zuerst dachte ich, es wäre Inges Hand. Doch dann fühlte ich einen knubbligen Finger und da war mir dann sofort klar, wessen Hand es ist. Ich wartete noch einen Moment und dann sagte ich: „Wenn de noch lange meene Hand streichelst, Batti, denn wirste ooch noch von mir jeküsst." Abrupt verschwand seine Hand von Inges Rücken, die sich ein lautes Lachen nur mühsam verkneifen konnte. Zu gerne hätte ich Battis Gesicht gesehen, aber das war leider in der dunklen Nische unmöglich.

Ein paar Tage später sagte Batti zu mir: „Weeßte Lori, det mit der Nische is' nischt. Da kriejen wa nie die Mädchen rum zum

Knutschen, aber ick hab' da eene Idee. Unser Kellerverschlach is' bis uff 'n kaputten Tisch leer. Da könnten wa uns doch `n duften Partykeller einrichten. Wat meensten dazu?" „Da is' doch aber allet voller Spinnweben und Kellerasseln, da krichste doch keene rin", antwortete ich und dachte mit Grausen an die vielen Viecher. „Die machen wa natürlich vorher alle weg und denn hol' ick eene Matratze aus dem Keller, wo meene Brüder sich mit ihren Mädchen amüsieren." Auf dem Weg durch den langen Kellergang entdeckte ich einen Kellerverschlag ohne Schloss. „Mensch, kiek ma' Batti, wat da drinne steht." Dort stand ein Sessel einsam und verlassen. „Den nehm' wa gleich mit", meinte Batti und schon schleppte er das staubige Ding den Gang entlang.

Nach zwei Tagen war der Partykeller einigermaßen sauber und mit der Matratze, dem Tisch und dem Sessel einigermaßen gemütlich. „Jetzt brauchen wa noch Licht und Musike", erklärte Batti. Er steckte voller sprühender Einfälle. Der Keller lag genau unter dem Wohnzimmer seiner Eltern. Er stöpselte dort eine Verlängerungsschnur in die Steckdose, hängte sie durch einen Spalt im Fenster nach draußen und durch das halb geöffnete Kellerfenster ließ er sie im Partykeller verschwinden. Dann schleppte er ein grünes, altes Radio an. Der Clou dabei war, dass ein Plattenspieler oben in dem alten Kasten eingebaut war. Als Lichtquelle stellte er zwei dicke Kerzenstummel auf den wackligen Tisch. Ich setzte mich auf die Matratze und betrachtete die kahlen Wände im Kellerraum. „Weeßte, wat noch fehlt?", sagte ich zu ihm. „Da müssen noch Bilder von halbnackten Schauspielerinnen anne Wand." „Wo willsten die herkriegen?", fragte er mich. „Janz einfach, wir loofen durch de Müllkeller und suchen nach alten Illustrierten wie Stern, Quick und Neue Revue. Uff den Titelbildern sind oft „Starlets" druff."

Es war eine dreckige Angelegenheit, zwischen den muffigen und teilweise bekleckerten Zeitschriften rumzuwühlen. Doch nach geraumer Zeit hatten wir Bilder von Brigitte Bardot, nur mit einem Handtuch bedeckt, Elke Sommer im Bikini und Sophia Loren im engen Badeanzug entdeckt. Den absoluten Hammerfund machte ich einen Tag später. Es war ein Schwarz-Weiß-Foto von Christine Keeler. Sie saß nackend auf einem Stuhl, aber leider waren die wichtigen Körperteile durch die Stuhllehne verdeckt. Trotzdem war das unser Lieblingsfoto. Nachdem wir die ausgerissenen Bilder an die Kellerwand geklebt hatten, sah die ganze Sache schon „wohnlicher" aus. „Jetzt müssen wa nur noch `ne Wolldecke anne Tür hängen, sodass keener von draußen rinkieken kann", schlug Batti vor. Kurze Zeit später tauchte er mit einer zerfransten Decke auf. „Wo hasten die wieder her?", wollte ich wissen. „Blöde Frage, aus'n Müllkeller natürlich", antwortete er. „Wat issen nu', wenn eener von draußen det Stromkabel sieht?", fragte ich Batti." Det hab' ick mit Blätter jetarnt und abends zieh' ick det denn wieder in de Wohnung rin." Ich schüttelte nur mit dem Kopf. Batti war schon `n doller Kumpel.

Wir saßen tagelang fast jeden Nachmittag in unserem Partykeller und hörten Schallplatten von den Searchers „Tricky Dicky und Farmer John" und von Buddy Holly „Rave on". Da brachte Batti eine Platte von Friedel Hensch und den Cypris an, „Das alte Försterhaus". Jedes Mal, wenn wir diese Platte spielten, beölten wir uns vor Lachen. Aber so alleine rumhocken machte uns keinen Spaß und so beschlossen wir, den Mädchen unseren Keller schmackhaft zu machen. Angela kam nur ein einziges Mal mit uns mit, ihr war der Keller zu unheimlich. „Wahrscheinlich hat se jedacht, wir woll'n se verjewaltigen", meinte Batti.

Wieder einmal dachten wir an Inge. Mit salbungsvollen Versprechen lockten wir sie in den Keller. Batti besorgte sogar eine Packung Salzstangen und eine kleine Flasche Coca Cola. „Haste ooch die Gläser sauba ausjespühlt?", hatte ich ihn noch kurz vorher gefragt. Denn Batti war oft ziemlich schluderig. Als Inge den Keller betrat, war sie überrascht, wie gemütlich er aussah. „Da habta euch aber große Mühe jemacht, wa?", sagte sie anerkennend. „War Battis Idee", musste ich wohl oder übel zugeben. Inge nahm in dem alten Sessel Platz.

Während Batti an dem Radio rumfummelte, es war kurz vor 17.00 Uhr, um den AFN zu suchen, wusste ich nicht, was ich machen sollte. Am liebsten hätte ich mich ja auf Inge gestürzt, aber als ich Battis Blick sah, wusste ich, dass er genau dasselbe dachte. Natürlich hatten wir die gleichen Gedanken, wir wollten sie küssen und an ihr rumtatschen. Doch als es Batti dann probierte, fing sie mit demselben Spielchen wie in der Nische an. Zuerst zierte sie sich, dann sprang sie dauernd auf und lief im Keller auf und ab. Batti trabte wie ein läufiger Köter immer hinterher. Als das alles nichts nützte, begann sie wieder mit ihrem nervenden Gegacker. Da hat's mir dann gereicht. Ich setzte mich in den Sessel, hörte „Frolik at five" und sah mir Christine Keeler an der Wand an.

Am nächsten Tag schaute Battis Bruder Peter in den Keller. „Woll'n wa heute ma' een' erschrecken?", fragte er diabolisch grinsend und zog einen Perlonstrumpf aus der Tasche. Batti, der kurz in der Nische zum Pinkeln gewesen war, kam aufgeregt zurück und erzählte hastig, dass Dieter Sprang auf dem Weg zum Müllkeller war. Peter zog sich den Damenstrumpf über das Gesicht, drehte sich von uns weg und fummelte an irgendetwas rum. Plötzlich drehte er sich zu uns um und wir erschreckten fast zu Tode. Er hatte den Strumpf an seinen Augen mit rotem Lippenstift bemalt. „Sieht aus wie Blut, wa?", lachte er.

Batti flitzte aus dem Keller zur Ecke, von wo aus er sehen konnte, wie weit Dieter schon im Anmarsch war. Dieser musste einen ziemlich weiten Weg im Kellergang zurücklegen, vom Munsterdamm 10 bis zum Müllkeller am Hanstedter Weg. „Er is' gleich hier", flüsterte Batti seinem Bruder zu, der schnell in der Nische verschwand. Kaum hatten wir uns in unserem Keller versteckt, hörten wir auch schon Schritte und das Klappern des Mülleimers.

In dem Moment, als Dieter um den Gang bog, erschien Peters Strumpfgesicht aus der dunklen Nische. Er hatte noch einen draufgelegt, indem er sich einen brennenden Kerzenstummel vor das Gesicht hielt. Zu Tode erschrocken, und mit einem ächzenden Stöhnen, ließ Dieter den Mülleimer fallen, der polternd zu Boden krachte. Dann drehte er sich um und rannte wie von Furien gehetzt davon. Wir drei pinkelten vor Lachen bald in die Hose. Doch wenn mir das passiert wäre, dann hätte ich bestimmt nicht so gelacht.

Am darauf folgenden Wochenende durfte ich zusammen mit Batti und seiner ganzen Familie ins Kino gehen. Röslers veranstalteten solch einen Kinobesuch immer als Familienausflug. Battis Vater fuhr Taxe und so kam es, dass ich zum ersten Mal in einem Mercedes fuhr. Zusammengequetscht zwischen Batti und seinen Brüdern saß ich auf der Rückbank. Zuerst einmal fuhren sie zu einem Kiosk an der Birkbuschstraße. Dort wurden eine kleine Pulle Schnaps und zwei große Flaschen Coca Cola gekauft. Danach ging es zum „Roxy" in der Rheinstraße, ein Kino mit Raucherloge. Der Film war zwar erst ab 18 Jahre zugelassen, aber Battis Vater kaufte die Eintrittskarten und so war es kein Problem.

„Wat spiel'n se denn überhaupt für'n Film?", wollte ich wissen. Ich hatte gar keine Zeit gehabt, mir die Schaukästen anzusehen. „Na Frankenstein", antwortete Batti. Mir wurde ganz mulmig. Von dem Gruselfilm hatte ich schon von Klaus gehört. Am liebsten wäre ich gleich umgekehrt, aber die Schande vor Batti und seinen Brüdern wäre noch schlimmer gewesen. Battis Vater drückte mir die Schnapsflasche in die Hand und sagte: „Du bist der Jüngste, Lori, dich kontrolliert keiner. Steck die Pulle mal unter deine Jacke." Batti verstaute gerade eine der Coca-Flaschen unter seinem Pullover.

Die Platzanweiserin schaute sehr zweifelnd auf mich, als wir das Foyer durchschritten, aber sie sagte nichts. Alle stiefelten die Stufen zur Raucherloge hoch. Wir waren die einzigen Kinobesucher dort oben. Hinter uns schloss sich die Tür und ich schaute mich erstmal um. Es gab nur zwei Sitzreihen in dem schmalen Raum. Röslers fläzten sich natürlich in die erste Reihe. Die Raucherloge war durch eine dicke Glasscheibe vom Kinoinnenraum getrennt. Durch blechern klingende Lautsprecher drang der Ton ins Innere.

Der Film war so gruselig, dass ich laufend die Hände vor mein Gesicht hielt. Aus den Augenwinkeln sah ich kurz zu Batti rüber, dem war auch nicht so geheuer. Der Rest von Battis Familie amüsierte sich köstlich. Kein Wunder, die Schnapsflasche wurde auf die Coca-Cola-Flaschen verteilt und man ließ die Pullen kreisen. Das die nachher nicht alle besoffen waren, hat mich sehr verwundert. In der Nacht sah ich dauernd das Gesicht von Frankensteins Monster vor mir und hörte seine grauenvollen Schreie, als es in den Brunnen stürzte.

Kapitel 75

Das Berufspraktikum 1963

Ein halbes Jahr bevor meine Schulzeit zu Ende gehen sollte, absolvierte die Klasse ein dreiwöchiges Berufspraktikum bei der Firma Butter-Beck. Die Schüler wurden in Gruppen aufgeteilt und jeder „arbeitete" in einer anderen Filiale oder in der Zentrale von Butter-Beck in Marienfelde. Ich gehörte der Gruppe an, die in der ersten Woche am Ingridpfad in Lankwitz, in der darauf folgenden am Kranoldplatz in Lichterfelde-Ost und in der letzten Woche in der Zentrale „arbeiten" sollte.

Am ersten Tag stand ich mit den anderen Klassenkameraden um 7.00 Uhr vor der Butter-Beck-Filiale in Lankwitz. Der Filialleiter begrüßte uns und dann folgten wir ihm in den Keller. Dort überreichte er jedem einen weißen, gestärkten Kittel und zeigte uns alle Waren, die im Keller lagerten. Dann stellte er uns den Verkäuferinnen vor. Meine erste Aufgabe bestand darin, Äpfel zu polieren und sie dann zu sortieren. Zwischendurch beobachtete ich kurz, was die anderen machten. Achim Baumast, dem der Kittel viel zu kurz war, räumte eifrig verschiedene Regale aus und füllte neue Ware ein. Wilfried Wasserlauf rumorte unten im Lager rum. Mittags kam unsere Lehrerin vorbei, um nach dem Rechten zu sehen.

In den nächsten Tagen wechselten wir uns untereinander mit den verschiedenen Aufgaben ab. Am letzten Tag in der Filiale bekam ich den Auftrag Ware auszufahren. Ich war sehr über diese Abwechslung erfreut, denn mit den beiden Klassenkameraden verstand ich mich nicht so gut.

Vor der Tür stand in einem Fahrradständer ein schwarzes Fahrrad mit einem großen Korb am Lenkrad. Eifrig lud ich alle Waren in den Korb, der danach fast überladen war. Natürlich war ich kein Fachmann im fachgerechten Einpacken und so lag eben alles durcheinander.

Als ich das Fahrrad anschieben wollte, merkte ich gleich, dass es sich schwer lenken ließ. Die ersten Meter schlingerte ich wie ein Besoffener durch die Gegend. Da erinnerte ich mich an den Mann mit den Äpfelkörben damals auf dem Munsterdamm. Der war auch damals so rumschlingert.

Nachdem ich die erste Ware sicher zum Kunden gebracht hatte, ließ sich das Fahrrad besser fahren und auch lenken. Ich bretterte die schmalen Straßen entlang und vergaß vollkommen, dass noch Ware, zwei Flaschen Milch, ein Paket Mehl, drei Eier, ein Pfund Butter und fünf Äpfel vorne im Korb lagen. Fröhlich pfeifend sauste ich um eine Kurve, als sich die Lebensmittel auf einmal verlagerten. Ich konnte das Fahrrad nicht mehr unter Kontrolle bringen und knallte gegen den Rinnstein. Die Milchflaschen flogen in hohem Bogen aus dem Korb und zersplitterten auf dem Asphalt. In die sich ausbreitende Milchlache gesellten sich die kaputten Eier und das Mehl. Die Äpfel kullerten lustig die Straße entlang.

Als ich mich benommen hochrappelte, trat ich auf die Butter, die neben dem Fahrrad lag und rutschte beinahe noch in die Milchlache. Eine Frau lief an mir vorbei und rief kopfschüttelnd: „Det kommt davon, wenn de wie'n Irrer die Straße entlang rast. Det haste nu' davon." Ich stand da wie ein begossener Pudel. Als ich zur Filiale zurückkam und dem Filialleiter von meinem Missgeschick erzählte, grinste der nur und sagte: „Det is' mir als Stift ooch ma' passiert." Mensch war ich froh, dass ich keinen Ärger bekommen hatte.

In der zweiten Woche musste ich zum Kranoldplatz und dort warteten schon die beiden richtigen Kumpels auf mich, Fuzzy und Mehliß. Fuzzy hatte schon in der ersten Woche mit seiner lockeren Art die Filialleiterin um den Finger gewickelt und durfte für eine weitere Woche am Kranoldplatz bleiben. Noch am selben Tag zeigte er uns, wie hier alles ablief. „Bei Hungerjefühle oder Durscht brauchta euch nur wat aus'm Rejal nehmen. Det müssta aber denn später melden." Es lief alles reibungslos und wir hatten alle drei unseren Spaß.

Um die Mittagszeit, als nicht viel los war, arbeiteten wir alle drei im Keller.Fuzzy packte „Spüliflaschen" aus, Mehliß sortierte auf der anderen Seite Kisten mit Pralinen und ich räumte Toilettenpapier in ein Regal. Zu spät merkte Fuzzy, wie ihm eine der „Spüliflaschen" aus der Hand zu gleiten drohte. Er griff fest zu, und da der Verschluss an der weichen Plastikflasche halb offen war, schoss ein dicker Strahl des Flascheninhalts quer durch den Raum und traf den ahnungslosen Mehliß voll in den Nacken. Im Nu griff er sich auch eine der „Spüliflaschen". Er warf mir ebenfalls eine zu und eine wilde Spritzerei begann. Nach ein paar Minuten sah es schlimm im Keller aus. Schnell riss ich die Packung mit dem Klopapier auf, gab jedem eine Rolle und wir versuchten damit den Fußboden aufzuwischen. Doch das gelang uns nur halbwegs. Da lief Fuzzy nach oben und tauchte kurz darauf mit einem Wassereimer und einem Wischlappen wieder auf.

„Wie hasten det wieder jemacht?", wollte ich wissen. „Ick hab' einfach jesacht, da issen Karton mit Spülmittel ausjeloofen. Da ham se mir denn den Eimer und `n Lappen jejeben", antwortete er grinsend.

Zwei Stunden später erschien unsere Lehrerin. Als sie uns fragte, ob alles in Ordnung sei, antworteten wir: „Jawoll, Frau Quilitzsch." Sie kannte ihre Pappenheimer jedoch ganz genau und als sie sich im Keller umsah, entdeckte sie noch einige Spuren von unserer „Spülischlacht". Doch sie setzte wieder ihr geheimnisvolles „Ich-weiß-alles-Gesicht" auf und sagte: „Dass ihr mir hier keinen Blödsinn macht."

Dann erzählte sie uns, was sich in der Filiale Schloßstraße abgespielt hatte. „Da haben se wieder mal den Vogel abgeschossen. Der Georg Schützig war so besoffen, den haben sie abgefüllt, bis er nicht mehr stehen konnte. Als ich in das Geschäft kam, trugen sie ihn gerade aus der Tür hinaus. Auf meine Frage hin, was denn mit ihm los sei, hat Bernd Möllig geantwortet: „Dem is' nur schlecht." Wir lachten uns halb schief und selbst die Lehrerin konnte sich das Lachen nicht verkneifen.

Am Freitagnachmittag war der Laden gerammelt voll. Alles rannte hektisch durcheinander. Ich bekam den Auftrag, die Leerflasche auf das kleine Förderband hinten am letzten Regal zu stellen. Fuzzy sollte dann unten im Keller die Flaschen in Empfang nehmen. Ich stellte das Leergut auf das Band, drückte den Knopf und rief nach unten: „Uffpassen, Fuzzy, gleich jeht's los." Langsam setzte sich das Band in Bewegung. „Det dauert zu lange, bis die Pullen hier unten ankommen. Stell' doch ma' det Band 'ne Stufe schneller ein", rief Fuzzy aus dem Keller. Ich tat ihm den Gefallen und die Pullen rauschten alle nach unten. „Nich' so schnell, nich' so schnell, ick komm' ja jar nich' hinterher", erscholl seine Stimme von unten. Doch da hatte ich schon einen Kasten mit leeren Brauseflaschen von Schultheiß auf das Band gestellt. Der Kasten sauste mit Karacho nach unten. Ich hörte ein klirrendes Scheppern und Fuzzys Aufschrei: „Ach du Scheiße!"

Wir bekamen beide einen kräftigen Anschiss von der an diesem Tage übel gelaunten Filialleiterin. Aber das war noch nicht alles gewesen.

Während wir das Malheur mit den kaputten Flaschen beseitigten, baute Mehliß gleich neben der Eingangstür einen Turm aus Konservendosen auf. Als er fertig war, begutachtete er stolz sein Werk. Da kam eine Frau mit Kinderwagen durch die Tür gehetzt, kurvte um die Ecke und riss mit dem Kinderwagen den ganzen Turm um. Es war wie im Film. Die Dosen bollerten durch den Laden. Der letzte Tag am Kranoldplatz war zu Ende.

Meine letzte Woche bei Butter-Beck verbrachte ich in der Zentrale ganz oben im Haupthaus, dort war die Werbung des Unternehmens untergebracht. Mir gefiel es dort auf Anhieb so gut, dass ich mich entschloss, eine Lehre als Werbegrafiker zu machen. Wie das gehen sollte, wusste ich natürlich noch nicht. Die Leute dort oben arbeiteten schon an der Weihnachtsreklame. Ich bekam mit, was ein Siebdruck ist und wie man Plakate entwirft und malt. Aus irgendeiner Ecke klang prima Hitmusik. Es war eine schöne Woche da oben.

Währenddessen tobte unten im Hauptlager wieder mal das Chaos. Der dicke Assler war dabei, als zwei Lagerarbeiter „Butter-Beck Senior", eine Weinbrand-Spezialabfüllung, von einem Fass aus mit einem Schlauch in Flaschen abfüllten. Beim Einkorken durfte er sich im Rahmen des Möglichen mal einen genehmigen. Assler nahm einfach den Schlauch in den Mund und ließ es reinlaufen. Der Schnaps kam ihm aus Mund und Nase. Mittags in der Kantine flog er auf dem Weg vom Tresen zum Tisch mit einem Teller Gulasch voll auf die Fresse. Er war total besoffen.

Butter-Beck bedankte sich bei der Klasse mit einer kleinen Abschiedsfeier bei Kaffee und Kuchen. Jeder Schüler erhielt auch noch eine Schallplatte.

Kapitel 76

Beatmusik 1963

Die Zeit verging immer schneller. So langsam nahm ich Abschied von meiner Kindheit. Die verwilderten Gärten existierten nicht mehr. Der Buddelkasten wurde von uns nicht mehr benutzt und von allen Plätzen, an denen ich mit meinen Freunden gespielt hatte, war nur noch der breite Sandstreifen hinter Helgas Haus übrig geblieben. Dort übten Jürgi mit seinem Motorroller und Batti mit seinem Moped. Jürgi bekam den Roller von seinem Neffen geschenkt. Zusammen mit Klaus, der mit auf dem Roller saß, war er erst mal gegen einen Zaun gefahren. Batti ließ mich mal auf seinem Moped fahren, doch ich gab zu viel Gas und flog gleich auf die Fresse. Danach hatte ich keine Interesse mehr an solchen Späßen. Ich fuhr dann nur noch als Sozius mit.

Da ich von technischen und handwerklichen Dingen nicht viel Ahnung hatte, war ich immer auf andere angewiesen. Zum Beispiel, wenn es darum ging, etwas an meinem Fahrrad zu reparieren. Der neue Hauswart am Munsterdamm half mir dann meistens. Dafür wurde ich zum Verräter an Klaus, der gerne die Fensterhaken in den Häusern verbog. Ich verriet dem Hauswart seinen Namen, als mich dieser fragte: „Weißt du, wer immer die Haken verbiegt?"

Um mein Englisch in der Schule zu verbessern, schaute ich mir im Fernsehen die Serie „Lernt Englisch mit Walter und Conny" an. Überhaupt saß ich nun immer öfters vor dem Kasten. Es gab viele neue Serien im Fernsehen. „Bonanza", „Yancy Derringer mit dem taubstummen Indianer Pahoo" und seit neuestem war Dr. Kimble „Auf der Flucht". Auch beim Abendprogramm saß ich mit meiner Oma vor der Röhre. Besonders spannend war immer die Sendung „Das Fernsehgericht tagt".

Als dann der amerikanische Präsident Kennedy nach Berlin kam und am Schöneberger Rathaus sprach, war ich mit meinen Freunden unter den Tausenden von Menschen dabei.

Ich rannte jetzt am Nachmittag immer mit dem Kofferradio meines Vaters durch die Gegend. Auch Batti kam mit seinem dazu. Wichtig war vor allen Dingen, wer die längste Antenne am Radio hatte. Von den Mädchen waren nur Angela und Inge noch mit dabei. Angela erzählte mir, dass Dieter Sprang ihr gesagt hatte: „Deine Pickel sehen aus wie Sommersprossen". Das war wie Balsam für sie, denn die hübsche Schwester von Dieter, mit ihren langen schwarzen Haaren, sah für Angela wie Schneewittchen aus.

In der Musik kündigte sich langsam eine neue Richtung an. Elvis war nicht mehr so gefragt. Mein Schulkamerad Peter Gardik-Karda brachte eines Tages die LP „Meet the Searchers" mit in die Schule. Die Single kannte ich ja schon von Batti. Nach der Schule ging ich mit zu Peter. Er legte die Platte auf und ich war begeistert. Es war meine erste Langspielplatte, die ich in der Hand hielt. Danach spielte er mir noch andere Platten vor, von Ray Charles und Trini Lopez. Ich kannte nur Elvis, Bill Haley und unsere deutschen Plattenstars, Drafi Deutscher und wie sie alle hießen.

Da hörte ich eines Abends in „Schlager der Woche" die „Beatles". Mich riss es fast vom Stuhl, das war meine Musik. Ich wusste, dass Helgas Oma einen Plattenkoffer mit eingebautem Lautsprecher besaß und ich konnte mir auch denken, dass Helga bestimmt schon eine Platte von den „Beatles" bekommen hatte. Und richtig, als ich am nächsten Tag zu ihr rüberflitzte, zeigte sie mir stolz genau die Platte, die ich im Radio gehört hatte, „She loves you". Ich glaube, wir haben die Platte zwanzigmal hintereinander abgespielt. Ein paar Tage später besuchten mich Mehliß und Wolfgang Dumcik, zwei Klassenkameraden. Wolfgang war eigentlich ein großer „Chuck Berry" Fan, doch an diesem Tag brachte er eine Platte von den „Beatles" mit, „ Boys". „Haste keen Plattenspieler?", fragte er mich, nachdem er sich in meinem Zimmer umgeschaut hatte. „Nee", antwortete ich. Doch ich hörte die Platte eine Woche später im Sportunterricht, wo wir wieder mal eine Tanzstunde mit der Mädchenklasse abhielten.

Zum ersten Mal ging ich am Kurfürstendamm ins Kino. Klaus und Schmitti hatten mir von einem Vier-Stunden-Film erzählt, der im MGM lief „Meuterei auf der Bounty". Also putzten wir uns an einem Sonntag raus, denn ins Kino am Ku-Damm läuft man nicht in Wochentagsklamotten.

Das MGM Filmtheater war natürlich nicht mit meinem „Lichtburg" zu vergleichen. Schon die überdimensionale Kinoreklame war beeindruckend. Im Foyer liefen die Platzanweiser in roten Uniformen mit Goldtrotteln und weißen Handschuhen rum. Ich schaute auf meine Schuhe und putzte sie schnell noch mal am Hosenbein ab. Auf weichem Teppichboden liefen wir erst mal zum Süßigkeitenstand. Aber mehr als eine Stange Sahnebonbons von Stollwerck konnte ich mir nicht kaufen, denn die Eintrittskarte war schon teuer genug gewesen.

Als ich den Kinosaal betrat, blieb mir fast die Luft weg. So groß hatte ich mir das nicht vorgestellt. Auch die Kinosessel waren weich und bequem, keine Holzsitze wie im „Laterna". Gespannt starrte ich auf die riesige Leinwand und konnte es kaum abwarten, dass der Film anfing. Für Klaus war so ein Kino nichts Besonderes, er kannte solche Kinos schon. Er beschäftigte sich lieber mit seinen Süßigkeiten, die er sich gekauft hatte. Der Film zog mich in den Bann und die Pause nach dem ersten Teil riss mich bloß aus meinem Traum.

Der nächste Film, den ich am Ku-Damm sah, hieß „West Side Story". Ich war ganz stolz, dass Diana den Film mit mir zusammen sehen wollte. Nach dem Film, spielte ich tagelang verrückt. Ich trug meinen Gürtel so wie Bernardo von den „Sharks", pfiff laufend das Erkennungszeichen der „Jets" und besorgte mir sogar von Hurmsermann, der besaß so was alles, ein Stilett. Damit fuchtelte ich immer Fischi vor der Nase rum. Er konnte das nicht leiden und trat mir das Messer aus der Hand. Weil Angela dabeistand, war mir das doppelt peinlich. Ich legte das Stilett in meinen Schrank und eines Tages war es auf unerklärliche Weise verschwunden.

Am Stadtpark Steglitz war eine Minigolfanlage eröffnet worden. Klaus und Schmitti gingen dort des Öfteren hin. Auch ich schloss mich ihnen manchmal an und sogar Inge und Angela kamen mit. „Demnächst wolln'se eene Minijolfbahn hinten am Insulaner uffmachen, denn ham wa det nich' mehr so weit", berichtete Klaus mir. Er wusste schon immer Neuigkeiten, von den ich noch keine Ahnung hatte. „Ick war nämlich neulich uff'n Insulaner und hab' ma' jekiekt, wie weit die schon mit de Sternwarte am Bauen sind." „Und, wie weit sind se?", wollte ich wissen. „Noch nich' weit", antwortete Klaus.

Kapitel 77

Die Klassenreise zum Edersee 1963

Endlich war es so weit. Die Klassenreise zur Jugendherberge „Hohe Fahrt" am Edersee sollte am 12.9.63 starten. Ich war furchtbar aufgeregt, weil mir Fuzzy immer wieder von den Schoten der letzten Klassenreise erzählte.

Durch den Bau der Mauer am 13. August 1961 jedoch war mein Vater sehr verunsichert, weil wir mit dem Bus fahren sollten. Da er aus der Ostzone stammte, dachte er, man könnte mich an der Grenze verhaften. Bei Peter Gardik-Karda war es so ähnlich. Er war Staatenloser. Doch seine Eltern besaßen genug Geld, um ihm einen Flug nach Hannover finanzieren zu können, von wo er mit dem Zug nach Braunschweig weiterfahren sollte. Dort würde ihn dann der Bus mit der Klasse aufnehmen. Als ich das meinem Vater erzählte, setzte er sich hin und fing an zu rechnen. Als er fertig war, sagte er zu mir:

„ Mein Junge, du hast im letzten Jahr auf so vieles verzichten müssen. Darum werden wir dir das Geld für den Flug ermöglichen." Ich drückte meine Eltern ganz doll und freute mich wahnsinnig.

Während sich die Klasse mit dem Reisebusunternehmen „Sperling" auf die Tour machte, traf ich mich mit Peter am Flughafen Tempelhof. Ich war noch nie in meinem Leben geflogen, höchstens aus der Unterrichtsstunde. Als kleiner Junge war ich manchmal mit meiner Mutter zum Flughafen gefahren. Wir haben dann vor den großen Scheiben gesessen und die Flugzeuge beim Starten und Landen beobachtet. Auch kamen mir die Wintertage in Erinnerung, wo ich auf meinem Schlitten sitzend, oben an der Rodelbahn des Insulaners, die Propellermaschinen gesehen hatte, die im Anflug auf Tempelhof waren. Wie oft hatte ich mir damals gewünscht, auch einmal mitzufliegen.

Für Peter war die Reise in einem Flugzeug schon nichts Besonderes mehr, da er ja immer fliegen musste, wenn er mit seinen Eltern verreiste. Ich jedoch bekam eine Gänsehaut, als unser Flug aufgerufen wurde. Ich gab meiner Mutter, die mich zum Flughafen gebracht hatte, noch ein Küsschen und dann lief ich durch die Passkontrolle. Wir mussten die breite, graue Steintreppe zum Rollfeld runterlaufen, um zum Flugzeug zu gelangen. Mein Mund war knochentrocken, als ich die Gangway zur PAN AM-Maschine hochstieg. Peter überließ mir großzügig den Fensterplatz. Ich war so aufgeregt, dass ich fast das Schloss vom Anschnallgurt nicht zubekam. Das kribbelnde Gefühl in meinem Magen, als das Flugzeug abhob und mich in den Sitz drückte, werde ich nie vergessen.

Gebannt schaute ich aus dem Fenster und entdeckte zu meiner linken Seite den Insulaner und das Schwimmbad. „Mann, wenn meene Freunde jetzt wüssten, dass ick hier rüberflieje, die würden neidisch werden", ich lächelte in Gedanken. Doch eine Minute später waren wir schon fast über dem Wannsee. Den ganzen Flug über sprach ich kaum mit meinem Schulkameraden. Ich klebte förmlich an dem kleinen Fenster. Als die Stewardess bekanntgab, dass wir in Kürze, in Hannover landen würden, war ich richtig enttäuscht und sagte zu Peter: „Wat'n sind wa schon da?" Unsere Lehrerin hatte uns einen Zeitplan mitgegeben, wie wir uns von Hannover aus weiter verhalten sollten. Als wir am Bahnhof ankamen, sagte Peter zu mir: „Wir ham jetzt noch über `ne Stunde Zeit, bis der Zug nach Braunschweig fährt. Ick hab' da drüben", er zeigte auf die andere Straßenseite, „`ne Reklame von een' Radiogeschäft jeseh'n, bestimmt ham die ooch Schallplatten." Wir überquerten die Straße und betraten das Geschäft. Die Schallplattenabteilung war im ersten Stock.

„Kennste eijentlich Johnny and the Hurricanes, Lumpi?", fragte er mich, während wir die Treppe hochstiegen. Den Namen „Lumpi" hatte ich vor einiger Zeit von Ralf Mabillon, Peters Schulfreund, bekommen, weil meine Kleidung nicht so modisch aussah wie die der meisten Klassenkameraden.

„Wer issen det?", erwiderte ich. „`Ne jute Band aus England, die spiel'n aber meist nur Instrumentalstücke. Ick will ma' kieken, ob die hier die neue Single von den ham." Er sprach „fachmännisch" mit der Schallplattenverkäuferin und kam dann mit fünf Platten unter dem Arm auf mich zu. Wir setzten uns an eine Ecke des langen Verkaufstresen und er drückte mir eine der weißen Hörmuscheln, die in dem Tresen steckten, in die Hand. Zuerst legte die Verkäuferin „Come on Train" von „Johnny and the Hurricanes auf . Es war eine prima Platte. „Starke Scheibe, wa", Peter wippte wie ein Verrückter mit dem Fuß. „Kannste wohl meenen", antwortete ich ihm. „Wenn wa mal een Tanzabend machen, denn leg ick die uff." Peter war begeistert und kaufte sich gleich die Platte. Anschließend hörten wir uns noch die restlichen Platten an.

Die Zeit verging rasend schnell und so langsam wurde ich unruhig. „Mann, Peter, wir müssen los, sonst verpassen wa noch den Zug", drängelte ich. Alleine schon der Weg vom Bahnhof in das Radiogeschäft ließ mich annehmen, dass mir meine Mutter Steine in den Koffer gelegt hatte. Der Koffer war unheimlich schwer.

Als wir in Braunschweig ankamen, liefen wir zu dem verabredeten Treffpunkt am Autobahnschild. „Und wat machen wa nu'?", fragte mich Peter. „Warten", antwortete ich müde und war froh den Koffer endlich mal abstellen zu können. Nach einer Stunde und fünf Reisebussen, die vorbeigefahren waren, tauchte endlich unser Bus auf. Schon von weitem gab er Blinkzeichen. „Endlich komm' die", stöhnte Peter, „ick dachte schon, die ham uns verjessen." Wir stiegen in den Bus, wo wir von den Klassenkameraden lauthals empfangen wurden. Es dauerte allerdings noch ein paar Stunden, bis wir die Jugendherberge erreichten.

Unterwegs wurde schon besprochen, wer mit wem auf einem Zimmer pennen sollte. Ich zog wieder mal das schlechtere Los und musste das Zimmer, wie schon damals in Hermes, mit Hurmsermann teilen. Dazu kamen noch Baumast und Mabillon. Es waren auch wieder Etagenbetten, in denen wir schliefen. Ich wollte wieder oben liegen. Und wo schlief Hurmsermann? Wieder unten, alles wie gehabt. Zum Abendbrot gab es Quetschkartoffeln und danach standen wir noch ein Weilchen auf der Terrasse vor der Tür der Jugendherberge.

Am nächsten Morgen versammelte sich die Klasse im Speiseraum. Jeder bekam drei Brötchen, reichlich Butter und Marmelade sowie kannenweise Milchkaffee. Danach machten wir eine Wanderung durch das Ederseebett. Anschließend sahen unsere Schuhe wie Dreckklumpen aus. Zu meinem großen Erstaunen jedoch herrschte unter der Leitung von Frau Quilitzsch nicht der Drill, den ich von meinem Grundschullehrer Reier noch in allzu guter Erinnerung hatte. In der Mittagsruhe mussten wir entweder auf der Bude hocken oder uns mindestens einen Kilometer von der Herberge entfernt aufhalten. Unsere Lehrerin hatte allen während des Frühstücks die Hausregeln eingepaukt. „Hört ma' Leute, der Herbergsvater ist ein ganz scharfer Hund, der auch einen noch schärferen Schäferhund hat." Alles grölte vor Lachen. „Aber ihr müsst euch strikt an seine Anweisungen halten, sonst bekomme ich und damit auch ihr, den größten Ärger." „Muss ick den ooch frajen, wenn ick ma' ins Jebüsch pinkeln will?", kam von Fuzzys Tisch eine hämische Stimme. „Leute, ich kenn euch doch alle viel zu gut", sagte unsere Lehrerin, „macht mir hier keinen Ärger." Nach der Mittagsruhe wurde noch ein Gewaltmarsch nach Asel (mit Umweg und Verlaufen etwa fünfzehn Kilometer) gemacht. Am nächsten Tag „durften" wir das Papier, welches auf dem Herbergsgelände rumlag, aufsammeln. Danach mussten wir Kartoffeln schälen. „Det is' hier wie im Knast", beschwerte sich Detlev Wesebach. Am Nachmittag hatten wir dann Freizeit.

Da erreichte uns die Neuigkeit, dass übermorgen eine Mädchenklasse aus Hamburg erwartet wird. Der harte Kern der Klasse verwandelte sich fast in einen Haufen räudiger Hunde vor Aufregung. „Die Hamburger sind nich' so einjebildet wie die aus'n Westen", nuschelte Hurmsermann aufgeregt. „Woher willst du denn det wissen?", fragte Fuzzy hämisch, „du hast doch noch nie eene Braut jehabt." Hurmsermann zog beleidigt davon, während wir alle wie die Blöden lachten.

Der nächste Tag war ein Sonntag. Wer wollte, konnte in die Kirche nach Waldeck gehen. Die meisten aber blieben in der Jugendherberge. Heute sollten die Mädchen ankommen, aber wir konnten nicht auf den Bus warten, weil wir wieder eine Wanderung machten. Als wir endlich zurück in der Jugendherberge waren, standen ein paar von den Hamburger Mädchen vor der Tür. Bei dem Beschnupperungsgespräch wurde gleich ein Tanzabend am kommenden Freitag geplant.

In den darauf folgenden Tagen wurden verschiedene Ausflüge gemacht. Mal ging es zur Edertalsperre, an diesem Tag regnete es Strippen, dann wurde eine Tageswanderung nach Herzhausen unternommen. Endlich war der Freitag da.

Schon am Nachmittag begannen sich die Ersten feinzumachen. Rodewald tauchte mit einem Halstuch auf. Als unsere Lehrerin fragte: „Warum hast du denn das Tuch um den Hals?", schob er das Tuch zur Seite und zum Vorschein kamen fünf Knutschflecken. „Wer war das?", wollte sie wissen. „Na, da ham mich welche festjehalten, een Wachtposten vor de Tür jestellt und denn ham se mir am Hals rumjesaugt." Die Namen der Täter nannte er jedoch nicht, denn er wusste genau, was ihm dann passieren würde. Bereits am Tag zuvor hatten Fuzzy und Mehliß ihm, während er noch schlief, den Hintern mit Zahnpasta zugeschmiert. Als er zur Lehrerin gehen wollte, um zu petzen, haben sie ihm die Knutschflecken gemacht.

Der Tanzabend sollte im großen Aufenthaltsraum stattfinden. Wir stellten alle Stühle rundherum an den Wänden auf. Auf einem platzierte Peter den geliehenen Plattenspieler. Zu unserer Freude brachten auch die Mädels einige Platten mit. Zuerst machten wir öde Gesellschaftsspiele, die manche durch blöde Sprüche, nachgeäffte Töne und Geräusche bewusst störten. Die Lehrer beider Klassen versuchten erst gar nicht, die Übeltäter zu ermahnen. Es war ihnen doch von Anfang an klar gewesen, warum wir hier alle wie die Hühner auf der Stange saßen.

Endlich ging die Party los. Peter fetzte seine Schallplatte, „Come on Train", auf den Plattenteller und jeder der Jungs suchte sich ein Mädchen zum Tanzen aus. Schon nach der ersten Runde hatten sich einige Pärchen gefunden und die Mauerblümchen beiden Geschlechts hockten verlassen auf ihren Stühlen. „So geht das aber nicht, meine Herren", sagte Frau Quilitzsch. Sie schlug vor, dass jedes Mädchen einen Hausschuh in die Mitte des Raumes legen sollte. Natürlich mussten wir Jungen uns vorher umdrehen, um nicht zu erkennen, wem welcher Schuh gehörte. So ein Komiker machte auch noch vorsichtshalber das Licht kurz aus. Als ich mich dann umdrehte, lag ein Haufen verschiedenartiger Hausschuhe in der Mitte des Raumes. Auf ein Zeichen der Lehrerin hin rannten alle Jungs zu dem Schuhhaufen und jeder griff sich einen der Schuhe. „Det is' wie bei Aschenputtel", meinte Mabillon zu mir, „jetzt musste rumloofen und kieken, wem der Schuh passt." Ich hatte einen sehr hübschen Schuh erwischt, der aber leider einem nicht so hübschen Mädchen gehörte.

Der Tanzabend ging bis 22.00 Uhr, dann war Feierabend. Wer meinte, er könne noch mal kurz draußen 'ne Runde knutschen, sah sich enttäuscht. Der Herbergsvater schlich mit seinem Köter durch das Gelände und wehe, er erwischte jemanden, dann ließ er den Hund von der Leine. Am nächsten Vormittag spielten wir gegen eine Lichterfelder Klasse (6k) Fußball. Wir gewannen 13: 9.

Mitte der Woche machten wir einen Busausflug nach Bad Wildungen. Schnell waren alle Plätze im Bus belegt. Friedhelm Muritz musste vorn neben dem Fahrer auf einem Notsitz Platz nehmen. Es war ein sehr warmer Tag und im Bus herrschte eine Affenhitze. Jeder hatte ein Proviantpaket bekommen. Es waren Stullen mit Schmalz und Leberwurst bestrichen. Schon beim Einpacken der Stullen hatte ich mich geekelt und beschlossen: „Die isste uff keenen Fall." Durch die Wärme im Bus fing das Schmalz an zu laufen und vermischte sich mit der Leberwurst. Ich schaute Fuzzy an, der neben mir saß und sagte zu ihm: „Det ess ick nich', da wird ma ja schlecht." „Na meenste, ick krieg die uffjeweichten Stullen runter", antwortete er.

Vor uns saßen Rodewalt und Mabillon. Rodewald drehte sich um und sagte: „Bei der nächsten Pause schmeiß ick die Dinger weg." Kurz darauf hielt der Bus, und wir durften uns die Füße vertreten. Neben einer Holzbank entdeckte ich einen Papierkorb. Unauffällig schlenderte ich daran vorbei und ließ das Stullenpaket in den Korb fallen. Als ich fünf Minuten später wieder an dem Papierkorb vorbeikam, lagen bestimmt fünfzehn Stullenpakete darin. Grinsend stieg ich wieder in den Bus ein.

Während der Fahrt wurden oft die Plätze getauscht. Als ich neben Hurmsermann saß, erzählte der mir unglaubliche Geschichten aus Gruselfilmen. Hinter mir flüsterte einer: „Wenn olle Hurmsermann wat erzählt, kannste nur die Hälfte glooben." Als wir am späten Nachmittag wieder in der Jugendherberge ankamen, liefen der dicke Assler und seine Kumpels runter zum Ederseebett. Im aufgeweichten Boden blieb er mit einem Fuß stecken. All seine Anstrengungen, den Schuh wieder frei zu bekommen, nützten ihm nichts. Der Schuh verschwand auf Nimmerwiedersehen im Morast. Wutentbrannt zog Assler auch den anderen Schuh aus und warf ihn in den See.

Ein weiterer Tanzabend stand ins Haus, der sollte noch ein schöner Abschluss für unsere Klassenfahrt sein. Am Abend, nach dem Abendbrot, stand ich wie immer mit Fuzzy und den anderen draußen auf der Terrasse. Es war schon dunkel und ich staunte über die vielen Sterne, die am Himmel leuchteten, so nah, fast zum Greifen. Als ich ein Stück rückwärts gehen wollte, stieß ich mit einem Mädchen aus der Hamburger Klasse zusammen. Erschrocken stammelte ich eine Entschuldigung. Wir kamen ins Gespräch und dabei verliebte ich mich in sie. Nach einer Weile schlug ich vor, noch etwas spazieren zu gehen, bevor der Herbergsvater seinen Köter wieder von der Leine ließ.

Wir liefen Hand in Hand Richtung Waldrand. In meinem Körper kribbelten tausend Ameisen, so aufgeregt war ich. Sie hieß Anita. Der Name elektrisierte mich sofort. So hieß doch die Freundin von Bernardo im Film „West Side Story" und nun lief ich hier mit einem Mädchen namens Anita in der Dunkelheit umher. Als wir schon ein weites Stück gelaufen waren, blieb ich plötzlich stehen und umarmte sie. Der Duft von frischer Haut und „Lux" Seife vernebelte meinen Verstand. Sie legte ihren Kopf an meine Schulter und ich dachte, die Welt kracht ein.

Jetzt nahm ich allen Mut zusammen und fragte sie: „Kann ick dich ma' küssen?" Sie nickte und als sich dann unsere Lippen berührten, bimmelten in meinem Kopf die Glocken. Klar hatte ich schon mal Angela oder Inge einen Kuss gegeben, aber das waren mehr so'ne Wangenwischer gewesen. Nach einer Weile fragte ich sie erneut: „Darf ick dir auch eenen Kuss mit Zungenschlach jeben?" Wie das ging, hatte mir Diana erklärt. Bevor ich wusste, wie mir geschah, fühlte ich schon ihre Zunge in meinem Mund. Jetzt riss es mir beide Beine weg, ich war nun kein Kind mehr, sondern ein Halbstarker. Jedenfalls fühlte ich mich so. Es war mehr wie eine Umklammerung als ein zärtliches Umarmen, wie wir da beide standen. So bekam ich den allerersten richtigen Kuss meines Lebens. Nach einer halben Stunde im Paradies liefen wir zurück zur Herberge. Bevor wir in den Lichtschein der Lampen eintauchten, küsste ich sie noch einmal und fragte: „Seh'n wa uns morjen wieder?" „Beim Tanzabend", antwortete sie mir und verschwand im Haus.

Als ich unser Zimmer betrat, muss ich ausgesehen haben wie ein verliebter Vollidiot. Mabillon begrüßte mich mit den Worten: „Hast' mit eener jeknutscht, wa? Siehst ja so verschwiemelt aus." Ich erzählte ihm von meinem Abenteuer, was ich eben erlebt hatte. In Abwandlung aus „West Side Story", wo das Lied „Maria" hieß, sang ich nun Anita, Anita the most beautiful girl. Mabillon tippte sich an die Stirn und erklärte mich für verrückt. „Die hat doch morjen bestimmt `n andern und du machst hier so een Uf-friss." Mir war das im Moment alles egal, ich schnüffelte an meiner Hand, die immer noch nach „Lux" Seife roch. An diesem Abend wusch ich mir nicht die Hand, die Stunden zuvor noch Anitas Hand umklammerte.

Natürlich hatte Mabillon Recht behalten, am nächsten Tag suchte ich vergebens nach dem Mädchen. Aber sie war unauffindbar. In der Mittagszeit konnte ich es vor Sehnsucht nicht mehr aushalten und beschloss, trotz striktem Verbot, dem Mädchenhaus einen Besuch abzustatten. Baumast und Wilfried Fäller waren auch mit von der Partie. Vor dem Fenster der Mädels blieb ich stehen und pfiff. Fast alle Mädchen schauten aus dem heraus, nur Anita nicht. Enttäuscht schlich ich von dannen.

Als wir mit dem Abendessen fertig waren und aufstehen wollten, sagte unsere Lehrerin sehr böse: „Ihr bleibt alle sitzen. Mir ist zu Ohren gekommen, dass sich heute, in der Mittagszeit, drei von euch vor dem Haus der Mädchen aus Hamburg aufgehalten haben. Wer war dabei?" Eisiges Schweigen und Schulterzucken waren die Antwort. „Wir bleiben hier alle so lange sitzen, bis sich die drei gemeldet haben", sprach sie dann weiter.

Als Erster fiel Fäller um, der Schlappschwanz. „Eins", sagte die Lehrerin. Drei Minuten vergingen, dann kippte Baumast um. „Zwei. Ich habe viel Zeit", sagte sie mit eisigem Unterton in der Stimme. „Wer war der dritte?"

In mir brodelte und kochte es. Ich schwitzte wie verrückt. Was sollte ich machen? Bestimmt wusste die Lehrerin Bescheid. Mabillon stieß mir seinen Ellenbogen in die Seite und zischte leise: „Mann, meld' dich oder meenste, ick will meene Verabredung heute abend verpassen." Die Stille im Raum lastete wie ein Amboss auf mir. Aus den Augenwinkeln heraus sah ich, wie mir Fuzzy und Mehliß, die genau wussten, dass ich der Dritte war, anerkennend zunickten. Das alles glich einer Mutprobe zwischen mir, den Klassenkameraden und der Lehrerin. Den Blick, den sie mir zuwarf, der war eiskalt. Da konnte ich dann nicht mehr und meldete mich. „So, Michael, zur Strafe gehst du jetzt auf dein Zimmer und legst dich ins Bett. Der Tanzabend fällt für dich heute aus." Für mich brach eine Welt zusammen, denn jetzt würde Anita mit einem anderen tanzen, während ich unten auf der Bude hocken musste. Mühsam unterdrückte ich meine Tränen, das hätte noch gefehlt, hier vor den Klassenkameraden zu heulen. Als ich in das Zimmer kam, fand ich Hurmsermann im Bett liegend vor. „Wat machst du denn hier?", schnauzte ich ihn an. „Mir is' nich' jut", antwortete er leise. „Warum tanzte denn nich' da oben mit?", fragte er mich. „Ach, lass ma doch in Ruhe", antwortete ich barsch und warf mich auf das Bett.

Es dauerte nicht lange, da kam die Lehrerin ins Zimmer, um nach Hurmsermann zu schauen. Mich würdigte sie keines Blickes. Sie nahm die Hand von Hurmsermann und musste ihn streicheln, den armen kranken Schlappschwanz. Eine halbe Stunde später hörte ich Musikfetzen von „Come on Train", durch das geöffnete Fenster dringen.

Von Anita habe ich nichts mehr gesehen, denn die Mädchen-klasse fuhr am nächsten Morgen zurück nach Hamburg. Einige der Klassenkameraden waren krank vor Liebeskummer und wollten die Lehrerin überreden, einen VW- Bus zu mieten, um dann die Mädchen zu besuchen.

Ich freute mich jetzt nur noch auf den Rückflug nach Berlin.

Kapitel 78

„Das Schweigen" 1963

Im Biologieunterricht wurde das Thema Sexualkunde so gut wie nie angesprochen. Auch von meinen Eltern bekam ich davon nichts zu hören. Ganz im Gegenteil. Wenn ich meine Mutter im Bad überraschte, kreischte sie auf und schickte mich sofort wieder hinaus. Nackt zeigten sich meine Eltern nie vor mir. Im Schreibtisch meines Vaters lag eine dicke Schwarte von Arztbuch. Da war eine nackte Frau abgebildet, die schaute ich mir manchmal an.

Erst durch die Löcher in den Kabinen im Schwimmbad war ich dazu gekommen, mir in aller „Ruhe" den nackten Körper einer Frau anzusehen. Battis Mutter zeigte mir einmal, als sie ange-trunken im Bett lag, für eine Sekunde ihren nackten Busen. Mit den Worten: „Willste man `n Busen sehen?", riss sie die Bettdecke runter.

Klaus und Jürgi kauften sich am Kiosk ein Magazin mit nack-ten Frauen. Klaus nahm das Heft „Die Gondel", für ihn schon ein gewagtes Magazin. Jürgi entschied sich für ein FKK- Magazin. Als er es aufblätterte, waren nur nackte Männer drin, was Klaus wieder zum Totlachen fand.

Eines Tages brachte olle Schützig, das Pickelgesicht, ein farbi-ges Hochglanzmagazin in Zeichenblockgröße mit Fotos von nack-

ten Frauen mit in die Klasse. Es waren dolle Bilder. Sehr gutausse-
hende Modelle mit großen Brüsten, die sich in allen Positionen
zeigten, dagegen waren die Abbildungen in der „Gondel" die
reinsten Märchenbilder. Wo Schützig die Magazine her hatte, verriet er aber nicht. Alle scharten sich um ihn herum und er genoss
es, im Mittelpunkt zu stehen. Das Heft wurde ihm förmlich aus
der Hand gerissen. Es ging reihum und als er sein Magazin wie-
derbekam, fehlte über die Hälfte der Fotos. Jeder hatten sich eine
Seite rausgerissen. Darüber war Schützig sehr verärgert und als er
eine Woche später wieder mit neuen Magazinen auftauchte, behielt er diese in der Mappe und wollte sie uns nicht zeigen. Das
wiederum ärgerte uns natürlich sehr und als die Lehrerin in die
Klasse kam, rief Mehliß: „Kieken se doch ma' in Schützig seine
Mappe, wat der da drin hat." Schützig lief purpurrot an. Die
Lehrerin ging zu ihm hin und er musste die Mappe entleeren. Als
sie die Akthefte sah, war sie im ersten Moment sehr verlegen und
wurde rot im Gesicht, nahm aber dann die Hefte und verschloss
sie im Schrank. In diesem Schrank lagen die ganzen Sachen von
uns, die sie im Laufe des Jahres eingezogen hatte. Keiner von uns
wagte es, den zu knacken, obwohl alle gerne die Hefte gehabt
hätten.

Zwei Wochen nach meinem 15. Geburtstag erzählte mir Batti,
dass sein Bruder Peter einen ganz schweinischen Film im Kino
gesehen hatte. „Wie hieß'n der?", wollte ich gleich wissen. „Das
Schweigen", is'n schwedischer Film, wo se allet zeigen", erklärte
mir Batti. „Aber der Film is' erst ab 18, da machen se janz scharfe
Kontrollen."

Drei Wochen später spielten sie den Film im „Parklicht-Kino".
Den Film musste ich mir unbedingt ansehen. Battis Bruder hatte
mich aber vorgewarnt: „Wenn det Notlicht nach de Wochenschau
anjeht, kannste sicher sein, dass denn `ne Ausweißkontrolle kommt.
Meistens is' det eener mit'n langen schwarzen Mantel, der allet
kontrolliert."

Ich beschloss es trotzdem zu probieren. Von meinem Vater zog ich ein weißes Oberhemd an und band mir eine seiner Krawatten um. Wie man einen Windsorknoten bindet, konnte ich auf einer Zeichnung erkennen, die neben den Krawatten lag. Nachdem ich eine halbe Stunde mit dem scheiß Schlips rumgefummlt hatte, sah der Knoten nicht halb so aus, wie der auf der Abbildung. Die Ärmel des Oberhemdes waren mir viel zu lang und so band ich mir diese unterhalb des Ellenbogens mit einem Flitzgummi fest. Dann zog ich meine gute Hose an und putzte noch einmal meine Schuhe. Auf dem Weg zum Kino überlegte ich fieberhaft, wie ich es am besten anstellte, in das Kino zu kommen.

Vor dem „Parklicht" herrschte ein großer Andrang. Ich stellte mich in die Reihe der Wartenden an. Skeptische Blicke musterten mich. „Biste denn schon achtzehn?", fragte mich ein Mann, der vor mir stand. „Na klar", antwortete ich schwitzend. Als ich vor dem Kartenschalter stand, versuchte ich so lässig wie möglich auszusehen, obwohl ich unter den Achseln schwitzte, als wäre ich in der Wüste Gobi. Ich versuchte meiner Stimme einen tiefen Klang zu geben, als ich sagte: „Eine Karte bitte, Reihe 4, außen." Die Kartenverkäuferin blätterte in einem Stapel mit Eintrittskarten. „Gott sei Dank hat die `ne starke Brille uff, fast wie Flaschenböden", dachte ich, „denn kiekt se mich nich' so jenau an. „Macht zweefuffzich", sagte sie, während ich die Karte in Empfang nahm. Die erste Hürde war genommen, doch jetzt musste ich an der Platzanweiserin vorbei. Die beobachtete mich schon, doch ich tat so, als würde ich noch auf jemanden warten.

Als ich auf die Uhr schaute, wusste ich, dass die Werbefilme schon angefangen hatten. Da kam ein junges Pärchen angehetzt. Als sie der Platzanweiserin ihre Karten vorzeigen wollten, fiel der Frau die Handtasche runter. Mit einem Satz stand ich neben der Frau und hob die Handtasche auf. „Das ist aber freundlich von ihnen", sagte sie und ich antwortete: „Keine Ursache, ich wollte auch gerade reingehen." Ich schloss mich dem Pärchen an und drin war ich. Dem Taschenlampenschein der Platzanweiserin folgend, fand ich meinen Platz. Inzwischen war mein Hemd unter den Achseln vollkommen durchgeschwitzt. Anstatt mich auf die Leinwand zu konzentrieren, rutschte ich auf meinem Kinosessel unruhig hin und her und wartete förmlich darauf, dass die Notbeleuchtung angeht.

Nachdem die Wochenschau zu Ende war, liefen links und rechts auf den Gängen die Platzanweiserinnen mit ihren Bauchläden entlang und hielten stumm Langnese-Eiscreme in die Höhe. Das Pärchen, drei Plätze neben mir, verlangte Eiscremekonfekt, mir lief das Wasser im Mund zusammen. „Jetzt wat Kaltet", dachte ich. Doch nun begann der Hauptfilm. Ich sah höchstens die Hälfte des Filmes, weil ich mich andauernd umdrehte, und dachte, jetzt kommt einer kontrollieren. Die schweinischen Szenen bekam ich erst gar nicht mit, weil die viel zu schnell vorbei waren. Am nächsten Tag protzte ich damit, „Das Schweigen" gesehen zu haben.

Am 25. Oktober verfolgte ich mit meiner Oma zusammen vor dem Fernseher die aufregende Bergung der verschütteten Bergleute in Lengede. Es waren erschütternde Bilder und meine Oma saß weinend im Sessel. Am 22. November legte ich mich abends ins Bett, um in Ruhe „Schlager der Woche" zu hören. Mitten im Programm unterbrachen sie die Sendung und spielten Trauermusik. Zuerst dachte ich, das Radio spinnt. Doch dann brachten sie die niederschmetternde Nachricht, dass der amerikanische Präsident Kennedy in Dallas erschossen worden war. Zuerst war ich wie gelähmt, dann sprang ich aus dem Bett und rannte zu meiner Oma ins Zimmer. Die saß aber schon schluchzend vor dem Radioapparat. Am nächsten Tag in der Schule standen wir alle wie bedeppert da. Keiner lachte oder machte einen Witz. Zusammen mit unserer Lehrerin sprachen wir fast zwei Stunden über das Attentat.

1963 feierte ich zum letzten Mal in der Schule Weihnachten. Es wurde wieder der übliche Julklapp veranstaltet, wo ich zum wiederholten Male ein vollkommen nutzloses Geschenk bekam. Aber daran hatte ich mich ja im Laufe der Schulzeit gewöhnt.

Kapitel 79

Die Einsegnung 1964

So langsam näherte sich das Ende meiner Schulzeit. Es waren nur noch ein paar Monate und dann sollte ich meine Lehre antreten. Aber es war aus meinem Wunsch, Werbegrafiker zu werden, nichts geworden. Im letzten Jahr hatte sich mein Vater selbstständig gemacht und sich ein Friseurgeschäft am Ostpreußendamm gegenüber der alten Giesensdorfer Dorfkirche Ecke Osdorfer Straße gekauft. Es lag natürlich auf der Hand, dass ich Friseur werden sollte. Alle Gegenwehr war zwecklos. „Friseur ist ein guter Beruf, Junge. Haare wachsen immer und künstlerisch kannst du in dem Beruf auch sein." Basta, das war es dann.

In der Schule indessen legten wir noch mal so richtig los. Auf halber Höhe zwischen zweitem und drittem Stock war der Kartenraum. Dort lagerten Landkarten und allerlei Dinge für den Biologieunterricht. Auch ein Skelett stand dort herum. Leider war ich nie unter denen, die für das Kartenamt abgestellt wurden. Zufällig war ich dabei, als Fuzzy dem Gerippe einen Kinnhaken verpasste und der Unterkiefer des Skeletts durch den Raum flog. Mit Draht versuchten wir das Teil wieder an Ort und Stelle zu befestigen. Als ein Schüler der 7. Klasse jedoch das Skelett für den Unterricht abholte und es die Treppe hochschleppte, fiel der Unterkiefer wieder ab.

Ein paar Tage später sollten wir noch einmal zu einer schulärztlichen Untersuchung. Dafür sollte jeder Schüler eine Flasche

Urin mitbringen. Einer der Klassenkameraden stellte unter die kleinen Fläschchen eine vollgepinkelte Milchflasche. Wir haben uns alle totgelacht. Mittwochs hatten wir immer in der letzten Stunde Musik. Inzwischen wurde dieser Unterricht auch im Schulgebäude abgehalten. Wir hingen in der kleinen Pause aus dem Fenster, als unten die dicke Söllinger aus der Tür kam. „Wat macht'n die da?", fragte mich Mehliß. „Wir ham doch jetzt bei der Musik." Er rief ihren Namen und sie schaute nach oben und winkte. Fuzzy winkte zurück aber die Söllinger ging nach Hause. Sie hatte die Unterrichtsstunde vergessen.

Den Werkunterricht leitete Lehrer Grönemeier. Der Werkraum war unten im Keller. Es gab einen Haufen verschiedener Werkzeuge. Als wir aus einem Stück Holz einen Brieföffner herstellen sollten, feilte ich aus Langeweile am Werktisch. Das brachte mir prompt den dritten Tadel in zwei Schuljahren ein. Beim Löten verbrannte ich mir so oft die Finger, dass Grönemeier sagte: „Typisch Lorenz, im Unterricht Note 6, als Pausenclown Note 1."

Im Religionsunterricht bekamen wir es mit einer ganz zarten Lehrerin zu tun. Die wickelten Fuzzy und Mehliß mit links um den Finger. Mehliß ging während des Unterrichts zu ihr nach vorne an den Pult und zeigte auf die Eintragungen im Klassenbuch. Dabei fing er beinahe an zu heulen und aus Mitleid strich die Lehrerin alle Tadel der letzten Woche aus. Ein anderes Mal wurde sie von Mehliß abgelenkt, während Fuzzy mal eben seine Noten in Geschichte verbesserte. Er war schon ein toller Hecht gewesen. Rodewald und ein anderer Schüler wurden im Religionsunterricht in den Schrank gesperrt und mussten darin die ganze Schulstunde aushalten.

Besonders beliebt war es einige Zeit, mit dem Strohhalm feuchtes Papier herumzuschießen. Überall an den Wänden und an der Decke klebte die feuchten Kügelchen. Immer wieder schön war es auch, den nassen Schwamm durch das Klassenzimmer zu feuern, der so hübsche feuchte Abdrücke hinterließ. Natürlich musste ich auch deshalb des Öfteren nachsitzen. So zum Beispiel, als ich beim Stühleaufstellen meinen Stuhl zu heftig auf den Tisch knallte.

Das schärfste Ding allerdings, und daran war keiner von uns Schuld, passierte im Englischunterricht. Wie immer kam unsere Lehrerin in die Klasse und sagte: „Good morning boys, please sit down." Auch sie setzte sich auf ihren Stuhl hinter dem Lehrerpult. Sekunden später verschwand sie hinter diesem. Der Stuhl war zusammengebrochen, weil zwei Schrauben fehlten. Trotz all unserer Schwüre, dass wir damit nichts zu tun hatten, bekam die Klasse einen Klassentadel. Das war dann aber auch der letzte Tadel, denn drei Wochen später, am 21.3.1964, war die Schulzeit zu Ende. Neun Jahre hatte ich nun die Schulbank gedrückt, wäre einmal fast sitzen geblieben und hatte das Probehalbjahr auf dem TZ nicht geschafft. Doch bin ich letztendlich immer wieder irgendwie durchgeflutscht. Es wurde noch eine Abschiedsfeier veranstaltet, zusammen mit der Mädchenklasse, aber ich kann mich nur noch daran erinnern, dass ein Klassenkamerad Zauberkunststücke vorführte. Wahrscheinlich passierten keine Kracher.

Seit dem letzten Herbst nahm ich regelmäßig am Konfirmandenunterricht teil. Immer einmal in der Woche nachmittags um 17.00 Uhr. Zusammen mit Angela und Raini wurde ich auf die Einsegnung vorbereitet. Natürlich ging auch dieser Unterricht nicht ohne Störungen über die Bühne. Es war für mich immer ein Problem, ernst sein zu müssen. Besonders wenn ein Pfarrer unterrichtete. Aber die Konfirmandenstunden waren dermaßen trocken, da musste ich einfach Blödsinn machen, mit dem Ergebnis, dass ich zweimal aus dem Unterricht geflogen bin und mir sogar angedroht wurde, nicht eingesegnet zu werden.

An den Wochenenden ging ich meist mit Batti ins Kino. Meistens sahen wir uns Western an. Ich war jetzt 15 Jahre alt und bildete mir ein, wie 17 auszusehen. Bei den Abendvorstellungen hatte ich schon des Öfteren, auch wenn die Filme ab 18 waren, keine Schwierigkeiten mehr eine Karte zu bekommen.

Zwei Tage vor meiner Einsegnung traf ich Batti und seinen Bruder Peter, den ich immer noch bewunderte, weil er so lässig war und laufend neue Mädels hatte. Batti fragte mich: „Kommste mit ins „Rheinschloss"?", ein Kino in der Rheinstraße in Friedenau. „Da spiel'n se `n juten Western mit Audie Murphy." „Wie heißt'n der?", wollte ich wissen. „Die gnadenlosen Vier", antwortete sein Bruder. „Wenn der mit Audie is', komm' ick mit." „Klar, der spielt doch'n Sheriff, der vier Banditen verfolgt", erzählte Batti weiter. „Und weeßte, wer eenen der Banditen spielt? Olle Lee van Cleef." „Mann, det is' jut, aber ick wette mit dir, den erschießen se jleich wieder, wenna in' Saloon kommt, so wie immer." Wir mussten alle drei lachen. „Wann jibst'n den Film?", wollte ich dann wissen. „Na jetzt am Sonnabend, um 20.00 Uhr", antwortete Batti. „Ach du Scheiße, det is' aber spät, ick hab' nämlich am Sonntag um zehne Einsejnung", sagte ich enttäuscht. „Det macht doch nischt", meinte Peter, „bist doch alt jenuch, oder?" Es war dieses „oder", was mich so klein erscheinen ließ, wo ich mich doch schon wie ein Halbstarker fühlte. Also verabredeten wir uns für Sonnabendabend so gegen sieben bei Batti zu Hause.

Bei meinen Eltern in der Wohnung herrschte völliges Durcheinander am Sonnabend vor der Einsegnung. Meine Mutter hatte für den morgigen Tag extra einen Koch von „Hefter" bestellt, der ein Menü kochen sollte. Als ich zu ihr sagte: „Ick jeh heute Abend noch mit Batti ins Kino", war sie wenig begeistert. „Muss das denn gerade heute Abend sein, wo du doch morgen früh aufstehen musst." Aber dann hatte sie doch nichts dagegen. Ich aber hatte etwas gegen den grünen Anzug, den ich zu meiner Einsegnung tragen sollte. Am liebsten wäre ich in meinen Jeans gegangen, aber als ich das sagte, wäre mein Vater fast explodiert. Wenigstens konnte ich meine geliebten schwarzen Wildlederschuhe anziehen. Die mit dem Toreroabsatz und den Eisen darunter.

Als ich bei Batti ankam, lagen seine Eltern wie immer im Bett und auf dem Fußboden standen haufenweise leere Bierflaschen. Batti brauchte wieder ewig vor dem Spiegel. „Kann ja sein, dass ick da eene kennenlerne", schmunzelte er verschmitzt. Als wir vor dem Kino standen, sah ich, dass der Film ab 18 war. „Mensch, da komm' wa doch jar nich' rin", sagte ich zu Batti. „Keene Angst", meinte der zu mir, „meen Bruder kooft die Karten für uns und denn spendier'n wa ihm een Eis und denn is' det jut." Batti nahm fast immer alles ziemlich locker. Ich versuchte genauso lässig wie Peter sein, als er vor uns in das Kino schlenderte. „Wo sitzen wa denn?", wollte ich wissen. „Is' det so wichtig?", fragte mich Battis Bruder. „Na, wenn `ne Razzia kommt, ick hab' doch keen' Ausweis." „Mann, nu' mach' dir doch nicht schon vorher inne Hose, hier kommt keene Razzia", lachte Peter. Ich hätte ja lieber am Notausgang gesessen, da konnte man eventuell schnell abhauen. Vor dem Hauptfilm schlug Peter vor: „Wollen wa nachher noch man kurz ins Players-Inn jehn?" Das war eine Amikneipe gegenüber dem Rathaus Friedenau. „Da spiel'n immer jute Bands."

Widerstrebend ging ich mit den beiden nach der Vorstellung in die Kneipe. Kurz zuvor hatte ich aber noch gesagt: „Det is' aber schon nach zehn und ick muß morjen früh uffstehn." „Wir kieken nur ma' kurz rin", antwortete Batti und verschwand hinter dem dicken Türvorhang. Drinnen dröhnte laute Musik, die aber nach kurzer Zeit verstummte, weil die Band eine Pause machte. Ich nuckelte gerade an meiner Coca Cola, als sich der Vorhang an der Tür bewegte und die Militärpolizei, gefolgt von zwei Polizisten, in das Lokal kam. „Razzia", schoss es mir durch den Kopf und ich verschluckte mich an meiner Cola. Batti flitzte blitzschnell zum Schlagzeug der Band und tat so, als wenn er dazugehörte. Ich blickte mich gehetzt um und versteckte mich schnell hinter den Vorhängen am Fenster.

Dort stand ich dann mit schlotternden Knien und mein Herz pochte mir bis zum Hals. Schnell schickte ich ein Stoßgebet zum Himmel. „Lieber Gott, mach', dass se mich nich' erwischen." In meiner Aufregung hatte ich jedoch nicht bemerkt, dass meine Schuhe unter dem Vorhang herauslugten und schon war es passiert. Plötzlich sagte eine Stimme zu mir: „Na denn komm' ma' hinter dem Vorhang hervor." Bleich tat ich dies und stand dem Polizisten gegenüber. „Kann ich mal den Ausweis sehen?", sagte der Polizist zu mir. „Ick hab' noch keenen", antwortete ich verzweifelt. „Na denn haste hier auch nischt zu suchen, mach mal, dass de Land gewinnst", sagte der Polizist zu mir. Wie der Blitz sauste ich aus dem Lokal.

Draußen standen Batti und sein Bruder. Peter lachte und Batti grinste mich an. „Wie kannste ooch so blöde sein und dich hinter een' Vorhang verkrauchen, wo denn deine Schuhe unten rauskieken, dat se ooch'n Blinder sehen kann." Als ich zu Hause im Bett lag, dachte ich mit Grausen daran, was passiert wäre, wenn man mich mit auf das Polizeirevier genommen hätte.

Am 12. April 1964, war meine Einsegnung. Um 9.00 Uhr ging ich mit den Eltern, meiner Oma, mit Tante und Onkel und Cousine zur Markus-Kirche. Ich fühlte mich in meinem grünen Anzug äußerst unwohl. „Hoffentlich hält dich keener für'n Förster", dachte ich. Dort traf ich auf die anderen Konfirmanden. Angela sah sehr hübsch in ihrem schwarzen Kleid aus. Mit den hochtoupierten Haaren und ihren Absatzschuhen war sie fast zwei Köpfe größer als ich. „Na Lori, hast dich aber fein rausgeputzt mit deinem Anzug", sagte sie zu mir mit ihrer leisen Stimme. Ich fühlte, wie mir das Blut ins Gesicht stieg.

Die Kirche war bis auf den letzten Platz gefüllt. Wir Konfirmanden mussten in der ersten Reihe Platz nehmen. Als ich mich umdrehte, sah ich zwei Reihen hinter mir die grinsenden Gesichter meiner Freunde. „Oh Mann, hoffentlich kannste dich beherrschen und musst nicht lachen", dachte ich. In Gruppen traten wir vor den Pfarrer Frankowski. Ich ging zusammen mit Angela in einer Gruppe nach vorne. Wir mussten uns auf eine Holzbank niederknien. Dabei stieß ich mit dem rechten Fuß unglücklich an die Bank. Es knallte in dem großen Kirchenschiff wie ein Schuss. Als ich mich kurz umdrehte, sah ich Mäcki und Schmitti grinsen mit Tränen in den Augen. Ich musste mich verteufelt zusammenreißen, um nicht laut loszulachen.

Nachdem der feierliche Gottesdienst vorbei war und ich aus der Kirche schritt, wuselte draußen alles durcheinander. Ein Haufen Eltern, Bekannte und Freunde standen dort. Überall klickten Fotoapparate, bei der auch ein Foto von mir und Angela gemacht wurde. Damit Angela nicht größer aussah als ich, musste ich mich auf die unterste Stufe der Steintreppe der Kirche stellen.

Als ich mit der Familie zu Hause ankam, war der Koch von „Hefter" schon in der Küche am Wirbeln. Während ich im Wohnzimmer meine Geschenke in Empfang nahm, ich hatte mein sehnlichst gewünschtes Tonbandgerät „Grundig TK 14" bekommen, knallten im Sicherungskasten alle Sicherungen durch. Der Koch hatte sämtliche Kochplatten und den Ofen auf einmal in Betrieb genommen. Er war sowieso ein ziemlich mürrischer Typ. Wie er dann mit den Speisen kam, waren manche schon wieder kalt geworden. Meinem Vater hat es dann gereicht, er bezahlte den Koch und schickte ihn fort.

Dauernd klingelte es an der Wohnungstür, weil Freunde, Nachbarn und Bekannte Blumen und Briefkuverte mit Zehn-Mark-Scheinen abgaben.

Am späten Abend rief mich Onkel Heinz in die Küche, er war bereits ganz schön besoffen. Mit schwerer Zunge lallte er: „So, mein lieber Neffe, nu' biste ja schon fast erwachsen und darfst nu' ma' wat richtijet trinken." Er goss ein Schnapsglas voll mit Wodka. „Nu' streck' ma' deine Zunge raus", sagte er und legte mir eine Kaffeebohne und eine Zitronenscheibe darauf. „Jetzt kippste det Glas mit eenen Zuch über det, wat de uff de Zunge hast. Und weil man ja uff een Been nich' stehen kann, nimmste jleich noch een'."

Bald darauf war die Familienfeier zu Ende und ich machte mich mit meiner Oma auf den Heimweg. Schon nach einigen Schritten an der frischen Luft merkte ich, wie der Boden unter meinen Füßen schwankte. „Jetzt jeht dir det jenau so wie Onkel Heinz, wenn a besoffen is'", dachte ich in meinem benebelten Hirn. Ich orientierte mich immer entlang des Zaunes der Kleingärten am Immenweg. „Was haste denn, Junge?", fragte mich meine Oma, die meinen schwankenden Gang wohl bemerkt hatte. „Is' nüscht, Oma", antwortete ich mit schwerer Zunge. Doch dann muss ich wohl den gelben Briefkasten Immenweg Ecke Munsterdamm übersehen haben, denn da rannte ich voll dagegen. Den Schmerz fühlte ich nur im Unterbewusstsein. Als ich dann im Bett lag, fuhr ich Karussell und als ich so gegen 3.00 Uhr morgens mal wach wurde, wunderte ich mich, warum ich vor dem Klo kniete. Taumelnd bin ich zurück in mein Bett und habe bis zum Mittag wie ein Toter gepennt.

Kapitel 80

In der Lehre 1964

Seit ich mein Tonbandgerät besaß, gab es für mich nur noch Beatmusik. Jeden Sonntagnachmittag um 17.00 Uhr saß ich an meinem kleinen Tisch vor dem Transistorradio. Im BFN kam dann die Sendung „Top Twenty" aus England. Es waren nicht nur die Beatles, die einen Hit nach dem anderen landeten, jede Woche tauchten neue Namen auf: „The Animals", „The Swinging Blue Jeans", „The Hollies" und viele mehr. Besonderes Interesse aber weckten in mir die „Rolling Stones". Um so viel Hits wie möglich auf mein Tonband aufnehmen zu können, legte ich das Mikrofon dicht vor das Radio. Meiner Oma hatte ich strengstens verboten, irgendwelche lauten Geräusche zu machen, geschweige denn vielleicht noch unangemeldet ins Zimmer zu kommen. Natürlich ließ es sich manchmal nicht vermeiden, dass der blöde Holzstuhl, auf dem ich saß, knarrte oder dass unten vor der Haustür ein Auto abfuhr. Diese Nebengeräusche wurden dann ebenfalls mitgeschnitten.

Ich hatte mir eine kleine gemütliche Ecke in dem großen Zimmer eingerichtet. An den Wänden klebten überall Bilder von meinen Lieblingsgruppen, die ich aus den Zeitschriften „Bravo" und „Musik-Express" ausschnitt. Ganz besonders stolz war ich auf ein überdimensionales Beatlesposter. Dieses bestellte ich auf eine Anzeige im „Musik-Express". Meine erste Single von den Beatles „Roll over Beethoven" kaufte ich in einem Radiogeschäft am S-Bahnhof Gesundbrunnen.

Am ersten April 1964 begann meine Lehrzeit als Friseur im Geschäft meines Vaters. Es war ein kleiner Laden mit einer Küche hinten dran, den er da in Lichterfelde-Ost aufgemacht hatte. Links nebenan war eine Apotheke, rechts ein Zigarettengeschäft. Vor dem Friseurladen war ein kleiner Vorgarten. Schräg gegenüber befand sich die Haltestelle der Straßenbahnlinie „96". Mit der fuhr ich anfangs in meiner Mittagspause immer nach Hause, um dort schnell mein Essen einzuatmen und dann sauste ich auch wieder zurück. Meistens erwischte ich einen der Autobusse „A2" oder „A81", mit denen fuhr ich bis Lankwitz-Kirche und stieg dort in die „96" ein.

Mein Vater steckte mich in einen blauen Perlonkittel und gab mir einen Pinsel mit Stiel, damit sollte ich den Kunden den Nacken auspinseln. Gleich am ersten Tag meiner Lehre leistete ich mir auch schon die erste Schote. Ein Kunde betrat den Laden und höflich, wie es mein Vater von mir verlangte, ließ ich den Kunden auf dem Frisierstuhl Platz nehmen.

„Bist wohl der neue Stift hier, wa?", sagte er zu mir, „dein Vater hat ja davon immer gesprochen. Rauchste auch schon?", wollte er wissen. „Na klar", antwortete ich ihm. „Na denn nimm mal eine", er reichte mir eine Zigarette der Marke „Lux" und gab mir mit seinem langen „Rowenta-Feuerzeug" Feuer. Ich nahm einen tiefen Zug und sagte: „Mann, sind die stark." In diesem Moment kam mein Vater hinter mir aus der Küche. Bevor ich ihn bemerkte, hatte er mir auch schon eine gescheuert. Da ich noch die Zigarette im

Mund hatte, verbrannte ich mir dabei die Backe. „Rauchen kannste in deiner Pause, du Lauser", machte er mich vor dem Kunden nieder. Mit hochrotem Kopf verzog ich mich nach hinten. „Nimm dir mal einen Lappen und die Flasche „Sidolin", denn kannste mal die Messingtürklinke putzen.

Es waren furchtbare Tage, die dann folgten. Ich musste immer dicht neben meinem Vater stehen und ihm die verschiedenen Scherköpfe für die Haarschneidemaschine zureichen. Dabei sagte er laufend: „Immer mit den Augen klauen, nicht mit den Händen." Meistens bekam ich zwanzig Pfennig Trinkgeld von den Kunden, das war dann die Sonnenseite der Lehre.

Wenn nichts zu tun war, musste ich fegen, putzen und, was das Schlimmste war, mit einer Schere immer den Türpfosten rauf und runter klappern. „Damit deine Finger gelenkig werden", sagte mein Vater. Die einzige Ablenkung für mich in der ersten Zeit waren die amerikanischen Panzer, die vom Übungsplatz aus Lichterfelde-Süd kamen und über die Kreuzung donnerten.

Schräg gegenüber vom Laden, neben dem Baustoffhandelplatz von Kähne, stand ein langgezogener Holzschuppen, das „Playmate". Auch so ein Amischuppen wie das „Players-Inn", an das ich noch gute Erinnerungen hatte. Dort spielte Berlins derzeit beste Band, „The Lords". Eines Tages, es war kurz vor Feierabend, ich stand gerade vor der Ladentür und war im Begriff den Haareimer auszuleeren, als drüben vor dem Amischuppen ein Mannschaftswagen der Militärpolizei quietschend bremste. Hinten von der Ladefläche sprangen fünf von der „MP" runter und rannten in das „Playmate". Nach ein paar Minuten schleppten die „Hürten" von Amis ein paar Soldaten in Zivil aus dem Schuppen und „warfen" diese einfach auf die Ladefläche des Mannschaftswagens.

„Haste det jeseh'n, Pappi?", rief ich in den Laden, „wie se die so einfach uff'n Wagen jeschmissen ham." Mein Vater machte gerade Kasse und brummte nur: „Das ist schon öfter vorgekommen."

Zur Berufsschule musste ich nach Wilmersdorf in die Pfalzburger Straße. Schon am ersten Schultag wusste ich gar nicht, wo ich zuerst hinsehen sollte bei all den hübschen Mädchen, die Friseuse werden wollten. In der Pause qualmte ich eine Zigarette auf der Toilette und wurde prompt erwischt. Resultat, ich wurde von Mittwoch auf Donnerstag als Schultag strafversetzt. Drei Wochen später sah ich in der Hofpause eine Gruppe Mädchen, die sich um ein Blumenbeet scharten und aufgeregt durcheinander redeten. Ich schlenderte hinüber und entdeckte den Anlass der Aufregung. Ein Jungvogel, der am Flügel verletzt war, saß verängstigt in einer Ecke. Nun hatte ich ja von Schmitti gelernt, wie man einen jungen Vogel greift. Eifrig trat ich auf das frisch angelegte Blumenbeet und griff mir den kleinen Burschen. Schon stand die Hofaufsicht in Gestalt eines Lehrers, den ich bald noch näher kennen lernen sollte, neben mir. Es fielen ein paar heftige Worte zwischen uns und am Ende durfte ich dann statt donnerstags am Montag zur Schule gehen. Ich protestierte heftig: „Da hab' ick doch meen freien Tag." Doch es nutzte nichts. Zu Hause bekam ich dann noch mal Ärger mit meinem Vater. „Kannst du dich nicht einmal wie ein vernünftiger Mensch aufführen?", schnauzte er mich an. „Ab heute will ich keinen Anruf mehr vom Rektor der Berufsschule kriegen."

Als ich dann am ersten Montag in die Berufsschule kam, war ich sehr erstaunt, dass es keine Mädchen in der Klasse gab. „Da kiekste, wa", sagte einer der Schüler zu mir, „hier jibt's nur Weicheier, Schwule, eingebildete Meistersöhne und mit mir zusammen vielleicht noch vier einigermaßen normale Typen in der Klasse."

Der Klassenlehrer hieß Becker und er stellte mich der Klasse als: „...na ja, wie soll ich Sie bezeichnen, Lorenz? Sagen wir es mal so, Sie sind zweimal unangenehm aufgefallen und dann hier in diese Klasse gekommen." Der Schulkamerad von vorhin klatschte leise und sagte zu mir: „Willkommen im Club der Normalen." Er hieß Renald Knorr und ich passte mit ihm zusammen wie Topf und Deckel.

Nachdem ich fünf Wochen lang meinem Vater nur bei der Arbeit zuschauen musste, brachte er mir nun die Praxis bei. Es gab ja eigentlich nur drei Haarschnitte: „Rentnerpeitsche" an den Seiten hochgeschert, Faconschnitt und Rund- oder Eckschnitt. Bei fast jedem Rentner schnitt mein Vater einen Kreis, rundherum um den Kopf. Bis dahin durfte ich dann die Haare mit der Maschine abrasieren.

Da kam Mäcki eines Nachmittags in den Laden. Ehe er sich versah, setzte ihn mein Vater auf den Stuhl und sagte: „Pass mal auf, Wölfi, der Michael schneidet dir jetzt mal die Haare. Du brauchst keine Angst haben, er schneidet nur rundherum, den Rest mache ich dann." Eifrig rasierte ich Mäckis Haare so kurz ab, wie ich das von den Rentnern gewöhnt war. Da riss mir mein Vater die Maschine aus der Hand und meckerte mich an: „Wenn du dich weiter so dusselig anstellst, wirst du nie Friseur." Mäcki schaute in den Spiegel und fiel beinahe rückwärts aus dem Stuhl. Mein Vater versuchte noch auszuwetzen, was möglich war, dabei wurden Mäckis Haare natürlich noch kürzer. Als er endlich fertig war, hatte Mäcki fast keine Haare mehr auf dem Kopf. Er sah aus wie ein russischer Kriegsgefangener. Mir war die ganze Sache unwahrscheinlich peinlich. Als ich Mäcki zwei Tage später auf der Straße traf, erzählte er mir: „Ick bin nach'm Haarschneiden gleich zum Fußballtraining jefahren, wat meenste, wie die alle im Verein jegröhlt haben, als ick mit der Peitsche inne Kabine kam." Zum Glück war mir Mäcki nicht böse, er nahm die Sache nicht so tragisch und bei seinem Haarwuchs dauerte es nicht lange, da sah er wieder normal aus.

Es war keine leichte Zeit für mich, in den ersten Monaten der Lehre. Immer wieder machte mich mein Vater vor der Kundschaft runter. Eines Tages schmiss ich ihm sogar vor Wut die Schere vor die Füße. Zuerst sprach er drei Tage lang nicht mehr mit mir, doch von da änderte er seine Art mich auszubilden und so langsam machte mir der Beruf Spaß.

Kapitel 81

Der neue Freund 1964

Mein Lehrlingsgehalt betrug im ersten Lehrjahr fünfzig Mark. Dazu kam noch das Trinkgeld und so hatte ich ungefähr siebzig Mark im Monat zur Verfügung. Davon musste ich aber die Hälfte für Kostgeld und für meine BVG- Monatskarte abziehen. Der Rest ging für Zigaretten und Vergnügen drauf. Meine anderen Freunde absolvierten inzwischen auch ihre Lehre.

Jürgi machte eine Ausbildung bei SEL (Standard Elektrik Lorenz) und Mäcki ging noch weiter auf den Wissenschaftlichen Zweig, weil er anschließend studieren wollte. Diana lernte in einem Modegeschäft in der Schloßstraße und Angela in der Drogerie „Giesa" am Steglitzer Damm. Batti lernte KFZ- Mechaniker bei „Ford Butenuth". Klaus war bei der BFA angestellt. So sah ich nun die Freunde meist nur am Wochenende oder erst nach Feierabend, wo wir am Kottesteig zusammenstanden und über dieses und jenes quatschten. Klaus erschien meistens mit weißem Hemd und Krawatte. „Ick muss det jetzt immer tragen, weil ick bei de Behörde arbeete", antwortete er mir, als ich ihn auf sein Äußeres angesprochen hatte. Von den Mädchen stießen manchmal noch Angela und Inge dazu. Die jüngeren wie Henny, Werner, Achi und Gerd blieben mehr oder weniger unter sich.

Es wurde immer ruhiger auf dem Munsterdamm und der Buddelplatz lag verlassen da.

Seit einiger Zeit wurden in den Steglitzer Jugendheimen Tanzabende veranstaltet, jeden Sonnabend in einem anderen Heim. Dort spielten dann verschiedene Beat-Bands wie: „The Rebel Guys", „The Twangy Gang", „The Beats" und andere. Ich tat mich mit Batti und Dieter Sprang zusammen, denn wenn Schmitti dabei war, besaß ich kaum eine Chance, ein Mädchen kennen zu lernen, zumal ich mir einbildete, dass jede mein Glasauge erkennen würde. Dieter war auch nicht gerade der Hübscheste und Batti war ja schon immer etwas korpulent. Unter uns war die Konkurrenz beim Kampf um die Mädchen nicht so brutal wie bei Schmitti und mir.

Die Mode entwickelte sich immer rasanter und schon trugen die ersten Jungs ihre Haare in der Art der Beatles. Da hatte ich bei meinem Vater einen schweren Stand. Wenn mal ein Junge in den Laden kam, der die Haare etwas über die Ohren gekämmt hatte, sagte er gleich zu mir: „Komm mir ja nicht auf die Idee auch wie so ein verlauster Artist rumzurennen." Es spielten sich manchmal die reinsten Familiendramen in unserem Friseurladen ab. Mit den meisten jungen Kunden war ich ja sowieso auf der gleichen Wellenlänge. Es gab immer nur ein Thema, die neusten Beatgruppen und ihre Hits. Einer der Jungs trug für meine Begriffe ganz schön lange Haare und als er eines Tages in den Laden kam, sagte er zu mir: „Schneid' mir ma' nur hinten die Spitzen gerade." Ein Mann, der schon seit geraumer Zeit hinter einer Zeitung versteckt auf einem der Wartestühle saß, sprang auf und kam auf uns zu. „Det is' meen Vater", sagte der Junge schnell zu mir. Da stand er schon neben uns und schnauzte seinen Sohn an: „Heute kommt die Mähne runter, so kommste mir heute nicht mehr nach Hause." Das war natürlich was für meinen Vater, der sich der Sache sofort annahm und dem Jungen einen „vernünftigen" Faconhaarschnitt verpasste. Als ich in die Augen des armen Burschen sah, konnte ich erkennen, dass er am liebsten seinen Vater ermordet hätte.

Ich versuchte auf andere Art und Weise den Mädchen zu gefallen, indem ich mich für meine Begriffe modisch kleidete. Zu meinem weißem Nyltesthemd trug ich eine daumendicke, schwarze Krawatte mit einer goldenen Nadel durch die Kragenecken. Dazu eine pepitagemusterte Hose und meine schwarzen Wildlederschuhe. Mit meinen beiden Freunden zog ich dann los. Manchmal waren auch noch Angela und Diana mit dabei. Diese verschwanden jedoch alsbald im Gewühl der Jugendlichen.

Schon eine halbe Stunde bevor sich die Türen des „Albert-Schweitzer-Heims" öffneten, stand eine große Ansammlung von jungen Leuten davor. Einige Jungs hatten viel längere Haare als ich. „Mann, da ham wa ja gar keene Chance jejen die, da werden ja alle Mädchen uff die Kerle scharf sein", sagte ich zu Dieter. Der hörte gar nicht hin, weil er wieder mal damit beschäftigt war, in einer Türscheibe seine Haare zu kämmen. „Mann, hör' doch ma' uff, dich dauernd zu kämmen. Uff 'n Weg hierher haste ja schon dauernd an jede Pfütze jestoppt, um dir deine paar Zotteln zu kämm'", sagte Batti zu Dieter. Doch der fummelte weiter an seinen Haaren rum, als wenn es das Einzigste war, was er hatte.

Als wir dann in den großen Saal des Heimes kamen, war die Band gerade am Aufbauen ihrer Anlage. Entlang der Wände standen Stühle und vereinzelt auch Tische, die mich irgendwie an die aus der Schule erinnerten. Ich ging nach vorne zur Bühne, um mir die Band genauer anzusehen. Neben mir standen zwei hübsche Mädchen und unterhielten sich: „Schau mal, der mit der Bassgitarre, sieht der nich' süß aus?" „Und der Schlagzeuger erst", sagte eine dritte, die hinzugekommen war. „Die ham 'ne Anlage von Echolette und der Gitarrist spielt 'ne Fender Jitarre", fachsimpelten hinter mir zwei ältere Jugendliche. Ach, was hätte ich dafür gegeben, auch einmal da oben stehen zu können mit einer Gitarre in der Hand.

Inzwischen war der ganze Saal gerammelt voll. Ich entdeckte Batti und Dieter auf der anderen Seite der Tanzfläche. Dieter hielt eine der kleinen Fantaflaschen in der Hand, Batti eine Cola. „Hab ta schon jute Mädchen entdeckt?", fragte ich Dieter. „Da drüben sitzen zwee, wenn die Musik losjeht, loof ick ma' da rüber."

Kurz darauf kam die Ansage vom Sänger der Band: „Als erstes spiel'n wir ein Stück, das heißt: „Shakin all over." Kaum dröhnte der erste Ton aus den Boxen, rannte alles durcheinander. Jeder suchte sich seinen Partner zum Tanzen. Ich hatte mir auch ein Mädchen ausgesucht, aber bei dem Gewühl kam ich kaum durch, denn ich musste zur anderen Seite rüber. Kurz bevor ich meine

Ausgesuchte erreichte, schnappte sie mir ein anderer weg. Enttäuscht ging ich zurück zum Platz. Da tauchte auch Dieter auf und der sah auch nicht gerade erfolgreich aus.

Die Band war recht gut und spielte Stücke von den „Animals", „Searchers" und den „Beatles". Dann gab es eine Pause und ich sah Angela mit einem Typen nach draußen verschwinden. „Die jeht jetzt mit dem bestimmt im Park knutschen", dachte ich. Kurz nach der Pause spielte die Band gleich als Erstes das Lieblingsstück aller Anwesenden, „Skinny Minny". Sogleich griffen alle nach ihrer Flasche und kloppten wie die Blöden den Takt dazu auf die Tischplatten. Mir kam mein Vater in Erinnerung, der damals, 1956, auch wie ein Blöder den Takt zu „Rock around the clock" auf den Fußboden hämmerte.

Gerade als ich im Vorraum war, um mir eine neue Fanta zu holen, kündigte der Sänger einen Blues an. Die Beleuchtung des Saales wurde dunkler und das Gewühle noch schlimmer. Irgendwie schaffte ich es, in den Saal zu kommen und als ich eines der „Mauerblümchen" ansprach, bekam ich meinen ersten Tanz. Sie duftete nach einem süßlichen Parfüm und ich schnupperte an ihrem Hals wie ein Köter an einem Baum, an den vorher ein anderer rangepinkelt hatte.

In der letzten Pause ging ich in den hinteren, kleineren Raum, wo die neuesten Schallplatten gespielt wurden. Neben mir stand ein Junge, der eine LP von den „Rolling Stones" unter dem Arm hielt. Die „Stones" hatten gerade einen riesigen Hit in der Hitparade, „It's all over now". Sofort kam ich mit ihm ins Gespräch. Er hieß Hansi, wurde aber von den meisten „Ete" gerufen. Er erzählte mir, dass er zu Hause eine ganze Menge LPs hätte. Ich war ganz aufgeregt und fragte ihn sogleich: „Kann ick dich ma' besuchen und denn die Stones-Platte uff Band uffnehm'?" Wir verabredeten uns, beim nächsten Mal darüber zu sprechen. „Da jeh' ick nämlich ins Flemmingheim, da soll Drafi Deutscher ufftreten", sagte Ete zu mir. „Wo issen det Jugendheim?", fragte ich ihn. „Det is' inne Flemmingstraße. Da musste mit'n 33er Richtung Breitenbachplatz fahr'n, denn eene Querstraßen rinloofen und denn is' det so'n zweestöckiget Jebäude." Bis zu diesem Sonnabend war es aber noch vier Wochen hin. Der Tanzabend verlief ohne weitere Höhepunkte für mich, abgesehen davon, dass ich mich beinahe noch mit einem anderen gekloppt hätte, als der mir auf meine schönen Wildlederschuhe latschte.

Der einzige Schulkamerad, mit dem ich noch Kontakt hatte, war Ralf Mabillon. Er wohnte in einer Querstraße hinter dem „Apollo", ein Kino am Lauenburger Platz. Ich schnitt ihm manchmal die Haare und danach setzten wir uns in sein Zimmer und hörten Beatmusik. Er hatte eine Freundin in Dänemark, die hieß Anni und in die war er höllisch verknallt. Auf seiner Wandergitarre spielte er mir seine komischen Eigenkompositionen vor und bat mich, den Text dazu zu schreiben. Das wollte er dann auf Tonband aufnehmen und nach Dänemark schicken. Eines Tages fragte ich ihn: „Hat deine Freundin ooch `ne Freundin, der ick ma' schreiben kann?" Er versprach mir, sich mal darum zu kümmern. Zu meiner großen Überraschung bekam ich ein paar Wochen später Post aus Dänemark von einem Mädchen mit Namen Ritva. Es war ein dickes Briefkuvert, wo außer einem langen Brief in Englisch auch noch zwei selbstgemalte Bilder und ein silbernes Amulett mit ihrem Namen drin waren. Ich war über alle Maßen erfreut und schrieb ihr gleich zurück. Getroffen habe ich das Mädchen zu meinem Leidwesen nie. Denn auch die Freundschaft mit Mabillon schlief kurze Zeit später ein.

Klaus und Schmitti trafen sich seit neuestem immer bei Chrille, natürlich nur, wenn ihre Eltern nicht da waren. Im Keller des Hauses stand eine Tischtennisplatte. Klaus spielte Tischtennis für sein Leben gerne. Manchmal kam auch ich dazu, obwohl ich gegen Klaus gar keine Chance hatte. Schmitti aber nutzte die Zeit, wenn ich mit Klaus spielte, für andere Zwecke. Für Chrille war Schmitti schon seit der Kindheit der Traumjunge. Sie hatte immer alles darangesetzt um mit ihm zu gehen. Jetzt im Alter von 18 Jahren, sah sie ihre Chance. Sie umgarnte ihn nach Strich und Faden wie eine Sirene und wenn das noch immer nicht half, dann füllte sie ihn mit dem Inhalt aus dem Barfach ihrer Eltern ab. Während also Klaus und ich im Keller um die Platte flitzten, lag Schmitti im Arm von Chrille und knutschte mit ihr rum.

Die Auswahl sehr guter alkoholischer Getränke in der Hausbar wollte sich Klaus auch nicht entgehen lassen. Nur Klaus vertrug so gut wie keinen Schnaps und so war es auch kein Wunder, dass er nach dem „Inhalieren" einer halben Flasche Wodka es gerade noch so bis nach Hause schaffte, wo er sich im Flur höllisch übergeben musste.

Von Jürgi sah ich zwischenzeitlich gar nichts, ich hörte nur, dass Jürgi immer mit der S-Bahn zur Friedrichstraße fuhr, um dort für den Vater von Klaus zollfreie Zigaretten zu besorgen. Jürgi tat sich immer mehr mit Batti zusammen, denn Mopeds und Autos, das war ihre Welt. Stundenlang schraubten sie an irgendwelchen Teilen herum oder bauten Motorteile aus und wieder ein.

Im August erschien die Beatles- LP „A Hard Days Night". Gleichzeitig lief der Film „Yeah, Yeah, Yeah" im Zoo Palast an. Es war nicht einfach, gleich in der ersten Woche eine Kinokarte zu bekommen und so musste ich lange an der Kasse des „Zoo Palastes" anstehen. Der Film haute mich vom Hocker. Ich denke mal, so ungefähr muss es damals den Halbstarken bei dem Film „Außer Rand und Band" ergangen sein. Vor allem hatten es mir die „Beatles-Stiefeletten" angetan, solche musste ich unbedingt auch haben. Es dauerte schon eine Weile, bis ich das Geld zusammen hatte und mir die Schuhe endlich kaufen konnte. Am liebsten wäre ich dann mit den Stiefeletten schlafen gegangen.

Der nächste Modehammer folgte kurze Zeit später. Die Twisthosen kamen in Mode. In der Berufsschule rannten schon einige mit diesen weiten Schlaghosen rum. Als ich meine Eltern um einen kleinen Zuschuss für solch eine Hose bat, meinte mein Vater: „Dann kannste gleich bei der Straßenreinigung anfangen, als Dreckwischer." Also pumpte ich wieder mal meine Oma an. Bei

Hosen-Kohnen in der Wilmersdorfer Straße kaufte ich mir eine Twisthose in Grau mit zwei Klapptaschen. Der Preis für diese Hose betrug 75,90 DM, ein schweinischer Preis für mich. Ich bat Klaus zwei Tage später, mich mal in der Hose zu fotografieren. Es sollten Fotos sein, die ich dann irgendwann einmal einem Mädchen schenken konnte. Stolz zog ich meine neue Twisthose an und natürlich meine Beatles-Stiefeletten. Mäcki kam auch noch dazu und wir ließen uns gemeinsam von Klaus knipsen. Zuletzt wollte ich noch ein Foto von mir alleine haben, wo ich mit gespreizten Beinen hochspringe, genauso wie die Beatles in ihrem Film. Es wurden dolle Bilder, vor allen der Unterschied in der Kleidung zwischen mir und Mäcki kam voll zum Ausdruck.

Dann kam der Sonnabend, wo ich mit Dieter zum Flemmingheim gehen wollte. Wir trafen uns bei ihm zu Hause. Sein Vater saß im Wohnzimmer, wo auch die Musiktruhe stand. Dieter besaß eine Single von Ronni Self „Bob-A-lena", die legten wir dann laufend auf um uns einzutanzen. Danach musste ich ewig auf Dieter warten, weil der seine Frisur nich hinbekam. Zwischendurch beobachtete ich Dieters ältere Schwester Monika, die sich ebenfalls schick machte. Sie war ein bildhübsches Mädchen, so eines wollte ich auch mal kennenlernen.

Als wir vor dem Flemmingheim ankamen, stand schon eine lange Schlange tanzwütiger Jugendlicher vor der Tür. Vor dem Jugendheim war eine Grünanlage und dadurch gab es nur einen schmalen Weg zum Eingang. Wer am weitesten vorne stand, hatte die besten Aussichten reinzukommen. Wer es nicht schaffte, musste ziemlich lange draußen warten. Schubweise wurde dann immer eingelassen. Verließen drei Leute das Jugendheim, durften drei Leute von den Wartenden hinein.

Drinnen übte schon eine Band, wie ich hören konnte. Durch meine vielen Besuche im Albert-Schweitzer-Heim kannte ich schon einige der Leute, die hier standen. Es waren fast immer dieselben, die von Heim zu Heim zogen um dort abzuhotten. Glücklicherweise schafften es Dieter und ich, gleich am Anfang ins Heim zu gelangen. Unten wurden Platten gespielt und über eine schmale Treppe gelangten wir in den ersten Stock. Rechts war der eine Tanzraum und um die Ecke, einen Gang entlang, noch ein etwas kleinerer Raum. In beiden Räumen spielte eine Band. Es war stickig und heiß in dem Heim und die Leute schoben sich in Trauben hin und her. Kurz darauf wurde Drafi Deutscher und seine Band „The Magics" angekündigt, sie spielten im vorderen Raum. Sofort rannte alles durcheinander. Gepresst wie die Ölsardinen standen Dieter und ich in der Menge. Drafi spielte sein „Teeny" und „Shake Hands" und verschwand wieder von der kleinen Bühne. Dann traf ich Ete und wir verabredeten uns für den nächsten Tag.

Sonntagvormittag gegen halb elf schnappte ich mir mein Tonbandgerät und fuhr mit dem Autobus „A81" nach Lankwitz, wo Ete im Halbauer Weg mit seiner Mutter zusammen wohnte. Es war eine sehr kleine Wohnung, in der auch noch eine riesige Katze mit Namen „Elvis" herumstrich. Ete besaß gleich zwei Tonbandgeräte. Mein Blick fiel sofort auf die dicken Plattenalben mit LPs, die im Regal lagen. Außerdem hatte er auch noch ein Singlesalbum. Ete legte eine brandneue Platte auf: „Don't bring me down" von den Pretty Things. Mich riss es fast aus dem Sessel: „Mann, die hör'n sich ja noch schärfer als die „Stones" an", rief ich begeistert. „Klar", meinte Ete, „und der Sänger hat noch längere Haare als Mick Jagger. Er besaß sagenhafte LPs von allen bekannten Beatgruppen. Auf seinem Tisch lagen zwei Zeitungen aus England, eine hieß „Melody Maker" und die andere „New Musical Express", in jeder war die Top-Twenty-Hitparade drin. „Wo hasten die her?", fragte ich ihn. „Die koof ick mir immer am Ku-Damm Ecke Joachimsthaler Straße, da in dem Kiosk, wo oben druff der Verkehrspolizist in so'n Glaskasten sitzt, oder am Bahnhof Zoo", antwortete er. Und wo haste die juten Tonbanduffnahmen her?", fragte ich ihn. „Die neh'm ick immer sonnabends Vormittag um zehne im BFN uff, im „Saturday Club". So'n Mist, dachte ich da muss ick immer arbeiten. Ich blieb bis abends bei

Ete und nahm ein ganzes Band voller Plattenaufnahmen mit nach Hause. An der leeren Haltestelle vom „81er" musste ich ewig warten, bis der Bus kam. Es entstand eine neue Freundschaft, die mich langsam vom Munsterdamm wegzog.

Kapitel 82
Die Maßhose 1964

Ende 1964 ging ich an den Wochenenden fast immer in eines der Jugendheime. Im Folke-Bernadotte-Heim am Jungfernstieg in Lichterfelde gewann ich beim Preistanzen den 2. Preis. Die Sonntage verbrachte ich meistens in Lankwitz bei Ete. Ich staunte über seine große Auswahl an Twisthosen. Ich besaß immer noch meine graue.

„Ick lass' mir die Hosen immer uff Maß machen", sagte er eines Tages zu mir. „Is' det nich' teuer?", antwortete ich. „Nee, ick koof mir einfach Hosenstoff bei Held oder im KaDeWe und denn jeh' ick damit zu Schneider Helmerich, inne Knesebeckstraße oben am Ku-Damm. Der macht mir denn 'ne Maßhose uff meene Wünsche für 58,40 DM." Ich war von den Hosen, vor allem von der Fußweite, dermaßen beeindruckt, dass ich mir auch so eine Hose anfertigen lassen wollte.

Im Kaufhaus Held suchte mir einen braunen Hosenstoff aus und fuhr damit zu Helmerich. Der Schneider hatte sein Atelier im ersten Stock. Schon als ich die Treppen hinaufstieg, fiel mir auf, dass mir mehrere junge Leute entgegenkamen. Helmerich selbst war ein älterer, gemütlicher Mann. Als ich ihm meine Wünsche unterbreitete, verstand er sofort, was ich wollte. „Also, unten willste achtziger Schlagweite haben. An den Schenkeln schön eng sitzend und den Bund schön tief. Zwei schräge Klapptaschen und auf dem rechten Oberschenkel noch `ne kleene Klapptasche. Jut, mach' ick dir, kommste in vier Tagen zur Anprobe noch ma' her." Ich konnte es kaum abwarten, bis die Hose fertig war.

Vierzehn Tage später konnte ich die Hose abholen und stolz wie ein Pfau lief ich über den Kurfürstendamm. Mein Vater verdrehte nur die Augen, als er mich in der Hose sah. Als ich mich mal bücken musste, rief er: „Da hängt ja der halbe Arsch hinten raus!" „Det muss so sein", erwiderte ich ärgerlich und meine Mutter sagte zu ihm: „Erinnere du dich doch bloß mal an deine Gangsterkleidung in den 50er Jahren."

Meine Freunde ließen natürlich auch ihren Spott an mir aus, denn außer Dieter und Batti, die normale Twisthosen mit sechziger Schlag trugen, hatte keiner der anderen solche Hosen an. So eitel wie ich mit meiner Kleidung war, so eitel war Jürgi mit seinen blonden, glatten Haaren. Er stand genauso wie Batti und Dieter ewig vor dem Spiegel und kämmte seine Frisur. Wenn er dann jedes Haar korrekt hingelegt hatte, nahm er eine Dose Haarspray und entleerte fast die halbe Dose über seinem Kopf. Die Haare sahen aus wie aus einem Guss. Klaus hatte ihn einmal gefragt: „Haste keene Angst, dass dir deine Frisur ma' abbricht?"

Am Sylvesterabend 1964 traf ich mich abends mit den Freunden auf der Straße. Klaus, Jürgi und Schmitti probierten ihre neuen Knaller aus. Seit einiger Zeit gesellte sich auch Ello zu uns. Auch an diesem Abend war sie mit dabei. Klaus fummelte mit dem Feuerzeug herum und meinte so zum Quatsch zu ihr: „Ma' kieken, ob deine Haare brennen" und knipste dicht vor ihr sein Feuerzeug an. Ello hatte ziemlich dünne Haare und damit die hochtoupierte Frisur auch hielt, benutzte sie natürlich sehr viel Haarspray. Irgendwie passierte es und plötzlich fingen ihre Haare Feuer. Klaus war außer sich vor Aufregung, blitzschnell schlug er auf Ellos Haare ein und so passierte kein großes Unglück. Dementsprechend ramponiert sah danach auch Ellos Frisur aus. Batti war inzwischen auch dazugekommen und meinte: „Woll'n wa nich' noch ins Kino jeh'n? Im Roxy spiel'n se `nen juten Film. Der is' kurz vor zwölfe aus, denn sind wa beizeiten zurück uff 'n Munsterdamm." Ich fand die Idee nicht schlecht und schlug Ello vor auch mitzukommen. Als ich das Funkeln in Battis Augen sah, wusste ich schon gleich wieder Bescheid. „Am besten neh'm wa Raucherloge, da is' det nich' so voll und trinken könn' wa ooch wat", meinte er beiläufig.

Er hatte recht gehabt, Sylvester geht doch kein vernünftiger Mensch ins Kino und wir drei waren die Einzigen in der Raucherloge. Der Film hatte noch gar nicht richtig angefangen, als Batti schon anfing an Ello rumzufummeln.. Doch die war noch zickiger als Inge und so war der Kinoabend eine einzige Enttäuschung für ihn.

Nachdem ich mit meinen Eltern auf ein glückliches neues Jahr angestoßen hatte, ging ich zurück zum Munsterdamm, wo die Freunde immer noch am Rumballern waren. Fischi machte den Vorschlag, noch zu einer Kneipe am Lauenburger Platz zu gehen. „Da ham se unten `n juten Partykeller mit `ne Musikbox", lallte er schon leicht benebelt. Also schloss ich mich Klaus und Jürgi an, Fischi und Batti folgten. Es war ein kurzer Aufenthalt in der Kellerkneipe. Klaus und Jürgi spielten am Flipperautomaten, Batti steckte sein letztes Geld in die Musikbox und ich sah Fischi beim Saufen zu. Letztendlich kotzte er noch in sein Bier. Da hat's mir dann gereicht und ich bin nach Hause gegangen.

Kapitel 83

„The Hound Dogs" 1965

Von Ete hörte ich zum ersten Mal, dass es eine Berliner Beat Band geben sollte, die fast genauso klingen wie die „Stones" und die „Pretty Things". Sie hießen „Hound Dogs". Er hatte die Band schon gesehen und gehört. „Der Sänger is' irre jut, den musste dir ma' ankieken, der heißt Werner Krabbe, aber manche nennen ihn ooch „Fischfutter", erzählte er mir. „Wo spiel'n die denn?", wollte ich sofort wissen. „Na im Jugendheim treten die nich' uff, die spiel'n janz schön harten Beat", antwortete er. „Meistens treten die in Tanzlokalen uff."

Die Sonntage bei Ete waren immer sehr abwechslungsreich. Er hatte einen großen Freundeskreis. Oft tauchten so um die Mittagszeit ein paar seiner Kumpel auf. Meistens waren es „Jockel" Brockmann und sein Bruder Achim oder Siggi und Klaus Fulge. Die beiden Brüderpaare waren sehr unterschiedlich. Achim, genau wie Ete ein sehr großer Fußballfan, war fast noch modischer als Ete gekleidet. Sein jüngerer Bruder Jockel dagegen trug schon die Haare so lang wie der Sänger von den „Pretty Things" und ging gar nicht gerne zur Lehre. Einmal ließ er sich von Siggi mit einem Hammer auf den Daumen kloppen. Dieser schwoll in Sekunden an und befriedigt sagte Jockel zu ihm: „Jetzt jeh ick morgen zum Arzt und lass ma' een Jelbmann jeben, denn brauch' ick nich' zur Arbeit." Kläuschen war etwas kleiner als ich, aber bei jeder Schlägerei in der ersten Reihe. Und da alle ganz gerne die „Halben" nur so in sich reinschütteten, war eine Schlägerei mit anderen meist auf der Tagesordnung.

Das kleine Wohnzimmer von Etes Mutter war immer gerammelt voll, wenn alle auf einmal kamen. Aber das machte ihr nichts aus und wir mochten sie auch alle. Nur wenn die Musik zu laut war, wurde sie ungemütlich und das kam ziemlich oft vor. Doch auch ihr Fernseher, der den ganzen Tag lief, war nicht gerade leiser. Fast jeden Sonntag veranstalteten wir auf dem kleinen Tisch in der Mitte des Wohnzimmers ein Tipp-Kick-Turnier. Ete rollte das Spielfeld aus und schrieb auf einen Block die Mannschaften auf. Jeder bekam den Namen einer Bundesligamannschaft. Ich war meist der Meidericher SV. Das Zimmer wurde während des Fußballturniers zum Tollhaus. Laut rufend rannten die Spieler um den Tisch, während die anderen im Nebenzimmer Rolling-Stones-Platten spielten. Der Fernseher lief mit irgendwelchen Nachmittagssendungen auf voller Lautstärke und zwischen all dem Chaos rannte auch noch der aufgescheuchte Kater dauernd über das Spielfeld und riss mit seinen Krallen das Rollfeld vom Tisch runter. Gequalmt wurde, dass die Heide krachte. Im Zimmer war so viel Rauch, dass ich dachte, ich bin in London im Nebel. Draußen war es bitter kalt, es war Mitte Januar und um die Wärme im großen Kachelofen zu halten, blieben alle Fenster zu. Aber es waren immer prima Nachmittage für mich.

Während einer Pause erzählte Jockel, dass die Hound Dogs am nächsten Sonntag im Casaleon Spandau spielen würden. Sofort stand fest, da fahr' ich hin.

Zusammen mit Jürgi, der die Band auch unbedingt sehen wollte und Dieter fuhr ich am Sonntagnachmittag, bei klirrender Kälte, nach Spandau. Wir nahmen die S-Bahn von Südende und fuhren bis Gesundbrunnen. Dort stiegen wir um und nahmen den Zug nach Spandau. Die Fahrt dauerte ewig. Unterwegs bemerkte Jürgi zwei Mädchen, eine mit langen blonden Haaren und die andere mit kurzen dunklen. Jürgi machte die mit den blonden Haaren gleich an. Das Mädchen hatte einen Silberblick und als ich ihn ansah, wusste ich gleich, „der hat sich in die verknallt." Die beiden Mädchen waren auch auf dem Weg zum Casaleon. Den ganzen Weg über schwärmten sie von dem Sänger der Band. Der arme Jürgi, der hatte ja gar keine Chance bei der Blonden. Vom S-Bahnhof Spandau aus mussten wir noch eine ganze Ecke laufen.

Das Casaleon schien ursprünglich mal ein Kino gewesen zu sein, jedenfalls kam es mir so vor, als wir endlich davor standen.

Durchgefroren betraten wir den Vorraum. In einer Ecke bollerte ein Kanonenofen und es roch unwahrscheinlich stark nach Heizöl. Da kam ein Mann auf mich zu und sagte: „Na, seita durchjefror'n? Ick hab hier wat für euch." Eh' ich mich versah, hielt er mir eine Pulle an den Mund. Nach dem ersten Schluck brannte es in meinem Rachen wie Feuer, als die Flüssigkeit in meine Kehle lief, und sofort verschluckte ich mich an dem Teufelszeugs. „Wat is' denn det?", ächzte ich. „Det is Ratzeputz", antwortete mir der Mann, „Jut jejen Kälte." „Na denn jeben se ma' meen Freund da drüben", ich zeigte auf Jürgi, „n' kräftjen Schluck, der friert immer so." Ich lachte mich halb tot, als ich sah, wie Jürgi die Pulle ansetzte. Er nahm einen tiefen Schluck, verdrehte die Augen, fing an zu keuchen und spuckte den Rest aus. Minutenlang lehnte er an der rauen Wand, weiß wie eine Kalkleiste.

Aus dem dunklen Saal dröhnte lautstark „Not fade away" von den „Rolling Stones". Von der Band gespielt, klang es fast wie das Original. Die Mädchen zogen uns eine Treppe hoch und vom Rang schaute ich auf die Bühne hinunter, wo die Band spielte. „Gleich spiel'n se ‚Mona' von den ‚Stones', mein Lieblingslied", schrie mir die Dunkelhaarige ins Ohr.

Was nun folgte, sollte mich mein ganzes Leben lang an diesen kalten Januartag erinnern. Der Sänger nahm ein Tambourin in die eine und zwei Rumbarasseln in die andere Hand. Der Gitarrist haute in die Saiten von seinem Instrument und dann fing Werner Krabbe an zu singen. Mir rutschte fast das Herz in die Hose und ich bekam eine Gänsehaut. „Mann, sowat Jutet hab' ick ja noch nie jehört", ich stieß Dieter in die Seite. Doch der war genauso gebannt wie ich. Ich starrte den Sänger an, beobachtete jede seiner Bewegungen, wie er das Tambourin schlug und die Rasseln schüttelte. Auf dem Heimweg ging mir das Lied nicht mehr aus dem Kopf. Ich hatte das Stück von den „Stones" noch nie gehört. Aber es musste ja auf einer Platte sein und die musste ich unbedingt haben, koste es was es wolle.

Kapitel 84

In der Berufsschule 1965

In der Lehre machte ich langsam Fortschritte. Nach Feierabend oder am Wochenende ging ich zu meinen Freunden und schnitt ihnen oder manchmal den Vätern die Haare. Besonders spaßig war es immer bei Ete. Wenn ich den Kumpels dort die Haare abschnippelte, gab es immer große Debatten darüber, wie viel und wo ich schneiden durfte. Ete saß mit einem Spiegel in der Hand auf dem Hocker und beobachtete argwöhnisch jeden Schnitt, den ich machte, während seine Mutter mir, im Hintergrund stehend, immer mit Zeichensprache zu verstehen gab, wie viel ich abschneiden sollte. Sehr eitel war auch Schmittis Vater, der ebenfalls vor dem Wandspiegel im Flur saß und laufend dazwischenquasselte um mir zu erklären, wie ich ihm die Haare schneiden sollte. Natürlich war ich manchmal noch ungeschickt und ritzte den Freunden mit dem Rasiermesser in den Nacken oder schnitt ins Ohr. Aber sie nahmen mir das nicht krumm.

Im März kam es zur ersten Zwischenprüfung in der Berufsschule. Schon Wochen davor drillte mich mein Vater im Geschäft. Meiner Mutter musste ich so lange die Haare waschen und einlegen, dass ich schon fast keine Haut mehr an den Fingern hatte. Auch Maniküre musste ich bis zur Vergasung üben. Das machte mir aber nur dann Spaß, wenn ich Angelas Mutter als Modell hatte.

Am Tag der Zwischenprüfung war ich furchtbar aufgeregt. Mein Haarschneidemodell, ein Kunde aus dem Laden, kam zu spät und war obendrein noch halb besoffen. Dementsprechend sah auch der Haarschnitt aus. Beim Ondulieren verbrannte ich mir fast meine Nasenspitze. Dabei wollte ich mit der Nase nur prüfen, ob das Eisen die richtige Wärme hat. Als ich bei meiner Mutter die Maniküre machte, schnitt ich ihr nicht nur die Nagelhaut ab, sondern auch in die Haut rein. Was zur Folge hatte, dass ich dauernd zum Pflaster und zu Blutstiller greifen musste. Nachdem die Prüfung vorbei war, hatte ich nur noch einen Wunsch, bloß nach Hause.

Im Werkunterricht in der Berufsschule arbeiteten wir an einem Haarteil, welches auf einem Holzkopf gespannt war. Schon beim Vernähen der einzelnen Montierbänder stach ich mir etliche Male in die Finger. Der Holzkopf durfte mit ins Geschäft genommen werden, wo ich unter der strengen Aufsicht meines Vaters mit dem Verknüpfen, es durften immer nur drei Haare genommen werden, der Haare begann. Es war eine Scheißarbeit, die mir nun gar keinen Spaß machte. So mancher Abend ging dabei drauf. Ich packte den Holzkopf immer in einen Plastikbeutel, doch als ich eines Tages verpennt hatte und den Bus nur noch im letzten Moment erreichen konnte, passierte es. Ich sprang auf den bereits anfahrenden Bus auf und hastete die Treppe zum Oberdeck hinauf. Kurz bevor ich oben war, stieß ich mit dem Plastikbeutel an eine der Stufen und die dünnen Tragegriffe des Beutels rissen. Der Holzkopf polterte die Treppe hinunter und nur dem Umstand, dass unten an der Treppe ein Mann stand, der den Kopf auffing, hatte ich es zu verdanken, dass der Holzschädel nicht durch die Bustür auf die Straße fiel.

Aufgrund eines Vorfalles während der Pause musste ich in der ersten Reihe, unmittelbar vor dem Lehrerpult sitzen. Nach einer Weile aufmerksamen Zuhörens wurden meine Augenlider immer schwerer. Die Stimme des Lehrers, der aus dem Fachbuch vorlas, wurde immer leiser und dann schlief ich ein. Einige Minuten später schreckte ich urplötzlich hoch, weil mir etwas Eiskaltes in den Nacken lief. Verstört blickte ich auf und sah den Lehrer vor mir stehen, mit dem triefenden Tafelschwamm in der Hand. Die ganze Klasse brach in brüllendes Gelächter aus. Dann sagte der Lehrer zu mir: „Und zu Hause schreiben Sie dann einen Aufsatz unter der Überschrift: „Wie ich es schaffe, dem Unterricht schlafend zu folgen.“

Der Stress auf der Arbeit und in der Berufsschule ließ mich meinen freien Tag in der Woche genießen. Oft saß ich stundenlang auf meinem alten Holzstuhl am Fenster und schaute verträumt hinüber zum Buddelplatz. Dann dachte ich wehmütig an die schöne Zeit zurück, wo ich dort mit meinen Freunden noch vor ein paar Jahren rumgetobt hatte.

Inzwischen hingen an allen Wänden meines Zimmers Fotos von Beatbands. Über dem grünen Klappsofa hing mein bestes Poster. Ein riesen Ding von den ‚Stones'. Weil ich alle Bilder mit Stecknadeln an der Tapete befestigte, meckerte meine Oma: „Die schöne Blumentapete sieht bald aus wie ein Nagelkissen." Immer wieder hörte ich mir mein Lieblingslied „Mona", an. Aus dem Drahtgeflecht einer Käseglocke hatte ich mir ein Tambourin gebastelt und damit schlug ich im Takt immer auf meine linke Handfläche, die schon nach kurzer Zeit zu bluten anfing. Durch das ewige Gehaue stachen mir die Drahtteile in die Hand. Dabei versuchte ich wie Werner Krabbe durch das Zimmer zu rennen. Meine Oma tippte sich nur an die Stirne und hielt mich für bekloppt. Selbst Onkel Heinz hielt mich für verrückt und meinte nur: „Wie'n Affe im Urwald." Immer mehr neue Bands tauchten auf. Ete hatte mir von einer Gruppe erzählt die, „Them" hieß und einen Hit mit „Gloria" hatte. Zusammen mit Mäcki fuhr ich zu Ton und Welle in der Schloßstraße. Dort zogen wir uns in eine der kleinen Kabinen zurück und ließen uns die LP der Gruppe, „The angry young Them", vorspielen. Ich war ganz in das Stück „Mistic Eyes" vernarrt, und kratzte 18 Mark zusammen, um mir die Platte zu kaufen. Obwohl ich die „Beatles" und all die anderen Gruppen auch sehr gerne hörte, vergötterte ich aber geradezu die „Rolling Stones" und andere R&B Gruppen.

Als ich im zweiten Lehrjahr war, fing Marina bei meinem Vater als Lehrling an. Wir hatten gleich bei den Kunden unsere Namen weg, sie war die „Stiftöse" und ich der „Stift". Marina war ein erstklassiger Lehrling, sie war die geborene Friseuse. Sie brachte alles mit, was man für diesen Beruf brauchte und was mir fehlte, die Liebe zum Friseurberuf.

Eines Nachmittags, es war an meinem freien Tag, traf ich auf Mäcki, Peter Böttner und den Langen. Sie waren auf dem Weg zur Fußballwiese. Mäcki trug einen Lederball, der in einem Netz war. Aus Übermut sagte ich zu ihm: „Hau' doch ma' mit dem Ball uff meene rechte Hand, ick fauste denn den Ball zurück." Mäcki holte aus und traf meine Hand, die aber durch den Aufprall unglücklich geprellt wurde. Ich konnte zusehen, wie das Handgelenk anschwoll und in der Nacht konnte ich vor Schmerzen kaum schlafen. Am nächsten Tag war das Handgelenk dick geschwollen. Ich erzählte meinem Vater von dem Malheur, doch der schnauzte mich nur an und meinte: „Wenn du so'n Blödsinn verzapfst, biste selber Schuld." Er schickte mich zum Arzt, der mir kühle Umschläge mit essigsaurer Tonerde und eine Salbe verschrieb. „Die Umschläge kannste auch hier im Laden machen", meckerte mich mein Vater an und stellte einen Wassereimer mit essigsaurer Tonerde mitten in den Laden. Ich wickelte mir laufend einen vollgetränkten Lappen um mein Handgelenk und tropfte den Kunden die Köpfe voll. Der Schmerz war so doll, dass ich noch nicht mal den kleinen Haarschneidekamm greifen konnte. Aber mein Vater kannte kein Erbarmen, ich musste weiter im Laden bleiben.

Zum Glück begann aber zwei Wochen später mein Urlaub. Zusammen mit meiner Mutter fuhr ich nach Königswinter am Rhein. Dort wohnten wir in einer kleinen Pension, in zwei Einzelzimmern, für 14 Tage. Es war natürlich ein langweiliger Urlaub für mich. Wie sehr vermisste ich doch meine Beatmusik. Wir unternahmen Ausflüge zum Drachenfels und fuhren einen Tag nach Düsseldorf, um dort einen Freund meiner Eltern zu besuchen. Am vorletzten Tag der Reise wollten wir noch eine Dampferfahrt bis nach Koblenz machen. Am Abend vor der Fahrt fummelte ich so lange an meinem kleinen Transistorradio herum, bis ich endlich „Radio Luxemburg" empfangen konnte. Natürlich war der Empfang nicht besonders gut, aber als dort die neue Single von den „Rolling Stones", „Satisfaction", gespielt wurde, fiel ich fast aus dem Bett. Was für ein Hammer.

Die Dampferfahrt war zwar sehr schön, doch ich langweilte mich zu Tode. Auf der Rückfahrt lief ich zum Vorderdeck des Dampfers und da sah ich auf einmal ein Mädchen mit ganz langen, dunklen Haaren alleine stehen. Mein Herz pochte wie wild und mein Mund war knochentrocken, als ich mich neben sie stellte und sie ansprach. „Hallo, haste auch Langeweile?", ich bemühte mich hochdeutsch zu sprechen. Sie schaute mich an und da sah ich erst, wie hübsch sie war. Dann antwortete sie mir in gebrochenem deutsch, dass sie Mary hieße und dass sie aus Nijmegen in Holland kommt. „Eine Holländerin", dachte ich, „nich' schlecht." Doch ehe wir uns lange mit Händen und Füßen unterhalten konnten, riefen ihre Eltern nach ihr. Schnell tauschten wir unsere Adressen aus und dann ging sie auch schon an der nächsten Anlegestelle von Bord. Sie winkte mir noch lange nach.

Als ich wieder in Berlin war, schrieb ich ihr gleich einen langen Brief. Zwei Wochen später erhielt ich Antwort von ihr und im Brief steckte ein wunderschönes Foto. Das wollte ich mir gleich in einem Rahmen auf den Tisch stellen. Der einzige passende Bilderrahmen war der mit dem Foto von Tante Erna. Ich zog Tante Ernas Foto raus, legte es bei meiner Oma ins Fotoalbum und steckte das Foto von Mary hinein. Stolz stellte ich es auf meinen Tisch und himmelte die Fotografie an.

Kapitel 85

Stones in der Waldbühne 1965

An einem Montagabend stand ich mit Klaus unten am Kottesteig. Ich hatte mein Kofferradio mit und gemeinsam hörten wir die Sendung „Schlager der Woche". „Ick wette, diese Woche komm' die ‚Stones' mit ‚Satisfaction' uff Platz eens inne Hitparade", sagte ich zu Klaus. Der jedoch war der Meinung, es würden die „Beatles" sein mit ihrem Hit „Help". Wir wetteten um `ne Zigarette. Zu meinem Leidwesen behielt Klaus Recht. Mäcki hatte zu seiner Einsegnung im April ebenfalls ein Tonbandgerät von Grundig bekommen. Manchmal ging ich zu ihm rüber und er überspielte sich einige Sachen von mir. Er mochte die „Beach Boys" sehr gerne, doch auch „Them" hörte er oft.

In der Berufsschule ging inzwischen der Spaß mit Renald Knorr weiter. Uns interessierte der Unterricht nicht so besonders, viel lieber unterhielten wir uns über Beatmusik. Der Sänger der „Hound Dogs" war aus der Band ausgestiegen und hatte eine neue Band mit Namen „The Boots" gegründet. Renald hatte die Band schon gesehen und schwärmte nur so davon. Es sollte aber noch einige Zeit dauern, bis ich zu einem Auftritt der „Boots" gehen konnte.

In der „Bravo" hatte ich bereits im Februar gelesen, dass die „Rolling Stones" im September diesen Jahres nach Berlin kommen wollten. Das Konzert sollte in der Waldbühne stattfinden. Natürlich musste ich unbedingt dahin und auch Mäcki und Fischi wollte mitkommen. Es war nicht einfach, eine Eintrittskarte zu bekommen. Wir besorgten uns die Karten im Vorverkauf an der Kasse des Sportpalastes. Die Preise gingen von 7.- bis 9.- Mark. Aber schließlich konnten wir welche zum Preis von 8.- Mark ergattern. Für uns viel Geld.

Am Nachmittag des 15. September fuhr ich mit Mäcki und Fischi zusammen mit der S-Bahn zur Waldbühne. Der Zug war gerammelt voll mit langhaarigen Stones- fans. Mäcki und ich staunten nur. Vor den Eingangstoren der Freiluftbühne herrschte das reinste Chaos. Viele, die dort standen, hatten keine Eintrittskarte und es wurden horrende Preise für eine solche geboten. Als wir unsere Plätze erreichten, war ich erst enttäuscht. Wir saßen rechts außen, ziemlich weit oben, hatten aber dennoch einen guten Blick auf die Bühne. Unten, dicht vor der Bühne, waberte eine dicht gedrängte Menschenmasse. Als ich mich so nach einer Stunde umdrehte, konnte ich erkennen, dass immer noch Leute in die Waldbühne strömten. Unten gab es die ersten Zwischenfälle mit der Polizei. Verschiedene hatten versucht, durch den angrenzenden Wald über den Zaun zu klettern. Inzwischen spielten die ersten Vorgruppen. Es wurde immer dunkler und schon flackerte hier und dort ein kleines Feuer auf. Die Menge vor der Bühne schob sich hin und her und schon erklangen die ersten Sirenen von Krankenwagen. Ganz Waghalsige versuchten auf die Laternen dicht bei der Bühne zu klettern, doch da tauchten Polizisten auf und holten die Leute wieder runter.

Und dann endlich war es soweit. Der Ansager verkündete schreiend: „The Rooollling Stooones". Da stürmte auch schon Mick Jagger auf die Bühne. Ich sprang von meinem Sitz hoch. „Kiek, ma' Mäcki!", rief ich total enthusiastisch, „da is' Brian Jones." Schon der erste brüllende Ton aus den Lautsprechern riss die Menschenmenge nach vorne. Alle versuchten nach unten zu kommen, so nah wie möglich an die Bühne. Nach zwei weiteren Songs kam es zu einem folgenschweren Zwischenfall. Ich sah, wie ein Junge auf die Bühne kletterte und auf Mick Jagger zustürmte. Dieser versuchte auszuweichen, doch der Typ erwischte Jaggers braune Wildlederjacke und riss sie ihm herunter. Sofort wurde es auf der Bühne dunkel. Nach einem heftigen Pfeifkonzert und kleinen Tumulten kam die Band aber wieder auf die Bühne. Doch nach einigen Stücken verschwanden sie wieder und brachen das

Konzert ab. Im Nu wimmelte es auf und vor der Bühne von Polizei, die ordentlich dazwischendroschen. Jetzt brach erst richtiger Tumult aus. Überall hörte ich Geschrei und das Zersplittern von Holz. Da sah ich, wie viele der wütenden Fans auf den Holzbänken herumsprangen und sie mit den Füßen zertraten. Irgendwas traf mich am Hinterkopf und ich hatte den ganzen Hals voll Sand. „Nischt wie weg, Lori", rief mir Mäcki zu, „det wird hier immer schlimmer."

Wiederwillig folgte ich ihm nach oben zum Ausgang. Ich war so wütend darüber, dass die Stones von der Bühne verschwunden waren, dass ich auch versuchte eine Holzbank zu zertreten, es aber nicht schaffte, weil mich Mäcki am Ärmel weiterzog. Alles strömte dem Ausgang entgegen. Manchmal war es so eng in der Menschenmasse, dass ich Angst hatte, wir werden zerquetscht. Auf der Straße vor der Waldbühne sahen wir, wie ein paar Randalierer ein Goggomobil umkippte und es die Straße entlang rollte. Andere drehten einen auf dem Dach liegenden Fiat 500, wie einen Triesel. In der S-Bahn wurde weiter demoliert. Es war die Hölle.

Am darauf folgenden Tag brachten sie in der Abendschau einen Bericht über das Stones-Konzert und Bilder, wie die Waldbühne am Tag danach aussah. Fast sämtliche Bänke waren zerstört worden. Als wenn ein Taifun gehaust hätte.

Am nächsten Schultag drehte sich alles nur um den Rolling-Stones-Krawall. Als die Schule aus war, begleitete ich Renald zu einem Filmverleih. Dort fragte er nach Fotos von Elvis. Er war ein großer Elvis-Fan und besaß zu Hause eine sehr umfangreiche Schallplattensammlung des Sängers. Die neuen Gruppen aus England brachten wieder eine andere Mode raus. Bands, wie „The Who" und „The Small Faces" trugen total ausgeflippte, bunte Hemden und enge Hosen ohne Schlag mit Schottenmuster. Ich war in meiner Freizeit immer mehr bei Ete in Lankwitz und ließ mich nur noch selten auf dem Munsterdamm blicken.

Im Oktober wurde das alljährlich wiederkehrende Oktoberfest in Berlin veranstaltet. Der Rummel war natürlich viel größer als die Steglitzer Woche. Eine große Attraktion war in diesem Jahr eine Go-Kart-Bahn. Schmitti und Klaus mussten diese gleich ausprobieren. Es war aber gar nicht so einfach, sich in den Sitz des Go-Karts zu zwängen. Auf dem Weg nach Hause amüsierte sich Klaus köstlich über Schmittis geplatzte Hose, bis er am Abend feststellen musste, dass seine Hose an derselben Stelle geplatzt war.

Bei einem weiteren Besuch auf dem Oktoberfest waren Batti, ein Mädchen namens Ute und ich mit von der Partie. Das Mädchen Ute wohnte in einem Haus unten am Oehlertplatz. Sie war aus Westdeutschland und arbeitete als so eine Art Hausmädchen bei einer Familie. Als wir auf dem Rummel waren, buhlte ich mit Batti um die Gunst des Mädchens, diese hielt sich aber an Klaus. Wir fuhren auf vielen Karussells und dann gab mir Ute, warum, wusste ich auch nicht, ihre Geldbörse zur Aufbewahrung. Auf dem Heimweg bat sie mich um ihre Geldbörse. Als sie diese öffnete, war kein Geld mehr drin. Alle drei schauten mich vorwurfsvoll an doch ich zuckte mit den Achseln. Klaus ersetzte Ute das fehlende Geld und ich musste es ihm in monatlichen Raten zurückzahlen. Ich beteuerte zwar immer meine Unschuld, doch Klaus blieb bei der Meinung, ich hätte mich freizügig aus Utes Portmonee bedient und wäre laufend Karussell gefahren.

Die Lieblingsbeschäftigung von Klaus war zu dieser Zeit das Flippern. Er hatte zusammen mit Jürgi eine Kneipe an der Kaisereiche in Schöneberg ausfindig gemacht. „Da steht `n juter Flipperautomat, da krichste `ne Menge Freispiele", sagte er eines Tages zu mir. So fuhren wir zweimal in der Woche, immer wenn wir alle Feierabend hatten, mit dem 83er Autobus, der ja dicht bei Helgas Haus hielt, zum Flippern. Manchmal waren wir auch zu viert, dann kam Schmitti noch mit. Doch es war mehr Klaus sein Ding und so kam ich nur noch selten mit. Ich fühlte mich in der Umgebung von Ete einfach wohler, weil wir die gleichen Interessen hatten.

Ende 1965 hörte ich zum ersten Mal vom „White Horse", einer Amikneipe oben am Ostpreußendamm in Lichterfelde-Ost. Da ich langsam versuchte, meine Haare auch länger wachsen zu lassen, fühlte ich mich bald in den Augen von einigen Eltern meiner Freunde, als Geächteter. Auch auf Grund meiner Kleidung erntete ich manchmal nur Spott. Und so zog ich mich immer mehr von meiner vertrauten Umgebung zurück. Natürlich dachten nicht alle Eltern so, aber während sich Schmitti, Klaus, Jürgi und Fischi immer mehr konservativ kleideten, passte ich einfach nicht mehr mit meinem Aussehen dazu.

Kapitel 86

Die Zwischenprüfung 1965

Die Zeit raste wie verrückt. Die zweite Zwischenprüfung in der Berufsschule war angesagt und ich hinkte mit meinen Leistungen weiter hinterher. Dazu kamen noch die Querelen mit den Lehrern. Knorr hatte ich es zu verdanken, dass ich immer unter der argwöhnischen Beobachtung der Lehrer stand. Sein Einfallsreichtum, was Blödsinn anging, war schier unerschöpflich. Wir waren beide bald in der ganzen Schule bekannt. Manchmal flog er aus dem Unterricht, ein anderes Mal „durfte" ich eher gehen. Renald hatte es besonders auf die beiden „Weicheier" in der Klasse abgesehen. Nuslitz drangsalierte er so lange, bis dieser zwei Finger anleckte und diese an eine Steckdose hielt. Natürlich bekam der Idiot eine gewischt und Renald, „Bolli" Bollensdorf und ich lachten uns halb kaputt. Ein anderes Mal sperrte er, kurz vor Schulschluss, Bäseler in den Garderobenschrank auf dem Flur. Als alle Schüler die Schule verlassen hatten, ließ er die Gittertür einrasten und Bäse war darin gefangen. Erst eine Stunde nach Schulschluß entdeckte ihn der Hausmeister.

Ein besonderer „Freund„ von Renald war Held, der Fachwerklehrer. Jedes Mal, wenn wir bei ihm Unterricht hatten, mussten wir uns im Halbkreis um ihn herum aufstellen. Er saß auf seinem Stuhl und fing an, uns den nächsten Arbeitsweg mit dem Haarteil zu erklären. Dabei zuckte sein linkes Augenlid wie verrückt. Renald, der im toten Winkel stand, machte dieses Zucken dermaßen täuschend ähnlich nach, dass sich keiner von den Schülern das Lachen verkneifen konnte. Was dazu führte, dass Held uns als undisziplinierte Herren Schüler anbrüllte. Als wir wieder einmal alle im Halbkreis standen, forderte uns Held auf dichter und enger heranzutreten. Er wollte uns einen speziellen Knüpfknoten zeigen.

Schon kurz vor Beginn der Stunde hatte Renald jedem Klassenkameraden, der mitmachen wollte, eine von den kleinen Portionsflaschen gegeben, mit denen normalerweise Haarshampoo aufgesaugt wird. Diesmal jedoch war Wasser darin. Nuslitz stand wissbegierig in der ersten Reihe des Halbkreises. Während der Lehrer seine Anschauungsrede hielt, stellte sich Renald hinter Nuslitz und flüsterte ihm was ins Ohr. Dann presste er die kleine Spritzflasche an dessen Rücken und entleerte sie langsam. Nuslitz richtete sich steif auf, sagte aber kein Wort. Alle anderen machten es nun Renald nach und der arme Nuslitz war unter seinem Kittel pitschnass. Jedes Mal wenn wieder eine Flasche auf seinem Rücken entleert wurde, zappelte er kurz. Dieses wiederum bemerkte der Lehrer und fauchte ihn an: „Nun steh'n Sie doch mal still Nuslitz, Sie machen mich ja ganz nervös mit Ihrer Zappelei." In der Hofpause fragte ich Renald: „Wat hasten zu Nuslitz jesacht? Der hat ja keen Mucks von sich jejeben." „Ick hab' nur jesacht, wehe du sachst wat, denn krichste meen Knüpphaken ins Been", antwortete er mir. Vor Renald hatten sie alle in der Klasse Respekt, denn seine eingeschlagene Nase sprach für sich.

In einer Unterrichtsstunde wurden wir versehentlich in ein falsches Klassenzimmer beordert. Als ich unter die Tische schaute, entdeckte ich, dass dort Puppen lagen. Das war natürlich wieder was für Renald. Erst tobte er mit einer Puppe durch den Klassenraum und dann warf er sie mir zu. Er griff sich eine zweite, die er Bolli zuwarf. Der konnte die Puppe aber nicht richtig fangen und schon segelte sie aus dem offenen Fenster im ersten Stock auf den Hof. Kurze Zeit später stand der Rektor im Klassenzimmer. Renald hielt noch immer eine der Puppen in der Hand und war damit als Täter entlarvt. Er musste dem Rektor ins Büro folgen und bekam eine saftige Ansprache zu hören. „Noch ein so'n Ding, Knorr, und sie fliegen achtkantig aus der Schule. Haben Sie mich verstanden." „Jenau so hat der mich da angeblökt", erzählte uns Renald hinterher.

Zwei Wochen später, musste auch ich eine „Ansprache" des Rektors über mich ergehenlassen und das kam so.

Schon seit langem hatte Renald auf eines der Mädchen in der Schule ein Auge geworfen. Sie stand immer mit ihrer Freundin in der Raucherecke des Schulhofes. Da bot sich die Gelegenheit direkt an sie mal anzuquatschen. „Kommste mit?", fragte er mich, „vielleicht kannste bei der Freundin landen." Na ja, die andere sah auch nicht übel aus und so ging ich mit. Wie sich herausstellte, hieß die von Renald Carola und ihre Freundin Doris. Wir machten eine Verabredung klar und trafen uns nach der Schule in einem Café. Schon eine Woche später traf ich mich mit Doris alleine. Wir spazierten erst durch den einen Park in der Nähe der Holsteinischen Straße in Wilmersdorf. Dann setzten wir uns in das hintere Zimmer einer Kneipe und knutschten. Es war das erste Mal seit der Klassenreise zum Edersee, dass ich mich wieder mit einem Mädchen küsste. Am darauf folgenden Schultag konnte ich nicht widerstehen und knutschte sie heftig im Flur des Schulgebäudes, genau vor dem Lehrerzimmer. Wie von einer Tarantel gestochen, schoss der Rektor aus dem Lehrerzimmer und brüllte mich an: „Was knutschen Sie hier rum, Lorenz, können Sie nicht bis nach der Schule warten?" Ich lief puterrot an und verschwand blitz-schnell im Klassenzimmer.

Eine Woche danach war die Zwischenprüfung. Im praktischen Teil war ich gar nicht so schlecht, aber dann kam der theoretische dran. Ich musste in einen Klassenraum, wo auf einem Tisch die Zettel mit den Prüfungsfragen lagen. Vorne saßen der Rektor und zwei andere Lehrer. „Na Lorenz, dann suchen Sie sich mal einen der Zettel aus, lesen sich die Frage durch und dann erzählen Sie mal", sagte einer der Lehrer. Ich griff mir einen Zettel, drehte ihn um und schon nachdem ich den ersten Satz der Frage gelesen hatte, griff ich mir an den Kopf. Auf dem Zettel stand: „Nennen und beschreiben Sie Frisuren aus dem Rokoko und der Bieder-meierzeit". Ich hatte keinen blassen Schimmer, was ich sagen sollte.

Es vergingen ein paar Minuten und dann sagte der einer der Prüfer zu mir: „So wie Sie sich an den Kopf gefasst haben, ist uns gleich klar geworden, dass Sie die Frage nicht beantworten kön-nen. Dann nehmen Sie sich mal noch einen der anderen Zettel, vielleicht können Sie dann sprechen." Süffisant grinste er mich an. Erleichtert suchte ich mir einen neuen Zettel aus. Doch auch zu dieser Prüfungsfrage über irgendwelche chemischen und physika-lischen Verbindungen fiel mir nichts ein. Ich versuchte stotternd die Frage zu beantworten. Da stand der Rektor auf und winkte mir, ich solle ihm nach draußen folgen. Es war gerade Hofpause, aber es goss draußen in Strömen und alle Schüler hielten sich auf den Fluren auf. Er dirigierte mich zu den Frisurenschaukästen, die an der Treppe entlang zwischen dem ersten und dem zweiten Stock an der Wand hingen.

„Meine Damen und Herren", sagte der Rektor auf einmal und alles drehte sich zu ihm und zu mir, weil ich ja neben ihm stand. „Ein Prüfling wird uns nun anhand der ausgestellten Frisuren hier in diesen Schaukästen etwas erzählen." Es wurde schlagartig still, nur ein paar Mädchen kicherten. Was hätte ich in diesem Moment für ein sich öffnendes Loch im Boden gegeben, in dem ich hätte verschwinden können. Natürlich stotterte ich nur so daher und nachdem er mich fünf Minuten lang bloßgestellt hatte, fasste er meinen Arm und zog mich in das Prüfungszimmer zurück. Die Zensur auf meinem Zwischenprüfungszeugnis fiel auch dementsprechend aus.

Kapitel 87
Musik mit Renald 1966

Auf mein Drängen hin hatte sich meine Oma endlich überreden lassen, auch ein Telefon anzuschaffen. „Weeßte Oma, da kann ja ma' wat sein mit dir und da is' det besser, wenn wa ooch Telefon haben", hatte ich immer wieder zu ihr gesagt. Eines Abends rief Renald an. Er erzählte mir, dass die Gruppe „Them" eine neue LP mit dem Titel „Them Again" rausgebracht hatte. Renald schlug vor, ich sollte gleich am nächsten Tag zu ihm kommen, damit er mir die LP vorspielen konnte. Also schnappte ich mir mein Tonbandgerät und fuhr mit der U-Bahn zu ihm.

Renald wohnte in Reinickendorf. Ich musste Holzhauser Straße aussteigen und noch eine ganze Ecke laufen. Als ich bei ihm ankam, fiel mir bald der Arm ab. Das Schleppen mit dem schweren Tonbandgerät war doch ganz schön anstrengend. Er wohnte noch bei seinen Eltern und hatte da ein kleines Zimmer für sich. An den Wänden hingen überall Bilder und Fotos von Elvis. Sogar ein großes Filmplakat aus dem Film „Jailhouse Rock" klebte an der Wand. Sofort zeigte er mir die LP von „Them". „Kiek ma, olle Van Morrison hat jetzt janz schön kurze Haare, findeste nich' ooch?" Renald spielte mir gleich das beste Stück auf der Platte vor, „I can only give you everything". „Wie findst'n det", sagte er zu mir. „Det hört sich irre an", antwortete ich aufgeregt. „Wie sind die anderen Stücke?" „Nich' mehr so jut, jetzt spielta da ooch noch ne Tute, also Saxophon, anstatt `ne ordentliche Mundharmonika", sagte Renald enttäuscht zu mir. Ich startete mein Tonbandgerät und nahm die Platte auf. „Kiek ma' hier, kennste die?" Er hielt mir eine LP von der „Spencer Davis Group" unter die Nase. „Klar, die Band kenn' ick, die ham doch jerade so'n Hit im Radio, ‚Keep on running'." Nachdem ich die Platte von „Them" aufgenommen hatte, spielte er mir die andere Platte vor. „Hat `ne jute Stimme der Sänger, wa?" Ich gab ihm Recht, die Platte war ein echter Hammer.

Es dauerte ungefähr zwei Stunden, bis ich alle Platten, die er mir zum Aufnehmen gab, auf Band hatte. Unter anderem war noch eine LP von der Gruppe „Downliner Sect" dabei. Ich dachte im ersten Moment, da singt Werner Krabbe von den „Boots". Die hatten inzwischen auch zwei Singles rausgebracht, „But you never do it Babe" und „Gloria". Natürlich besaß ich die beiden Platten. Renald erzählte mir, dass die „Boots" in diesem Jahr auch noch eine LP rausbringen wollten. „Ick hab' die Boots neulich im „Liverpool Hoop" jehört. Mann, det is' `ne bessere Band als die „Hound Dogs". In drei Wochen is' so `ne Art Twistfestival im Seeschloss Hermsdorf, da treten beede Bands uff." Ich war wie elektrisiert. „Mann, da muss ick uff alle Fälle ooch hin", sagte ich zu ihm. „Wo issen det jenau?" „Da musste erst ma uff'n Stadtplan kieken, von dir aus is' det ziemlich weit, da musste gloob ick mit de S- Bahn und mit de Straßenbahn fahr'n."

Die Zeit mit Renald verging rasend schnell. Ich wollte schon mein Tonband zusammenpacken, da meinte Renald zu mir: „Woll'n wa nich' noch `ne Parodie uff Freddy singen?" „Wie meenstet det?", fragte ich ihn. Renald griff sich seine Schlaggitarre und sang zuerst ein Lied von Elvis. Er hatte eine sehr gute Stimme, die kam viel näher an Elvis ran als die von Jürgi. Dann sang er „Clarabella" von den „Hound Dogs". Ich begleitete ihn mit meinen Händen, indem ich im Takt auf den Tisch trommelte. Danach sangen wir gemeinsam ein Lied von Freddy, „Die Gitarre und das Meer". Während wir sangen, lachten wir uns halb krank dabei.

Mit Doris aus der Berufsschule schrieb ich mir ab und zu Briefe. Sie hatte selten Zeit, um sich mit mir zu treffen. Warum das so war, habe ich nie verstanden. Wenn wir uns aber trafen, dann knutschten wir stundenlang auf einer Parkbank rum. Doch irgendwann schrieb sie nicht mehr und auch ich hatte das Interesse an ihr verloren. Genau genommen, war es das erste Mal, dass ich mit einem Mädchen über längere Zeit zusammen gewesen war.

Von Elke hatte ich vor einiger Zeit eine Wandergitarre geschenkt bekommen. Darauf klimperte ich fast jeden Tag herum. Natürlich konnte ich keine Noten und so spielte ich nur so vor mich hin. Um der Gitarre einen elektrischen Klang zu geben, kam ich eines Tages auf die Idee, das Mikrofon in den Bauch des Instruments zu hängen. Ich stellte das Tonbandgerät auf Aufnahme und drehte den Aufnahmeknopf auf volle Lautstärke. Dann drosch ich in die Saiten und stellte mir vor, ich wäre Pete Townsend von „The Who", deren Hit „My Generation" gerade Nummer eins in der Hitparade war. Als ich mir dann die Aufnahme anhören wollte und das Tonband lauter als sonst drehte, kam meine Oma in das Zimmer gestürzt und rief: „Um Gotteswillen Junge, das hört sich ja in der Küche an, als wenn du eine Katze quälst. Was machst du denn da?"

Ich besaß noch immer kein richtiges Radio und so machte ich meine Aufnahmen der Hitparade weiterhin mit dem Mikrofon, das ich vor dem Kofferradio aufstellte. Wie oft ärgerte ich mich darüber, wenn zum Beispiel wie bei dem Hit „It's good News Week" von den „Hedgehoppers Anonymous" meine Oma ins Zimmer kam und mich fragte, ob ich noch eine Radieschenstulle essen möchte. Anfang August 1966 konnte ich mir dann endlich einen Plattenspieler und ein Radio kaufen. Der Plattenspieler war von „Dual", wo der Deckel gleichzeitig als Lautsprecher genutzt wurde. Nun brauchte ich nicht mehr den Phonokoffer von Frau Böttcher, um meine paar Platten abzuspielen.

Im Fernsehen brachten sie den „Beatclub", eine Sendung für junge Leute. Für meinen Vater war es ein Zirkusauftritt für langhaarige Affen, die Urwaldschreie ausstießen. Dort traten alle bekannten englischen Beatbands auf. Es war einfach Pflicht für mich, Sonnabends nachmittags vor dem Fernseher zu hocken. Trotzdem schaute ich mir aber weiterhin Chris Howlands „Studio B" an. Spannend ging es bei dem Dreiteiler „Die Gentlemen bitten zur Kasse" zu. Als der im Fernsehen gezeigt wurde, war unsere Straße menschenleer. Die absolute Krönung jedoch war der Start der Serie „Mit Schirm, Charme und Melone". Ich mochte auf anhieb John Steed und seine Art zu reden. Zusammen mit einigen meiner Freunde sah ich mir im „Zoo Palast" den neuen James-Bond-Streifen „Man lebt nur zweimal" an.

Bald darauf verließ ein weiterer Freund den Munsterdamm für immer, Angela zog nach Stuttgart. Einen Monat davor ging ich noch einmal mit ihr ins Kino. Wir sahen uns „Doktor Schiwago" an.Während des Films, musste ich ihr laufend meine Tempotaschentücher reichen, weil ihre nach einer Stunde aufgebraucht waren. Schuld daran war nicht nur der Film, sondern auch der Abschied von mir und den Freunden.

An warmen Tagen saß ich mit Ete auf seinem kleinen Balkon. Es passten gerade mal so zwei Stühle rauf. Ete arbeitete in einem Selbstbedienungsladen, bei „Gebrüder Manns" und hatte von dort eine Flasche billigen Fusel mitgebracht. Aus dem Zimmer kam Musik von der letzten Beatles-LP, „Rubber Soul", wir ließen es uns einfach gut gehen.

Gegen Nachmittag schauten die Brockmann-Brüder vorbei und so langsam machten wir uns alle auf den Weg zum „White Horse". Wir fuhren mit der Straßenbahnlinie „96" genau bis vor die Tür des Beatschuppens. Das Publikum bestand aus langhaarigen Typen und aus kurzhaarigen amerikanischen Soldaten, die dort ihre Freizeit verbrachten. Im „White Horse" spielten immer irgendwelche Bands und fast immer gab es zwischendurch Schlägereien. Die am spätem Abend auftauchende M.P.-Streife gehörte schon zum Alltag. Ich war kein Biertrinker und staunte nur immer darüber, welche Mengen an Bier Jockel Brockmann schlucken konnte. Er lief immer mit einem „Halben" in der Hand durch den „Laden". Zu seinen Saufkumpels gehörte auch Kläuschen Fulge, „Screaming", ein Typ mit aalglatten, strähnigen langen Haaren, der „Sachse", Beyer und noch ein paar Typen. In Schlägereien war immer irgendeiner von ihnen verwickelt. Kläuschen hat es mal arg erwischt. Ein besoffener Ami hatte ihm ein Bierglas ins Gesicht gehauen. Die Narben, die er zurückbehielt sprachen Bände. Auch Diana tauchte öfters im „White Horse" auf. Meistens zusammen mit ihrer Freundin Sylvia. Eines Tages, sie hatte wieder mal Stubenarrest, überredete sie ihre Mutter: „Ich geh' ma' ins „White Horse", Pappa hat ja Spätdienst und denn merkt der det nich." Doch an diesem Abend fand eine Razzia in dem Lokal statt. Als die Polizisten hereinkamen stockte Diana der Atem. Einer von ihnen war ihr Vater. Nachdem sie den ersten Schock überwunden hatte, flitzte sie zur Toilette. Dort zwängte sie sich durch das kleine Fenster und versteckte sich draußen. Zum Glück hatte ihr Vater sie nicht gesehen.

Jetzt wechselte die Mode zwischen Schlaghosen und engen bunten Hosen hin und her. Ete trug eine Hose mit Schottenmuster, natürlich wieder auf Maß von Schneider Helmerich. Ich ließ mir ebenfalls eine bunt- karierte enge Hose bei Helmerich machen. Doch der Stoff war keine gute Qualität gewesen, denn schon nach drei Wochen platzte mir beim Tanzen die Hose im Schritt. Aber dafür hatten wir ja Etes Mutter. Sie kürzte unsere Hosen, machte sie enger und flickte sie auch. Wenn ich mich recht erinnere, hat sie meine Hose ungefähr viermal wieder zusammengeflickt.

Das erste Mal, dass ich die „Boots" auf der Bühne sah, war im „Buschkrug-Kasino" in Britz. Der langgezogene Schuppen stand auf dem Gelände einer Laubenkolonie. Ich war mit Schmitti zusammen dort. Welch ein Wunder, dass er mit dabei war. Von den „Boots" konnte ich kaum was erkennen, weil die „Hütte" gerammelt voll war. Schmitti wurde von Battis Freundin angebaggert und verschwand mit ihr nach draußen. Kurze Zeit später kam er zurück und erzählte mir: „Gerade als ick die küssen wollte, hat die sich überjeben. Da is' mir allet verjangen." Wir blieben ungefähr zwei Stunden in dem verqualmten Casino und hauten dann ab.

Im „Seeschloß Hermsdorf" konnte ich dann zum ersten Mal die „Boots" von Nahem sehen. Werner Krabbe faszinierte mich unwahrscheinlich. Er besaß eine dolle Stimme. Doch auch die anderen Bandmitglieder, vor allem der Gitarrist, Jörg „Jockel" Schulte-Eckel, waren einfach irre. Der neue Sänger bei den „Hound Dogs" hieß Anthony. Er kam aber meines Erachtens niemals an den Gesang von Krabbe ran. Auch die Version von „Gloria" fand ich von den „Boots" viel besser, obwohl nach einer Umfrage im Radio die „Hound Dogs" mit ihrer Version besser abschnitten. Ich ging noch zweimal zu einem Auftritt meiner Lieblingsband, ins „Sportcasino Tiefenwerder" und dann sah ich sie noch einmal im „Top Ten" in Rudow. Dort spielten sie fast jeden Abend, bis Werner Krabbe Ende 1966 ausstieg. Neue Berliner R&B-Bands tauchten auf.

An einem Sonntagnachmittag fuhr ich mit der Truppe um Ete nach Lichtenrade zum „Dorfkrug". Dort sollte eine neue Band mit Namen „The Vikings" spielen. Vor kurzem war ein neuer Star am Pophimmel aufgetaucht, „Jimi Hendrix". Was der auf seiner Gitarre brachte, war sagenhaft. Der „Dorfkrug" war gerappelt voll, anscheinend hatte es sich rumgesprochen, dass die Band gut war. Als es losging, staunten wir alle nicht schlecht, die „Vikings" spielten Sachen von den „Yardbirds", „Them" und anderen R&B-Gruppen. Doch der Hammer des Abends waren die Stücke, die sie von „Hendrix" spielten. Ete und ich kamen aus dem Staunen nicht raus, als der Leadgitarrist bei „Purple Haze" seine Gitarre am Holzpfeiler der Bühnenüberdachung scheuerte. „Hast de so wat schon ma' jeseh'n?", raunte ich Ete zu. „Nee, wat der da macht, is' ja irre." „Nächste Woche spiel'n die „Allies" hier im „Dorfkrug", det soll ooch `ne jute Band sein", erzählte er mir nebenbei. Zwei Wochen später fuhr Ete für drei Wochen nach Amsterdam.

Im Frühjahr hatte ich beschlossen, Ende August ebenfalls nach Holland zu verreisen. Ich hatte vor Mary mal zu besuchen. Schmitti und Jürgi fragten mich, ob wir nicht zusammen fahren wollten. Ich freute mich darüber, denn ich war noch nie mit einem der Freunde vom Munsterdamm zusammen verreist gewesen. Wir suchten uns eine Pension direkt am Bahnhof von Nijmegen aus. Ich wünschte mir das so, weil ich schon immer gerne vom Fenster aus auf vorbeifahrende Eisenbahnzüge schauen wollte. Zusammen mit meiner Mutter flog ich nach Düsseldorf, wo wir eine Woche bei Bekannten wohnten. Von da aus fuhr ich mit dem Zug nach Holland. Jürgi reiste von Berlin aus mit dem Zug an. Schmitti dagegen ließ sich von seinen Eltern nach Holland fahren.

Ich war der Erste, der in Nijmegen an der Pension eintraf. Eine halbe Stunde später kam Schmitti an. „Wo bleibt'n Jürgi?", fragte mich Schmitti. „Keene Ahnung, der müsste schon längst hier sein", antwortete ich. „Lass uns ma' uff'n Bahnhof jehen, vielleicht stehta da irjendwo rum und weeß nich' weiter." Aber der Bahnsteig war leer und von Jürgi war weit und breit nichts zu sehen. Als wir um einen kleinen Verkaufskiosk herumliefen, stieß ich Schmitti an: „Kiek ma', wer da steht." Da stand Jürgi und kaufte sich gerade was zu naschen. „Mensch, Jürgi", rief Schmitti, „wo bleibste denn. Wir warten hier schon ewich uff dich." Jürgi nahm seine Tasche und kam uns entgegen. „Ick bin jerade erst anjekommen und total erschöpft." Bevor wir uns die Zimmer in der Pension ansahen, machte ich noch schnell ein Foto von meinen Freunden. Wir hatten uns alle bei „Selbach", einem Herrenausstatter am Ku-Damm, rote Leinentaschen mit dem Schriftzug der Boutique gekauft, als Erkennungszeichen. Jeder musste sich auf dem Erinnerungsfoto mit seiner Tasche aufstellen.

In der Pension führte uns eine der beiden Töchter des Hauses nach oben zu den Zimmern. Schmitti liebäugelte sofort mit dem Mädchen. „Det fängt ja wieder jut an", dachte ich. In gebrochenem Deutsch erklärte sie uns, dass sie nur ein Zimmer mit zwei Betten zur Verfügung haben, weil unangekündigt der Bruder auf Urlaub gekommen war. Also musste einer von uns im Durchgangszimmer schlafen. Wir knobelten es aus und Jürgi verlor. Schmitti lachte sich halb krank darüber. In dem Zimmer, wo Schmitti und ich nun schlafen sollten, standen zwei Klappbetten, eines links, das andere rechts an der Wand. „Ick teste ma', wie weich die Betten sind", sagte ich zu Schmitti und warf mich auf das linke Klappbett. Kaum dass ich auf der Matratze lag, kippte das Bett um und begrub mich unter sich. Schmitti brüllte vor Lachen. „Mensch hör uff so blöde zu lachen, hilf ma lieba hier unten wieda raus", rief ich unter dem Bett hervor. Als wir unsere Sachen in den Schrank geräumt hatten, schaute ich aus dem Fenster zum Bahnhof hinüber, wo gerade quietschend ein Güterzug rangierte. „Du und deine Eisenbahn", sagte Schmitti zu mir. In der Zeit, wo wir dort wohnten, rangierten bestimmt hundert Güterzüge unten auf den Gleisen und jedes Mal rief mir Schmitti entnervt zu: „Lori, dein Zug".

Am zweiten Tag unseres Urlaubs fuhren wir zu Mary. In dem Augenblick, als sie Schmitti sah, hatte ich mal eine Brieffreundin gehabt. Schmitti machte ihr schöne Augen und ich war der Blödmann. Mary sah meine Enttäuschung und brachte sofort ihre Kusine Tineke ins Spiel. Es war ein niedliches Mädchen, doch sie war kein Ersatz für Mary. Tagelang war ich auf Schmitti sauer, doch der lachte nur und meinte: „Ick hab' ja jarnischt jemacht, die wollte ja wat von mir."

Eines Nachmittags waren wir bei Marys Verwandtschaft zum Kaffee eingeladen. Da tauchte noch eine Kusine von Mary auf und die wollten Schmitti und ich mit Jürgi verkuppeln. Aber es war ein ziemlich korpulentes Mädchen und Jürgi tat alles, um nicht in ihrer Nähe zu sitzen. Die Familie besaß einen großen Hund, der, während wir alle am Tisch saßen, unter diesem herumwieselte. Er kam zu mir und wollte an meinem Bein scheuern. Ich schob ihn sofort mit dem Bein zur Seite, zu Schmitti rüber. Der wusste sich natürlich auch zu helfen und hielt dem Köter die Schnauze zu. Dann schob er ihn zu Jürgi rüber. Der Hund klammerte sich an Jürgis Bein und scheuerte da wie ein Wilder rum. Jürgi war das sichtlich peinlich, doch er fand kein Mittel das Tier loszuwerden. Schmitti verschluckte sich vor Lachen beinahe am Kaffee.

Während sich meine Freunde bei einem Motorradverleih zwei Mopeds für einen Tag ausliehen, blieb ich auf dem Zimmer und hörte mir die neue LP von den Beatles „Revolver" an, die ich mir einen Tag zuvor gekauft hatte. Eine der Töchter aus der Pension hatte mir ihren Plattenspieler geborgt. Die beiden Freunde wollten mit ihren Mopeds über die Grenze und einen Ausflug nach Deutschland machen. Doch sie wurden nicht rübergelassen. Als sie am Abend zurückkamen, spielte ich ihnen ein Stück von der Platte vor, „Yellow Submarine". Ich dudelte es immer wieder, bis alle den Text konnten und wir es dann zusammen grölten.

Am nächsten Abend war Jürgi voll wie tausend Mann. Er hatte zusammen mit Schmitti irgendwo gebechert. Schmitti schleifte ihn die Treppe hoch. Als er kurze Zeit später in seinem zerknitterten Schlafanzug auf der Bettkante saß, die blonden Haare wirr im Gesicht und ein elend dreinblickender Gesichtsausdruck, fotografierte ihn Schmitti. Leider hat Jürgi das Foto später zerrissen und Schmitti konnte das Negativ nicht mehr finden. Zu gerne hätte er das Foto vom besoffenen Jürgi auch den anderen Freunden zu Hause gezeigt.

In Holland habe ich zum ersten Mal in meinem Leben Pommes Frites gegessen, so was gab es bei „Krasselt" noch nicht. Am Tag der Abreise besaß Jürgi kaum noch Geld. Es reichte man gerade bis Gießen, wo eine seiner Schwester wohnte. Er stieg dort aus dem Zug aus und Schmitti fuhr alleine nach Berlin weiter. Ich fuhr zurück nach Düsseldorf, von wo ich mit meiner Mutter nach Berlin zurückflog.

Als ich eine Woche später zu Ete fuhr, begrüßte der mich mit: „Hallo, Tom Jones". Auch seine Mutter und die Kumpels riefen mich bei diesem Namen. Als ich Ete fragte: „Wie biste denn uff den Namen für mich jekommen?", antwortete er, „Na, weil de dem irgendwie ähnlich siehst." Anschließend zeigte er mir einen ganzel Stapel LPs. „Hab ick mir alle in Holland jekooft," erzählte er mir stolz.

Ende 1966 ging die Ära der Berliner Beatgruppen so langsam dem Ende zu. Soulmusik war angesagt. In den Beatschuppen wurden immer mehr Platten von „Tamla Motown" gespielt. Auch die Mode änderte sich wieder einmal. Der Treffpunkt der jungen Leute war das „Big Apple", eine Diskotheke mit zwei Ebenen an der Spichernstraße in Wilmersdorf.

Kapitel 88
„Sweet Beat" 1967

Mitte März 1967 bestand ich meine Gesellenprüfung. Es waren drei harte Lehrjahre gewesen, doch letztendlich hatte ich es geschafft. Mein Vater kaufte sich noch ein zweites Friseurgeschäft in der Triftstraße im Wedding. Den Laden am Ostpreußendamm sollte ich noch zwei Jahre lang weiterführen. Endlich verdiente ich richtiges Geld und konnte mir manchen Traum erfüllen. Einer war immer noch nicht in Erfüllung gegangen, eine feste Freundin zu haben.

Der Munsterdamm leerte sich immer mehr. Zuerst verschwand der Lange nach Westdeutschland. Helga wohnte schon seit dem letzten Jahr nicht mehr bei ihrer Oma. Schmitti arbeitete in Holland und Marina war Mutter geworden. Batti hatte ich schon ewig nicht mehr gesehen und Dieter ließ sich nicht mehr bei mir blicken. Von Diana hörte ich nichts mehr und auch Chrille war in der Versenkung verschwunden. Die Einzigen, die mit mir noch hier wohnten, waren Mäcki und Werner, Jürgi und Achim, Klaus, Henni, Gerd, und Inge. Zu Fischi hatte ich keinen Kontakt, Peter kam kaum noch seine Oma besuchen und der Rest der Freunde, ich hatte keine Ahnung, wo die geblieben waren.

In der neu eröffneten Diskothek „Sweet Beat" in der Steglitzer Albrechtstraße traf ich eines Tages auf Guy. Das wiederum kam durch einen Kumpel von Ete, Norbert „Mommy" Kirste, zustande. Der war mit Guy befreundet. Guy war ein ganz anderer Typ als Ete und seine Kumpels. Das Einzige, was er mit ihm gemein hatte, war, dass er auch alleine mit seiner Mutter zusammenwohnte. Ansonsten lagen Welten zwischen den beiden. Guy trug einen „ordentlichen Haarschnitt" und am Wochenende zog er meistens einen Anzug an. Aber das lag auch daran, dass Leute in Lederjacken und langen, ungepflegten Haaren keinen Einlass in die noble Diskothek bekamen. Mein erster Besuch in der Diskothek dauerte nicht lange. Zum einen gefiel mir die Musik nicht so, die dort gespielt wurde, zum anderen passte meine Kleidung nicht zu dem Outfit der Diskotänzer. Also orientierte ich mich wiederum an der neuen Mode. Ich kaufte mir eine „Big Apple Hose", hoher Bund, gerader weiter Schnitt an den Oberschenkeln und wenig Schlag. Dazu ein buntes Hemd mit großem Kragen und eine schrille, breite Krawatte, wo der Knoten faustdick gebunden wurde. Weiße Socken und schwarze Slipper mit mehreren kleinen Schnallen. Als ich so ausstaffiert zu meinen Eltern kam, meinte mein Vater zu mir: „Trittste jetzt als Clown im Zirkus auf?"

Schon von weitem konnte man die Leuchtreklame „Modellrennbahn" an der Außenseite des weißen Hauses lesen. Dazu noch das Logo vom „Sweet Beat", eine schwarze Katze. Vor dem „Sweet Beat", wurde ich erst mal von den draußen stehenden Typen gemustert. Ich kannte aber einen der Kellner aus dem „White Horse" und dadurch konnte ich einen Platz an der langen Theke bekommen. Ein Gespräch mit meinem Nachbarn an der Bar kam schwer zustande, da der Diskjockey, der dicht bei der

Eingangstür in einer kleinen Kabine saß, wo er über die Tanzfläche hinweg sehen konnte, dröhnende Soulscheiben von „Junior Walker" spielte: „Roadrunner" und „Shotgun". So ließ ich meinen Blick durch den Raum schweifen. Die Innenausstattung war im Vergleich zum „White Horse", das ja früher mal ein Kino gewesen war, geradezu luxuriös. Der Boden der kleinen Tanzfläche war aus Messingplatten, in denen sich die langsam drehende Diskokugellampe spiegelte. Die mit rotem Stoff gepolsterten Sitzbänke links und rechts der Tische waren durch große Blumenkästen in kleine Nischen eingeteilt. Von dort aus gab es stufenförmig angeordnete Sitzmöglichkeiten bis zur Tanzfläche. Nachdem ich meine „sündhaft teure Coca" ausgetrunken hatte, ging ich in den Keller.

Im Untergeschoss der Diskothek war eine große Modellrennbahn für kleine Rennwagen aufgestellt. Während sich dort die Rennfanatiker austobten, bekämpften sich an den zwei Fußballkickern die Tischfußballer. Ich hörte, wie einer der Jungs gerade rief: „Wir spiel'n um een halbet Bier und fünf Currywürschte von ‚Krasselt', is' det klar?" Hier war eben ein ganz anderes Publikum als im „White Horse". Die meisten, die hier hergingen, kauften ihre Klamotten in den Boutiquen am Ku-Damm, bei „Selbach" oder „Mientus". Für mich waren die Klamotten da unerschwinglich. Für eine Hose musste man da 150.- Mark und mehr hinblättern. In einem Anfall von Größenwahn ließ ich mich von einem Kumpel verleiten, ins „Zuntz" am Ku-Damm zu gehen. Angeblich sollte man da „Super Bräute" aufreißen können. Nachdem ich eine halbe Stunde angeberisch auf einem harten Schaukelstuhl gesessen hatte und so tat, als wenn ich die „Times" lesen könnte, bezahlte ich für einen Orangensaft fast sechs Mark. Eine Braut habe ich nicht aufreißen können.

Am darauf folgenden Wochenende, war das „Sweet Beat" dermaßen voll, dass man nur schubweise hineingelassen wurde. Aber Guy kannte einen, der wiederum einen kannte, der den Diskjockey kannte und so wurden wir an der langen Schlange der

Wartenden vorbeigeschleust. Das sollte später einmal den Vorteil haben, wenn wir vor unseren Mädels angeben wollten. Als wir hineinkamen, wollte ich etwas zu Guy sagen, aber die Lautstärke, es wurde gerade eine Platte von Lee Dorsey „Ride your Pony" gespielt, riss mir meine Worte von den Lippen. Wir stellten uns an die kleine Balustrade an der Tanzfläche und hielten nach hübschen Mädchen Ausschau. Guy war der optimale Frauentyp. Es dauerte kaum drei Minuten, da hatte er schon eine angebaggert. Er winkte mich zu sich herüber und schon saß ich neben der Freundin seiner Ausgewählten. So lief das eigentlich meistens ab.

Er fuhr damals schon ein Auto, einen Fiat 600 mit kleinen roten Trotteln an den hinteren Autoscheiben. Er brachte seine neue Flamme mit dem Auto nach Hause, während ich die meine mit der S-Bahn bis nach Wannsee begleitete. Meistens war es schon nach Mitternacht und ich verpasste immer den letzten 33er am S-Bahnhof Steglitz. Wie oft musste ich dann von dort zu Fuß nach Hause laufen. Bei ihm zu Hause sah es zum Vergleich zu Etes „Hütte" penibel sauber und aufgeräumt aus. In der einen Ecke seines Zimmers hatte er eine kleine Bar mit Strohdach stehen. So manche Party haben wir dort gefeiert. Mit Guy sollte mich eine langjährige Freundschaft verbinden, fast so wie mit Mäcki.

Und dann lernte ich Carola kennen, meine erste feste Freundin. Sie wohnte im Wedding am U-Bahnhof Afrikanische Straße, gar nicht weit vom Munsterdamm!!! Sie hatte lange, blonde Haare und...

Irgendjemand stieß mir den Ellbogen in die Seite: „Mann, Lori, biste einjepennt?", erklang Schmittis Stimme an meinem Ohr. „Wir sind gleich in Hannover." Ich wurde abrupt aus meinen Erinnerungsträumen gerissen. „Wat issen los?", fragte ich verstört die Freunde.

Mäcki und Klaus waren schon aufgestanden und griffen nach ihren Reisetaschen. Da wurde der Zug auch schon langsamer und kurz darauf hielt er an. „Hannover Hauptbahnhof" klang es aus den Bahnhofslautsprechern. „Ma' kieken, ob wa Wolli noch erkennen", sagte Klaus, „Ick hab' ihn ja seit damals nie wieder jeseh'n." Als wir auf dem Bahnsteig standen, hielten wir nach Wolli Ausschau. „Los, wir jeh'n erst ma`n Stücke nach vorne", sagte ich zu den anderen. Auf einmal sah ich jemanden winken. „Da, da hinten issa", rief ich und wir liefen alle los.

Nach all den Jahren erkannte ich Wolli gleich wieder. Er war natürlich auch älter geworden, doch seine Stimme und sein Lachen klangen noch wie damals. Wolli umarmte alle Freunde der Reihe nach und freudestrahlend sagte er: „Schön, dass ihr alle da seid, Lori. Ich hab' für euch drei Zimmer in einem Hotel reserviert, dort schlaft ihr heute Nacht und morgen hole ich euch ab und wir fahren zu mir raus nach Langenhagen." Wolli berlinerte gar nicht mehr, keen Wunder, dachte ich, der lebt schon zu lange in Westdeutschland. Nachdem wir unsere Zimmer bezogen hatten, Klaus nahm das eine mit Mäcki zusammen, Jürgi und Fischi nahmen das zweite und ich teilte meines mit Schmitti, lud uns Wolli in ein Restaurant ein, wo wir bis 23.30 Uhr zusammensaßen. Ich war hundemüde und beschloss gleich ins Bett zu gehen. Klaus wollte noch eine Biege mit Schmitti laufen.

Am nächsten Morgen machte mir Schmitti gleich einen Vorwurf: „Mann, hast du jeschnarcht wie `ne Wildsau, ick musste mir Ohropax inne Ohr'n stecken." Ich war mir dessen gar nicht bewusst gewesen. Als wir nach den anderen sehen wollten, kam Fischi aus seinem Zimmer und schnauzte Jürgi laut an: „Du hast jeschnarcht wie'n Walross, ick hab' die janze Nacht keen Ooge zujekricht." Schmitti und ich mussten lachen. Mäcki und Klaus waren schon fix und fertig angezogen und schauten aus dem Fenster. „Wann wollt'n Wolli hier sein?", fragte ich Mäcki. „Na, er hat jesacht, so um zehne." Es dauerte bis elf, ehe Wolli endlich ankam. Wir nahmen noch eine Taxe, weil nicht alle in Wollis Auto passten.

Wolli wohnte mit seiner Familie in einem schönen Bungalow vor den Toren von Hannover. Er hatte eine riesige Frühstücksta-

fel aufgebaut und wir ließen es uns alle schmecken. In einer kleinen Pause überreichte ihm Mäcki unser Geschenk, die Indianerhaube. Wolli war zu Tränen gerührt. Bis zum frühen Abend er-
zählten wir Geschichten und Abenteuer aus unserer Kindheit. Es
kam mir vor, als wenn Wolli vieles vergessen hatte, denn er saß
oft mit offenem Mund dabei und hörte gespannt zu.

Um 20.00 Uhr verabschiedete uns Wolli auf dem Bahnhof. Er
umarmte uns alle noch einmal und dann stiegen wir in den Zug
nach Berlin. Auf der Rückfahrt wurde wenig gesprochen, jeder
dachte noch einmal über das kurze Wochende bei Wolli nach.

Als wir am Bahnhof Zoo ankamen, schüttelten wir uns noch
einmal die Hände und Mäcki meinte zu mir: „Mann, Lori, als ick
Wolli jesehen hab' und wa denn alle von damals jequatscht ham,
da kam mir det vor, als wenn det, wat wa allet erlebt haben, erst
jestern jewesen war."

Nachtrag

Als ich 1978 heiratete und schweren Herzens von meinem gelieb-ten Munsterdamm Abschied nehmen musste, weil ich in einen anderen Bezirk zog, wohnten nur noch Mäcki, Werner und Gerd dort. Alle anderen Freunde waren bereits verheiratet und in der Versenkung verschwunden. Ich hatte, außer mit Klaus, keinen Kontakt mehr mit ihnen. Von einigen kannte ich nicht mal die Anschrift.

Im Laufe der Jahre veränderte sich der Munsterdamm und sein Umfeld sehr stark. Alle Plätze, an denen wir einst gespielt hatten, existieren fast nicht mehr.

Mir blutet das Herz, wenn ich heute durch meine alte Heimat spaziere und sehen muss, wie sich alles verändert hat. Von den beiden Buddelkästen ist nichts mehr zu sehen. Den auf Dianas Seite gibt es gar nicht mehr und die angrenzenden Höfe sind durch Zäune versperrt. Dort, wo der Laubenpieper damals seinen Birn-baum pflegte, wurde ein riesiger Klotz von Gebäude errichtet. Den Buddelkasten auf meiner Seite hat man versucht, mit mo-dernen, lieblos aufgestellten Spielgeräten am Leben zu erhalten, bloß dort spielen keine Kinder mehr. Im „Grundti" stehen die Schulgebäude und vom Teich ist nur noch ein Wasserloch übrig geblieben. Auf dem Kottesteig parken massenhaft Autos. Sie ge-hören unter anderem den Bewohnern einer Wohnanlage, die auf dem Grundstück errichtet wurde, wo sich einst Reuters Garten befand. Nur durch genaues Hinsehen kann man noch die Reste des Hanges erkennen, wo einmal unsere Todesbahn war, denn es ist alles total mit dichtem Gestrüpp zugewachsen. Die rotbraune Ziegelsteinmauer an Helgas Hof, die steht noch da. Der Hof aber liegt im Dornröschenschlaf. Oben am Oehlertring steht Haus an Haus und erst vor kurzem hat man auch den letzten freien Fleck zugebaut. Der Oehlertplatz jedoch ist immer noch eine Oase der Ruhe und es kommt mir vor, als wenn dort die Zeit stehen ge-blieben ist. Auf der Fußballwiese wird schon seit vielen Jahren nicht mehr Fußball gespielt und der Baum in der Mitte, der ist verschwunden. Unseren geliebten Paresüteich gibt es zwar noch, aber er ist von einem Maschendrahtzaun umgeben und in den Gebüschen auf der einen Seite vergammelt Abfall und Unrat der schlimmsten Sorte. Trotzdem habe ich dort im letzten Sommer einen Frosch quaken gehört. Mein „Lichtburg-Kino" ist schon Mitte der siebziger Jahre platt gemacht worden, das „Parklicht-Kino" ist heute ein Supermarkt. Wo einst der Wochenmarkt stand, steht jetzt ein graues Haus. Nur „Krasselt's Currywurstbude", die gibt's noch und genau wie damals stehen die Leute auch heute noch Schlange davor.

Dennoch gibt es manche Ecken, an die ich mich erinnere. Alle diese Ecken hatten ihre Augenblicke und Momente für mich, daran werde ich mich oft erinnern. Ein paar meiner Freunde sind schon tot. Ich habe sie alle geliebt in meinem Leben und ich werde oft stehen bleiben und an sie denken.

Frau Böttcher ist 101 Jahre alt geworden, als sie 2001 für immer einschlief. In den Jahren davor verstarben, Battis Bruder Peter, Achi, mein Schulfreund Fuzzy und Raini.

Mein lieber Freund Batti wurde nur 50 Jahre alt, als er im September 1998 plötzlich starb. Doch er ist nicht mehr alleine oben im Himmel. Im August 2002, verstarb nach langer Krankheit unsere liebe Freundin Angela; sie wurde nur 52 Jahre alt.

Der Verlust dieser beiden Freunde hinterläßt eine tiefe Kerbe in meinem Herzen.